Das Varieté

1 Walter Trier

Wolfgang Jansen

Das Varieté

Die glanzvolle Geschichte einer unterhaltenden Kunst

EDITION HENTRICH BERLIN

meinen Eltern

Inhalt

Vorwort 7
Schwierigkeiten der Geschichtsschreibung 9
Das Fahrende Volk 17
Öffentliches Vergnügungsleben vor 1848 23
Café-Chantants, Tingeltangel und Singspielhallen 37
Das Rätsel »Tingeltangel« 55
Das Gewerberecht bestimmt den Spielplan 63
Varieté und Circus 71
Vom Spezialitätentheater zum internationalen Großvarieté 75
Der Wintergarten 89
Der Barrison-Skandal 105
Das Varieté und die Tanzmoderne 119
Das Apollo-Theater 129
Kino und Varieté 145
Das »literarische Varieté« (Kabarett) 155
Organisationen der Artisten und Direktoren 167
Stagnation des Varietégewerbes 187
Varieté und Revue 199
Die Scala: eine Ausnahme 203
Die Plaza: vom »Volksvarieté« zur KdF-Bühne 221
Das Varieté in der NS-Zeit 237
Der Verfall der Varietékultur 253
Neubeginn 270

Anhang

Anmerkungen 274
Bibliographien, Akten, Literatur 282
Bildnachweis 288
Namensregister 291
Dank 295

2   Werbeprospekt

Vorwort

Eine Bühnenkunst, die man in den vergangenen zwei Jahrzehnten fast vergeblich in den Veranstaltungsspalten der Zeitungen suchte, steht – wenn nicht alle Anzeichen trügen – vor ihrer Wiederbelebung: das Varieté.

Im Sommer 1988 eröffnet in Hamburg das »Schmidt-Theater«, noch im gleichen Jahr ist Premiere im Frankfurter »Tigerpalast«, zur Jahreswende 1989/90 veranstaltet der Circus Roncalli in der ehrwürdigen Frankfurter Oper Varietéaufführungen, und im Spätsommer 1990 wird aus dem ehemaligen »Quartier Latin« in Berlin – nach einem Umbau – das Varieté »Quartier«.

»Der Stern« berichtet im August 1989 in großer Aufmachung über den »Tigerpalast« und stellt – leicht verwundert – fest: »Manche (Zuschauer) haben sich feingemacht und halten Smoking und das kleine Schwarze für den richtigen Aufzug. Andere kommen, als sei es ihnen gerade eingefallen, in Lotterjeans, mal reinzuschauen. Eine Dame fächert sich Kühlung zu, eine Punkermaid hängt sich den Wohnanorak über.«[1] Und in Johnny (Johannes) Klinke, der fünf Jahre auf die Eröffnung seines Varietés hingearbeitet hat, entdeckt der Autor den Unternehmergeist der achtziger Jahre: »Für die Stadt Frank-, Bank-, Krankfurt mißt er seinem Unternehmen in aller Bescheidenheit epochale Bedeutung bei. Diese Wertung müssen ihm rote und schwarze Politiker ebenso geglaubt haben wie berufsmißtrauische Banker. Jedenfalls bequasselte Johnny die Leute am Geldhahn dermaßen, daß sie ihm vier Millionen Mark für sein Projekt pumpten. (...) So wurde wahr, was kein Mensch für möglich gehalten hätte, wogegen Wetten abgeschlossen wurden: eine Stadt, eine deutsche Stadt, bezuschußt einen Vergnügungsbetrieb, bürgte für eine Stätte gar nicht so deutscher Geselligkeit, vermittelte Kredite für ein Unternehmen, das auf den nicht ganz keuschen Namen ›Varieté‹ hörte.«[2]

Im Januar 1990 macht sich ein »Spiegel«-Reporter auf die Reise durch das Bundesgebiet und entdeckt – nicht minder überrascht – neben den schon genannten Spielstätten Varietés und Artisten aller

Orten: in Hannover ein Jongleurfestival, in Kiel das Unternehmen »Rent-A-Clown«, den »Lindenhof« auf der Schwäbischen Alb, das 1987 gegründete »Neue Theater« im Frankfurter Stadtteil Höchst, die Berliner »Scheinbar« mit einem »Programm nach dem Lustprinzip«[3] usw. Unbeachtet bleiben die Spielstätten älteren Datums wie das Hansa-Theater in Hamburg und das 1980 in Stuttgart eröffnete Varietétheater Killesberg. Das Resümee fällt erwartungsgemäß optimistisch aus: »Die leichte Muse ist schwer im Kommen; das Varieté, früher als Kulturform minderer Güte zur Belustigung niederer Stände im Verruf, feiert sein Comeback. Und in beträchtlicher Zahl zieht es mittlerweile nicht nur biedere Kleinbürger an, die im Schutze der Nacht einen Hauch von Verruchtheit erhaschen wollen.«[4]

Das Wort von der »Renaissance der Varietékunst« macht in Artistenkreisen hoffnungsvoll die Runde. Alte Programmhefte des Wintergartens, der Scala und des Mellini-Theaters werden herausgesucht, Fotos früherer Engagements stolz herumgereicht, Erinnerungen ausgetauscht. Der Historiker in ihrer Runde fragt nach Publikationen zum Varieté. Nein, die gibt es nicht, erhält er zur Antwort. Viel gäbe es über die Artistik allgemein, insbesondere den Circus, aber über das Varieté, zwei, drei vielleicht, aber mehr bestimmt nicht.

So hat er sich denn aufgemacht, die Quellen zu sichten.

5   Das Hansa-Theater in Hamburg, etwa 1970, Postkarte

Schwierigkeiten der Geschichtsschreibung

Das Varieté war – darauf deuten bereits oberflächliche Einschätzungen hin – zur Zeit seiner Blüte das beliebteste Genre bühnenspezifischer Unterhaltung. Die quantitative Seite dieser Beliebtheit erfaßten beispielsweise die Statistischen Jahrbücher Berlins, die etwa für den 1. Mai 1922 rund 170 Varietés (neben 51 Schauspielhäusern) registrierten, von denen allein 23 eine Kapazität von mehr als 1000 Plätzen aufwiesen.[1] Welchen Umfang die Varietékultur im Laufe ihrer Entwicklung von etwa 1850 bis heute landesweit annahm, ist weder belegt noch lassen sich bislang einigermaßen zuverlässige Zahlen angeben. Als sicher kann jedoch gelten, daß in jeder, halbwegs als Stadt anzusehender Ortschaft Varietébühnen eröffneten. Selbst ehemalige Fachleute wie der zeitweilige Direktor des Berliner Apollo-Theaters, Jacques Glück, kapitulierten – schon 1908 – vor dieser Frage: »Das Gebiet des Varietés ist ein überaus großes, so vielseitig und so weit verzweigt, daß es von dem genauesten Kenner kaum (...) zu übersehen ist.«[2]

Anders als beim Theaterschauspieler, der seine Auftrittsmöglichkeiten in der Regel auf den jeweiligen nationalsprachlichen Raum beschränkt sieht, arbeiteten die Artisten grundsätzlich international. Weltumspannende Auftritte sind und waren geradezu ein Markenzeichen für die hohe Qualität der Darbietungen. Trotzdem beschränkt sich diese Untersuchung im Kern auf den daran gemessen verschwindend kleinen Kreis Berlin. Mehrere gute Argumente sprachen für eine derartige geographische Beschränkung. Berlin ist in seiner urbanen Entwicklung ein geradezu idealtypischer, überschaubarer Rahmen, der zudem den methodischen Vorteil hat, lokalgeschichtlich die am intensivsten erforschte Stadt Deutschlands zu sein. Unter Berücksichtigung des Erkenntnisinteresses, den Stellenwert gerade der kleineren Bühnen zu beachten, bietet bereits die schier unübersehbare Zahl der zu berücksichtigenden örtlichen Varietés eine hinreichende wissenschaftliche Grundlage zur Erforschung der »Gattung«. Beim derzeitigen Kenntnisstand läßt sich eine empirisch abgesicherte Varietégeschichte, die ihren Betrachtungsrahmen landesweit oder gar international spannt, nicht schreiben. Der Versuch ginge gerade auf Kosten der kleineren Lokale, die weit stärker von den Ortsansässigen aufgesucht wurden als die internationalen Großunternehmen. Er würde

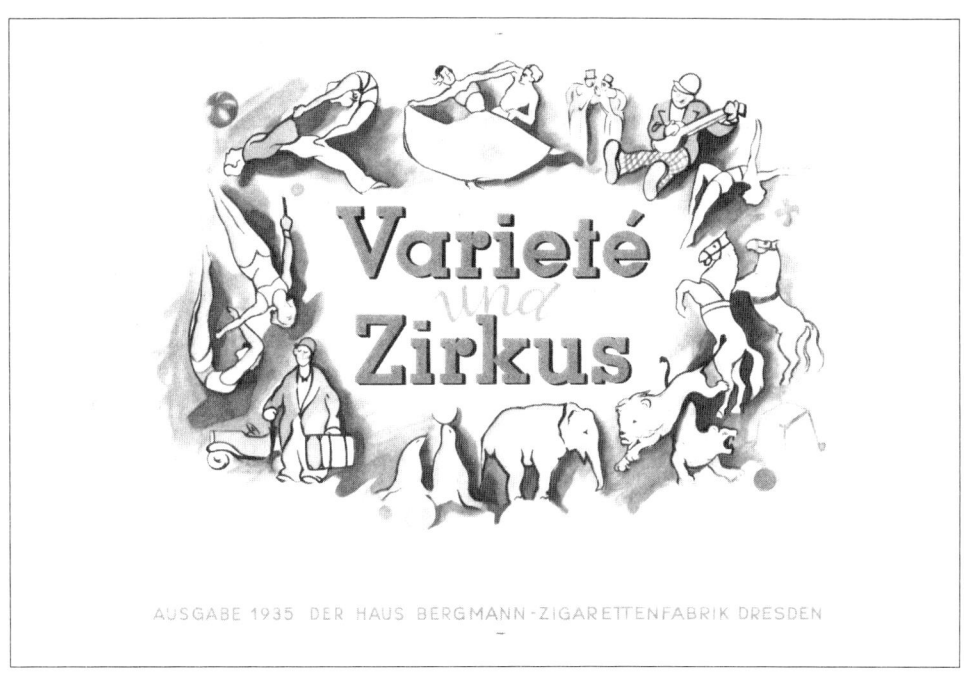

6 *Titelblatt einer Sammelmappe mit Zigarettenbildchen*

letztlich inhaltlich verzerrend die Entwicklung wiedergeben, da die Pyramidengestalt der theatralischen Spielstätten: oben die wenigen epochalen Kunstereignisse, unten die Basis eines breiten, allgemein beliebten Unterhaltungstheaters, die ebenfalls für das Varieté gilt, nicht genügend berücksichtigt werden könnte. Die vorliegende Arbeit wird daher gleichsam demokratisch versuchen, dieser hierarchischen Gestalt gerecht zu werden. So erzwingt letztlich der Erkenntnisgegenstand selbst (seine Geschichte und Spezifik) die vorgenommene geographische Beschränkung.

Die sich im Verlauf der Darstellung ergebenden Erkenntnisse über das Varieté gelten jedoch nicht allein für diese Stadt. Betrachtet man nämlich das untersuchte örtliche Unterhaltungsangebot auf seinen jeweiligen urbanen Kontext, sind letztlich die Namen der Etablissements austauschbar. Strukturell decken sich die Erscheinungen, ob die Städte nun Berlin, München oder Hamburg heißen.[3] Erst durch die vorgenommene Begrenzung läßt sich also die kulturelle Bedeutung des Varietés in aller Klarheit insgesamt herausarbeiten.

Die Fülle der Quellen ist erstaunlich. Aus dem Umstand, daß das Varieté im Laufe seiner Geschichte intensive Beziehungen zu anderen Bereichen der Bühnenkunst und sonstiger kultureller Erscheinungen entwickelte, ergibt sich eine geradezu ausufernde Materiallage. Zur Untersuchung herangezogen wurden Sachpublikationen der unterschiedlichsten Art, Memoiren und Lebensbeschreibungen, Rezensionen aus Tageszeitungen und der Fachpresse, Programmhefte und Anschlagzettel, Akten und andere Betriebsunterlagen, Fotos und Plakate sowie Arbeitsberichte, Erinnerungen bzw. Einschätzungen ehemaliger oder noch tätiger Artisten und Betriebsleiter.

Die Ergiebigkeit dieser Quellen ist jedoch naturgemäß höchst unterschiedlich. Sie ist zudem beschränkt durch eine – auch zur Blütezeit des Varietés anzutreffende – stereotype Besprechung der Aufführungen in der Presse. Kurt Tucholsky erklärte diese »Waschzettel-Schreiberei«[4], in der alles ohne Unterschied gelobt wird, mit der ökonomischen Macht der Varietétheater: »Erfahrungsgemäß beantworten fast alle Theater zweiten Ranges, Kinos, Varietés und ähnliche Etablissements eine dauernde unfreundliche Behandlung durch eine Zeitung nicht nur mit Entziehung der Freikarten – was nicht schlimm wäre –,

Erik Jan Hanussen

MEINE LEBENSLINIE

„Der Gerichtshof glaubt aussprechen zu dürfen, daß der Angeklagte über rätselhafte Geisteskräfte verfügt, denn ihre Wirkung wird von zahlreichen glaubwürdigen Zeugen bestätigt."
Aus der Begründung des Freispruchs im Leitmeritzer Hellseher-Prozeß

UNIVERSITAS
Deutsche Verlags-Aktiengesellschaft
BERLIN

7 *Titelblatt der Erstausgabe von Hanussens Memoiren, 1930*

sondern auch – und das wiegt viel schwerer –: mit Abbestellung der Inserate. Und da hört der Spaß auf, und das Geschäft beginnt. Und weil eine Zeitung einzig und allein ein Geschäft ist und – vom Verleger aus gesehen – kein Kulturfaktor (mag sie auch so wirken und aufgefaßt werden): so wird sich der kleinere Verleger gar nicht erst auf solch ein Experiment einlassen, und der wirtschaftlich etwas stärker fundierte Verleger wird den Kampf, wenn er ihn je angefangen hat, bald, müde oder gelangweilt oder besiegt, aufgeben. Die drei oder vier Berliner Blätter, deren Vergnügungsanzeiger ein so fest stabilisierter Markt ist, daß kein Inserent ihn jemals entbehren könnte, sind aus unerklärlichen Gründen zu feige, in diesem Ressort die Wahrheit schreiben zu lassen. Schade! (...) Man könnte Geschmacklosigkeiten verhindern und die Qualität durchsetzen helfen. Ein unter allen Umständen gespendetes Lob kompromittiert.«[5]

8 Grock

Neben diesem Einsatz ökonomischer Macht zur Beeinflussung veröffentlichter Meinung bestand noch ein bestimmter artistischer Ehrenkodex, der die Besprechungen ebenfalls in die beschriebene Richtung trieb. Die Fachjournalisten pflegten in der Regel einen vertraulichen Umgang mit den Varietékünstlern und Direktoren. So lobten sie Darstellungen sowohl aus persönlicher Gefälligkeit als auch grundsätzlich, da jede Mißfallensäußerung als berufsschädigend empfunden wurde (und wird). Kritische Rezensionen, wie sie die Theatergeschichte seit Anbeginn kennt, existieren auf dem Gebiet des Varietés nicht. So ist seit Entstehen der Fachpresse 1883 eine schematisierte Besprechung zu finden, die auf den Uneingeweihten erschreckend wirkt und wissenschaftlich fast nicht auszuwerten ist. Den sächsischen Humoristen Hans Reimann ärgerten diese »Rezensionen« so sehr, daß er sie in der »Weltbühne« satirisch behandelte, wozu er folgende einleitende Worte schrieb: »Diese Besprechereien zeichnen sich dadurch aus, daß sie, einander gleichend wie die Rücken von Heinrich Manns gesammelten Werken, nicht den mindesten Wert haben, da sie sämtliche Leistungen über ein und dieselbe Hutschnur

loben, nur als Äquivalent der laufenden Inseraten-Aufträge angesehen werden und den Lokalredaktionen Vorwand bilden zu mehrstündigem Amüsement, welches allerdings dadurch getrübt wird, daß immer und ewig die nämlichen Phrasen zu neuem Brei verrührt sein wollen. Um dieser Kalamität abzuhelfen, habe ich einen allgemein gültigen Einheits-Bericht verfaßt, der bei geschickt okulierten Namens-Änderungen dauernd zu verwenden ist.«6 Tatsächlich führte der dürftige, belobigende Wortschatz dazu, daß manche Schreiber gar nicht mehr erst in die Vorstellungen gingen, denn die einzelnen Darbietungen kannten sie ohnehin, und auf die Gesamtkomposition kam es ihnen sowieso nicht an. Eine Art Berufsgeheimnis mit ehrenrührigen Zügen war (und ist) diese journalistische Praxis nicht, denn der beabsichtigte Effekt positiver Presseveröffentlichung blieb der gleiche. Kritik äußerte sich daher nur sehr vorsichtig, verklausuliert und meist nur den unmittelbar Beteiligten verständlich. Eddie Grothe etwa, seit 1950 Rezensent, äußerte sich dazu ganz unzweideutig: »Über einen Kollegen würde ich nie was

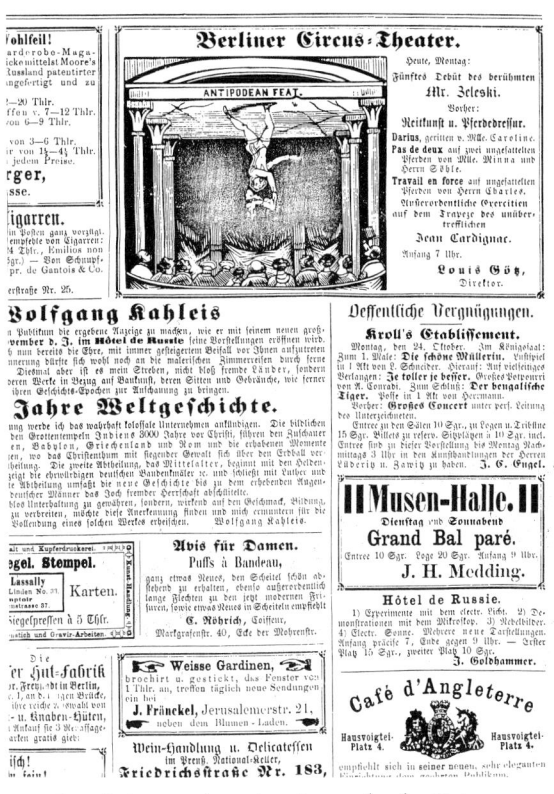

9 Ausschnitt aus einer Anzeigenspalte der Zeitung »Berliner Feuerspritze«, 24.10.1853

Schlechtes schreiben.«[7] Unter Berücksichtigung dieser quellenkritischen Betrachtung gilt es natürlich, besonders achtsam mit den jeweiligen Materialien zu sein.

Doch das Fehlen sachgerechter Aufführungskritiken hatte durchaus auch Gründe, die außerhalb des eigentlichen artistischen Berufsfeldes lagen. Wenn die Nachwelt – wie Friedrich Schiller im Prolog zu »Wallenstein« eine sicherlich leidvolle Erfahrung der Schauspieler ausdrückte – schon den Mimen keine Kränze der Achtung und des Gedenkens flicht, so gilt diese Wahrheit erst recht für die Künstler des Varietés.

Legionen von Artisten, Soubretten, Magier und sonstiger Spezialitäten, wie die engagierten Künstler zeitweilig genannt wurden, sind im Laufe der Varietégeschichte über die Bretter der Unterhaltungsstätten gegangen, ohne daß die Heutigen sich ihres Könnens, ihres Wagemuts und ihres Charmes mehr erinnern. Die Nachgeborenen kennen nur noch die wenigen, die es geschafft haben, zu Stars zu avancieren. Selbst viele der überlieferten Namen, die Eingang fanden in Rudolf Gellers Artisten-Lexikon[7], sind heute nicht einmal mehr den wenigen Fachleuten bekannt.

Das Vergessen, dem die Varietékünstler anheimgefallen sind, steht jedoch im krassen Widerspruch sowohl zum einstigen Glanz ihrer Auftritte als auch zum Prinzip der artistischen Programme selbst, die ja gerade auf die »unvergeßlichen Sensationen« spekulierten. Die öffentliche Aufmerksamkeit, die den Künstlern ehedem zuteil wurde, führte aber zumindest dazu, daß manche Namen und Leistungen seither mit Bewunderung genannt werden. Besonders den internationalen Großvarietés gelang es, einen Glanz zu verbreiten, der sich an einige Namen heftete und ihre Träger zu Auserwählten der Branche werden ließ; die Zahl dieser Berühmten ist jedoch gering. Andere hingegen, mit denen die Direktionen sogar ihre Werbeplakate schmückten und die ihnen volle Häuser brachten, sagen dem Historiker nichts mehr. Man kann nur nachträglich darauf schließen, daß sie zu ihrer Zeit ganz offensichtlich die Kunst der Zerstreuung in hohem Maße verstanden.

Neben der universellen Weisheit über die Vergänglichkeit der Bühnenkünste trug zum Vergessen im besonderen die Hierarchisierung der Bühnendarbietungen bei. Sie errichtet(e) traditionellerweise eine Werteskala, auf der die Oper an der Spitze und das Unterhaltungstheater am unteren Ende steht.

Zweifellos ist die Hierarchisierung verstehbar, denn es soll nicht in Abrede gestellt werden, daß es Rangunterschiede in der Qualität, der Aussagekraft und des Charakters theatralischer Gattungen gibt; sie läßt sich zudem geschichtlich und ideolo-

10   Jahrmarkts-Varieté in den 30er Jahren (Foto: Josef Donderer)

Kulturhistorische Gesellschaft für Circus- und Varietékunst e. V.

Vorsitzender: Rudolf Geller

CIRCUS
UND VARIETÉ
MUSEUM

in Enkenbach-Alsenborn

CIRCUS
VARIETÉ UND
ARTISTENARCHIV

in Marburg

11   Briefkopf

gisch herleiten, doch letztlich zeitigt sie fatale, elitär-ausgrenzende Wirkungen, die sich über die ganzen anderthalb Jahrhunderte der Varietéentwicklung verfolgen lassen.
Der ganze Bereich wurde im Feuilleton und in den Publikationen zur Theatergeschichte fast gänzlich ausgespart. Die Zeitungen druckten zwar die eingereichten und bezahlten Annoncen in der Frühphase (1830–1870) ab, doch nicht etwa in der Spalte »Theater«, sondern verstreut im anhängenden Anzeigenteil. Die Vossische Zeitung etwa führte so die Rubrik »öffentliche Vergnügungen« ein, in der ein Teil der frühen Varietéunternehmen zusammengefaßt war. Solche Differenzierungen (selbstverständlich stand in der Spalte »Theater« die Königliche Oper an der Spitze) lösten sich zwar noch vor der Jahrhundertwende auf, aber nur deshalb, weil sich Theater und Varieté (später noch Kabarett) nicht mehr problemlos unterscheiden ließen. Auch war die Anzahl der Bühnen derart groß geworden und in so raschem Wandel begriffen, daß die Zeitungen den Überblick verloren, welche Spielstätte nun der Thalia huldigte oder einer imaginären zehnten Muse.
Trotz der Auflösung im Anzeigenteil hüteten sich die Feuilletonschreiber auch weiterhin, das Varieté wirklich zur Kenntnis zu nehmen. Es schien schlechterdings der Besprechung nicht würdig. »Es ist noch gar nicht so lange her«, heißt es im Jahre 1900, »daß die Tagespresse (…) das ›Tingel-Tangel‹ nur sehr von oben herab betrachtete, und heute noch findet es die ständige Theaterkritik tief unter ihrer Würde, den Leistungen, die auf den Varietébühnen geboten werden, auch nur die geringste Beachtung zu schenken. Die von den Etablissement-Besitzern selber versandten Reclame-Notizen waren stets und sind heute noch meist alles, was über die Artisten in die Tagesblätter kommt, bei denen man vermittels zweier harmloser Gänsefüßchen einen abgrundtiefen Unterschied zwischen den Künstlern der Theater und den – ›Künstlern‹ der Varietébühnen macht, wenngleich sich so mancher größenwahnbefangene Künstler glücklich schätzen könnte, wenn er nur ein sehenswerter ›Künstler‹ wäre.«[9]
Erst als im ausgehenden 19. Jahrhundert der Aufstieg der Varietétheater unübersehbar geworden war, als Besucher aus den gutbürgerlichen und aristokratischen Kreisen gewonnen worden waren, stiegen auch die Zeitungen auf das Thema ein. Optisch blieben jedoch die Rezensionen über die

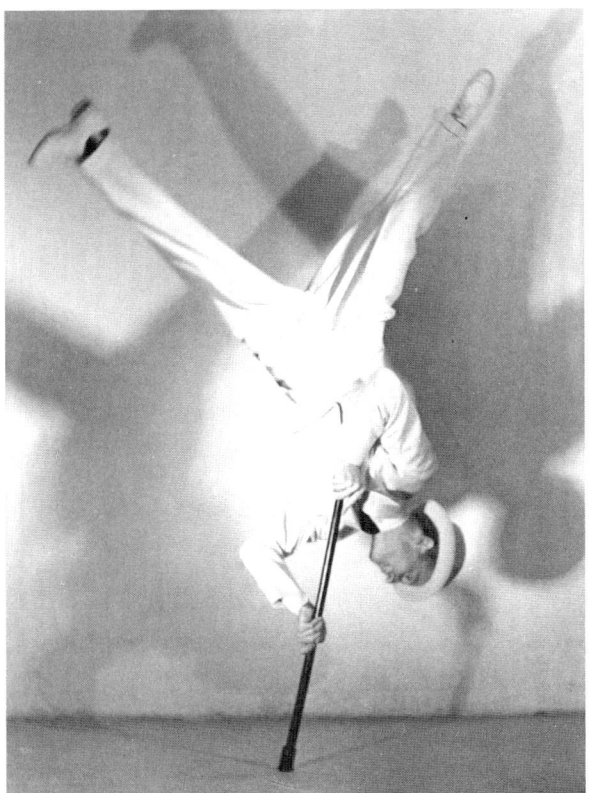

12   Eddie Grothe (Foto: Siegfried Enkelmann)

Varietépremieren auch weiterhin durch Trennungslinien oder durch ihr Einrücken in den vermischten Lokalteil fein säuberlich getrennt von den Konzert-, Opern- und Theaterberichten.
Die Gründe für diese Mißachtung sind zweifellos darin zu suchen, daß erstens das Varieté zu keiner Zeit anderes bieten wollte als Unterhaltung, zweitens es sich um eine Präsentation handelte, die kein interpretationsbedürftiges Schauspiel zeigte, und drittens das Varieté Urahnen besaß, die vermeintlich und tatsächlich zum städtischen Nachtleben gehörten. In solche Häuser geht »Mann« zwar, doch berichtet »man« nicht im Kulturteil einer Zeitung über das dort zu Genießende.
Immer wieder fühlte sich die Fachpresse der Artisten genötigt, den Anstand, die Disziplin und Betriebsamkeit der Varietékünstler den verbreiteten Vorurteilen entgegenzuhalten. Dabei nahm sie teilweise die tradierte Hierarchisierung der Bühnenkünste auf und grenzte sich fatalerweise innerhalb des eigenen Berufsstands ab. Gekämpft wurde dabei gegen die sogenannten Tingeltangel, ohne zu erkennen, daß Varieté und Tingeltangel für die Außenstehenden durchaus Begriffssynonyme darstellten. Einige Textbeispiele, ausgewählt aus rund einhundert Jahren Varietégeschichte, sollen diese sich wiederholenden Aburteilungen verdeutlichen.
Der konservative Reichstagsabgeordnete Ackermann äußerte am 17. März 1880 in einer parlamentarischen Debatte zur Gewerbeordnung seine Befürchtungen, daß eine »Roheit der Gefühle und Gesinnungen (überhandnehmen könne). Was soll der beste Volksunterricht nützen, wenn Leute, die kaum der Schule entwachsen sind, ihre geistige Nahrung und ihre sittliche Fortbildung im finsteren Dunstkreis der mit Schankwirtschaften verbundenen Tingeltangel suchen?«[10]
Auch für den Schauspieler Karl Sonntag, der sich 1885 öffentlich zu der Theatersitte des wiederholten Verbeugens während der Aufführung und den Dacapos (auch mitten im Verlauf der Handlung), den sogenannten Hervorrufen, äußerte, dienten solche Lokale als Abgrenzung: Der »Hervorruf gehört zum Tingel-Tangel, und wäre höchstens bei Koupletversen zu erlauben«[11].
Dem Theaterfachmann Paul Linsemann, der 1897 eine Schrift über die Berliner Bühnen veröffentliche, paßte gewissermaßen die ganze Richtung nicht, um einen Ausspruch gegen die Naturalisten abzuwandeln: »Welch öde Dürftigkeit, (...) wo

13 Theaterzettel

dem Tingeltangel eine (...) Bühne errichtet ist. Das Auditorium gedrängt voll. ›Die Gigerlkönigin‹, das ›Schaffner, lieber Schaffner‹, ›Linger Longer Loo‹, ›Du ahnst es nicht‹ und ähnliche das Ohr beleidigende Melodien bilden die Zwischenpausen-Musik. Ein unförmig dicker Komiker trägt asthmatisch seine witzlosen Kouplets vor: eine Strophe auf die unvermeidliche Schwiegermutter, eine auf eine aktuelle politische Frage, eine auf den Magistrat oder auf die Steuern, eine auf ein pikant sein sollendes Abenteuer und schließlich womöglich eine patriotischen Gehalts. Das zündet stets, und der spottbillige Hurrahpatriotismus feiert eine Orgie. Daß hier ein frecher Mißbrauch mit einem der erhabensten Gefühle vorliegt, das merkt Gevatter Spießbürger natürlich nicht. – Dann kommt ein Zauberkünstler mit den schon seit Adam bestaunten Kunststücken, dann eine Soubrette, die keine Bewegung und keine Stimme hat und durch einige Zoten diese Mankos wieder gut zu machen trachtet, worüber der frenetische Beifall der vor Wonne schmatzenden Banausen jubelnd«[12] anschwillt.

Solchen die kleinen und die größeren Varietés gleichermaßen in der Berufsehre kränkenden Beschreibungen versuchten die Artisten durch Differenzierungsangebote entgegenzutreten: »Man sollte es kaum für möglich halten, daß in unseren aufgeklärten Zeiten es auch noch Zeitungsmenschen giebt, die immer noch nicht die Grenze zwischen einem Tingel-Tangel und einem Varieté ziehen können, denn jeder halbwegs gebildete Mensch weiß doch zur Genüge, daß man unter ›Tingeltangel‹ ein solches Unternehmen versteht, welches sich aus minderwerthigen und stimmlich nicht begabten ›bühnensitzenden‹ Chanteusen rekrutiert und in welchem mit dem Teller herumgegangen und eingesammelt wird.«[13] Dem Autor kam offensichtlich nicht in den Sinn, daß solche Unterscheidungen jemanden, der – metaphorisch gesprochen – auf dem Olymp Opernhaus thront und von dort die Bühnenlandschaft betrachtet, überhaupt nicht interessieren, selbst wenn sie zu Recht vorgenommen wurden.

So wettert der sprachgewandte Theaterhistoriker und Regisseur Max Martersteig rückblickend aus den zwanziger Jahren gegen das ganze Unterhaltungstheater vor der Jahrhundertwende: »Zum Mangel an schulgemäßer Ausbildung kam nun noch der bestimmende Einfluß des verwüsteten Geschmacks, den das Operetten- und Tingeltangelwesen in breiten, tonangebenden Kreisen großgezogen und in die Gesellschaft, ja in die Familie verpflanzt hatte. Die Groteske der alten Volksposse und des Vaudevilles stellten kaum je eine solche Versündigung an der ästhetischen Empfindung dar wie diese Produkte, diese travestierende Afterkunst einer in jeder Beziehung perversen Phantasie.«[14] Zumindest läßt sich aus diesen Schimpfkanonaden entnehmen, daß das Varieté in »breiten, tonangebenden Kreisen« inzwischen einen »bestimmenden Einfluß« erworben hatte, womit Martersteig zugibt (wenn auch zähneknirschend), daß die Varietébühnen außerordentliche Erfolge verzeichnen konnten und beliebter waren als die Schauspiel- und Opernhäuser.

Gedämpfter als bei Martersteig geht es in späteren theaterwissenschaftlichen Untersuchungen zu, die jedoch am liebsten das Thema gänzlich vermieden hätten, wenn die Spielstätten nicht unglücklicherweise auch artistische Programme im Repertoire gehabt hätten. Der erstaunlich unreflektierte Glaube, daß die Schaubühnen sich in der Krise befänden, wenn sie Varieté spielten, liegt etwa den Ausführungen Willi Eylitz' zugrunde, der 1940 seine Dissertation über das Königstädtische Theater vorlegte: »Dann stehen ein Jahr lang die lebenden Bilder im Vordergrund des Interesses und fehlen selten auf dem Theaterzettel, bis 1833 wieder der erste Athlet und Herkules Herr Karl Rappo mit seinen Kunstvorstellungen und durch seine Kraft das Publikum ins Theater führen soll. Alle diese Darbietungen konnten oft unzählige Male wiederholt werden, ein bester Beweis, wie sie den Beifall des Publikums hatten. Die Kritiken hingegen nehmen aber kaum von diesen Darbietungen Notiz, gehen aber auch nicht energisch gegen diese Art von Theaterführung vor, so daß es möglich war, daß diese Vorstellungen sich einen festen Platz im Spielplan des Königstädtischen Theaters erobern konnten. Sehen wir uns nun die anderen Vorstellungen an, so ist auch hier wenig Vorteilhaftes zu berichten.«[15] Wenig vorteilhaft nennt der Historiker, der sich zudem den Pluralis majestatis zugesteht, unverständlicherweise ein Unterhaltungsangebot, das beim Publikum Furore machte!

Energischer drückte sich 1957 Georg Bochnik aus, in dessen Dissertation über die Geschichte des Belle-Alliance-Theaters der Anfangserfolg von August Wolffs Café-Chantant auf die »primitive –

14   *Max Martersteig*

dem Publikumsgeschmack angeglichene – Darbietung«[16] zurückgeführt wird. Ohne die geringste Bemühung, dem Geheimnis des Erfolgs auch nur annähernd auf die Spur zu kommen, erklärt der Autor so implizit die Zuschauer zu einer Horde Primaten.

Dieser seit Anbeginn bestehenden, ablehnenden Phalanx der Schreibenden haben sich auch die Kabaretthistoriker angeschlossen. Keine einzige der vielfältigen Veröffentlichungen ist bislang in ernsthafter Weise auf die Bedeutung des Varietés bei der Entstehung des deutschen Kabaretts eingegangen. Auch hier glaubt man offensichtlich, das Genre Kabarett durch die Betonung der literarischen Grundlagen aufwerten zu müssen.

Der Ehrenkodex der artistischen Rezensenten, wie er eingangs kritisch beschrieben worden ist, findet hier seine Berechtigung. Bei einer so starken und weitverbreiteten Ablehnung in den üblichen Printmedien glaubten sich zumindest die wenigen Fachjournalisten verpflichtet, der üblichen Berichterstattung positive Besprechungen entgegenzuhalten.

Es wird offenbar Zeit, mit beidem – sowohl der Ignoranz als auch der Beschönigung – historisch verbürgt aufzuräumen. Das Varietépublikum wie auch die Künstler der Nummernbühne haben es verdient, daß ihre theater-, kultur- und zweifellos auch sittengeschichtliche Relevanz endlich hinreichend aufgearbeitet wird.

15   Varieté Klosterstübl, Postkarte, Ausschnitt

Das Fahrende Volk

»Nehmt die Wäsche von der Leine, die Komödianten kommen!«, lautet(e) eine Berufsweisheit der Schauspieler und Artisten, die noch heute Allgemeingut ist und gelegentlich – je nach Temperament – ironisch, zornig oder deprimiert geäußert wird. Sie verweist auf jene Zeit, als die Komödianten, Gaukler, Seiltänzer und Quacksalber noch kein Stadtrecht besaßen, feste Aufführungsstätten in den Ortschaften fehlten und sie zu Fuß oder in dem durch Thomas Mann[1] in die Literatur eingebrachten »grünen Wagen« plötzlich ins Dorf oder in die Kleinstadt einzogen. Keine Anschlagzettel, keine PR-Kampagne und keine Zeitungsnotiz hatte auf ihr Kommen hingewiesen; überraschend erschienen sie am Dorfeingang, die Bewohner aufschreckend, die ihre Besitztümer umgehend vor der Armut der Fahrenden in Sicherheit brachten. »In diesem Augenblick hörte man deutlich von der Straße her das Schmettern einer Trompete und dazwischen Paukenschläge. (...) Es waren (...) zwei Männer und eine Frau, die bunt und phantastisch aufgeputzt ihren Umritt hielten. Hunderte von Neugierigen drängten ihnen nach«[2], schilderte Theodor Fontane ihren Einzug in die Kleinstadt. Aufregung brachten sie in die Ortschaften, diese festgefügten, überschaubaren und geregelten Gemeinwesen, so oder so; mit ihnen verband sich eben auch Abwechslung, die begehrte Aufregung in einem ansonsten eintönigen Dasein.

Doch nicht nur aus Komödianten bestand das Fahrende Volk, dessen spezifische Entstehung in die Zeit des Verfalls des Römischen Reichs gelegt wird[3], sondern sie stellten innerhalb der reisenden Künstler nur eine Gruppe dar. Eine höchst heterogene Zusammensetzung bildeten die Reisenden, homogen einzig durch den Umstand, ohne festen Wohnsitz zu sein. Zu ihnen gehörten die Volksstämme der »Zigeuner«, dann die Bettler und umherstreifenden Tagelöhner und schließlich jene, die durch irgendwelche selbst ausgeführten Künste ihren Lebensunterhalt verdienten. Das Gezeigte war so vielfältig wie die Gegenden, aus denen die Fahrenden stammten. Ob es einfache Flötenspiele, Seiltänze, derbe Clownerien oder Vorführungen sonstiger unterhaltender Attraktionen waren, ob es sich um das Präsentieren wilder und exotischer Tiere oder Dressurleistungen von Hunden handelte, immer zog mit ihnen das Besondere, Ungewöhnliche, die spezielle Leistung ins Dorf.

Keine Romantik trieb sie auf die Straße, wie sie die bildende Kunst des 19. Jahrhunderts so suggestiv beschwor[4], sondern ausschließlich der »Kampf um das liebe Brot«[5]. Noch 1910 widersetzte sich Signor Saltarino jeglicher Verklärung des Artistenstandes: »Für den naiven Zuschauer umgibt die Künstler des Zirkus und des Varietés eine eigenartige Romantik, und vielleicht gibt es sogar viele unter ihnen, die sie, geblendet durch den Glanz von äußerem Tand, der sie umgibt, beneiden, ähnlich wie die Kinder einen König, der ihnen als der glücklichste der Sterblichen vorkommt. (...) Der

16   *Artisten im Berliner Tiergarten, um 1820*

Artist selbst aber spürt nichts von solchen märchenhaften Herrlichkeiten. Sein ganzes Dasein ist ein steter Kampf (...), ein stetes Ringen mit dem Tode. Und gelangt er dahin, daß er sorgenlos ausruhen kann von seinem schweren Schaffen, dann ist er müde und alt. Wohl werden (...) die merkwürdigsten Abenteuer und Erlebnisse erzählt, doch empfiehlt es sich, davon so wenig wie möglich für wahr zu halten. Denn das Künstlerleben ist in Wirklichkeit bare Prosa. (...) Mühe und Qual – nichts weiter.«[6] Keine Heerscharen vagabundierender Genies wie François Villon bevölkerten jahrhundertelang die Wege der jeweils bekannten Welt, sondern Armut, Arbeitslosigkeit, Krieg oder jugendliches Draufgängertum hatte Männer, Frauen und Kinder auf die Straße getrieben, auf der manche von ihnen mit künstlerischem Geschick sich ihren Lebensunterhalt zu verdienen wußten.

Die vielfältigsten Formen bildeten sich im Laufe der Jahrhunderte bei ihnen aus: die schauspielerisch-komödiantischen, die akrobatischen und die musikalischen. Doch alle bestanden nebeneinander, nicht miteinander. Die reisenden Gruppen waren aus ökonomischen Gründen beschränkt auf einzelne oder Familienmitglieder. Der Bärenführer reiste nicht mit dem Seiltänzer, ein Puppenspieler nicht mit einem Bänkelsänger. Denn jeder hätte dem anderen das spärlich fließende Geld der Seßhaften halbiert. Nur selten vereinigten sie sich zu größeren Verbänden von fünf bis zehn Personen. Doch auch hier diktierte der mögliche Verdienst den Zusammenhalt: Die reisenden mittelalterlichen Ärzte etwa, die Quacksalber, verbündeten sich häufig mit Possenreißern und Artisten, die die Zuschauer animierten und die Kunden von dem durchaus blutigen Tun ablenkten; ihr Verdienst war anteilmäßig.

17   Carl Spitzweg: *Fahrendes Volk*, um 1870

So gingen die Künste der Fahrenden nach Brot. Die sie Ausübenden zogen immer »dorthin, wo sich Lohn versprach. Die Orte sind bekannt, die wiederkehrenden Feste und Begebenheiten im Gedächtnis von Generationen. Von Konzilien, Märkten, Freischießen, von Versammlungen«[7] sonstiger Art sind Berichte überliefert, die das Auftauchen der Gaukler dokumentieren. Sowohl die lokalen Märkte als auch die großen Jahresmärkte von überregionaler Bedeutung zogen sie wie Magneten an, denn außer den Handel wollte der Bürger dort auch das Vergnügen. So strömte etwa auf den berühmten Pariser Jahrmärkten von St. Laurent und St. Germain im 17. und 18. Jahrhundert während der ganzen letzten drei Monate im Jahr das Volk zusammen. Fast die ganzen Stadtteile verwandelten sich in dieser Zeit in Stätten des Vergnügens. Dort hatten die Gaukler und Schausteller ihr Auskommen. Im wechselnden Strom der Besucher fanden der mobile Kleintierdresseur, die ständig geöffnete Abnormitätenbude, die Commedia dell'arte-Truppe, die hoch über den Köpfen der Menge arbeitenden Seiltänzer, die Bänkelsänger und sonstigen fahrenden Kunstsparten ihr Publikum, das ihnen den Spaß und die Abwechslung lohnte.

18 Fahrender Quacksalber, Holzschnitt, 16. Jahrhundert

Noch in der zweiten Hälfte des 19. Jahrhunderts, als die Zahl der Fahrenden beständig im Abnehmen begriffen war, bestimmte Sparten wie Menagerien sich zu stationären Zoologischen Gärten entwickelt hatten, andere von den Circusunternehmern integriert worden waren und das Wachstum der Städte sowie die neuen Transportmittel den Artisten völlig neue Arbeitsbedingungen aufzwangen, blieben die Märkte Anziehungspunkte. Im Zentrum von Adolf Neumanns ca. 1860 geschaffener Lithographie vom Berliner »Stralauer Fischzug« steht eine Bude, die nicht nur

19 Adolf Neumann: Stralauer Fischzug, um 1860

»Hippolitha II«, die »dickste Frau der Welt«, ankündigt, sondern eben auch »Acrobatisch-gymnastische Kunstproductionen«. Trotz der Artisten Aufnahme im Manegenrund und auf der Varietébühne gehörten die Märkte weiterhin zu den attraktiven und gern in Anspruch genommenen Aufführungsstätten. Sie standen daher noch zu Beginn des 20. Jahrhunderts in dieser Tradition, als der Hamburger »Dom«, der große Markt zur Jahreswende, für sie zu einem unverzichtbaren Treffpunkt avancierte. Bühnenleiter reisten an, um sich zu besprechen und Engagements zu tätigen, Vertreter der in- und ausländischen Fachpresse fanden sich ein, und die Künstler präsentierten sich dort dem allgemeinen Publikum wie den Agenten, ihren berufsmäßigen Mittlern. Max Berol-Konorah, langjähriger Präsident der Internationalen Artistenloge, schrieb über die Bedeutung der Zusammenkünfte: »Im Dezember jeden Jahres reisten (…) alle Direktoren von weit und breit nach Hamburg, wo sie Gelegenheit hatten, die dort allenthalben in den Varietés und großen, provisorisch zu Varietés umgewandelten Sälen auftretenden artistischen Novitäten zu sehen. Jeder Artist, der eine neue Darbietung oder Spezialität herausgebracht hatte, jede für den Kontinent neue ausländische Nummer versuchte sich hier zur ›Domzeit‹ in Hamburg zu zeigen. Es war die große artistische Novitäten-Messe Europas.«[8]

So war es schließlich nur konsequent, wenn auf dem »Historischen Jahrmarkt«, der anläßlich der 750-Jahr-Feier Berlins organisiert wurde, ein Varieté stand. Trostlos in seinem Programm wie brillant in seiner auf einer vorgebauten Plattform gezeigten Animation kann es stellvertretend stehen für das Jahrmarktsvarieté, das sich den seinerzeit populär gewordenen Begriff entlieh, doch in den Buden oder Zelten Vorstellungen bot, die nicht in den größeren Häusern angekommen wären. Die Vielzahl der Auftrittsmöglichkeiten schuf im 19. Jahrhundert eben auch eine qualitative Differenzierung, die es in so ausgeprägter Form in Jahrhunderten zuvor nicht gegeben hatte. 1914 betonte Carl Bretschneider, Mitglied des Direktorenverbandes: »Die Blüte des Artistentums hat die Landstraße verlassen und ist in die Großstädte«[9] gezogen. Dort besaß das Varieté inzwischen feste Häuser, mitunter gar glänzende Paläste, in denen man sich über den reichen Schmuck so mancher Tänzerin geradezu Wunder erzählte.

So steht denn das Varieté in der Tradition der Fahrenden? Ebensoviel und ebensowenig wie der Circus. Gewissermaßen Parias der feudalen wie der aufgeklärt-bürgerlichen Gesellschaft, die mit dem Segen der christlichen Kirche zeitweise straflos ausgeraubt, vergewaltigt und erschlagen werden durften, war der Artisten Heimstatt die rastlose Reise. Nicht nur trieb sie ihr Beruf umher, sondern auch die Bürger, die Seßhaften litten sie nicht in ihren Städten. Sie sahen die Gaukler gern zu ihren Festen, bezahlten, lachten und staunten über sie, doch am Tag nach dem Markt hatten die Artisten die Stadt wieder zu verlassen; die auf die Leine zu hängende Wäsche wartete. Ein seltsam früher Versuch, aus diesem Kreislauf auszubrechen, bildete der Aufenthalt des »Starken Mannes« Johann Karl von Eckenberg in der ersten Hälfte des 18. Jahrhunderts in Berlin. Als Sohn eines Handwerkers war er durch die Ehe mit einer Seiltänzerin[10] ehrlos geworden und zog wie diese als Fahrender umher. Durch glückliche Umstände konnte er dem damaligen preußischen König eine Erlaubnis zur Führung einer Spielstätte abringen,

20   Eintrittskarte zu »Schichtls Hinrichtungs-Varieté« in Berlin 1987

in der er akrobatische Darbietungen mit theatralischen Inszenierungen verband. Doch weder gelang es ihm, sich in die kleinstädtische Beschaulichkeit der Residenz auf Dauer einzufinden, noch mit seinem Unternehmen ein ständiges Publikum zu erobern und damit regelmäßige Einnahmen zu erwirtschaften. Schließlich mußte er, ein Universalartist, die Stadt wieder verlassen; sein Versuch, das Stigma des Fahrenden abzulegen, war gescheitert.

Die Initiative zur Schaffung von Varietés ging daher nicht von den Reisenden aus. Ihre Paria-Stellung in der Gesellschaft und ihre Heimatlosigkeit verhinderten die ökonomischem Nutzdenken entspringende Etablierung von Lokalen, in denen sich das Varieté herausbilden sollte. So wie nicht die Fahrenden den modernen Circus schufen, sondern die Reitergesellschaften, sich dann aber von den Betreibern engagieren ließen, so stand auch am Anfang der Varietéentwicklung nicht der Artist, der reisende Musikant oder Komödiant, sondern der Nicht-Künstler, der Seßhafte, der örtliche Aufführungsstätten schuf, weil er verdienen wollte, konkret: der Kneipier oder Gaststättenbesitzer, der mit seinem Unternehmen der Konkurrenz unterlag.[11]

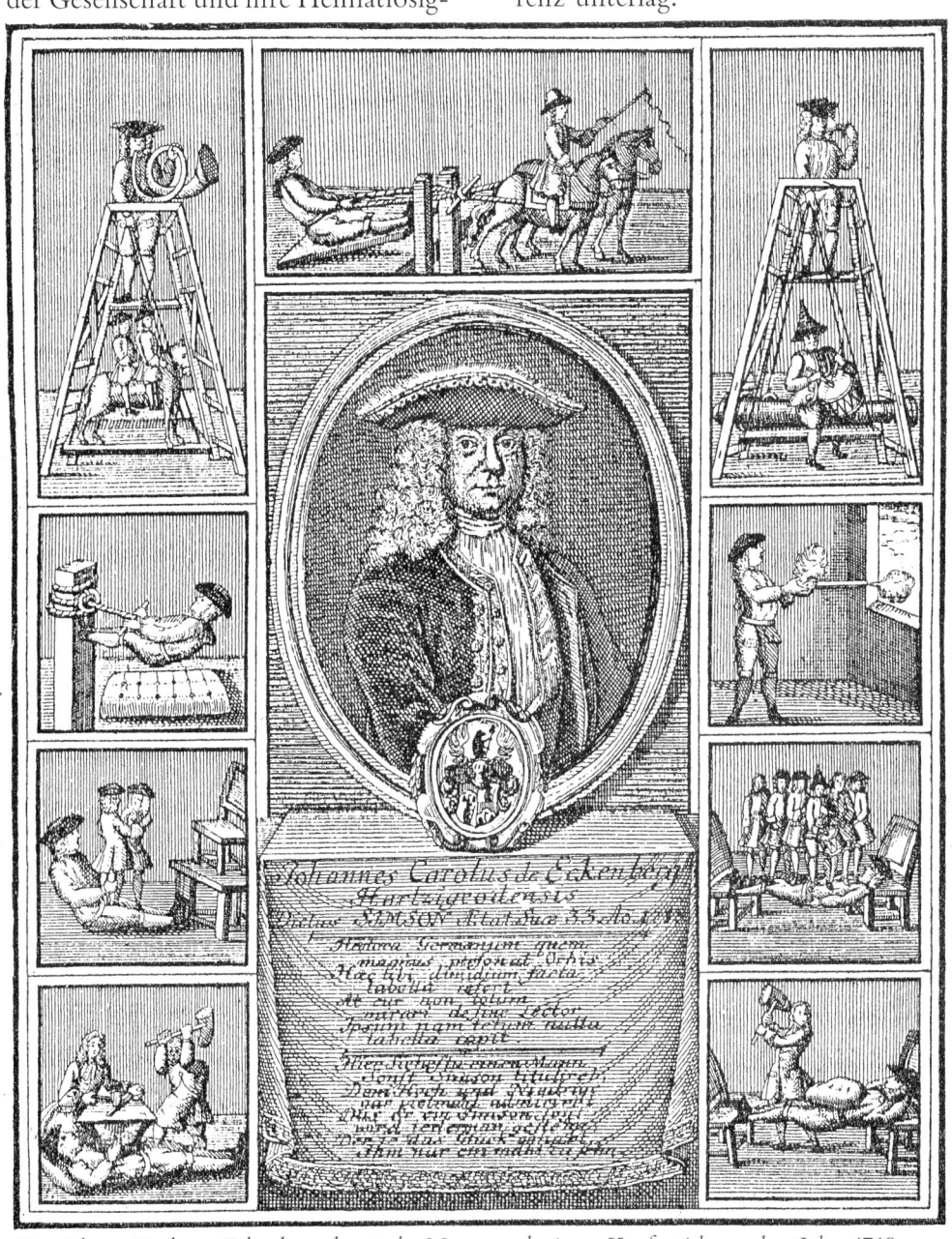

21 Johann Karl von Eckenberg, der starke Mann; nach einem Kupferstich aus dem Jahre 1718

22 Konzert im Biergarten, Neuruppiner Bilderbogen, Ausschnitt

Öffentliches Vergnügungsleben vor 1848

In der ersten Hälfte des 19. Jahrhunderts entwickelte sich ein öffentliches Vergnügungsleben, wie es bis dahin völlig undenkbar gewesen war. Grundlage des gestiegenen Amüsements war ein demokratisierender gesellschaftlicher Prozeß, dem die Scheidung der Klassen zunehmend anheimfiel, verbunden mit steigendem bürgerlichen Wohlstand aufgrund der einsetzenden Industrialisierung, dem Wachstum der Stadt und dem Einfluß des französischen Vorbilds. Gleichsam punktuell löste sich die Trennung auf, als das Bürgertum begann, von der Aristokratie unabhängige Formen städtischen Vergnügens zu entwickeln, die jedoch letztlich allen Sozialschichten zugänglich waren. In den neuen großen Etablissements trafen sich junge Adelige, Bürgersöhne aller Schattierungen, Provinzler und Prostituierte mit ihrem speziellen Anhang gleichermaßen. Besonders die auf Bällen sich austobende Tanzlust und die Begeisterung für »Monstre-Concerte« aller Art nahmen derart überhand, daß sie den Berlin-Chronisten Ernst Dronke 1846 zu Sätzen hinrissen, die nichts mehr mit biedermeierlicher Spitzweg-Idyllik zu tun haben: »Die Nacht ist das eigentliche Leben der großen Stadt. In Theatern, an öffentlichen Orten, in heimlichen Vergnügungen und in verborgenen, düsteren Höhlen des Lasters: in wirrem, wildem Treiben tobt jetzt alles durcheinander. Es braust und brandet auf der Oberfläche fort, die Stadt hat sich geputzt wie zu einem Fest, sie jauchzt bacchantisch und stürzt zuletzt taumelnd und ermattet in sich zusammen. Die Ruhe einiger Stunden reicht hin zu ihrer Erholung. Sie nimmt ein Bad in der frischen Morgenkühle, steigt schöner und jungfräulicher daraus hervor und beginnt immer und immer wieder aufs Neue. Am Abend derselbe Taumel.«[1]

Keine höfischen Feste, kein Königliches Opernhaus oder das gemütliche Hauskonzert im großbürgerlichen Salon hatten Anteil daran, sondern bevorzugt die inner- wie außerhalb der Stadtmauern eröffnenden großen und kleineren Ballsäle und Schankwirtschaften. Durchaus standesgemäßer Stolz erfüllte die Besucher, hatte das Bürgertum doch inzwischen das erste Unterhaltungstheater in der Stadt errichten können: das Königstädtische Theater am Alexanderplatz. Zudem gab es unmittelbar außerhalb des Brandenburger Tors das erste Circusgebäude in Preußen, und seit 1844 glänzte in dessen Nachbarschaft das Krollsche Etablissement, in dem alles geboten wurde, was das damalige vergnügungssüchtige Herz begehrte: täglich Konzerte, Bälle und Belustigungen durch die Künste der Fahrenden. Unterstützt durch die Niederlassungen süddeutscher Brauereien in der preußischen Residenz, die – um das traditionelle Berliner Weißbier zu verdrängen – eigene Lokale eröffneten, bildete sich ein Kranz des Amüsierlebens um die Stadt. »Im Norden sind es die Brauereigärten an der Chausseestraße, in Alt-Moabit und rund um den Friedrichshain; im Süden der Vergnügungspark Tivoli am südlichen Kreuzberg, die Biergärten in der Hasenheide und die Restaurants in Tempelhof. Im Südosten reihen sich zwischen dem Ufer der oberen Spree und dem Treptower Park die Schankwirtschaften. Im nahen Westen liegt der Tiergarten vor der Tür, doch das weit entfernte Charlottenburg ist dem Städter bereits Sommerfrische und für einen Sonntagsausflug eine ganz schöne Strecke Weges. Alles was über den Tiergarten hinausgeht, sind ›Landpartien‹ mit dem Kremser oder dem Pferdeomnibus.«[2] Alle Lokale verband das Dreigespann »Wein, Weib und Gesang«, in dem gewissermaßen der Urgrund der späteren Varietés liegt. In ihnen erfuhren die zumeist männlichen Besucher eine umfassende Bewirtung mit Speisen und Getränken, trafen sie auf eine mehr oder weniger offen sich prostituierende Weiblichkeit und erklangen populäre Melodien, zu denen man mitsingen oder auch tanzen konnte. Am Anfang stand die Musik, ließe sich im Hinblick auf die Entwicklung des Varietés formulieren.

Diese Ursprünge unterscheiden das Varieté fundamental vom Theater und prägen es bis in die unmittelbare Gegenwart. Die Verbannung der später als Unsitte empfundenen Tradition des Essens, Trinkens und Rauchens während der Vorstellung wird zur Jahrhundertwende als »Veredelung« aufgefaßt, aber nicht durchgesetzt werden können. Die Mehrfachbefriedigung der Gäste – Ziel der Unterhaltungsbühnen insgesamt – prägt sich gleichsam in der ganzen Art der Etablissements aus. Entweder der Lokalbesitzer engagierte zur Unterhaltung seiner Gäste eine feste Musikkapelle, oder aber wandernde Musiker zogen von

Restauration zu Restauration, spielten zum Tanz auf und sammelten ihren Lohn mit dem Teller ab. »Konzerte« nannte man grundsätzlich alle diese Veranstaltungen, ob die Musikvorträge nun von dem Mammutorchester eines Wilhelm Wieprecht mit mehreren hundert Mitwirkenden oder von zwei wandernden Musikanten gespielt wurden. »Konzerte schweren Kurants besucht man um ihrer selbst willen. Kleinere Quartette, Streicher- oder Bläsergruppen nimmt man als Zugabe beim Besuch der Lokalitäten. Da musizieren eintrittsfrei fahrende Einzelunterhalter mit Geige und Harmonika, mit Harfe oder Gitarre und holen sich zwischen den Piecen – von Tisch zu Tisch ziehend – als Entgeld den nach der Sitte bestimmten Silbergroschen.«[3] Zu den Marschmusiken der an die Vergnügungsfront abkommandierten Militärorchester gesellten sich die Gassenhauer, die von den kleineren Ensembles bevorzugt und vom Publikum häufig genug mitgegrölt wurden.

Sommers wie winters füllten sich die Etablissements Kolosseum, Tivoli, Hofjäger, Krugs Garten, Elysium oder jene In den Zelten mit einem bunten, lauten und mitunter despektierlichen Publikum. Manche Inhaber begnügten sich auch mit einem schlichten »Kaffe« als Aushang oder wurden gar selbst zum charakteristischen Namensgeber erhoben. 1832 hieß es etwa in einer Reisebeschreibung: »Wir wenden uns nach der Dorotheenstraße und gehen dort in den Berliner Saal oder, wie man auch sonst sagt, zum ›dicken Wilhelm‹. Von der Straße her bietet das Haus nichts besonderes dar, aller Glanz hat sich nach Innen konzentriert. Schon die Hausthür kündigt Höheres an: sie ist mit Rebenstöcken bemalt und versetzt uns also in einen Weinberg. Ein Anschlag besagt, daß Niemand in Livrée und Futterjacken eintreten darf; dann zahlt man 2 Sgr. 6 Pfg. für ein Eintrittsbillet, das man aber drinnen in eine Stange Weißbier oder in ein anderes Labsal umsetzen kann. Der Vorsaal führt in einen kleinen, düsteren Hof, wo uns schon die Musik des nahen Balls entgegenschallt. (...) Die Gesellschaft ist hier sehr gemischt; durch die Thür zur Rechten aber kommt man in den Ballsaal. Derselbe ist rund, nicht eben groß und hoch, aber durch Kronleuchter brilliant erleuchtet. Wie eine Art Überbau zie-

23 Die Villa Colonna an der Königsbrücke um 1840, Farblithographie von A. Haun, Ausschnitt

hen sich ringsumher vergitterte und mit Gardinen versehene Logen, die aber nicht zum Zuschauen, sondern im Gegenteil zum Nichtgesehenwerden und zu stiller Abgeschiedenheit im magischen Dunkel bestimmt sind. Unter diesem Überbau sitzen diejenigen, welche nicht tanzen, auf gepolsterten Bänken, meistentheils paarweise, wodurch dann auch viel Raum erspart wird, indem die meisten traulichen Paare nur den Sitz einer einzelnen Person einnehmen. Der Eingangsthür gegenüber befindet sich eine große Nische für die Musiker und hinter derselben eine glänzende Spiegelwand, wodurch der Saal noch einmal so groß erscheint, vor den Musikern aber ein Gitterwerk, um diese Künstler und ihre Instrumente sicher zu stellen. (…) Von der Gesellschaft selbst kann man sagen, daß sie sehr lustig und durchaus ungenirt sei. (…) Stattlich, ja übermäßig herausgeputzt waren Alle und spielten nach Möglichkeit Noblesse. Getanzt wurden nur Galoppaden und Walzer und dazwischen ertönte oft eine lust-unterbrechende Klingel, wo jeder Tänzer dann 1 Sgr. erlegen mußte.«[4]

In diesem Bericht findet sich bereits ein Gutteil jener Elemente, die sich nach 1848 zum Varieté verdichten sollten: die Musik, ein nicht aus Bildungsmotiven anwesendes Publikum, eine Beköstigung und die Berührung mit dem Prostituiertenmilieu.

Auch der Berliner Possenkomiker und zeitweilige Theaterdirektor Emil Thomas, der die Entwicklung der Café-Chantants oder Singspielhallen bereits aus Berufsgründen sehr aufmerksam verfolgte, legt ihre Entstehung in solche Art von Lokalen. Sein Beispiel illustriert besonders anschaulich, daß zur Unterhaltung der Besucher Mitte der vierziger Jahre bereits mehr als ausschließlich Konzerte geboten wurde; das artistische Element begann sich einzustellen: »Man trat in ein halbdunkel erleuchtetes Zimmer, wie es eben ein Kellerlokal bieten kann, dumpf, von Zigarrenqualm durchtränkt. (…) Auf der rechten Seite (…) war eine Bank, auf der sich der harmlose Zuschauer auszuruhen gedachte, um sich an der auf der anderen Seite befindlichen Vortragskapelle zu weiden. Der Dirigent dieser Kapelle war (…) Herr Musikdirektor Quewa. Er verfaßte für sich und seine Mitwirkenden Quartette. (…) Quewa, von kleiner Figur, mit säbelkrummen Beinen, der

24 Links das Königstädtische Theater am Alexanderplatz um 1830, Kupferstich nach einem Aquarell von Calaun

sich ein Kränzlein angegessen wie ein feistes Mönchlein, mit einem uralt unmodernen befrackten Oberkörper, das Gesicht bartlos, während sein Kopfhaar, sein höchster Schmuck, über die Schultern fiel und ihm ein zwerghaftes Aussehen gab. Er spielte virtuos die Guitarre, machte Solo-Vorträge mit Pfeifen, Schnupfen aus einer großen Tabaksdose, ja mit dem Balancieren einer Zigarre, die er kunstgerecht aus dem Munde auf die Nase tanzen ließ. Mit seinen Vorträgen machte er geradezu Sensation. Das Publikum jubelte, kreischte und die Dacapos nahmen schier kein Ende.«[5] Die hier so anschaulich beschriebenen artistisch-humoristischen Einlagen in dem musikalischen Ablauf, in Thomas' Beispiel gewissermaßen noch in Personalunion mit dem ohnehin auftretenden Musiker, entwickelten sich zunehmend zu einem Arbeitsfeld für die Fahrenden. In anderen Lokalen und selbst im Theater zog die ganze Vielfalt der artistischen Künste ein.

Im Gegensatz zu den Musikern, die ständig in der Stadt anwesend waren und deren große Zahl Hector Berlioz bei einem 1841 erfolgten Berlin-Besuch gar zu der Bemerkung hinriß, daß dort ganze »Regimenter von Musikern«[6] zur Unterhaltung aufspielten, waren die Artisten nicht immer anzutreffen. Sie kamen auf ihren ausgedehnten Reisen eher unregelmäßig in die preußische Residenz. Da zu dieser Zeit noch keine Agenten ihre Fahrten organisierten und Engagementverträge für sie im voraus abwickelten, entstand unter den Artisten der Brauch, Hefte und Bücher anzulegen, in denen sie ihre Auftrittsorte festhielten und die jeweiligen Direktoren die Gastspiele bestätigten sowie die Leistungen kommentierten. Diese Sammlungen dienten ihnen dann bei ihrer Engagementsuche als Referenzen. Im Laufe der Jahre entstanden so ganze Familienchroniken, die selbst später noch aufbewahrt wurden, als die Zwischenvermittlung der Agenten längst allgemeine Praxis geworden war.[7] Erst einmal in Berlin verpflichtet, ergaben sich aufgrund der Größe des Ortes automatisch zusätzliche Möglichkeiten, ihren Aufenthalt durch weitere Engagements zu verlängern. Die in den Jahren zwischen den Befreiungskriegen und der Revolution 1848 in Berlin anzutreffenden Artisten repräsentierten praktisch das ganze Berufsspektrum: von Kunstreitergesellschaften über Menagerien zu Klischnigg-Darbietungen, von Zauberkünstlern über Bodenakrobaten zu Seiltänzern, von Affen- und Hundetheatern über Puppenspieler bis zu Tableau Vivants; alles fand sich in der preußischen Residenz ein und bereitete allmählich den Urgrund für das Varieté.

Hunde- und Affentheater besaßen zwar in der Regel ihre eigenen Bühnen, wenn sie anreisten, brauchten jedoch die behördliche Genehmigung zur Aufstellung und die des Lokalbesitzers, in dessen Räumen sie ihre Produktionen zeigen wollten. Ihre Aufführungen beruhten auf speziellen Dressurleistungen, bei denen die in menschlichen Kostümen steckenden Tiere auf einer kleinen Guckkastenbühne auftraten und kurze Szenen

25 August Müller: In einer Tabagie, zwei Musiker spielen zum Tanz auf, Holzstich

spielten, ohne dabei die Anwesenheit des Leiters zu benötigen. Schreyers Affentheater in der Leipziger Straße war vielleicht das bekannteste derartige Unternehmen in Berlin, doch wahrlich nicht das erste oder gar einzige. Bereits im Jahre 1800 hatte eine solche Bühne mitten in der Stadt gestanden. Dem Chronisten wollte es allerdings nicht gefallen, daß sich ausgerechnet auf dem Opernplatz »seit Jahr und Tag eine elende Bretterbude erhalten (hat), welche rund umher mit grellen Abbildungen wilder und zahmer Tiere behangen ist, und in welcher einige fremde Tiere zu allen Zeiten des Tages für Geld zu sehen sind. Der Herr dieser Menagerie ist ein magerer Franzose, der seinen kärglichen Unterhalt vorzüglich zwei kleinen Affen verdankt, welche auf sein Kommando nach dem Schall einer erbärmlichen Janitscharenmusik auf dem Seile tanzen oder vor der Tür seiner Bude die Vorübergehenden durch ihre Sprünge herbeilocken müssen. Der witzige Franzose scheute sich nicht, seine beiden Virtuosen eine Zeitlang mit einer preußischen Uniform zu kleiden und sie mit einem hölzernen Gewehr exerzieren zu lassen. So lange nun dieses Gaukelspiel dauert, wird der Pöbel nicht müde, sich in einem großen Kreise umher zu drängen und bei jedem Fratz, welcher der Aff' schneidet, ein gellendes Gelächter in die Luft zu schicken.«[8] Auch bei Kroll traten im prächtig »illuminierten Jardin« Puppenspieler (etwa Julius Linde[9]) und dressierte Affen auf. »Der Sommer sah die Berliner im Krollschen Garten unter den hohen schattigen Parkbäumen, am Tische sitzend, oder promenierend, der Konzertmusik lauschend, während an der Südseite sich für Kinder und Erwachsene sommerliche Freuden im Spiele aller Art auftaten. An dieser Seite entwickelte sich allmählich ein fröhliches Treiben von Akrobaten, Seiltänzern, Kunstreitern, Figuren-Theatern, und schließlich fanden sich auch Linde's Puppen- und Schreyer's Affentheater ein, und die Affen echappierten oft von der Bühne und zogen den Aufenthalt im grünen Laub der Parkbäume vor.«[10] Aus der im Garten aufgestellten hölzernen »Affenbude«[11] wurde, nachdem Auguste Kroll aufgrund der revolutionären Ereignisse 1848 eine Theaterkonzession erhalten hatte, durch das Auftreten von menschlichen Darstellern ein Sommertheater, auf dem selbst Opern zur Aufführung kamen.

Für weitere artistische Künste, besonders für die Kunstreitergesellschaften, bestand seit 1821 der

26 *Ludwig Löffler: Eine »Konditorei«, Holzstich*

27 *Emil Thomas*

»Circus vor dem Brandenburger Thore«, der im Laufe seines Bestehens zwar nicht permanent, aber doch ziemlich regelmäßig bespielt wurde. Es handelte sich praktisch um ein Gastspielgebäude, das errichtet worden war, den zunehmend populärer werdenden circensischen Spielen eine Heimstatt in Berlin zu geben. Typisch für die damalige Circusarchitektur war die zusätzlich zur Manege eingerichtete Guckkastenbühne. »Dem Eingange gegenüber, jenseits der Rotunde, ist ein kleines Theater angelegt, worauf, wenn der Circus von sogenannten spanischen oder englischen Reitern benutzt wird, pantomimische Darstellungen gegeben werden«[12] können. Für die szenischen Aufführungen wurden beide Teile gleichermaßen genutzt, so daß die Reiter über Stege auf die Bühne und zurück in die Manege gelangen konnten. Das Pferd auf den Brettern, die die Welt bedeuten, gehörte also immer noch (seit dem Barock) zu den Selbstverständlichkeiten.

Das zeigte sich auch bei den Reitergesellschaften, die zur Zeit des Biedermeier in der Stadt weilten und teilweise einen ausgezeichneten Ruf genossen. Ihre Auftritte blieben nicht auf die Manege im Tiergarten beschränkt, sondern sie fanden ebenso Eingang in das Königstädtische Theater am Alexanderplatz. Diese 1824 eröffnete Spielstätte, die in Berlin das Volksstück und die Lokalposse zu ersten Erfolgen führte, entwickelte im Laufe der Jahre einen ganz eigentümlichen Spielplan, dessen Programme sehr an Varietéveranstaltungen gemahnen. Verstärkt wird dieser Eindruck durch regelmäßige Engagements von Akrobaten und Reitergesellschaften, die auf dreierlei Arten in den Vorstellungen Platz fanden. Sie führten entweder eigene Pantomimen zu Pferde aus, wirkten neben den Schauspielern in den angesetzten Stücken mit oder verteilten sich als Intermezzi zwischen die üblichen szenischen Einakter. Eylitz stellte dazu mißbilligend fest: »Alois Theodorovich, der trotz seines germanisch klingenden Namens ›der Herkules Italiens‹ genannt wird (...), oder die steyrischen Alpensänger, die lange anwesend sind, füllen die Pausen in den Zwischenakten aus. Dieser Methode bleibt Cerf auch in den folgenden Jahren treu. Ein interessantes Beispiel bieten hierfür die Monate April und Mai des folgenden Jahres, in denen zuerst ein Bauchredner auftritt, der von

28 Allegorische Darstellung des nächtlichen Vergnügungslebens; im Rang: Séparées mit Vorhängen

einem angeblich französischen Kollegen abgelöst wird, und da beide dem Publikum offensichtlich gefallen haben, wird für den Mai eine Bauchrednerin aus Dänemark angekündigt. Im Mai 1831 wird der damals in ganz Deutschland bekannte englische Grotesk Proteur von Klischnigg vom Durylane-Theater in London für eine Reihe von Gastspielen verpflichtet, die, wie das Programm in großer Schrift vermerkt, im Kostüm eines Affen stattfinden werden. Bezeichnenderweise werden auch diese Vorstellungen als Kunstvorstellungen auf dem Theaterzettel angekündigt, was sich für alle folgenden Darbietungen dieser Art als Norm herausstellen sollte. Anreißerisch wie auf Cirkusplakaten werden alle Künste des Athleten auf dem Zettel in großer Schrift angepriesen.«[13]

Im September 1831 traten dann der Zauberkünstler Döbler und zwei Jahre darauf der Kraftathlet Karl Rappo im Königstädtischen Theater auf. Auch in den folgenden Spielzeiten engagierten die Direktoren Seiltänzer, Akrobaten, Ringer und Fechter. Mitunter standen nicht weniger als drei artistische Gesellschaften gleichzeitig unter Vertrag, um ihre Künste dem Berliner Publikum vorzuführen. Volksstücke, Possen und »Konzerte, auf deren Programm die C-Dur Sinfonie Mozarts, Webers Oberon-Ouvertüre und Beethovens Eroica standen, wechseln mit Athleten, musikalisch-szenischen Abendunterhaltungen, russischen Pantomisten, Kinderballets (und) Nebelbildern«[14] in bunter Reihenfolge ab.

So kann am Beispiel Berlins die generelle Aussage Martersteigs bestätigt werden, daß »der Spielplan deutscher Theater – selbst vornehmer – in der Zeit von 1830 bis 1840 Programmen für Varieté-Unterhaltungen (ähnelte): ein französischer Einakter, einige Arien, Opernszenen oder Couplets, ein Ballett-Divertissement, eine Artistenpiece am Trapez – auch Taschenspieler und dressierte Kanarienvögel waren beliebt: was eben die Umsicht der Nachfolger Goethes im Amt gerade auftreiben konnte«[15]. Bei dem großen Erfolg der Aufführungen wundert es nicht, wenn auch von anderen Spielstätteninhabern vergleichbares versucht wurde.

1831, im Jahr der Cholera, die die ganze zweite Jahreshälfte über wütete und im Oktober jede Woche 300 neue Opfer in Berlin forderte, war – wie oben dargestellt – Klischnigg im Königstädtischen Theater aufgetreten: Dieser junge Artist begründete eine ganze Sparte innerhalb der Akro-

29 C.W. Allers: Im Affentheater

batik, die sich seither nach ihm nennt. Im Zuge einer Europatournee hatte es ihn im Sommer zum ersten Mal in die preußische Residenz geführt, und die Besucher waren fassungslos vor Staunen über die Leistungen dieses Mannes. Klischnigg galt als Phänomen an Gelenkigkeit, und das Kostüm des Affen, das Eylitz unwissend als Beleg theaterfernen Unsinns wertet, war sein Bühnenkostüm, das ihn berühmt gemacht hatte. Autoren wie Johann Nestroy lieferten ihm für seine Auftritte die benötigten szenischen Rahmenhandlun-

30 Gartenanlage von Krolls Etablissement, Postkarte, Ausschnitt

31 Eduard Klischnigg

gen, die sich selbstverständlich um einen Affen ranken mußten.[16] Aufgrund des Erfolges, den Klischnigg erzielte, enstand eine Nachahmungswelle, die auch andere Artisten veranlaßte, als Klischnigger zu arbeiten. Der Aufenthalt des Namenspatrons beschränkte sich 1831 jedoch nicht allein auf die Spielstätte am Alexanderplatz, sondern erstreckte sich zudem noch auf ein paar weitere Lokalitäten. So ließ er sich, nachdem sein Engagement im Königstädtischen Theater abgelaufen war, etwa vom Elysium anwerben. Dieses seit 1830 am Südrand des Tiergartens von Carl Ludwig Heinzelmann betriebene Lokal, das 1833 durch eine Schauspielkonzession zum ersten Berliner Sommertheater avancieren sollte, war eines der beliebtesten damaligen Etablissements. Neben dem obligaten Feuerwerk und den Konzerten à la Wieprecht errichtete die Direktion auch »ein Podium im Freien für akrobatische Vorführungen«[17]. Am 13. Juni rät die Vossische Zeitung ihren Lesern: »Der Herr von Klischnigg hat seine Kunstvorstellungen im Elysium begonnen, und wir finden diesen Ort zu dergleichen Belustigungen auch am geeignetsten, da für ein zahlreiches Publikum die beste Gelegenheit zum bequemen Anschauen hier vorhanden ist. Ungeachtet des ungünstigen Wetters hatte sich am vergangenen Mittwoch und Freitag ein ziemlich zahlreiches, elegantes Publikum eingefunden, und dem Hrn. von Klischnigg wurde wiederholt starker Beifall zu Theil. In der Tat leistet er Unglaubliches, und wer ihn nicht gesehen hat, sollte diese Gelegenheit nicht vorübergehen lassen.«[18]

Auch im südlich von Berlin gelegenen Vergnügungslokal Tivoli, das dem Pariser und Hamburger Etablissement gleichen Namens nachempfunden und 1829 von den Brüdern Gericke eröffnet worden war, absolvierte Klischnigg diverse Vorstellungen. In Konkurrenz zum Elysium fanden dort gleichfalls neben Konzerten artistische Darbietungen auf einer speziell zu diesem Zweck errichteten Sommerbühne statt. Sie entstand jedoch erst in Nachahmung des Tiergartner Lokals im Juni 1831, wie folgende Anzeige belegt: »Donnerstag, den 23sten d. werden daselbst die Professoren der neuen Gymnastik aus Paris Mathevet und Martin auf dem eigends dazu eingerichteten Garten-Theater ihre ersten Exerzitien zu geben die Ehre haben. Erste Abteilung: Plastisch-mimische Darstellungen. (...) Zweite Abteilung: Gymnastische Übungen. (...) Der Anfang ist mit Beginn der Dunkelheit.«[19]

Unbedingt ist davon auszugehen, daß es außer den eben genannten Etablissements eine Reihe weiterer Berliner Sommerlokale mit vergleichbaren

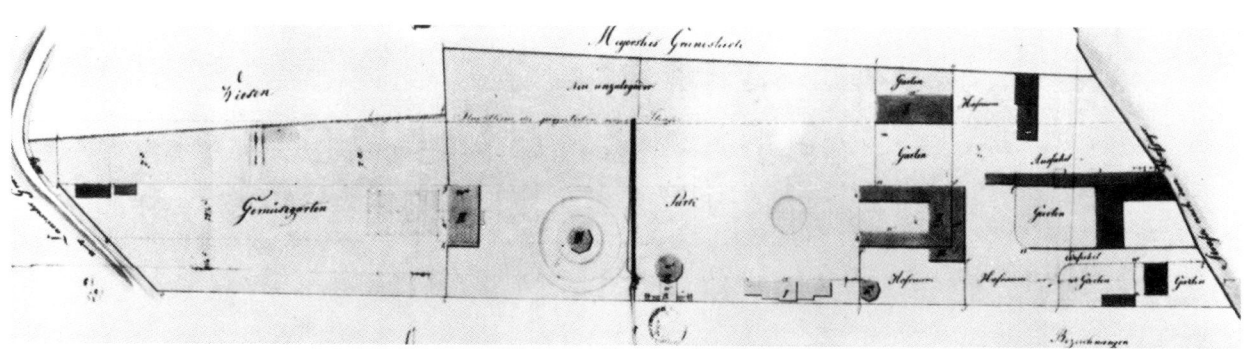

32 Grundriß des Elysiums von Carl Ludwig Heinzelmann, 1830

Podien bzw. Gartenbühnen gab, auf denen zusätzlich zu den Konzerten regelmäßig artistische Aufführungen stattfanden. Die Anzeigenseiten der Zeitungen dokumentieren nicht vollständig die Attraktionen in den Veranstaltungsorten. So beschwerte sich 1834 bezeichnenderweise eine im Tivoli auftretende Schauspielergesellschaft beim Berliner Polizeipräsidenten, daß sie dort »Arlequinaden wohl darstellen aber nicht speziell öffentlich annoncieren«[20] dürfe.

Insgesamt zeigt sich also bereits in den öffentlichen Vergnügungslokalen vor 1848 die später als typisch varietégemäß erscheinende Verbindung von Szene, Musik und Akrobatik, ohne allerdings schon Varieté zu sein. Dazu fehlte sowohl die Planbarkeit der Programme als auch die Kontinuität der Veranstaltungen. Einzig die musikalischen Darbietungen konnten von den Lokalbesitzern regelmäßig organisiert werden, da die Musiker sich in der Stadt befanden. Demgegenüber bestanden im artistischen Bereich aufgrund der fehlenden oder mangelhaften Kommunikationsmöglichkeiten zwischen beiden Vertragsparteien unüberwindliche Schwierigkeiten der Planung. Sie ergaben sich schlicht aus den Lebensumständen der Fahrenden, die zur Ausübung ihrer Profession ständig unterwegs sein mußten und ihre Routen den Seßhaften nicht bekanntgaben. Selbst der Circusbau vor dem Brandenburger Tor konnte von den Besitzern nicht regelmäßig bespielt werden. Allerdings ist bereits für den Vormärz festzuhalten, daß ein aufnahmebereites Publikum für gemischte Programme durchaus vorhanden war. Doch noch existierten Musik, Schauspiel und Artistik überwiegend nebeneinander. Nur gelegentlich an bestimmten Orten, unter denen die Schanklokale, seien es solche des sommerlichen oder nächtlichen Vergnügens, vorherrschten, kam es zu gemeinsamen Veranstaltungen. Noch bot sich die Artistik ohne musikalische Intermezzi dar, und die Unterhaltungsmusik, worunter fast alle öffentlich genossenen Konzert fielen, kam ohne zusätzliche spannende oder belustigende Elemente aus.

Noch kennt man die Erfolgsformel für ein unterhaltendes, zerstreuendes und belustigendes Programm nicht: die bunte Folge, aber man nähert sich ihr in den Jahren vor 1848 von verschiedenen Seiten her an. Einmal gefunden, wird sie bestimmend werden für fast sämtliche unterhaltenden Genres.

33   Klischnigg als Affe Mamok in Johann Nestroys Posse »Der Affe und Bräutigam«, 1837

34   Theaterzettel

35 Das Tivoli bei Berlin, Farblithographie, 1829

36 Herkulesgruppe, 1844

37 Der Circus vor dem Brandenburger Thore, 1832

Der Tanz prägte neben dem Trinken jene Lokale, die dem nächtlichen Vergnügungsleben zuzurechnen sind. Die Berührung mit dem Prostituiertenmilieu, das bereits beim »Dicken Wilhelm« anzutreffen war, zieht sich durch die ganze Geschichte des Varietés und erwies sich letztlich als untilgbar.

Die städtische Prostitution in den Jahren des Vormärz war zu einer Selbstverständlichkeit des Berliner Sozialgefüges geworden. Die an gesellschaftlichen Fragen interessierten Kreise berichteten und diskutierten über ihre Art und den Umfang. Die Bauernbefreiung zu Beginn des Jahrhunderts hatte eine große Zahl junger Mädchen in die Städte getrieben, die dort auf Beschäftigungssuche zum Teil in Kaschemmen, Tanzlokalen und – solange sie noch existierten – öffentlichen »Freudenhäusern« Unterkunft fanden. Die gefährdete Unschuld vom Lande wurde gleichsam zu einer landläufigen gesellschaftlichen Erfahrung. War es ohnehin für anständige Frauen unmöglich, sich in öffentlichen Schanketablissements zu zeigen, ohne sich dem Verdacht der Käuflichkeit auszusetzen, verfestigte sich dieser Bewertungsmechanismus noch, als Mitte der vierziger Jahre die großen Bordelle aufgelöst wurden. Es sollte zwar mit dieser Maßnahme das grassierende Dirnentum bekämpft werden, kam doch inzwischen auf jeden sechsten Mann eine Prostituierte, doch das Ergebnis war gegenteiliger Natur.[21] Die Frauen breiteten sich nun über das ganze Stadtgebiet aus und suchten ihre Kunden auf den Straßen und in den öffentlichen Trink- und Tanzlokalen. Friedrich Saß betonte 1846, daß es selbst in der Nobelrestauration von Kroll einen hohen Prozentsatz Frauen gab, die ausschließlich auf zahlende Bekanntschaften spekulierten. Das öffentliche Vergnügen dieser Zeit war rundum männlichen Zuschnitts.

Wie aus dem Milieu der Nachtlokale Impulse für die Entwicklung des Varietés entstanden, verdeutlichen sinnfällig die Polkakneipen. In diesen Nachtlokalen erlangte die Polka ihre europäische Ausbreitung. »Man nannte den Tanz, der 1830 zum ersten Male getanzt wurde, wegen des in ihm waltenden Halbschritts pûlka, das heißt ›die Hälfte‹.«[22] Über Prag, Wien und Paris gelangte dieser aus Böhmen kommende Galopp-Tanz in wenigen Jahren auch an die Spree, wo er sich mit dem aus Paris importierten Cancan zum anstößigsten Tanz jener Zeit entwickelte. »Vor fünf Jahren

38   Seiltanz beim Circus vor dem Brandenburger Thore, um 1840

noch (1841 – d.Verf.) wurde in Berlin allgemein nur von Kellnern in den Restaurationen serviert; jetzt sind diese Anstalten mit Schenkmädchen überfüllt, deren Schönheit und Gefälligkeit mehr als das Getränk die Gäste anzuziehen pflegt, und da auch diese allgemeine Sitte den Reiz der Neuheit für das Publikum verloren hat, so sind neuerdings, wie es heißt, einzelne Wirte auf den sinnreichen Einfall gekommen, die Mädchen durch abenteuerliche Trachten wieder aufzufrischen. In einigen Restaurationen sieht man sogenannte echte Bayerinnen in ihrer Nationaltracht, andere locken in Polkastiefelchen und Schweizermiedern die Augen der Menge an. Diese unglücklichen Mädchen, welche gewissermaßen als Lockspeise und Paradepferde hier ausgestellt sind, nehmen, durch ihre traurigen Verhältnisse gezwungen, eine Stellung ein, welche der der Bordelle am nächsten steht. Nicht selten sind letztere auch ihr Ende, wenn sie nicht, wie dies besonders seit jüngerer Zeit der Fall sein soll, bereits ihre Schule waren.«[23]

Bereits 1853 wagte die Zeitschrift »Berliner Feuerspritze« einen kritischen Rückblick auf die Entwicklung dieser Lokale: »Der Erfolg war ein so großer, daß in wenigen Wochen die Polkakneipen an allen Ecken und Enden Berlin's aus der Erde wuchsen. Aber ihr Erfolg war kein gemachter und deshalb kein anhaltender. – So lange es den Berlinern etwas Neues war, gingen sie hin, aber ein Jahr war genügend, um die Erfindung nach allen Seiten auszubeuten und sie dadurch zu ruinieren. – Als

39   Krolls Etablissement (Vordergrund) und der Circus vor dem Brandenburger Thore (Hintergrund), um 1846

40   Ludwig Löffler: Polkakneipe

41   Ludwig Löffler: Erste National Polka-Halle

42   Ludwig Löffler: Bedienung in einer Polkakneipe

der Mißbrauch der Tricots, das dekollettirte Wesen der Polkamädchen den höchsten Punkt erreicht hatte, war auch der Sturz der Polkakneipen am Nächsten, und man wird heut zu Tage selten einen Berliner auf eigene Rechnung in eine Polkakneipe gehen sehen. – Aber die Fremden, die Fremden sind es, welche den vollständigen Untergang dieser Institute noch lange verhindern werden.«[24]

Als Fabelbildung, die einer Überprüfung an den zeitgenössischen Quellen nicht standhält, müssen also die immer wieder in der Literatur zur Artistengeschichte kolportierten Beschreibungen zurückgewiesen werden, daß die in den Lokalen anzutreffenden Sängerinnen aus Polen stammten, die aufgrund des »vergeblichen aber heldenhaft geführten blutigen Volksaufstands gegen das barbarisch-tyrannische russische Zarenregime«[25] hatten fliehen müssen und nun Nationaltänze und Volkslieder vortrugen. Selbstverständlich gab es in den zumeist in Kellern gelegenen Polkakneipen musikalische Darbietungen, doch handelte es sich bei den Musikern um keine polnischen Volkssänger, die umherzogen und den Kneipen ihren Namen verliehen, sondern die zeitgenössischen Quellen belegen einwandfrei die ständige Anwesenheit einer kleinen Kapelle nicht näher gekennzeichneter Musiker, die das ausschließlich weibliche Personal des Hauses begleiteten, von deren Kostümierung sich der Name herleitet. Interes-

43   Polkakneipe, um 1845

santes von der Art der Liedbeiträge sowie den in Gebrauch befindlichen Instrumenten berichtete ein Senior der Artistik im Jahr 1900: »Madam Genezek, die recht hübsche jugendliche Mutter von drei wohlge- und wohlerwachsenen angeblichen Töchtern. Zwei Harfen, eine Violine, eine Sängerin. Und die Begleitung war so prickelnd, die Lieder waren so picant, handelten so naiv vom ewig Zweideutigen, daß der Staatsanwalt mir heute verbietet, auch nur eine einzige Strophe davon hier zu citiren. Da war das herrliche Lied vom schelmischen Uhrmacher, vom bösen, hinterlistigen Kürschner, vom Hafersack, der lebendig wird – und diese unschuldsvollen Liedlein sang mit züchtigen, verschämt geschminkten Wangen und vortrefflicher Stimme Marinka, eine sonnenwarme, dunkelhaarige Schönheit voll Feuer und Leben. Und wie verstand die Tochter Lubussa's mit den Pointen zu spielen! Madame Yvette Guilbert – pah! Und wenn sie dann selbst einmal gnädigst absammelte, streichelten ihr die alten Vertreter des Corpus juris Friedericianum den liebeglühenden Karmin von den bräunlichen Wangen und keiner legte weniger als fünf Groschen auf den Teller, selbst ein harter Thaler blieb kein Unicum.«[26] So kam also aus den Polkakneipen der unterhaltende Vokalvortrag, der für die Tingeltangel charakteristisch werden sollte. Sämtliche Elemente waren also bereits vor 1848 in Berlin vorhanden, bekannt und beliebt; sie warteten gewissermaßen nur noch auf jemanden, der sie zusammenführte und das Varieté schuf.

44   Polkakneipe

45 Berliner Chantant-Tunnel

Café-Chantants, Tingeltangel und Singspielhallen

Die Revolutionsereignisse des Jahres 1848 hatten erheblichen Anteil am Entstehen des Varietés, wenn sie es auch nicht direkt hervorbrachten. Entscheidend wirkte sich dennoch die einerseits liberalere Handhabung der Theatergesetzgebung von 1848 bis 1851 und andererseits die erneuerte Reglementierung nach dem Sieg der Reaktion aus. Der aufgrund der amtsenthobenen Exekutive zeitweise geschwächte preußische Staat gestattete – durchaus dem öffentlichen Druck nachgebend – einer ganzen Reihe von Theaterunternehmern, neue Spielstätten in der Stadt zu eröffnen, was die Bühnensituation entscheidend veränderte. Innerhalb weniger Jahre entwickelte sich ein kommerzielles Privattheater, das über mehr Häuser verfügte, als je in Berlin bestanden hatten. Gewissermaßen über Nacht verwandelte sich so ein Tanz- und Konzertsaal mittlerer Güte in das Friedrich-Wilhelmstädtische Theater; am Stadtrand eröffneten Callenbachs Sommertheater im Restaurationsgarten der Brüder Hennig, das Vorstädtische Theater des Ehepaars Gräbert (1849) und Krolls Sommerbühne (1850). Später kamen noch hinzu das Wallner-Theater (1854), das Victoria-Theater (1859) und Callenbachs Vaudeville-Theater (1860), dessen alte Gartenbühne inzwischen Eduard Meysel übernommen hatte. Zwei bedeutende Veranstaltungsorte verschwanden aber auch aus dem Vergnügungsleben: 1848 brannte der Circus vor dem Brandenburger Tor nieder, und 1851 schloß das Königstädtische Theater am Alexanderplatz seine Pforten. Die Situation hatte sich damit grundlegend gewandelt. Verlor das Bürgertum auch die Revolution, konnte es sich dennoch damit trösten (wenn es denn half), der Monarchie zumindest erweiterte öffentliche Spielstätten abgetrotzt zu haben. Taktik des Hofes scheint es gewesen zu sein, in gewissen kulturellen Dingen den Forderungen nachzugeben, dafür aber die staatspolitischen Zügel wieder fester in die Hand zu bekommen. Dafür sprechen Kommentare konservativer Zeitgenossen, die eine politisch beruhigende Wirkung der sich relativ ungehemmt ausbreitenden Vergnügungsstätten beobachteten: »Unsere Polizeibehörde hat den Flug der Zeit endlich so weit begriffen und ihm keine Hindernisse mehr in den Weg gelegt. Sie hat vielleicht eingesehen, daß gerade diese harmlosen Zerstreuungsanstalten am meisten geeignet sind, dem Berliner Volkscharakter seine gallige Beimischung zu nehmen, die ihm jede Freude am Leben vergiftet, ihn zu mißvergnügten Betrachtungen stimmte und zu Demonstrationen herausforderte, gleichviel gegen was. Nie war ein Zeitpunkt geeigneter als der gegenwärtige, um durch eine kühne Volte diesen Volkscharakter von seinem Negations-Katheder herab zu bringen. (...) Dem Marquis Posa, von dessen Natur wir in jedem Berliner Straßenjungen etwas finden, sobald er sich der Autorität gegenüber sieht, (wird) die Basis genommen.«[1] Doch der Spaß, den das Publikum in den »Zerstreuungsanstalten« erlebte, war durchaus genußvoll gewürzt mit satirischen Anspielungen auf die Obrigkeit und die Zeitereignisse. Aktuelle Lokalpossen eroberten ungehindert die Bühnen der neuentstandenen Theater, die Schauspieler extemporierten

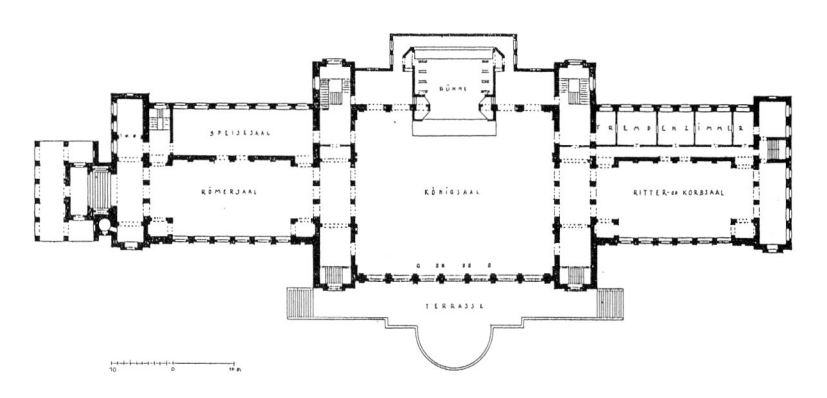

46   Grundriß von Krolls Etablissement, 1851

47 *Phineas Taylor Barnum, der »Entdecker« von Tom Thumb*

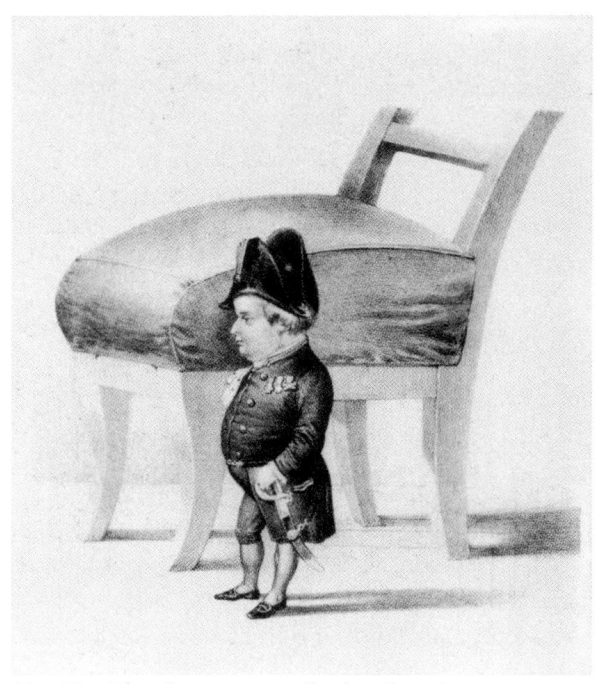

48 *Tom Thumb in seiner Rolle als Admiral*

49 *Chinesischer Riese, 1878*

ungezügelt drauflos, und selbst die Nachtlokale hatte eine politisierende Neigung ergriffen: »Wieder in einer anderen Kneipe, im Bummel-Bey in der Markgrafenstraße, herrschte auf dem Brett'l das sociale und politische Couplet. Die Wiedergabe dessen, was mir von dem dort Gehörten im Gedächtnis geblieben, würde heute (zur Jahrhundertwende – d.Verf.) sehr bedenklich sein. Auf dem Brett'l dieser Kneipe trugen alle Tugenden, alle großen und edlen Regungen des Menschenherzen, alle guten Eigenschaften den Kittel des Proletariers, alle Laster, alle Schändlichkeiten waren mit dem Frack bekleidet. Hier war der Demokrat der Riese Atlas, der allein Heil und Wohl des Vaterlandes, ja der ganzen Welt auf seinen Schultern trug. Zur Charakterisierung der socialen Couplets hier eine Strophe aus einem solchen, dessen Wiedergabe mir nicht bedenklich erscheint. Sie lautet:

Wenn ich so flaniren seh'
Fade, eitle Wichte,
Die blasirt das Augenglas
Quetschen ins Gesichte
›Juten Morjen, lieber Jraf!
Was macht Ihre Mähre?‹
›Danke schön! Famoses Thier!
Colossal, auf Ehre!‹
Da möcht' ich gleich der Haynau sein,
Man blos wegen 's Prügeln!

Zur Erklärung des Refrains ist zu bemerken, daß Haynau als Oberbefehlshaber in Ungarn dort 1849 den Aufstand niederwarf und gegen die Besiegten seiner Liebhaberei für Schnell-Galgen und seiner schmulmeisterlichen Neigung für das ›Überdiebanklegen‹ etwas ungewöhnlich freien Lauf ließ.«[2] Gegen derartige Anspielungen konnte die Zensurbehörde erneut rigoros vorgehen, als die Reaktion seit 1851 wieder fest im Sattel saß. Nicht nur die Worte wurden nunmehr kontrolliert, sondern sogar die Körperhaltungen und Gesten, die die Darsteller einnahmen. So waren etwa die Möglichkeiten, einen Text durch Grimassieren lächerlich zu machen, für Schauspieler und Coupletsänger im Prinzip aufgehoben. Die Theater mußten ihre Stücke vor der Aufführung der Zensurbehörde einreichen – die Inszenierungen wurden ohnehin täglich von einem anwesenden Beamten begutachtet – und die Konzert- und Tanzsäle die zum Vortrag kommenden Liedtexte. Bis 1918 sollten die Varietébühnen unter diese Zensurbestimmungen gestellt bleiben; erst die Novemberrevolution schaffte Abhilfe.

Für die Akrobaten und Reitergesellschaften ging im Revolutionsjahr der bedeutendste Auftrittsort in der Stadt verloren: Einem Brand, der nichts mit den Aufständen zu tun hatte, fiel das Circusgebäude zum Opfer. Unmittelbar darauf setzte gleichsam ein Wettlauf zwischen einzelnen Unternehmern ein, den Mangelzustand durch die Errichtung neuer circensischer Spielstätten zu beheben. Sie hatten offenbar aus dem Vormärz noch in guter Erinnerung, welche Attraktionen die artistischen Kunstdarbietungen für das Publikum bedeuteten. So nahm der Circus in Berlin in den folgenden Jahren einen Aufschwung, den ihm bis dahin niemand zugetraut hatte, und der schließlich durch das Unternehmen Ernst Renz europäische Gattungsgeschichte schreiben sollte. Reitergesellschaften und Artistik verankerten sich infolgedessen im Berliner Vergnügungsleben zunehmend fester. Waren bislang ihre Auftritte mehr sporadisch erfolgt, doch an Zahl angestiegen, besserte sich das durch einen aufblühenden Agentenmarkt in den fünfziger und sechziger Jahren so erheblich, daß nunmehr ständig irgendeine artistische Leistung in der Stadt zu sehen war. Gleichsam als Erster durch die Ziellinie ging Friedrich Gottlieb Großkopf mit der Eröffnung seines Circus in der Charlottenstraße im Jahre 1850.

50 Julia Pastrana, ein »Haarmensch«

51 Pepita de Oliva

52   Programmzettel

53   Franz Dingelstedt

Zwei Jahre zuvor hatte Großkopf noch mit Deichmann das Friedrich-Wilhelmstädtische Theater begründet, war jedoch bereits kurz nach Spielbeginn wieder ausgeschieden. Dennoch gehörte seine Liebe auch weiterhin dem Schauspiel; zu seinem Leidwesen mußte er aber erfahren, daß ihm eine Theaterkonzession konsequent verweigert wurde. Jahrelang wurde er deshalb immer wieder beim Polizeipräsidenten Karl Ludwig von Hinkkeldey vorstellig – vergeblich. Die Hartnäckigkeit, mit der Großkopf versuchte, einen Theaterspielplan aufzustellen, ist jedoch keine Schrulle eines im Wahn befangenen Spekulanten, sondern zeugt von dem hohen, kulturellen Wert, der dem Theater im 19. Jahrhundert zukam. Jene Gastwirte, in deren Räumen sich das Varietéprogramm ausbildete, wollten mitunter also alles andere als Amüsierveranstaltungen, gehobene Darbietungen wurden ihnen aber nicht gestattet. Varieté entstand daher nicht unbedingt absichtlich, sondern eher aus Zufall, als ein Notbehelf, das sich verselbständigte. Aus einschränkender Theatergesetzgebung, die versuchte, im feudalen Ständesinne die Schauspielproduktion zu reglementieren, den Bühnen jeweils genau umrissene Spielformen vorschrieb und etwa jedem Nicht-Theater das Auftreten von Personen in Kostümen als theatralisches Mittel verbot, entstand ein gemischtes Nummernprogramm, das eigentlich niemand beabsichtigt hatte. In dem Dilemma, Theater veranstalten zu wollen, aber keine Konzession zu erhalten, hatte sich Großkopf offenbar gesagt, daß die Betreibung eines Circus immerhin ein Schritt in die von ihm beabsichtigte Richtung war. Daß er mehr als zwei Jahrzehnte auf das behördliche Einverständnis würde warten müssen und in der Zwischenzeit das Varieté in Berlin aus der Taufe heben sollte, konnte er Anfang der fünfziger Jahre noch nicht wissen.

Freilich blieb Großkopf nicht der einzige, der circensische Projekte realisierte. Ohne Übertreibung läßt sich die Entwicklung der fünfziger Jahre als Boom auf diesem Gebiet ansprechen, suchten doch nach der Revolution ständig irgendwelche akrobatischen Gruppen nach Auftrittsmöglichkeiten in der preußischen Residenz. Die Stadt mit ihren 400 000 Einwohnern – nach Wien die größte des Deutschen Bundes – bot ein Publikumsreservoir, von dem man sich auch einen wirtschaftlichen Erfolg versprechen konnte. So wundert es nicht, daß nicht nur im Süden Berlins, in

54 Zeitungsanzeige, 1853

der Charlottenstraße, sondern auch im Norden und im Zentrum der Stadt Circusgebäude errichtet wurden, die Großkopfs Unternehmen letztlich das Wasser abgruben. In der Friedrichstraße, die zu dieser Zeit noch nicht zur Vergnügungsmeile emporgestiegen war, eröffnete kurze Zeit nach Großkopf der Stadtverordnete Johann Carl Otto eine Manege, die später von Renz bespielt werden sollte. Im Norden außerhalb der Stadtmauern, kurz vor dem Rosenthaler Tor, entstand 1852 das für diese Arbeit wohl interessanteste Projekt: das »Berliner Circus-Theater«.

Das sich bereits im Namen des Etablissements ausdrückende Interesse an akrobatischem »Theater« (einen anderen Begriff kannte man für solche Aufführungen noch nicht), drückte sich augenfällig in der architektonischen Ausführung des Raumes aus. »Der innere Raum ist nicht bloß auf Circus- und ähnliche Darstellungen berechnet, sondern auch, und zwar mit gleicher Berechtigung, auf theatralische. Zu diesem Behufe ist die Schaubühne in zwei Abtheilungen getheilt, deren erste den Circus, die andere die zu dramatischen Vorstellungen bestimmte Bühne bildet.«[3] Selbst den ansonsten für theatralische Vorstellungen reservierten Bühnenvorhang hatte der Direktor Ferdinand Harth von Anfang an mit einbauen lassen, dessen Bemalung mit dem griechischen Gott Apollo noch einmal auf die hochgesteckten Absichten hinwies. So verkündete er vollmundig, bereits in der ersten Saison »volksthümliche Stücke zur Aufführung«[4] bringen zu wollen, doch die Premiere bestritt schließlich die berühmte Kunstreitergesellschaft von Hinné und Ducrow aus London. Wie schon bei Großkopf erwies sich die Konzessionsbehörde auch bei Harth als unnachgiebig; beiden blieb eine Schauspielgenehmigung verwehrt. Eine über den Stand von vier Privattheatern hinausgehende Konkurrenz für die staatlichen Bühnen schien ihr unvertretbar. So gelangten auf das Podium vor dem Rosenthaler Tor Programme, die in ihrer Zusammensetzung bereits sehr an Varietéveranstaltungen gemahnten. 1854 lautete die Ankündigung etwa: »Vorstellung der gymnastisch-athletischen, bioplastischen und Pantomimen-Gesellschaft des Mr. Henri Zeleski aus London.

1) Die englische Schulgymnastik,
2) Tanz,
3) Lebende Bilder auf dem bewegten Piedestal, ausgeführt von 20 Personen (Damen und Herren),
4) Muschapug, oder: Der Insel-Affe, große englische Pantomime.«[5]

Die Beschränkung aber auf das artistische Element, die Vernachlässigung der musikalisch-gesanglichen Darbietungen schied sie noch vom späteren Varieté. Wenn das Gebäude in der eben beschriebenen Form auch nur bis 1855 existierte (ab 1859 diente es als Konzert- und Tanzsaal), taucht hier doch erstmals eine Programmstruktur auf, die zum wesentlichen Kennzeichen nichttheatralischer Unterhaltung werden sollte.

Wie im Vormärz das Königstädtische Theater engagierten die neuen Privatbühnen ebenfalls bei Bedarf und ohne künstlerische Skrupel Artisten jeglicher Couleur. Mitunter scheint bei den Direktoren geradezu das Motto vorgeherrscht zu haben: Alles, was das Publikum anzieht, ist erlaubt. Besonders das Friedrich-Wilhelmstädtische Theater und das Krollsche Etablissement suchten sich gegenseitig auszustechen, indem sie den Artisten und den in ihrem Gefolge befindli-

55 Sitzplan des National-Theaters, des ehemaligen Circus-Theaters, 1880

chen sonstigen Sensationen weitreichende Auftrittsmöglichkeiten einräumten. Zu einem aufsehenerregenden Gastspiel kam beispielsweise im Sommer 1859 die chinesische Zwergentruppe Ching-Fou-Young nach Berlin, die sich in Krolls Garten erstmalig dem Publikum präsentierte. Nach Ablauf des Engagements ließ sich die Gruppe gleich von zwei weiteren Berliner Spielstätten engagieren: der »Walhalla« Großkopfs und »Schäfer's Etablissement« in der Albrechtstraße. Beide Lokale kündeten sogar zum selben Tag das Auftreten der Zwerge in ihren Räumen an, mußten allerdings sicherheitshalber die genauen Uhrzeiten bekanntgeben: »Zwischen 9 und 10 Uhr erste Vorstellung und Corsofahrt der chinesischen Zwerge«[6]. Neben den traditionellen artistischen Genres, die die Berliner bereits aus der Zeit vor der Revolution kannten und die auch weiterhin in der Residenz zu sehen waren – so etwa 1849 Charles und François Rappo im Friedrich-Wilhelmstädtischen Theater und Klischnigg, der ständig neue Tourneen organisierte und in kurzen Abständen immer wieder in der preußischen Residenz Station machte –, sind die fünfziger und sechziger Jahre besonders ausgefüllt mit den Schaunummern von sogenannten Abnormitäten. Drei Beispiele mögen Charakter und Inszenierung ihrer Auftritte verdeutlichen:

Schon Jahre vor der chinesischen Gruppe war der wohl berühmteste aller Zwerge nach Berlin gekommen: Tom Thumb, der bei seinen Europa-Tourneen Tom Pouce[7] genannt wurde. »Im August 1850 landete Admiral Tom Pouce auf seiner Weltfahrt auch in der preußischen Hauptstadt und warf seinen Anker bei Kroll aus. Die Sitzplätze der Arena waren bei dem Auftreten dieser weltberühmten Kleinigkeit jedesmal vergriffen und auf den Stehplätzen hob sich Kopf an Kopf. Tom Pouce, der Däumling! Man konnte glauben, (...) er habe sich von einem Spielzeugschiffe auf dem Weihnachtsmarkte fortgeschlichen, oder einer von den Gnomen, Zwergen, Kobolden oder Liliputanern aus unseren deutschen poetischen Märchenbüchern sei lebendig geworden. Man denke keineswegs eine Karikatur, wie sie einer Guttapercha-Figur zum Modell dienen könnte, sondern vielmehr ein 1 1/2- bis 2jähriges Kind, vollkommen proportioniert, nur in etwas festeren, ausgeprägteren Formen, etwa einen dicken Jungen mit flachs-blondem Haar, roten Backen, einem kleinen Stumpfnäschen, mit kleinen fetten Kinderhändchen, dabei mit einem reifen Jünglingsgesicht, und man hat ein vollständiges Bild von dem großen Admiral Tom Pouce. Nun denke man sich diese Gestalt in Matrosenkleidern, in selbständiger, leichter und anmutiger Bewegung,

56 *Photographie von Heinrich Zille*

57 Die Walhalla in der Charlottenstraße, 1870

und man wird sich den Eindruck vergegenwärtigen können, den das Männlein auf die verschiedenen Altersklassen der Zuschauer machte. Dieser Eindruck war, wie verschiedenartig er sich auch zeigte, überall in gleicher Weise erheiternd, und man bedauerte nichts als die kurze Dauer der *Pantomime*, in welcher der Kleine figurierte. Der ganze Kerl war 26 Zoll hoch.«[8] Wie schon Klischnigg seine Auftritte eingebettet hatte in eine extra für ihn geschriebene Possenhandlung, rangte sich auch um Tom Thumb eine pantomimische Handlung. Das bloße Betrachten von »Show-Freaks«[9], wie es sein Entdecker Phineas Taylor Barnum in dem von ihm geleiteten US-Circusunternehmen pflegte, wirkte offenbar in Europa auf das theaterbesessene Publikum Mitte des 19. Jahrhunderts unattraktiv.

Das erfuhr auch der Riese James Murphy, der 1857 zum ersten Mal nach Berlin kam. Die extra für ihn verfaßte Gelegenheits-Burleske nannte sich »Murphy und Molly, oder: Eine riesige Liebe«. »Dieser über alle Möglichkeiten langgeratene Herr, dessen Wachstum auch den größten Potsdamer Gardisten überragte, hatte in der ulkigen Burleske kaum mehr zu thun, als über die Bühne zu gehen und ›Yes‹ zu sagen. Dann verschwand er, um als ›größte Sehenswürdigkeit‹ mit seinem Impresario eine Wandlung durch die Berliner Lokale allabendlich zu machen. Jeder Wirt bezahlte ihm für sein zugkräftiges Erscheinen und den kurzen Aufenthalt 10 Thaler.«[10] Auch bei seinen späteren Gastspielen in Berlin verdiente sich der Riese auf diese Art seinen Unterhalt. Die Tonhalle in der Friedrichstraße annoncierte bei diesem Anlaß sein Erscheinen in allen vielgelesenen Zeitungen: »Besuch des Riesen Mr. Murphy (8 Fuß 4 Zoll groß) in vollständiger Ritter-Rüstung. (...) Die Besuche des Riesen finden zwischen dem 2. und 3. Theil und im 4. Theil des Concerts statt. Nachher Tanz.«[11]

Eine mindestens ebenso berühmte Erscheinung unter den Abnormitäten wie Tom Thumb war Julia Pastrana, die im November 1857 sich im Königssaal bei Kroll den Augen der Berliner darbot. Sie war dabei zwar nicht in eine theatralische Handlung einbezogen, sondern stellte tatsächlich einzig ihre Erscheinung aus, doch reiste sie mit einer Truppe von Schauspielern, die einen Einakter von E. Jacobson zeigten, in dem ein Mann ihre Person darstellte. Julia Pastrana, ein Haar-Mensch, »ist täglich von 6–9 Uhr Abends gegen ein Entrée von 5 Sgr. für diejenigen, welche bereits 1 Billet zum Königssaale gelöst haben, im Rittersaale und Mittags von 12–2 Uhr gegen ein Entrée von 10 Sgr. im Korbsaale privatim zu sehen«[12]. Die Presse war entsetzt über ihre äußere Erscheinung: »Die Mexikanerin Miß Julia Pastrana gehört zu den merkwürdigsten Erscheinungen. Die Bildung des Kopfes, den man nicht ohne ein gewisses Grauen anschauen kann, ist wahrhaft überraschend abweichend von jeder sonst nur denkbaren Möglichkeit eines solchen. Bis auf die schönen

schwarzen Haare weist der Kopf nichts auf, was dazu berechtigen könnte, ihn für den eines menschlichen Wesens zu halten. Wir würden auch daran zweifeln, wenn nicht aus dem widerlich häßlichen Maule (die Bezeichnung ›Mund‹ wäre hier eine Profanation dieses Wortes) eine verständliche zusammenhängende englische Sprache hervortönte. Das ganze Gesicht ist nicht nur behaart, sondern auch mit einem vollständigen langen Backen-, Schnurr- und Kinnbart geziert. Allen Männern können wir nur raten, dieses sonst gemütliche Ungeheuer anzuschauen; junge Frauen hingegen müssen wir davor warnen.«[13] Mitte des 19. Jahrhunderts bedurften solche Schaustellungen gemeinhin noch des theatralischen Rahmens, ihre spätere Einbindung in die bunte Folge des Varietéprogramms stand noch aus. Das Interesse an derartigen Abnormitäten war jedoch vorhanden, so daß sie auch Eingang fanden in die Café-Chantants, den Vorformen der Varietétheater.

Auch eine Reihe anderer Gastspiele dieser Jahre in Berlin kann nicht unerwähnt bleiben, soll der langsame Prozeß zur Varietéaufführung beschrieben werden. Manche Veranstaltungen im Friedrich-Wilhelmstädtischen Theater nahmen strukturell etwas vorweg, was erst in den sechziger Jahren sich zu festen Einrichtungen verankern sollte. Besonders deutlich wird es bei den Gastspielen der Tänzerinnen Pepita de Oliva und Lydia Thompson. 1853 kam die junge Spanierin de Oliva auf ihrer Europa-Tournee zum ersten Mal auch an die Spree und entfachte hier (wie anderenorts) wahre Begeisterungsstürme, die die älteren Berliner an die Zeiten einer Henriette Sontag erinnerten. Besonders die Männer schienen »plötzlich heiße Südländer geworden zu sein. (...) Pepita electri-

58 Titelblatt der Heftreihe »Berliner Stadtklatsch« mit Couplettexten aus der Walhalla (man beachte den Schreibfehler)

sirte Alles durch ihre Tanzkunst, d.h. richtiger durch ihren schönen Körper und durch die sinnliche Gluth ihres Tanzes, denn als mimische Künstlerin war sie unbedeutend. Aber sie war die

59 Eingang zum Schweizergarten, Postkarte, Ausschnitt

60 Das Restaurationsgebäude in Puhlmanns Garten, Postkarte, Ausschnitt

erste spanische Tänzerin, die nicht damit kargte, ihr Röckchen möglichst hoch emporzuheben, und darin beruhte am Ende das Geheimnis ihres Erfolges.«[14] In anschaulicher Weise schildert Franz Dingelstedt die Wirkung ihrer Auftritte: »Sennora Pepita de Oliva! Wie ich ihn niederschreibe, den damals so oft genannten, so laut gejauchzten, jetzt längst verschollenen Namen, steht sie leibhaftig vor mir, die wunderbar schöne Spanierin, höre ich – aber wie deutlich! –, das trockene, scharfe Rasseln der Castagnetten, womit, noch in der Coulisse, die Klapperschlange ihr Erscheinen ankündigte. Nun schießt sie heraus, stellt sich eine volle Minute regungslos hin, aus den üppigen Hüften hochaufgebäumt, weit rückwärts gebogen, daß die dichten schwarzen Haare fast den Boden fegen, und stürzt dann davon, ihre Vampiraugen jedem einzelnen Zuschauer in's Gehirn bohrend, mit den kleinen, spitzen, weißen Zähnen des halbgeöffneten Mundes sich fest einbeißend in alle Männerherzen, die ihr in höchster sinnlicher Wallung entgegen klopfen. Was sie tanzte, ihre Madrilena, ihr Ole, ihre Linda Gitana, das war ja alles Nebensache; die Person allein wirkte, galt, zog. Diese Straßentänze, als Soli aufgeführt, hatten eigentlich, von dem künstlerischen Werthe ganz abgesehen, gar keinen Sinn, wiefern jeder Nationaltanz wenigstens ein Paar wenn nicht eine Gruppe erheischt. Aber Pepita tanzte allein; ihr Partner war das Publikum. Darin lag der Reiz, darin der Erfolg.«[15] Zum ersten Male stellte sich eine Frau, die einzig auf eine ansprechende Erscheinung und einige wenige Tanzschritte bauen konnte, als Star heraus und feierte als Unterhaltungssensation Triumphe, wie sie erst zur Jahrhundertwende auf den großen Varietébühnen sich wiederholen sollten. Auch die für Pepita de Oliva geschaffene Programmstruktur ähnelte einer Varietévorstellung. Nach einer musikalischen Ouvertüre wechselten ihre Tänze sich mit mehreren kurzen Schwänken oder Possen ab, so daß eine Reihung entstand, wie sie bisher im Theater nicht gebräuchlich gewesen war. Zwar kannte man das Zeigen von zwei bis drei Einaktern pro Abend seit längerem, doch die Möglichkeiten, zwischen ihnen Tänze aufzuführen, ergab sich erst durch das Gastspiel Pepitas.

Nicht anders sah es zwei Jahre später bei dem Gastspiel Lydia Thompsons aus: »Nach dem ersten Stück: La Clavellina, spanischer Nationaltanz, nach dem 2ten Stück: The English Hornpipe, englischer Nationaltanz«[16]. Der Charakter ihrer Tänze hingegen unterschied sich erheblich von dem der Pepita. »Bereits seit längerer Zeit berichteten die englischen und später auch die deutschen Journale von einer neuen Priesterin des Tanzes, die in London mit außerordentlichem Erfolg aufgetreten sei und demnächst das Festland besuchen werde. Am Montag debütierte dieselbe hier zum ersten Mal und das Bündnis mit den Westmächten scheint uns in der That auf lange hinaus gesichert. Miß Lydia Thompson ist eine Künstlerin im ersten Schmelz der Jugend, mit jenem durchsichtigen Colorit, dessen blendende

61 Innenansicht der Tonhalle in der Friedrichstraße, Postkarte, Ausschnitt

Weiße und zarte Frische man vorzugsweise bei den Töchtern Albions antrifft. Wir beabsichtigen nicht die vollendete Correctheit jedes einzelnen Pas ihrer kleinen Füße zu vertreten; aber was auch dem prononcirtesten Laien des choreographischen Studiums sofort in die Augen fallen muß, ist die wunderbare Leichtigkeit mit der Miß Lydia über die Bühne hinschwebt.«[17] Ein weiterer Kritiker ließ sich gar zu der Feststellung hinreißen, daß sie das Publikum »durch ihre Lieblichkeit, Jungfräulichkeit, ja wir möchten sogar sagen, durch ihre Kindlichkeit«[18] gewann. Wiederum überzeugten also nicht die Tanzkünste die Zuschauer, sondern die Frau selbst, nur diesmal eine der unschuldigen Art. Der Unterhaltungstanz hatte mit diesen beiden Frauen nicht nur die Bühne erobert, sondern zugleich auch bewiesen, daß das klassische Ballett (ausschließlich den Hoftheatern vorbehalten) nicht unbedingt erforderlich war, um erfolgreiche Tanzveranstaltungen zu arrangieren. Ein weiteres Element des späteren Varietéprogramms hatte sich somit herausgebildet, das jedoch – wie die Akrobatik – noch relativ isoliert stand.[19]

Es war alles andere denn Zufall, daß diese Tänzerinnen auf europäische Tourneen gingen und währenddessen auch nach Berlin kamen. Frankreich und England besaßen im Bereich städtischer Unterhaltung Vorbildfunktion; von Entwicklungen, die dort, besonders in London und Paris, abliefen, versuchten in Berlin nicht wenige zu lernen und zu profitieren. Wie in Deutschland entstand das englische Varieté in den Pubs, in deren Hinterzimmern sich zunehmend Leute bei Gesang und humoristisch-deklamatorischen Vorträgen zusammenfanden. 1852 eröffnete Charles Morton erstmalig in London eine eigens errichtete Music-Hall, die diese Hinterstubenunterhaltung im großen Stil zum kommerziellen Nutzen des Betreibers darbot. Sein Unternehmen war so erfolgreich, daß Morton als »Vater des englischen Varietés« in die Geschichte des britischen Show-Biz einging. Wenn die dortigen, als Sensation empfundenen Programme auch von den Berliner Tanz- und Konzertbetrieben nicht ohne weiteres übernommen werden konnten, so konnten sie doch zumindest die Bezeichnung des Etablissements abkupfern. Dabei wurde aus dem englischen »Hall« das deutsche Wort »Halle«. Bereits 1853 – also ein Jahr nach Morton – eröffnete in der Leipziger Straße die Musen-Halle, 1857 kamen die Friedrichsstädtische- und die Ton-Halle hinzu, 1859 die Central-Halle in der Krausenstraße, 1861 die Berliner Lieder-Halle, 1867 die Vauxhall und schließlich kurz vor Einführung der Gewerbefreiheit im Frühjahr 1869 die Bundes-Halle in der Wallner-Theaterstraße 15, aus der im Herbst des gleichen Jahres das Bundeshallen-Theater hervorgehen sollte. Dementsprechend bürgerte sich zur Kennzeichnung der neuen Lokale der Sammelbegriff »Singspielhallen« ein, obwohl nicht selten auch weiterhin nur Konzerte und Tanz geboten wurden.

Zur gleichen Zeit wie in England entstand in

62   Karl Rappe als Kraftathlet und Jongleur

63 Programmzettel

Frankreich das Varieté, ebenfalls in Lokalitäten mit Alkoholausschank, die allerdings »Cafés« genannt wurden. Begrifflich nicht so genau zu datieren wie im britischen Königreich, aber auch in den fünfziger Jahren, breitete sich die Bezeichnung »Café-Chantant« aus, mit der jene Lokale benannt wurden, in denen Sänger und Sängerinnen auftraten und die Gäste nicht selten mit recht deftigen Frivolitäten unterhielten. Wie in Deutschland durften auch sie nicht im Kostüm auftreten oder Requisiten benutzen. Aufgrund der frankophilen Orientierung in Preußen wurde zusätzlich dieser Begriff für die einheimischen Lokale übernommen und fand neben dem der Singspielhalle Verwendung, obwohl beide die selben Etablissements bezeichneten. 1861 pries sich erstmalig ein Lokal in Berlin als »Café chantant à la Paris«[20] an, das vor dem Rosenthaler Tor lag.

Es war das inzwischen in Alhambra umbenannte Berliner Circus-Theater des ausgeschiedenen Herrn Harth. Das gezeigte Programm entsprach zweifellos den in Paris üblichen Aufführungen: eine Mischung aus konzertanter und vokaler Musik, Tänzen und Akrobatik – Varieté also. Zu diesem Zeitpunkt war die Alhambra allerdings schon kein Vorreiter mehr.

Vier Jahre früher hatte endlich in Deutschland jene Entwicklung eingesetzt, die die verstreuten, aber gängigen Attraktionen zusammenführte, um die vier Grundpfeiler des Varietésprogramms aufzustellen. Emil Thomas erinnerte sich: »Da kam eines Tages der Schauspieler Robert Francke, ein brillanter, jugendlicher Komiker, der eine ebenso tüchtige wie stimmbegabte Soubrette, ein Fräulein Gelbcke, geheiratet hatte, auf die Idee, Solostücke, Duette, Verwandlungsszenen jeglicher Art, die er selbst für sich und seine Frau geschrieben, zu einem humoristischen Vortragsabend in Berlin zusammenzustellen. Er fand bei dem Besitzer des Kolosseums in der Kommandantenstraße, Hollerbach, geneigtes Ohr; es wurde in dem geräumigen Saal eine kleine Bühne aufgeschlagen, und eines Tages verkündeten die Litfaßsäulen ›Erster humoristischer Gesangsabend von Robert Francke und Frau‹. Es war ein voller Erfolg. Das Publikum war fasziniert, man jubelte dem liebenswürdigen Ehepaar, welches unermüdlich das Programm den Abend hindurch ausfüllte, zu, der Saal war täglich überfüllt und die Francke'schen Abende die Parole des gesunden Berlinertums.«[21] Da es noch keine Jugendschutzgesetze gab, weilten mitunter auch Kinder wie etwa die junge Agathe Nalli-Rutenberg unter den Gästen: »Es war dies ein Local, (...) in welchem sich nach neun Uhr Bürgerfamilien in dem großen, etwas rauchgeschwärzten Saale versammelten. Man saß an Tischen umher, gemütlich beim Glase Bier und belegtem Butterbrot und erwartete die Vorstellung, die um zehn Uhr begann. Dann erschien auf dem höher gelegenen Podium ein Ehepaar (...), die Frau im weitausgeschnittenen Kleide, mit sehr kurzem Rock. Sie sangen zur Klavierbegleitung allerhand scherzhafte, lustige Couplets, die wohl oft auch einen recht zweideutigen Inhalt haben mochten, den ich freilich nicht verstand. (...) Die Vorträge währten bis 12 Uhr. Dann gingen die meisten Familien nach Haus. Aber es blieben noch Gäste zurück, neue kamen hinzu, und dann begann der Tanz, der bis zum frühen Morgen währte.«²² Ergänzend ist diesen Erinnerungen hinzuzufügen, daß das Ehepaar Francke die Aufführungen nicht allein bestritt, sondern weitere Gesangskräfte hinzuengagierte. Im Oktober 1857 trat mit ihnen etwa ein »Fräulein Heine«²³, im April 1859 eine »Mathilde Schulz«²⁴ und im Januar 1862 gar die ganze »Francke'sche Buffo-Sänger-Gesellschaft«²⁵ auf. Sieben Jahre, von 1857 bis 1864, blieben die Franckes im Kolosseum engagiert, dann sahen sie die Zeit für gekommen an, sich anderswo zu verpflichten und verließen Berlin. Das Kolosseum jedoch konnte inzwischen nicht mehr auf die dem Publikum gewohnten und erfolgreichen Programme verzichten und suchte Ersatz unter den reisenden Sängergesellschaften. Neugierig begrüßten die Zuschauer im September 1864 die ersten Nachfolger: die Soubrette »Henriette Wiese, die Opernsängerin Rudolphi und die Komiker Löchel und Zimmermann«²⁶.

Doch erst Friedrich Gottlieb Großkopf, der verhinderte Theaterleiter, vollbrachte 1860 das Kunststück, Programme zusammenzustellen, die als erste Varietéveranstaltungen anzusehen sind. Nachdem 1850 sein Circusunternehmen gescheitert war, seine Anfragen um eine Schauspielkonzession ständig abschlägig beschieden wurden, selbst die gastweise Einquartierung Rudolf Cerfs, des Sohns des ehemaligen Direktors des Königstädtischen Theaters, dem Haus nicht auf die Beine geholfen hatte, übernahm er 1856 selbst die Leitung des nunmehr »Walhalla« genannten Konzertetablissements mit Restaurationsbetrieb. »Regelmäßige Veranstaltungen, die sich größter Beliebtheit erfreuten, waren anfänglich die Konzerte der festengagierten Kapelle unter Leitung von H. Fliege, R. Buskies und R. Tschirsch, drei Kapellmeister, die sich an lokaler Popularität beinahe mit dem berühmten Benjamin Bilse (…) messen konnten.«²⁷ Doch Großkopf war ehrgeiziger. Ohne Rücksicht auf die fehlende Konzession setzte er einfach Schauspiele auf das Programm, die er zudem frech in den Zeitungen annoncierte. Einzig auf die Angabe der Autoren verzichtete er, denn das hätte ihm zusätzlichen Ärger wegen der Tantiemenzahlungen eingebracht. Seine Stücke hießen etwa »Die unterbrochene Verlobung«, »Der Teufel in Berlin« oder »Aladin oder die klapprige Laterne, großes Trauer-, Zauber-, Lust- und Thränenspiel mit Gesang in 1 Akt«. Ab 1859 rückte er auch von dieser Praxis wieder ab, reduzierte seine Presseankündigungen vielmehr auf den Standardsatz: »Während der Pausen Theatervorstellung«. Bis zum Frühjahr 1860 hielt er diese für ihn unerlaubte Ausübung von Theaterveranstaltungen aufrecht, dann nahm er im Herbst die entscheidende Veränderung seines Spielplans vor. Großkopf kopierte für einige Monate noch etwas zweifelnd die Veranstaltungen, die das Ehepaar Francke so überraschend erfolgreich im Kolosseum auf die Beine gestellt hatte: Komiker, Tyroler Sänger, Soubretten und ungarische Tänzer bildeten sein Programm – zuzüglich zum üblichen Konzert, versteht sich. Zu Beginn des Jahres 1861 wurden dann aber die ersten Akrobaten in die Aufführung eingefügt: Der Gesang, die Komik, der Tanz und die Akrobatik hatten sich endlich gefunden, das programmatische Grundgerüst jeglicher Varietéaufführungen stand. Ab Herbst 1863 verkündete Großkopf, inzwischen stolz auf seine beliebten Veranstaltungen, sein Haus sei nunmehr eine Spielstätte für »Komik, Vorträge, Gesang, Gymnastik etc«. Das von ihm mit Bedacht eingefügte Etcetera zeugt davon, daß Großkopf vollkommen richtig erkannt hatte, daß in solcherart Nummernfolgen die unterschiedlichsten Elemente eingefügt werden können, selbst aus Bereichen, die an sich nicht unterhaltend sind, ohne das dramaturgische Konzept zu sprengen. Großkopf engagierte »deutsche, russische, schwedische, englische, französische und italienische Künstler. Die Kapelle aus vierundzwanzig Mann (…) spielte die

64 Jean Piccolo, Jean Petit und Kiss Jozsi anläßlich ihres Gastspiels in Callenbachs Vaudeville-Theater

schönsten Weisen und (...) die Walhalla (...) war jeden Abend total ausverkauft. Das Publikum ergötzte sich an den Darstellungen dieses neuartigen Unternehmens, obwohl es, wie bis auf den heutigen Tag, weder die italienischen noch französischen, noch russischen und schwedischen Sänger verstand, aber die Liebe zu dem Fremdartigen, die der Berliner schon mit der Muttermilch eingesogen hat, trat hier so recht zutage. Mancher junge Mann mit oder ohne Schätzchen saß im Parkett oder in den Logen, schmauchte seine Zigarre, trank ein Glas Bier über das andere und jubelte jedem Vortrag, welcher auch geboten wurde, mit großem Behagen zu und Großkopf wurde ein reicher Mann. (...) ›Rauchen überall gestattet‹ auf dem Zettel eines solchen Etablissements ist verbunden mit einem Trank für den Durst.«[28] Nachahmer seines Konzepts gab es im Laufe der sechziger Jahre reichlich. Hans Wachenhusen konstatierte 1862: »Welchen Anklang die Cafés concerts bei unserm Volke gefunden haben, beweist der tägliche Zudrang zu diesen Etablissements. Die *Tonhalle* und die *Walhalla* sind jeden Abend von Tausenden besucht, ja selbst das Strickzeug der Familie ist in denselben thätig, während man sich in aller Gemüthsruhe etwas vorsingen oder auf dem Trapez vortanzen läßt auf die Gefahr hin, daß beim Anblick irgend eines salto mortale vor Schreck eine Masche falle. (...) Der Zettel ihrer abendlichen Vorstellungen, auf dessen Rückseite sich zuvorkommend der Speisezettel des Locales zu befinden pflegt, ist eine ganze Musterkarte von Musik, dramatischen Scenen, Tanz, Akrobatik und Gymnastik, lebende Bilder, komischen Vorträgen und allen erdenklichen Leistungen auf und über der Erde. Andächtig lauschend sitzen Tausende für das geringe Entré von 3 Silbergroschen hier von 7 Uhr Abends bis um Mitternacht. (...) Vater, Mutter und Tochter harren unerschrocken aus bis die letzten Töne der dritten Abtheilung verklungen. Was brauchen sie ins Opernhaus zu gehen; hier hören sie Meyerbeer und Flotow, die Couplets aller Privat-Theater und sehen dazu noch Seiltänzer und schwarzgefärbte Nigger, (...) was sie weder im Opern- noch im Schauspielhause erleben.«[29]
Wachenhusens Bemerkungen über die Zusammenstellung der Musikstücke ist zwar richtig, doch gilt sie für alle Konzerte, die in vergleichbaren Lokalen stattfanden. Durch keine Urheberrechte behindert, spielten die Unterhaltungskapellen alle Melodien, die populär waren oder zu werden versprachen. Am 18. Januar 1860 etwa (also noch vor der Aufnahme von Akrobaten im Programm) sah der erste Musikteil in der Walhalla folgendermaßen aus:
»I. Theil:
Willkommen-Rufe, Marsch von E. Bach
Ouvertüre aus Op. ›Moses‹ von Lindpainter
Was a Jäger haben soll, mit Jodler
Die Weber, Walzer von Lanner
Duett a. d. Op. Don Pasqual v. Donizetti
Teutonia-Marsch von W. Fliegner«[30].
Daraufhin folgte ein unterhaltendes Theaterstück, ein zweiter Musikteil, eine zweite Posse und ein abschließender dritter Musikteil, der mit dem Triumphmarsch des populären Komponisten und Schaudirigenten Bilse abschloß.
Die Café-Chantants setzten sich innerhalb kürzester Zeit in der preußischen Residenz durch. Die Tonhalle war daher wahrlich nicht das einzige Unternehmen, das mit der Walhalla konkurrierte. Die anderen hießen u. a. Schäffers Etablissement, Kötings Odeum, Puhlmanns Concert-Garten, der Berliner Prater, der Schweizergarten, das Universum und das Alcazar, Wolffs Etablissement, das später in Jardin und Salon Belle Alliance umgetauft wurde, ferner das Hotel de Russie, das Rappo-Theater sowie schließlich Callenbachs Spielstätte am Johannistisch. Einige der genannten Lokale entstanden erst in den sechziger Jahren und führten sogleich ein Café-Chantant-Programm ein, andere hingegen – wie der Berliner Prater, der heute noch existiert – waren bereits seit Jahren in Betrieb und versuchten nun, von den Neuerungen zu profitieren. Je nach Stadtlage und Geschäftsinhaber besaßen die genannten Etablissements ihr eigenes Profil und Publikum. Soweit es die Einnahmen erlaubten, versuchten die Direktoren darüber hinaus, die Programmangebote der jeweiligen Konkurrenz zu überbieten. Puhlmanns Lokal in der Schönhauser Allee war wie der Prater und Schweizergarten ein typisches Ausflugslokal im Grünen, dessen Hauptsaison im Sommer lag. Es ging dort im besten Sinne »volkstümlich« zu (wie Emil Thomas sich ausdrückte). »Abgesehen von den ebenfalls von einer kleinen Bühne herab produzierten Gesängen und Lieder hatte der alte Puhlmann, um seinem Programm eine Abwechslung zu geben, schon kleinere Artisten engagiert, welche als Akrobaten, Jongleure ihr Handwerk zum Besten gaben, ja sogar den Affenspieler Kli-

```
A. Wolf's Etablissement
Tempelhofer Strasse No. 7,
Weg nach dem Kreuzberg, unweit des
Halleschen Thores.

Sonnabend, den 21. Juni 1862:
Zur Eröffnung
des neuerbauten 2000 Personen
fassenden eleganten Saales:
Grosses Garten-Concert,
unter Leitung des Herrn Herbst.
Vorstellung
vom
Komiker Dalatkewitz u. Frl. Grothe
und
Grosser Ball.
Die Ball-Musik wird von der Hauskapelle
und einem Trompeter-Corps ausgeführt.
Anfang 7 Uhr.        Ende 3 Uhr.
Entrée incl. Ball Herren 5 Sgr., Damen 2½ Sgr.

Sonntag, den 22. Juni: Concert,
Gesangs-Vorträge und Ball.
Um recht zahlreichen Besuch im neuen
Geschäft bittet              A. Wolf.
```

65 *Eröffnungsanzeige von Wolfs Etablissement, dem späteren Belle-Alliance-Theater*

schnigg, der viele, viele Jahre in einzelnen Theatern (...) seine große Kunst als Tierdarsteller hatte leuchten lassen, auch diesen ließ der alte Puhlmann auf seiner Bühne auftreten.«[31]

In der Tonhalle im Zentrum der Stadt ging es weniger gemütlich her. »Groß in ihrer Weise war die Leistung einer französischen Tänzerin und Sängerin, der Madame Golombet, welche täglich eine Anzahl Lachlustiger nach der Tonhalle rief und sich die neue Theresa nennt. Sie singt und tanzt das Genre Thérésa (gemeinhin Genre canaille genannt), deren ›Sapeur‹ selbst den Kaiser von Frankreich enthusiasmirte und die Fürstin Metternich zum Wetteifer herausforderte; aber wenn zwei dasselbe thun, ist es nicht immer dasselbe. Ich bin in Verlegenheit, die Tänze und Gesänge, namentlich aber die Manieren dieser Dame zu schildern, die ein Pariser Barrieren-Publikum selbst zurückweisen würde, und dennoch hat sie mich amüsirt.«[32]

Die Walhalla besaß über Jahre eine Attraktion, die so selbstverständlich wurde, daß sie gar nicht mehr in den Anzeigen Erwähnung fand. Noch nach einem halben Jahrhundert erinnerte sich schmunzelnd der Chronist der Berliner Gesellschaft, Fedor von Zobeltitz: »Eine Hauptanziehungskraft bildete seinerzeit die ›Kalospintechromokrene‹, eine mit wechselnden Lichtern beleuchtete Fontaine, die als der Höhepunkt der Schönheit galt, und die selten fehlenden lebenden Bilder im Genre Rappos: eine Masse meist ziemlich garstiger, in Trikot genähter Frauenzimmer, die auf einem drehbaren Podium in gliederverrenkender Haltung posieren, während die bengalischen Leuchtfeuer sie bald grün, bald gelb, bald rosarot bestrahlen. (...) Man (...) amüsiert sich königlich.«[33] Solche Fontänen waren jedoch zuvor bereits in dem Pariser Theater Châlet gezeigt worden, was wiederum Rückschlüsse auf die Vorbildfunktion des französischen Unterhaltungsbetriebes zuläßt. Als gestellte Bilder bestaunte das Publikum in der Walhalla etwa die Lorelei mit einer Leier im Arm oder eine Karyatiden-Gruppe. »Es sind die Nymphen des Herrn Lavater Lee, dieses beneidenswerten Mannes, der die weibliche Schönheit zu seiner Wissenschaft gemacht hat. Das Publikum folgt begierig den Bewegungen der Drehscheibe, die ihm mit jedem Moment neue und classische Formen enthüllt; Niemand aber bedauert die armen Kinder, denen das kalte Wasser über die nackten runden Arme rieselt.«[34] Doch zur Steigerung des Bekannten kündigte die Direktion nach einer Weile an, daß sie demnächst die Figurantinnen sogar mit parfümiertem Wasser begießen lassen würde. Das Rennen nach der Sensation, die die Konkurrenz ausstechen sollte, nahm seinen Anfang und sollte sich durch die ganze Geschichte der Gattung ziehen. So verwundert es denn auch nicht, daß selbst das hochangesehene Krollsche Unternehmen im Tiergarten nicht eher ruhte, bis es ebenfalls eine vergleichbare Fontäne vorführen konnte. Der dortige Programmleiter übernahm sogar die zungenbrechende Bezeichnung und verkündete als Darbietung einen »Dance fantastique des Najades«[35]. Geradezu haarsträubend in der Erfindung von fantastischen Bezeichnungen ist jedoch Großkopf gewesen. »So nennt er (...) seine bunte Fontaine griechisch eine Kalospinthechromokrene, was ich mir bei gelehrtem Nachdenken als schön sprühende vielfarbige Quelle übersetze, während er seinen Eisregen als ein ›neues Wunderwerk‹ mit dem indianisch klingenden Namen ›Miniehaha‹ taufte, ein Name, den das Publikum in ›Ahaquelle‹ umgetauft hat.«[36]

66 Der »Schlangenmensch« Chelsey Knösing; nach Fotos gezeichnet von F. Waibler

Der Zuschauererfolg und der Einfallsreichtum der Direktion erhoben dennoch die Walhalla zum »bedeutendsten Café Chantant der Residenz«[37]. Selbst die seriöse Presse begann, lobend von Großkopfs Unternehmen Notiz zu nehmen: »Die gute Qualität der von ihm dargebotenen Divertissements (macht) sein Lokal zu einem Erholungsorte, in welchem neben guter physischer Restaurirung Ohr und Auge fortwährend eine angenehme Unterhaltung finden.«[38] Diese herausragende Bedeutung behielt die Walhalla bis zum Ende der sechziger Jahre, bis 1869 die Gewerbefreiheit sämtliche gewachsenen Strukturen vernichtete und völlig neue Betriebsbedingungen entstehen ließ.

Es war als Kennzeichen für die Entwicklung des Varietés betont worden, daß die Bühnen nicht von den Künstlern, insbesondere den Akrobaten, eingerichtet worden waren, sondern sich durch Unternehmerinitiative aus der musikalischen Belustigung von Restaurationsgästen entwickelte. Eine der wenigen Ausnahmen stellte Franz (Françoire) Rappo dar, dessen Vater Karl (Charles) bereits im alten Königstädtischen Theater engagiert gewesen war. Dieser wie sein 1825 in Lübeck geborener Sohn Franz gehörten zu der Unzahl von »starken Männern«. Auf ihren Tournen kamen Vater und Sohn immer wieder nach Berlin und erlebten hier den Aufschwung der Café-Chantants. Nach dem Tod des Vaters ließ sich Franz Rappo in der preußischen Residenz nieder und errichtete in der Friedrichstraße Nr. 12 im Jahr 1864 ein eigenes Theater, in dem er gleichermaßen als Darsteller und Direktor auftrat. Seine Programme bestanden aus rein akrobatischen Nummern, zu deren Präsentation er die damals modernste Theatertechnik heranzog. Rappo war »ein Kostümkenner, vorzüglicher Zeichner und Maler und Schöpfer maschineller Einrichtungen für die Bühne, die sich alle durch eine erstaunliche Einfachheit auszeichneten. Alles das befähigte ihn in hohem Grade für seinen Beruf. In dem Arrangement von lebenden Bildern, Pantomimen etc. wurde er nicht übertroffen. Am höchsten stehen aber seine persönlichen Kunstleistungen, die Vielseitigkeit, seine untadelhafte herkulische Gestalt, die Eleganz seines Auftretens und sein Schaffensgeist.«[39] Da er aber auf die Musikteile in den Aufführungen weitgehend verzichtete, blieb seine Konkurrenz zu den Café-Chantants relativ gering. Dennoch war die Spielstätte derart gut besucht, daß sie für rund zwei Jahre bestand. Erst 1866 verließ Rappo die Stadt wieder. Auch seine beiden weiteren Versuche – in Straßburg und Kopenhagen –, ein rein akrobatisches Nummernvarieté zum dauernden Erfolg zu führen, schlugen letztlich fehl. Er starb 1874.

Wenige Wochen, nachdem Rappo seine »unwiderruflich letzte Vorstellung«[40] gegeben hatte, fand erstmalig das Wort »Varieté« in Berlin Verwendung. Wie Großkopf das Verdienst zukommt, das gemischte Programm eingeführt zu haben, so kommt dem Theaterdirektor Carli Callenbach das Verdienst zu, seine Spielstätte zum ersten Mal in Berlin als Varieté benannt zu haben. Es war derselbe Callenbach, der 1848 eine Theaterkonzession für den im Norden der Stadt gelegenen Garten der Brüder Hennig erhalten hatte. Inzwischen waren die Brüder jedoch gestorben, und die Erben favorisierten einen anderen Spielleiter. Callenbach verschwand zwei Jahre aus der Stadt, setzte aber bei der Polizeibehörde durch, daß seine Konzession auch für ein Grundstück im Süden, außerhalb des Halleschen Tores, galt, auf dem bisher die bloße Natur wucherte. Dort auf dem Johannistisch, wie das Fleckchen Erde genannt wurde, errichtete er 1860 eine kleine Sommerbühne, die er im Laufe der nächsten Jahre zur festen Winterspielstätte ausbaute. Das Gelände um sein Haus verschönerte er immer stärker zu einem gaslampenerleuchteten Park und sorgte – eine Selbstverständlichkeit – für das leibliche Wohl seiner Gäste durch eine angeschlossene Restauration. Dennoch gelang es ihm nicht, einen Spielplan aufzustellen, der ihm volle Häuser einbrachte. Jenes von ihm im Norden erprobte Repertoire mit Militärkonzerten und Possen, Lustspielen und Schwänken fand keinen Anklang bei den zumeist aus der unmittelbaren Nachbarschaft herbeiströmenden Zuschauern.

Hinzu kam die ungünstige Lage seines Hauses. Ein zeitgenössischer Reiseführer kritisiert den »fast unpassierbaren Weg zu seinem Musentempel«[41], der noch unbefestigt, und insofern staubig im Sommer, schlammig im Frühling und Herbst und verschneit und glatt im Winter war. Da hatten es seine unmittelbar benachbarten Konkurrenten besser. Nördlich lag die Walhalla keine fünfzehn Geh-Minuten entfernt, und gar nur fünf Minuten westlich lag das 1862 neueröffnete Wolffsche Etablissement an der Tempelhofer Straße. Dieses Lokal befand sich idyllisch auf einem Hinterhof mit reich geschmückter Gartenanlage und annoncierte bereits am Eröffnungstag neben einem Militärkonzert das Auftreten von Sängern und Komikern. Aber August Wolff, ein ehemaliger Schauspieler, besaß im Gegensatz zu Callenbach keine Theaterkonzession. Der schlechte Besuch wurde Callenbach »zuletzt zu ungemütlich und den Einflüsterungen guter Freunde Gehör schenkend, entschloß er sich endlich, sein Theater«[42] umzugestalten. Er ließ die Bankreihen entfernen und statt dessen Tische und Stühle aufstellen; er führte außerdem das Rauchen während der Vorstellung ein und einen Einheitspreis auf allen Plätzen, von denen aus die Zuschauer Schauspieler, Sänger, Tänzer und »Gymnastiktruppen« zu sehen bekamen. »Für die Normalaufführungen, d. h. die Aufführungen an Wochentagen, (stellte er) ein Programm zusam-

67 Das Théâtre des Variétés in Paris, um 1830

men, wonach den ersten Teil ein Musikstück, ein Konversationsstück von der Gattung, die die Franzosen Levers de rideaux nennen und die oft recht geistreich waren, ein Tanz und eine gymnastische Produktion, den zweiten Teil dasselbe mit dem Unterschied bildete, daß an die Stelle des Konversationsstücks ein richtiges einaktiges Lustspiel trat, während den dritten Teil wieder ein Musikstück eröffnete und eine derbe Posse oder dergleichen abschloß. An Sonntagen, für die das Eintrittsgeld auf 50 Pfennig erhöht wurde, wurde dafür noch ein ganzer Teil eingelegt. Es wurde also dem Publikum für eine mäßige Eintrittsgebühr eine recht reichhaltige Unterhaltung geboten, und da Callenbach vom Theater etwas verstand und dieses am höchsten stellte, wußte er auch für gute Darsteller zu sorgen, so daß das Bedürfnis nach geistigem Genuß selten völlig unbefriedigt blieb. Angesichts dieser Mannigfaltigkeit gab er dem Theater nun den Namen Theater-Varieté. Diese Neuerung schlug so ein, daß (...) Callenbachs Theater nun fast jeden Abend überfüllt war.«[43] Mit Varieté im späteren Sinne hatte das Ganze also noch wenig zu tun; auch Callenbach wollte zweifellos vor allem Theater spielen lassen, denn selbst seine Namensgebung orientierte sich nicht am Café-Chantant, sondern an dem Pariser Théâtre des Variétés, das eine wesentliche Rolle im französischen Unterhaltungsleben spielte. Vor 1848 waren dort die französischen Revuen de fin d'Annee mit ihren satirischen Zeitbezügen inszeniert worden, und zu jener Zeit, als Callenbach seine Namensänderung vornahm, war es eine Spielstätte von Offenbachs bacchantischen Operetten, dessen Ruhm längst nach Berlin gedrungen war. Die frankophile Ausrichtung sowie die auf Unterhaltungstheater gerichtete Intention Callenbachs lagen der Namensgebung also zugrunde, nicht eine genauere oder gar nur modische Bezeichnung für das artistische Programm. Auch die Zeitgenossen, unsicher, wie sie seine Veranstaltungen nennen sollten, griffen nicht zum Namen der Spielstätte, sondern nannten sie – selbst noch 1876 – Café-Chantant.[44]

Lange freilich konnte sich Callenbach an seinem Erfolg nicht erfreuen, denn nur drei Jahre später, 1869, trat die Gewerbefreiheit in Kraft, die es u. a. auch der Walhalla und dem Wolffschen Etablissement gestattete, wie er Schauspiele aufzuführen. Das Varieté machte seine erste Krise durch.

Das Rätsel »Tingeltangel«

Obwohl heute seltener als um die Jahrhundertwende im Gebrauch und seit gut zehn Jahren aus den allgemeinen Lexika verschwunden, wird das Wort »Tingeltangel« dennoch auch heute noch verwendet, um gewöhnlich eine Inszenierung oder eine ganze Sparte des Bühnenbetriebs abzuqualifizieren. So benutzte es etwa 1987 im Katalog der Kasseler documenta Bazon Brock, um damit jenen Kulturbetrieb zu kennzeichnen, der Unterhaltung verspricht oder anbietet. Die in ihm arbeitenden Künstler titulierte er demgemäß auch als »Unterhaltungsidioten«[1]. Bezeichnend für den unklaren Objektbezug des Wortes dehnte Brocks Charakterisierung die traditionelle Bezeichnung auf den ganzen Bereich der Unterhaltungskultur aus, dem sie zwar richtig entstammt, doch anfänglich nur einem eingeschränkten Teil zugeordnet war. Augenscheinlich hat sich im Laufe der Jahrzehnte das abwertende Assoziationsfeld so fest mit dem Wort Tingeltangel verbunden (wobei ihm gleichzeitig die unmittelbare Anschauung verlorenging), daß derartige Erweiterungen möglich geworden sind.

Wie sich jedoch der Begriff gebildet hat und was er ursprünglich benannte, ist bislang nur unzureichend bekannt; »über den Ursprung des Wortes streiten sich die Experten«[2], schrieb global Ernst Günther in seiner »Geschichte des Varietés«. Dennoch versuchte Günther eine Antwort zu geben und griff dazu verblüffenderweise, wenn auch nicht zufällig, aus der Vielzahl der zumeist anekdotenhaften Geschichten und Überlieferungen eine heraus, die ihm am wahrscheinlichsten vorkam (sie entstammt der Prager Volkszeitung vom 12. März 1976): »In den fünfziger Jahren (des 19. Jahrhunderts – d.Verf.) lebte in Hannover der Volkssänger Gotthold Tangel, der zusammen mit Frau, Sohn und drei Töchtern auf Schützen- und Volksfesten und in Kneipen mit Musik, Gesang und heiteren Rezitationen auftrat. Nach jeder dritten oder vierten Nummer schickte er, um die ›Gage‹ besorgt, eine Tochter mit zwei Tellern zum ›Absammeln‹ ins Publikum. Dieses wurde von den Akteuren selbst als ›tingeln‹ bezeichnet, abgeleitet vielleicht vom ›Klingeln‹ der Geldstücke auf dem Teller. Als nun eines Tages Tangel die Sache übertrieb und zu häufig ›tingelte‹, schrie ihm ein verärgerter Student zu: ›Tangel, lassen Sie doch endlich mal das verflixte Tingeln! Sie sind ja der reinste Tingel-Tangel!‹«[3] Diese Erklärung habe vieles für sich, so führt der Autor aus, weil zum einen das Wort Tingeln »tatsächlich das Absammeln bezeichnete und noch heute im Sinne von ständigem Herumziehen, nur ›um Geld zu machen‹ (abklappern), verwendet wird und weil zum anderen auch in Berlin bereits vor 1890 Tingeltangels existierten«[4]. Es mag nun durchaus sein, daß »tingeln« praktisch lautmalerisch entstanden ist und später ein im Wortfeld liegendes Substantiv daraus gebildet wurde;[5] der umgekehrte Entwicklungsgang wäre allerdings mit gleicher Berechtigung denkbar, da die Entstehungszeit des Wortes »tingeln« ebenfalls unklar ist. Unberücksichtigt bleibt darüber hinaus, daß das Absammeln von jeher Praxis der Fahrenden gewesen war und keine besondere Eigenart der Kneipensänger. Wie zeitgenössische Abbildungen zur Genüge belegen, sammelten im 19. Jahrhundert selbst die großen Militärkapellen zwischen den Musiknummern ihren Obolus beim Publikum ein, selbstverständlich durch den hübschesten Jüngling im Orchester. Die Frage bleibt also unbeantwortet, warum

68 Absammeln bei einem Militärkonzert im Garten der Berliner Bockbrauerei

69   Hans Baluschek: Im Tingeltangel, 1896

die Wortbildung nicht bereits früher vorgenommen worden sein soll, wenn das Abkassieren mit dem Teller der Ursprung ist. Eine Entscheidung, welche der überlieferten Varianten richtig sei, erweist sich im Hinblick auf die Menge der Überlieferungen als reine Willkür. Erst eine empirische Recherche, die hier erstmals vorgelegt wird, ist geeignet, zumindest die gröbsten Ungereimtheiten auszuräumen.

Einige der zumeist aus den Artistenkreisen veröffentlichen Versionen sollen vorweg zitiert werden, um ihren fabulierenden Charakter ausführlich darzulegen. Ziemlich genau einhundert Jahre liegen zwischen dem ersten und dem letzten der hier ausgewählten Erklärungsversuche, die trotz ihrer inneren Verwandtschaft in entscheidenden Punkten voneinander abweichen (was auch für die unerwähnten Varianten gilt).

Der früheste Bericht stammt aus dem Jahr 1885 und ist als Antwort auf eine aus der Leserschaft der Vossischen Zeitung gekommenen Anfrage abgedruckt worden. Sie lautet: »Der Ausdruck entstammt dem bekannten von Loeff neu erbauten ›Triangel‹ Nr. 205 der Friedrichstraße in Berlin. In dem daselbst befindlichen Kellerlokal produzierte sich gegen Ende der fünfziger Jahre ein Gesangskomiker, Namens Tange, welcher in Gemeinschaft mit Frauenzimmern, von denen die ›dicke Marie‹ stadtbekannt war, dort zuerst das (wenn wir nicht irren, auch von ihm verfaßte), auf den Dreiklang des Triangels im Refrain anspielende Lied: ›Zum ting-ling-ling‹ sang. Tange wurde hiernach ›Tingel-Tangel‹ gerufen, und siedelte demnächst in das Ries'sche Lokal, Schützenstraße Nr. 3, über, wohin ihm die alten Besucher des ›Triangel‹ folgten. Die Bezeichnung ›Tingel-Tangel‹ übertrug sich alsbald auch auf die anderen Lokale ähnlicher Art, von denen das Metznersche in der Landsbergerstraße am ausgiebigsten cultivirt wurde und zu dem polizeilichen Verbot Anlaß gab, welches dem Unwesen der ›Tingel-Tangel‹ steuern sollte.«[6] Bis auf eine gewisse Ähnlichkeit im Namen des Komikers unterscheidet sich diese Erklärung ansonsten in allen Punkten von der Günthers. So gab es also nicht nur »vor 1890« Tingeltangel in Berlin, sondern bereits fünf Jahre zuvor war die Herkunft des Wortes so unbekannt, daß eine Zeitung Erklärungen abgeben mußte. Inhaltlich läßt sich jedoch auch diese Version nicht bestätigen, denn weder konnten die erwähnten Lokale noch ein Komiker Tange oder seine »stadtbekannte dicke Marie« nachgewiesen werden.

70   Edvard Munch: Das Tingeltangel Academy of Music, 1894

Gewisse Namensähnlichkeit weist einzig Rudolf Stangel auf, der in den sechziger Jahren lange Zeit in der Tonhalle engagiert gewesen war.

Zwei Jahre vor der Jahrhundertwende erscheint dann im »Artist« eine Erklärung, die »endlich–endlich«[7] die Frage, wie der Name Tingeltangel entstanden sei, zu beantworten vorgibt: »In einer deutschen Großstadt – der Name ist mir im Laufe der Zeit leider entfallen – veranstalteten seit lange schon zwei Wirthe Namens ›Tingel‹ und ›Tangel‹ musikalische Darbietungen in ihren Localen, und je nach Gefallen derselben ging das Publikum entweder zu Tingel oder zu Tangel, um sich zu amüsieren, und durch die Zusammenstellung der beiden Namen ist der Collectivname Tingel-Tangel mit all seinen Licht- und Schattenseiten für musikalische und gesangliche Darbietungen entstanden. Älteren Acteurs und Actricen wird diese Lösung der Frage gewiss noch gerade so gut erinnerlich sein, wie mir, obgleich es schon ziemlich lange her ist.«[8]

Die örtliche Zuordnung, um die sich hier der Schreiber relativ ungeschickt herumdrückt, war bereits durch die beiden ersten Erklärungen ins Zwielicht geraten, wurden dort doch Hannover und Berlin genannt. »Es ist vielfach darüber gestritten, welche Stadt das erste Tingel-Tangel aufzuweisen hatte. Die Berliner haben mit Eifer und Eigensinn den Ruhm für sich in Anspruch genommen, während doch tatsächlich die Entstehung dieser ›Gesangs- und Spielhallen‹ in Hamburg (...) vor sich ging«[9], behauptete 1899 ein weiterer Artist und verlegt dann jene Geschichte vom Triangellied einfach an die Alster. Dort heißt allerdings der Vortragende »der alte Baetcke«, der Refrain des Liedes lautet:

»Zum Triangel-Tangel
ting-ling-ling
ting-ling-ling«[10],

und das Ganze spielt sich Mitte der sechziger Jahre ab. Von wo auch immer der Begriff in Umlauf gebracht worden ist – eine geographische Zuordnung ist aufgrund fehlender Forschungen nicht möglich –, er verbreitete sich im ganzen deutschsprachigen Raum. Selbst für Österreich läßt sich der Gebrauch nachweisen[11], ohne daß er als exotische oder preußische Wortschöpfung Erklärungen notwendig machte. »Aus dem Chinesischen, wie oft angenommen«[12], stamme das Wort nicht, spöttelte bereits 1910 Signor Saltarino.

In einer weiteren Artistengeschichte[13] aus den vierziger Jahren heißt der Komiker schließlich

Tango, dessen musikalische Triangelbegleitung den Volkswitz zu jener abschätzigen Neuschöpfung veranlaßt habe, und in Walther Kiaulehns berühmtem Berlinbuch »Schicksal einer Weltstadt« taucht er als Tange auf, der für diesen Autor erstaunlicherweise »einer der populärsten Komiker der Berliner Singspielhallen«[14] war.

Die augenscheinlich bei den Schreibern nicht zu beherrschende Fabulierkunst erstreckt sich bis in die heutigen Tage, die in einem besonders eklatanten Fall 1982 sogar Eingang fand in eine zehnbändige Enzyklopädie. Bobby Barell, immerhin Generalsekretär der internationalen Gesellschaft der Circushistoriker, schrieb dort: »Einen besonderen Namen machte sich (...) der Berliner Komiker Karl Tange, der im Jahre 1890 sein Lokal ›Triangel‹ eröffnete und sein eigener, höchst erfolgreicher Hauptdarsteller wurde. Sein Wortwitz und seine Schlagfertigkeit diktierten das Programm, und das Publikum ging sehr gern zu ›Triangel-Tange‹, weil dort stets ›etwas los war‹. Der Volksmund machte aus Triangel-Tange ›Tingel-Tangel‹ und schuf damit eine noch heute übliche Kennzeichnung.«[15] Als unwesentlich übersehen ließe sich noch, daß der Autor plötzlich den Vornamen des Komikers kennt und ihn zum stolzen Besitzer eines nicht nachweisbaren Lokals macht, doch daß er den sprachschöpferischen Akt in die Jahre nach 1890 verlegt, ist schlicht desavouierend, denn offenbar kennt der Autor noch nicht einmal die einschlägige Literatur, die sich zumindest darin einig ist, die Wortentstehung in die fünfziger oder sechziger Jahre zu legen.

Grundsätzlich vernachlässigen alle diese Versionen den Widerspruch zwischen vermeintlicher Herkunft und tatsächlichem Objektbezug. Die Verwendung des Wortes beweist hinlänglich, daß damit eine bestimmte Art von Lokal gekennzeichnet werden sollte und keine Person (oder arti-

71   Heinrich Zille

72   Das Varieté-Theater Boulevard in der Friedrichstraße

stische Sparte). Die Klärung der Frage, wie denn das Wort Tingeltangel diesen inhaltlichen Bedeutungswandel habe vollziehen können, unterschlagen die Autoren stillschweigend.
Die weniger fabulierenden Quellen und Nachschlagewerke bestätigen die Annahme, daß die Sprachschöpfung wahrscheinlich in das Jahrzehnt vor der deutschen Reichsgründung fiel, und das Wort rasch populären Charakter angenommen hat. Der erste schriftliche Niederschlag läßt sich für das Jahr 1871 nachweisen, in dem Siegmund Haber seine humoristischen Berliner Kneipenstudien unter dem Titel »Tingel-Tangel« veröffentlichte. Erklärend schrieb er: »Tingel-Tangel ist ein Vergnügen, so herzberauschend und sinnbestrickend wie sein Name, so süß und harmonisch das Wort Tingel-Tangel dem Ohr klingt, ebenso anziehend und einschmeichelnd für das Gemüth ist der mit jenem Worte verbundene Begriff (d. h.: die damit verbundene Veranstaltung – d.Verf.). Tingel-Tangel ist ein Concert, aber nicht wie es Bilse oder Stern macht, wo man gezwungen ist, für sein schweres Entrée langweilige Simphonien und Ouvertüren anzuhören.«[16] Zu Habers Zeiten besaß das Wort offenbar noch nicht die negative Bedeutung, die es später erhalten sollte und zu einem so wunderbaren Begriff der Abgrenzung machte. Das bestätigt auch die 1872 erschienene Schrift von Schmidt-Cabanis: »Berliner Publikümmerliche Phantasie«, in der es durchaus wohlgefällig heißt:
»Es wird ein Schimmer sich verbreiten
Wie noch kein Auge ihn gesehen:
Der Spittelkirche Glocken läuten
Und alle Wasserkünste gehn!
Rings tönen Tingel-Tangel-Klänge
Fast glaubt man –wärs nicht gar zu dumm
Die Panke röche wen'ger strenge.«[17]
Einem von vornherein negativen Inhalt des Wortes, wie er gegeben wäre, wenn er vom Hohn und Spott über eine Person sich ableite, widersprechen also die zeitgenössischen Quellen. Die Herkunft, von der die Anekdote berichtet, kann daher endlich mit Fug und Recht verworfen werden.
Erst im Laufe der siebziger Jahre änderte das Wort seine inhaltliche Bedeutung und drang als Negativbegriff bis in die aristokratischen und bildungsbürgerlichen Kreise. In dieser Hinsicht aufschlußreich ist die Ende der sechziger Jahre im Reichstag des Norddeutschen Bundes geführte Debatte über die Theatergesetzgebung, in der von keinem Redner von Tingeltangel gesprochen wurde, um womöglich die geplante Liberalisierung zu verhindern. Hingegen fand in der gegen Ende der siebziger Jahre aufflammenden Debatte über die Änderung der Gewerbeordnung für die Theater der Begriff in verblüffend einhelliger Selbstverständlichkeit Verwendung. Niemand der Hörer und niemand der Sprecher fühlte sich zu diesem Zeitpunkt noch bemüßigt, den Inhalt und das Bezeichnete zu charakterisieren. Es war allen Teilnehmern bekannt.
Wie sich anhand der Stenographischen Berichte nachlesen läßt, besaß das Wort inzwischen eindeutig negative Bedeutung. »Tingel-Tangel und derartige Volksverderber«, heißt es dort, sowie dem »häufig gemeingefährlichen Treiben«[18] des künstlerischen Personals sollte man polizeilich stärkerer Kontrolle aussetzen. In einem Kommissionsbericht aus dem Jahre 1882 wendeten sich die Parlamentarier überhaupt gegen das Varieté, reihten aber, aus Unkenntnis über den exakten Gattungsbegriff für artistische Programme, die üblichen Bezeichnungen einfach aneinander. So heißt

73 *Das Varieté du Nord in der Elsässerstraße, Postkarte, Ausschnitt*

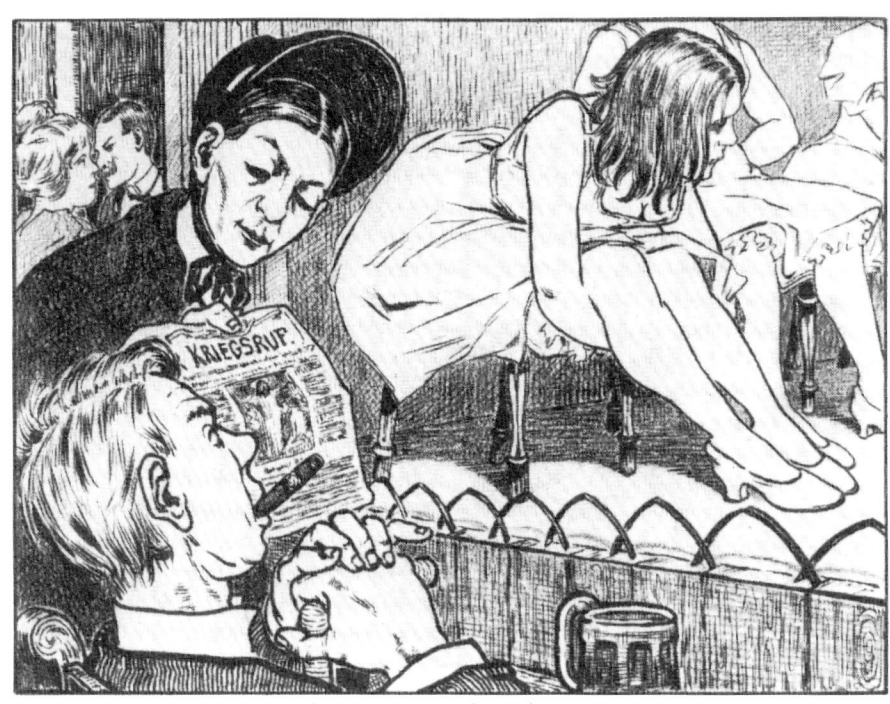

74   Hans Baluschek: Die Heilsarmee im Tingeltangel, 1898

es: »Dem von der öffentlichen Meinung und in der Presse zur Genüge und mit vollem Rechte gebrandmarkten, der öffentlichen Moral im höchsten Grade schädlichen und insbesondere solchen Aufführungen und Vorstellungen, bei denen ein wirkliches Interesse der Kunst oder Wissenschaft obwaltet, sehr nachtheiliges Unwesen der sogenannten Singspielhallen, Tingeltangel, Salon Varietés, Cafés Chantants, kann nur dann wirksam gesteuert werden, wenn solche Unternehmungen auch da, wo sie als stehendes Gewerbe betrieben werden, von der polizeilichen Erlaubnis abhängig sind.«[19]

Den negativen Assoziationen, die sich mit dem Wort verbunden hatten und die aufgrund seiner relativ unkonkreten Zuordnung tendenziell die ganze Branche trafen, versuchten die varietéinteressierten Kreise argumentativ entgegenzuarbeiten. Sie schränkten dabei zwar den Bereich der betroffenen Lokalitäten ein, zementierten aber gleichwohl weiterhin die aburteilende Verwendung. 1898 wehrte man sich etwa gegen das »Berliner Tageblatt«, weil ein Journalist sich unterstanden hatte, keinen Unterschied zwischen Tingeltangel und Varieté zu machen. Man schied das Erste von Letzterem, bezeichnete das Tingeltangel als unmoralisch und lieferte es praktisch dem Verbot aus.[20] Damit polemisierten die Artisten durchaus im Sinne der Obrigkeit, denn bis zu einem gewissen Grad war es in das Ermessen des aufsichtführenden Polizeibeamten gestellt, ein Lokal als Tingeltangel zu bewerten oder nicht. Zunehmend entstand vor diesem Hintergrund das Bedürfnis gewerberechtlicher Definitionen, da sich aus den ungeklärten Abgrenzungen ständiger Ärger zwischen der Behörde einerseits und den Direktionen und Artisten andererseits ergab. Nach der Jahrhundertwende lauteten solche Definitionsversuche etwa folgendermaßen: »Der allgemeine Sprachgebrauch versteht unter ›Tingel-Tangel‹ lediglich die auf einem niederen Niveau stehenden Vorträge in solchen Lokalen, welche allgemein von anständigem Publikum gemieden werden und wo in den gesanglichen und deklamatorischen Vorträgen der Schwerpunkt auf das Picante und Sinnliche gelegt wird. Bei den derzeitigen Verhandlungen mit dem Herrn Polizeipräsidenten gelten (...) die folgenden hauptsächlichen Merkmale: ›Als Tingel-Tangel ist ein solches Lokal zu bezeichnen, wo die Sängerinnen, auf der Bühne sitzend, der Reihe nach aufstehen, einige Lieder, pikanten Inhalts, singen und hernach zwischen das Publikum gehen, um Texte, Postkarten usw. zu verkaufen; wenn sich die Sängerinnen im Bühnenkostüm während oder nach der Vorstellung zwischen das Publikum setzen und dieses zum Trinken veranlassen, sodaß ein mehr oder weniger deutliches Animierverhältnis besteht.‹ Als gravie-

75 R. L. Leonard: Im Chantant; Wandgemälde im Stallmannschen Künstler-Keller, Berlin

rend für den Begriff ›Tingel-Tangel‹ wurden die Fälle angesehen, wo die Artistinnen oder Musikerinnen verpflichtet waren, im Bühnenkostüm nach der Vorstellung mit den Gästen zu kneipen, zu rauchen usw. (...) Man kann den Begriff ›Tingel-Tangel‹ nicht davon herleiten, daß der Besucherkreis sich etwa aus den ärmeren Bevölkerungsschichten rekrutiert.«[21] Ein ausschließlich weibliches Bühnenpersonal, das Gesangsnummern vortrug und die Gäste durch Freundlichkeiten zum Trinken animierte, bildete danach das wesentlichste Kennzeichen bei der Einstufung, ob eine Spielstätte als Varieté oder als Tingeltangel anzusehen war.

Ein Gerichtsurteil vom 11. April 1907 versuchte darüber hinaus, inhaltliche Differenzierungen vorzunehmen (die allerdings auf Kosten des Genus gingen): »Der Tingel-Tangel unterscheidet sich vom höheren Varieté dadurch, daß durch seine Darbietungen die niederen Instinkte, namentlich die Geschlechtslust, angeregt werden sollen. Ein Maßstab für die Beurteilung des Tingel-Tangels ist auch das Zurschausitzen der auftretenden Mädchen. In den Tingel-Tangel geht man, um sich aufzuregen, in das Varieté, um über die höheren und großartigen Darbietungen zu staunen.«[22]

In diesem abschätzigen Sinn floß die Bezeichnung schließlich auch in die Lexika ein. Meyer charakterisiert das Tingeltangel in der Ausgabe 1929 als »Singspielhalle niedrigster Art«[23], der Große Brockhaus 1934 als »zweideutiges Musikkaffee«[24] und das in der DDR erschienene Unterhaltungslexikon von 1975 versteht darunter »minderwertige Vergnügenslokale und deren Darbietungen«[25].

Letztlich muß festgehalten werden, daß – ohne die Herkunft des Begriffs also definitiv klären zu können – das theaterorientierte Bürgertum mit dem Schmähwort »Tingeltangel« einen Kampfbegriff besaß, den es gegen die Bühnen mit artistischen Programmen zu gebrauchen verstand, als diese in der Mitte des 19. Jahrhunderts aufblühten und ihrem Publikum aus Handwerkern, Arbeitern, Hausangestellten und einfachen Soldaten öffentliche Begegnungsorte schufen, die quantitativ die der Theater weit überflügelten. Das Bürgertum kämpfte daher, wenn es gegen das Tingeltangel stritt, nicht nur um die »Bühne als moralische Anstalt«, sondern auch gegen eine ihm fremd anmutende Kultur des Dritten Standes. So fällt nicht rein zufällig die Entstehungszeit des Wortes zusammen mit dem Sieg über das feudale Theatermonopol, dem bereits ein paar Jahre später die gesetzliche Deklassierung der nicht-dramatischen Bühnenprogramme folgen sollte. Die ablehnende Phalanx gegen das Varieté hatte sich damit aufgebaut.

76 Titelblatt der Gewerbeordnung 1869

Das Gewerberecht bestimmt den Spielplan

Bis zur Einführung der Gewerbefreiheit 1869 basierte der Betrieb von Theatern, Gaststätten und Lokalen mit Tanz- oder Varietéveranstaltungen auf der preußischen Gewerbeordnung von 1845. Darin bestimmte der § 47: »Schauspielunternehmer bedürfen einer besonderen Erlaubnis des Oberpräsidenten der Provinz, in welcher sie ihre Vorstellungen geben wollen. Diese Erlaubnis darf ihnen nur nach vorausgegangenem Nachweis der gehörigen Zuverlässigkeit und Bildung erteilt werden, kann jedoch auch dann, wenn sie dieser Bedingung entsprochen, nach dem Ermessen des Oberpräsidenten versagt werden.«[1] Theaterleiter bedurften also grundsätzlich einer Konzession zur Betreibung ihres Berufs, auf die sie allerdings keinen rechtlichen Anspruch hatten, selbst dann nicht, wenn sie die mit dem Antrag verbundenen Prüfungen ihrer Tauglichkeit bestanden hatten. Diese Bestimmungen gehen zurück auf das Hardenbergsche Edikt über die Einführung einer allgemeinen Gewerbesteuer vom 2. November 1810, in dem der Theaterbetrieb erstmals als Gewerbe definiert wurde und somit unter die gleichen Bestimmungen (d.h. die Steuerpflicht) fiel wie jeglicher andere Betrieb auch. Praktisch änderten sich mit diesem von der Französischen Revolution beeinflußten Edikt die Rechtsverhältnisse von Staat und Theater grundsätzlich, da anstelle des bisherigen Königlichen Privilegiums die Konzession trat. Unberührt von der Fassung 1810 und der Verordnung 1845 blieb das Monopol der Hofbühnen auf bestimmte theatralische Gattungen, das auch nach der Revolution 1848 erneut bekräftigt wurde durch eine königliche Kabinettsorder vom 27. Dezember 1854: »Auf den Bericht vom 16. v. M. bin Ich damit einverstanden, daß den in Berlin und Potsdam bestehenden Nebentheatern grundsätzlich das Trauerspiel, die große Oper und das Ballet untersagt bleiben muß, dagegen aber Schauspiele aller Art, Lustspiele und Possen, Komische Opern und Operetten von ihnen zur Darstellung gebracht werden können, und daß ihnen gestattet sein soll, Tänze als Gastdarstellungen durch fremde Tänzer ausführen zu lassen, wenn sie dazu zuvor die Erlaubnis des General-Polizeidirektors von Hinckeldey nachgesucht haben, welchen Ich solche in geeignetem Falle zu erteilen ermächtigen will.«[2] So unterlagen die privaten Theaterunternehmen vor 1869 drei einschränkenden Bestimmungen:
der staatlichen Vorzensur,
dem im Gewerberecht verankerten Konzessionswesen, und
dem Hoftheatermonopol.
Unter zwei Gesichtspunkten prüfte die Polizeibehörde eine Bewerbung: ob der Antragsteller in sittlicher, finanzieller und künstlerischer Hinsicht zuverlässig sei, und ob es ein Bedürfnis nach Eröffnung einer weiteren theatralischen Spielstätte in der Stadt gäbe. Selbst wenn bei Prüfungen positiv entschieden worden war, erhielt der angehende Spielleiter die Konzession nur auf »täglichen Widerruf«[3].
Die Lockerung der Zensurbestimmungen zu Beginn der Revolution 1848 wurde endgültig mit der Verordnung vom 10. Juli 1851 zurückgenommen, in der es hieß, daß »kein Darsteller in *Wort* und *Handlung* von dem Inhalt des polizeilich gekennzeichneten Exemplars abzuweichen«[4] habe. Wie von den gegen die Zensur argumentierenden Liberalen bei der Debatte über die Einführung der allgemeinen Gewerbefreiheit Ende der

77 *Carl Ludwig von Hinckeldey, Berliner Polizeipräsident und Oberzensor*

sechziger Jahre betont wurde, handelte es sich dabei noch nicht einmal um ein Gesetz. »Durch eine einfache Polizeiverordnung (...), erlassen von dem damaligen Polizeipräsidenten von Hinckeldey über öffentliche Lustbarkeiten ist die Theatercensur in der Weise eingeführt worden, daß zu jeder einzelnen Vorstellung die Theaterunternehmer verpflichtet sind, die polizeiliche Erlaubnis einzuholen, und zwar müssen sie die betreffenden Stücke selbst, welche sie aufführen wollen oder bei mimischen Darstellungen eine genaue Beschreibung derselben dem Polizeipräsidium einreichen; die Texte werden durchgesehen und müssen in zwei Exemplaren eingesendet werden; der Censor streicht und dann erhält der die Vorstellung beaufsichtigende Polizeibeamte eines der censirten Exemplare zur Kontrolle, damit ja nicht etwa ein Schauspieler einen anderen Text recitirt, als wie ihn die Polizei amtlich festgestellt hat.«[5] Im Prinzip unterlief diese Verordnung die preußische Verfassung, in der im zweiten Absatz des § 27 stand, daß die Zensur nicht eingeführt werden dürfe.[6]

Die Lokale, die sich aufgrund ihrer Veranstaltungen langsam zu Cafè-Chantants herausbildeten, unterlagen wie die Theater der Gewerbeordnung. Die Betreiber erhielten eine Konzession als Restaurateur oder Cafetier, wie die Bezeichnungen Mitte des 19. Jahrhunderts offiziell lauteten; sie schloß aber Veranstaltungen von Schauspielen ausdrücklich aus.

»1) Die Aufführung von Dramen, Lustspielen, Possen, Opern, Operetten, Sing- und Liederspielen, Tänzen und Ballets ist unzulässig. Nur Gesangs- und Deklamationsstücke mit einer Besetzung von höchstens zwei Personen dürfen zum Vortrag gelangen.

2) Die vortragenden Personen dürfen nur in bürgerlicher Kleidung (Gesellschaftsanzug) auf der Bühne erscheinen. Alle Vorträge im Kostüm sind verboten. Eine Ausnahme hiervon wird nur gestattet, wenn die Vortragenden in ihrem wirklichen Nationalkostüm auftreten.

3) Koulissen, Vorhang und jede Art von Requisiten müssen von der Bühne fortbleiben.

4) Die vorzutragenden Gesangs- und Deklamationsstücke dürfen im Inhalt und Vortragsweise nicht gegen die Religion, die Sittlichkeit, die staatlichen Einrichtungen, den öffentlichen Anstand und die öffentliche Ordnung verstoßen.

5) Die Vorträge müssen spätestens um 11 Uhr

78 *Theaterzettel*

abends beendet sein und dürfen nicht vor 6 Uhr abends beginnen.«[7]

Jeden Künstler, den die Direktoren in ihren Lokalen auftreten lassen wollten, mußten sie sich vorher genehmigen lassen. So finden sich in den Konzessionsakten des Berliner Polizeipräsidenten auch jede Menge stereotyper Briefe der unterschiedlichsten Spielstätten, die alle – unter Angabe des nächsten Programms – um Auftrittsgenehmigungen für die angegebenen Artisten nachsuchten. In der Regel wurde dem Antrag umstandslos stattgegeben, sah man obrigkeitshalber doch die meist stummen akrobatischen Nummern als harmloser an als die theatralischen Aufführungen mit ihren aktuellen Couplets und humoristischen Anzüglichkeiten, doch kontrollierte man selbstverständlich auch diese Lokale. Die Betreiber liefen durchaus Gefahr, ihre Konzession zu verlieren, wenn dem unangemeldet erscheinenden Polizeibeamten die Auftritte sittlich oder politisch anstößig schienen.

Im Zuge des ökonomischen Aufschwungs in den sechziger Jahren entstanden Initiativen, die auf eine zumindest wirtschaftliche Vereinheitlichung der Produktionsbedingungen in Deutschland hinausliefen. Die innerstädtischen Zunftordnungen erwiesen sich auf lokaler Ebene und die feudalen Bindungen des einzelnen an den Landesherrn oder den Boden auf überregionaler Ebene als störende, bald als anachronistisch empfundene Hindernisse der wirtschaftlichen und staatspolitischen Entwicklung. Ihre Aufhebung sorgte für neue Sozialzusammenhänge; der ihr zugrunde liegende Glaubensgrundsatz von der »freien Konkurrenz« prägte denn auch die Gewerbeordnung von 1869.

»Die erste Anregung«, referierte der Präsident des Bundeskanzleramtes Rudolf von Delbrück im Reichstag des Norddeutschen Bundes 1868 die Ursprünge der Gewerbeordnung, »erhielt die Sache im Schooße des Bundesraths durch den Antrag, welchen die Königliche Sächsische Regierung in Verbindung mit der Berathung des Freizügigkeits-Gesetzes im Bundesrathe stellte und welcher auch in der vorjährigen Session zur Kenntnis dieser Versammlung gekommen ist. Die Königliche Sächsische Regierung wies damals darauf hin, daß die Bestimmungen über die Freizügigkeit, welche sie ihrerseits vollständig beistimmte, etwas sehr Unvollkommenes bleiben würden, so lange noch neben der persönlichen Freizügigkeit die gewerbliche Freizügigkeit im Bundes-Gebiet fehle. Das zweite Moment war (…), daß bei Berathung des Freizügigkeits-Gesetzes in diesem Hause in der vorjährigen Session der Versuch gemacht worden ist, in das Freizügigkeits-Gesetz selbst Bestimmungen über die gewerbliche Freizügigkeit aufzunehmen. Dieser Versuch mißlang aus sachlichen, in der Materie liegenden Gründen. Das Haus beschloß indeß, indem es dem Freizügigkeits-Gesetz seine Zustimmung ertheilte, mit einer sehr großen Majorität: den Bundeskanzler aufzufordern, den nächsten Reichstag eine auf den Prinzipien der Gewerbefreiheit beruhende Gewerbe-Ordnung vorzulegen.«[8] In der gleichen Debatte wurden auch die verfolgten Ziele formuliert: »Die wesentlichen Grundsätze, welche die Antragsteller und im Anschluß an dieselben die Commission aus der Vorlage der verbündeten Regierungen entnommen haben, sind erstens, Aufhebung des Verbietungs-Rechtes der Innungen, zweitens, Aufhebung der Zwangs- und Bann-Rechte, ferner Aufhebung der bestehenden Prüfungen, Aufhebung des Unterschiedes zwischen Stadt und Land in Beziehung auf die Gewerbe, und endlich Freiheit der Arbeitgeber sowohl als der Arbeitnehmer in Bezug auf die Zahl und auf die Wahl ihrer Arbeitgeber, resp. Arbeitnehmer.«[9] Da die Café-Chantants und Schauspielhäuser als gewöhnliche Betriebe betrachtet wurden, die nur ein spezielles Produkt erstellten, galten diese Grundsätze auch für sie.

Der vorherrschende Glaube, daß das reine Spiel der Marktkräfte, unbeeinflußt durch traditionelle Hemmnisse und staatliche Einflußnahme, zur Befriedigung aller am Markt Beteiligten führen würde, setzte sich auch auf dem Gebiet des Schauspiels durch. Das wichtigste Argument dabei bestand in der »Demokratie der Füße«, also in der Möglichkeit des Publikums, ein Spielplanangebot durch sein Wegbleiben abzulehnen. »Ist der Theaterunternehmer unzuverlässig und giebt schlechte Dinge, so geht das Publikum nicht in sein Theater, und der höchste Schade ist ja doch nur der, daß man einmal, wie der Berliner sagt, ›reinfällt‹, und 20 Silbergroschen für ein schlechtes Stück ausgegeben hat. Aber im Allgemeinen wird sich nur *der* Theaterunternehmer auf dem Felde der Konkurrenz behaupten können, der wirklich in Bezug auf seinen Beruf zuverlässig ist, d. h. seine Kunst versteht.«[10] Ihn könne man natürlich auch nicht mehr nur auf die leichten Unterhaltungsstücke festlegen, sondern die Aufhebung der alten Vorschriften betreffe ebenfalls das Hoftheatermonopol, das als Relikt feudalen Standesrechts weichen müsse. Damit trete, war man fest überzeugt, keine Minderung der ohnehin als mäßig eingeschätzten Bühnenkultur ein, sondern eine Hebung ließe sich im Gegenteil mit Recht erwarten. »Auf der Seite der Hofbühnen fehlt der Sporn, der ihnen durch die freie Konkurrenz eingesetzt werden könnte, ihre Leistungen höher und höher zu spannen; und auf der andern Seite, auf der Seite der andern Theater, sehen sich die Unternehmer verdammt, nur eine ganz beschränkte Art des Schauspiels zu kultivieren, sie sind ausgeschlossen von allen höhern Kunstleistungen, es fehlt also bei ihnen wieder der Sporn, von dem Geringen sich heraufzuarbeiten bis zur höchsten Art der Kunstleistung.«[11] Dem half die Gewerbeordnung (GWO) für den Norddeutschen Bund vom 21. Juni 1869 ab, deren erster Paragraph lautete: »Der Betrieb eines Gewerbes ist Jedermann gestattet.«[12]

Im § 32 GWO war die Theaterfrage geregelt: »Schauspiel-Unternehmer bedürfen zum Betriebe ihres Gewerbes der Erlaubnis. Dieselbe ist ihnen zu ertheilen, wenn nicht Thatsachen vorliegen, welche die Unzuverlässigkeit des Nachsuchenden in Beziehung auf den beabsichtigten Gewerbebetrieb darthun. Beschränkungen auf bestimmte Kategorien theatralischer Darstellungen sind unzulässig.«[13] Aufgrund dieser Gesetzgebung konnten nunmehr die Behörden die Anträge von Café-Chantant-Besitzern auf eine Theaterkonzession nicht mehr ablehnen.

In der ersten Zeit erstreckte sich die neue Gewerbeordnung nur auf das Gebiet des Norddeutschen Bundes und läßt sich im gewissen Sinn auch als Vereinheitlichung einer gesetzlichen Praxis begreifen, herrschte doch in manchen Gebieten des Bundes bis zu diesem Zeitpunkt bereits eine liberalere Gewerbegrundlage als in Preußen. In der 1868 geführten parlamentarischen Debatte hieß es dazu: »Wir haben in *Theilen* des Norddeutschen Bundes beinahe völlige Gewerbefreiheit, welche viel weiter geht, als die jetzigen Paragraphen es ausdrücken, zum Beispiel in Sachsen, Braunschweig, Bremen, Hamburg und in den meisten kleinen Thüringen'schen Staaten. Sie haben sie aber auch in einem Theile Preußens und in dem anderen Theile nicht.«[14] Auch die Fürstentümer außerhalb des Norddeutschen Bundes waren mitunter in der Gesetzgebung schon fortgeschrittener als die preußischen Behörden. So war selbst in dem weit stärker agrarisch strukturierten Bayern, »wo der Zunftzwang viel härter gehandhabt wurde und viel tiefer in das Volk eingedrungen war als anderwärts«[15], die volle Gewerbefreiheit bereits im Frühjahr 1868 eingeführt worden. Erst nach Beendigung der Kleinstaaterei durch den Krieg 1870/71 und der anschließenden Reichsgründung drückten die Norddeutschen ihre bisherige Gewerbeordnung als allgemein verbindlich auch in Süddeutschland durch. Nach Konstituierung eines Deutschen Reichstags beschlossen die neuen Parlamentarier 1872 die Übernahme der norddeutschen Gewerbeordnung für das ganze Reichsgebiet.

Doch bereits ein paar Jahre nach der Einführung regte sich Widerstand gegen die neuen Bestimmungen über die Zulassung und Führung von Theatern, insbesondere weil die Hoffnung auf eine aufblühende dramatische Kunst sich als naiv herausgestellt hatte. Hoftheaterintendanten und der Deutsche Bühnenverein in Verbindung mit konservativen Parteien suchten nach Mitteln und Wegen, die Legislative zu erneuten Änderungen zu veranlassen. Die siebziger Jahre, theater- und dramengeschichtlich als Wüstenei empfunden, waren somit eine Zeit intensiver Diskussionen über die richtige Theaterpolitik und über das richtige Verhalten den aufblühenden »Tingeltangeln« gegenüber. Gerade in Bezug auf die Varietés hatten sich die Hoffnungen, eine freie Konkurrenz würde für »das richtige Maaß«[16] sorgen, als illusionär erwiesen. Man griff zunächst zu den altbewährten Mitteln verschärfter Polizeiverordnungen, mit denen die Kontrollbehörde ihren Ermessensspielraum bei der Genehmigung derartiger Lokalitäten auslotete. Die größeren Unternehmungen wie die Walhalla besaßen zwar inzwischen eine Konzession nach § 32 GWO, die kleineren Lokale hingegen, in denen der Ausschank wichtiger war als das Programm, besaßen auch weiterhin nur eine Genehmigung als Gastwirtschaften, die nach § 33 GWO geregelt war. Für sie schlich sich auf dem kalten Wege wieder die für die Theater abgeschaffte »Bedürfnisfrage« ein, diesmal angewandt zur Eindämmung der als verderblich angesehenen Nacht-Etablissements. Ende der siebziger Jahre verfaßte das Berliner Polizeipräsidium dann einen aufschlußreichen Bericht, in dem es mitteilte, daß aufgrund seiner restriktiven Handhabung der bestehenden Verordnungen die Zahl der Café-Chantants von 59 im Jahre 1857 auf 21 im Jahre 1879 heruntergeschraubt werden konnte.[17]

Argumentativ nutzten die Gegner der Theaterfreiheit eine sich in den siebziger Jahren aufbauende Stimmung gegen die Café-Chantants und die Sorge über die grassierenden Betriebszusammenbrüche, verursacht durch Hasardeure, die auf einem expandierenden Theatermarkt operierten, um im Reichstag die erste Verschärfung des § 32 GWO durchzubringen. Ihr Änderungsantrag sah vor, daß jenen Bewerbern die Konzession verweigert werden könne, »welche keine *finanzielle Unterlage* haben, welche *sittlich* nichts taugen und welche auch *artistisch* nicht genügend ausgebildet sind«[18]. Notwendig geworden sei die Modifizierung – so resümierte man die Erfahrungen der vorausgegangenen zehn Jahre –, weil die Theaterfreiheit zum großen Nachteil für die deutsche Bühne ausgeschlagen sei. Für die ehemals dem Hoftheater vorbehaltenen Genres, im damaligen Wertekanon obenan stehend, hatten sich die neuen, kleinen Bühnen verheerend ausgewirkt. Die Theaterfrei-

79   Eduard Thönig: Tingeltangel

heit hatte nicht zu einer Blüte der dramatischen Kunst geführt, sondern zu einem Übergewicht der unterhaltenden Programme. Für die Befürworter einer erneuten Konzessionsbeschränkung gehörten die Aufführungen der Amüsierbühne nicht zum akzeptablen Repertoire. So lief ihr Antrag im Kern darauf hinaus, »daß die Behörde nicht jedem hergelaufenen Menschen die Konzession als Schauspieldirektor geben muß«[19], dem dann schließlich auch 1880 stattgegeben wurde. Danach war also die Polizei erneut aufgerufen, jeden Bewerber auf seine finanziellen, sittlichen und künstlerischen Qualitäten zu prüfen, bevor sein Rechtsanspruch auf Konzessionierung, der auch weiterhin galt, Wirklichkeit werden konnte.

Der entscheidende Schritt zu einer gewissermaßen Zwei-Klassen-Gesetzgebung bezüglich der Bühnenunternehmen gelang den konservativen Parteien jedoch erst drei Jahre später. 1883 trennten sich die gewerblichen Bedingungen für die Varietés und Schauspielhäuser erneut und endgültig.

Bereits die Theatergesetzgebung von 1880, die gleichsam eine partielle Rücknahme der Gewerbefreiheit beinhaltete, da der Antragsteller der Polizei gegenüber nun seine Respektabilität unter Beweis zu stellen hatte, richtete sich gegen die Varietébetriebe, zu deren Gunsten von sozialdemokratischen Abgeordneten erfolglos vorgebracht wurde, daß es sich bei ihnen um echte »Volkstheater«[20] handele. Demgegenüber sahen die Konservativen es als ihre kulturpolitische Aufgabe an, den ihrer Meinung nach bestehenden »Auswüchsen entgegenzutreten, die Unternehmen zu beseitigen, die nicht der Kunst, nicht der Volksbildung, sondern nur reinen Erwerbszwekken dienen, die nichts als ein Anhängsel der Schankwirtschaft«[21] seien. »Das Theaterunwesen, wie es in den Kafé-chantants und den Tingeltangels und in all den Buden – größtentheils sind es Bretterbuden, die sich um die großen Städte herumlagern – sich zeigt, (...) ist das gerade Gegentheil eines gesunden Volksvergnügens und eines echten Humors.«[22] Der Glaube an die freie Konkurrenz, auch auf dem Gebiet der Bühnenkultur, von der man noch ein gutes Jahrzehnt zuvor alles Heil erwartet hatte, war einer Ernüchterung und einer kulturpolitischen Umorientierung gewichen. Die gegen die feudalen Überreste gerichtete Gewerbeordnung von 1869 konnte nunmehr wieder in gewissen Grenzen zurückgenommen werden, ohne daß es dem bürgerlichen Klassenbewußtsein schadete, galt es doch die zutagegetretenen ruinösen Auswirkungen des freien Marktes abzufangen. Dafür gab es nur ein Mittel: das der staatlichen Intervention. So leiteten die Konservativen 1881 einen Gesetzesantrag dem Parlament zu, der das Varieté juristisch von der Schauspielbühne trennte. 1883 wurde er rechtsverbindlich, nach zwei Jahren mitunter heftiger öffentlicher Diskussion. Der entscheidende neue § 33 a GWO lautete:

»Wer gewerbliche Singspiele, Gesangs- und deklamatorische Vorträge, Schaustellungen von Personen oder theatralische Vorstellungen, ohne daß ein höheres Interesse der Kunst oder Wissenschaft dabei obwaltet, in seinen Wirthschafts- oder sonstigen Räumen öffentlich veranstalten oder zu deren öffentlicher Veranstaltung seine Räume benutzen lassen will, bedarf zum Betriebe dieses Gewerbes der Erlaubnis ohne Rücksicht auf die etwa bereits erwirkte Erlaubnis zum Betriebe des Gewerbes als Schauspielunternehmer.

Die Erlaubnis ist nur dann zu versagen:
1) wenn gegen den Nachsuchenden Thatsachen vorliegen, welche die Annahme rechtfertigen, daß die beabsichtigten Veranstaltungen den Gesetzen oder guten Sitten zuwiderlaufen werden;
2) wenn das zum Betriebe des Gewerbes bestimmte Lokal wegen seiner Beschaffenheit oder Lage den polizeilichen Anforderungen nicht genügt;
3) wenn der den Verhältnissen des Gemeindebezirks entsprechenden Anzahl von Personen die Erlaubnis bereits ertheilt ist.

Aus den unter Ziffer 1 ausgeführten Gründen kann die Erlaubnis zurückgenommen und Personen, welche vor dem Inkrafttreten dieses Gesetzes den Gewerbebetrieb begonnen haben, derselbe untersagt werden.«[23]

Mit diesen Bestimmungen, die fast einhundert Jahre Bestand haben sollten – wenn auch im Laufe der Zeit unterschiedlich aufgefaßt und gehandhabt –, führte die Legislative jene Grundsätze wieder ein, die zuvor auf dem Gebiet der Schauspielkunst für jahrzehntelangen Ärger gesorgt hatten. Die Beschränkungen auf bestimmte Präsentationsformen, vor 1869 ständiger Streitpunkt zwischen den höfischen und privaten Bühnen, wurden festgeschrieben; die »Bedürfnisfrage« (also: Braucht der Bezirk, in dem das Lokal eröffnen möchte, ein solches Etablissement?) war erneut in die Obliegenschaften der polizeilichen Konzessionsbehörde gestellt; und die Varietégenehmigungen wurden sämtlich auf Widerruf erteilt (wogegen eine Theaterkonzession nicht mehr so ohne weiteres aufhebbar war). Der grundsätzliche rechtliche Anspruch auf Erteilung blieb jedoch unangetastet, da »*nur dann*« die Aushändigung untersagt werden konnte, wenn »*Tatsachen*« gegen den Antragsteller oder weiteren Betrieb vorlagen. Die damit festgeschriebene Differenzierung von Theater- und Singspielbetreibern schlug sich auch formal nieder. War dem Theaterunternehmen noch ein eigener Paragraph (eben der § 32) zugestanden worden, subsumierte man die Varietébetreiber unter den Branntweinparagraphen 33 GWO. Varietédirektoren (und nach der Jahrhundertwende die Kabarettleiter) blieben juristisch also den Kneipenwirten zugeordnet. Eventuelle höhere, gar künstlerische Ansprüche, die Regisseure in solchen Häusern entwickeln mochten, konnten nicht mehr realisiert werden, da sie damit den ideologischen Rahmen der Konzession verletzt hätten; dieser schrieb fest, daß in den betreffenden Räumen kein »höheres Interesse« zu herrschen habe.

Mit der gewerberechtlichen Fixierung in einem speziellen Varietéparagraphen waren jedoch noch lange nicht alle Möglichkeiten ausgeschöpft, den Chantantbetrieben, die sich auch weiterhin ausbreiteten, administrative Schranken zu errichten. Es kann durchaus davon gesprochen werden, daß unmittelbar nach der Verschärfung 1883 ein Abtasten der Bestimmungen nach juristischen Lücken begann, die – einmal gefunden – von polizeilicher Seite ebenso wie von artistischer Seite jeweils unterschiedlich genutzt wurden.

Eine von den Bühnenkünstlern entdeckte Möglichkeit bestand eben gerade in der Festschreibung, daß bei den Veranstaltungen kein »höheres Interesse« vorzuliegen habe. Die damit gekennzeichneten Präsentationen schlossen »Singspiele, Gesangs- und deklamatorische Vorträge, Schaustellungen von Personen oder theatralische Vorstellungen« ein. Was wäre aber nun, so argumentierten mit Erfolg besonders in den neunziger Jahren Leiter von Gesangsveranstaltungen, wenn die Darbietungen künstlerisch wertvoll wären, ohne Züge eines klassischen Konzerts anzunehmen? Logischerweise könnten sie nicht mehr unter den Gesichtspunkten des § 33a GWO gesehen werden und gleichzeitig fielen sie nicht unter die Theaterbestimmungen. Die Polizeibehörde verlangte

80   James Klein, langjähriger Direktor des Apollo-Theaters

daraufhin einen sogenannten »Kunstschein«, der die künstlerischen Ansprüche und Qualitäten des auftretenden Gesangspersonals bestätigte. Offensichtlich bereitete es den entsprechenden Darstellern aber keinerlei Schwierigkeiten, die »musikalischen Autoritäten«[24] aufzutreiben, die ihnen die benötigten Bestätigungen ausstellten. Ob die Kunstschein-Unterzeichner durch vorgetäuschte Seriosität betrogen oder durch Geld und sonstige Zuwendungen korrumpiert wurden, läßt sich nicht mehr mit Sicherheit belegen. Unter Artisten behauptete man zumindest, daß die »Chansonetten und Komiker ganz andere Vorträge und ganz andere Gebärden (...) bei dem prüfenden Professor«[25] vortrugen als später im Engagement. Sicher ist, daß die unter dem Gütesiegel des Kunstscheins veranstalteten Programme sich zu keiner Zeit von den allgemeinen Chantantaufführungen unterschieden.

Der Ermessensspielraum, den die Aufsichtsbehörde bei der Auslegung des § 33a GWO für sich in Anspruch nahm und dem sie durch das Mittel der Polizeiverordnung eine gewisse juristische Legitimität verlieh, gab den Beamten umgekehrt Möglichkeiten, den unterschiedlichen Arten des Varietébetriebs entgegenzutreten. Dazu gehörten zum einen die Mittel, die das Sittlichkeitsgebot ihnen in die Hände legte. Besonders gegen jene Spielstätten, die als Tingeltangel bezeichnet wurden und in denen das künstlerische Personal nach bzw. zwischen den Auftritten zur Animierung der Gäste verpflichtet war, ging man per Verordnung vor. Mehrfach wurden Verfügungen erlassen, den der Prostitution zuneigenden Animierbetrieben schärfere Bestimmungen aufzuerlegen. Das Verbot etwa, das dem künstlerischen Personal untersagte, sich nach der Vorstellung zu den männlichen Gästen zu setzen, führte zwar dazu, daß einige Zeit verstärkte Kontrollen durchgeführt wurden, doch der Beschluß, »eine den ganzen Abend dauernde Aufsicht durch uniformierte Beamte«[26] in diesen Etablissements einzurichten, erwies sich praktisch als undurchführbar.

Darüber hinaus gelang es der Administration, innerhalb des § 33a GWO Differenzierungen vorzunehmen, die bei der Konzessionierung der Betreiber zu einer weiteren Hierarchisierung führten. Aus der Aufzählung der Vorführungsarten im Gesetzestext leitete die Behörde das Recht ab, nicht gleich alle aufgeführten Veranstaltungsformen gewähren zu müssen, sondern – da zwischen den Bezeichnungen ein »oder« zu sehen sei – die Erlaubnis auch auf einzelne Darbietungsformen beschränken zu können. So gab es nunmehr viertel, halbe und volle Varietékonzessionen, je nach Lokal, Bühnenleiter und bezirklicher Bedarfsfrage. Nicht nur die kleinen und kleinsten Spielstätten waren davon betroffen, sondern die großen ebenfalls. Selbst die Direktoren des Apollo-Theaters zur Jahrhundertwende, neben dem Wintergarten das renommierteste Berliner Varieté, waren unterschiedlich konzessioniert. Als etwa James Klein 1917 die Leitung der Bühne übernahm, erhielt er nur eine halbe Konzession, die ihm zwar die Gesangs- und deklamatorischen Vorträge erlaubte sowie die Schaustellungen von Personen (worunter besonders die akrobatischen Nummern fielen), doch jegliche Formen von Singspielen (d. h. Operetten) waren ihm verboten. Auch seine immer wieder erneuerten Bitten, ihm doch die volle Konzession zu gewähren, blieben ungehört.[27]

Anders als bei den theatralischen Spielstätten, deren Genehmigungen keinem vergleichbaren Differenzierungsprozeß unterlagen, entsprachen also im Varieté die Darbietungen nicht automatisch dem künstlerischen Vermögen der Betreiber. Der Umfang der Konzessionierung wirkte sich unmittelbar auf die Bühnenpraxis und die Zusammenstellung der Programme aus. Eine monokausale Schlußfolgerung, daß die Art und das Niveau der Varietéaufführungen zwangsläufig den Absichten der Direktionen bzw. Bedürfnissen der jeweiligen Zuschauer entsprochen hätten, wäre somit unzutreffend.

Grundsätzlich änderte auch die Novemberrevolution und die Ausrufung der Republik nichts an der beschriebenen Praxis. Einzig der Wegfall der staatlichen Vorzensur sorgte für erleichterte Betriebsbedingungen, brauchten doch die Komiker und Gesangsnummern nun nicht mehr ihre Vorträge vorher auf Staatsverträglichkeit prüfen zu lassen. Auch die sittliche Libertinage in den zwanziger Jahren führte zu punktuellen Erweiterungen der Programme, wie sie im Kaiserreich noch völlig undenkbar gewesen wären. Der sich hierin ausdrückende gesellschaftliche Wertewandel sorgte so für Neuinterpretationen des politischen Ermessensspielraums, ohne aber die gesetzliche Grundlage für die Varietétheater grundsätzlich in Frage zu stellen. Auch die Republik schied künstlerisch das Schauspiel vom Varieté.

Varieté und Circus

In der Manege wie auf der Varietébühne fanden die Artisten ihr Auskommen, so daß scheinbar die Unterschiede zwischen den beiden Veranstaltungsorten gering sind. Auch manchen Fachhistorikern unterläuft bewußt oder unbewußt eine Bagatellisierung der Differenzen. Wenn etwa Ernst Günther die von Jewgeni Kusnezow geprägte Definition des Circus als »Einheit der Vielfalt« übernimmt und sowohl für den Circus wie für das Varieté (und die Revue) als verbindlich setzt, findet unzulässigerweise eine Nivellierung der Unterschiede statt. So erscheint es notwendig, die Grenzziehung zwischen Varieté und Circus zu markieren und ausführlich auf die formalen und praktischen Unterschiede der beiden artistischen Genres und Arbeitsfelder einzugehen. Dabei wird auch die oben verwendete »Definition« einer kritischen Überprüfung unterzogen werden müssen. Ausdrücklich betont sei, daß nicht der diffuse Bereich des Übergangs bei den nachfolgenden Betrachtungen von Interesse ist, sondern ausschließlich jene Positionen, von denen aus betrachtet Varieté und Circus als das erscheinen, was sie sind: zwei unterschiedliche Veranstaltungsformen.

Unter historischem Blickwinkel ist die völlig andere Entwicklungslinie des Circus augenfällig. Inzwischen sind sich die Geschichtsschreiber darin einig, daß sein Ursprung in den Reitergesellschaften zu sehen ist, die von England aus gegen Ende des 18. Jahrhunderts die Arena bzw. später die Manege zu einem unterhaltsamen Präsentationsort für die zahlende Menge machten. Das Pferd – unter den Fahrenden ungebräuchlich, weil zu teuer – bildete daher den Grundstock jeder circensischen Aufführung. Wie fast ein Jahrhundert später beim Varieté integrierten auch die Veranstaltungen der Reitergesellschaften bald die Künste der Fahrenden, zumindest bis zu einem gewissen Grad. Die akrobatischen Leistungen, bislang von diesen vorwiegend auf dem Erdboden ausgeführt, verlegten sie bei ihrem Eintritt in die Manege auf die Pferderücken. Im Gegensatz zum Varieté, bei dem der Gesang und die Musik am Anfang standen und sich – wie gezeigt worden war – in vielfältigen Ausprägungen durch die

81 Plakat, 1893

ganze Gattungsgeschichte zog, blieb für den Circus das Pferd (besser: das Tier) allgemein das vorherrschende Element der Programme. Ehemalige Circusdirektoren waren denn auch stolz, wenn sie hundert Pferde und mehr in ihrem Marstall stehen hatten, wogegen Varietédirektoren stolz waren, wenn sie einen teuren und berühmten Opern- oder Tanzstar präsentieren konnten.[1]

Das Varieté ist zwar grundsätzlich offen für Tiernummern, doch niemand zweifelt an dem Charakter des Programms, wenn irgendwo keine auftreten. Im eingeschränkten Sinne gilt diese Differenzierung ebenso für die Akrobaten: Sie gehören in jedes Programm, hat doch erst ihre Integration in die Veranstaltungen der Singspielhallen die Gattung entstehen lassen, doch das Wort (gesungen oder gesprochen) blieb unverzichtbar. Obwohl landläufig eine Aufführung, bei der akrobatische Künstler mitwirken, geradezu zwangsläufig als Varieté empfunden wird, gibt es dennoch keine Veranstaltungsformen, die sich nur aus akrobatischen Auftritten zusammensetzen. Demgegenüber besaß aber das Wort eine so große Bedeutung, daß sich auf ihm aufbauend selbst Spezialisierungen wie das Kabarett entwickeln konnten. Ebenso findet sich beim Varieté eine größere Offenheit und Flexibilität bezüglich des Aufführungsortes. Grundsätzlich definiert sich der Circus über die Manege (sei sie rund oder oval, seien es eine oder drei); die Gebundenheit des Varietés an die Bühne ist jedoch weit weniger eng. Im Prinzip wären Varietéprogramme an jeder Straßenecke und in jeder Manege aufzuführen, ohne daß sie ihren Charakter einbüßten. Wenn die Zutaten, die gattungsgemäße Mischung der Programmteile stimmt, ist Varieté an jedem Ort spielbar. Ob man den Aufführungen in so einem Falle den traditionellen Namen gibt, ist letztlich – wie historisch beim Cabaret nachzuvollziehen – eine Frage des Direktionsinteresses.

So ergibt sich als Zwischenbilanz im formalen Bereich, daß sich Varieté und Circus zwar berühren durch die Gemeinsamkeit, Arbeitsstätte für Akrobaten zu sein, doch unterscheiden sie sich fundamental in der historischen Entwicklung und gattungsspezifischen Eigenart.

Doch selbst die Gemeinsamkeit erweist sich bei näherem Hinsehen im praktischen Bereich als durchaus fragwürdig. Carl Bretschneider, ehemaliger Chefredakteur des »Organ« und zeitweiliger Autor für den Revueunternehmer James Klein, kommt 1914 zu verblüffenden Feststellungen: »Man unterscheidet heute zwei große Gruppen: die Zirkus- und die Varieté-Artisten. Wohl kommt es vor, daß einzelne Überläufer aus beiden Gruppen hier und da Ausflüge auf das Terrain der Gegenpartei machen. Meist aber kehren sie doch wieder dorthin zurück, von wo sie kamen, weil sie sich nicht akklimatisieren konnten. Es gähnt eine große Kluft zwischen der Welt des Brettls und der des geharkten Sandes.«[2] Als Gründe führte er die jeweils unterschiedlichen Arbeitsbedingungen an: »Im allgemeinen haben es die Varieté-Artisten leichter und bequemer. Sie absolvieren in der Vorstellung ihre ›Nummer‹ und sind dann ihre freien Herren. Freilich haben sie andererseits die Unbequemlichkeit, sich alle vierzehn Tage, höchstens alle Monate nach einem neuen Engagement umsehen zu müssen. Die Reisen, die meistens in der Nacht vom 15. zum 16. des Monats oder vom Letzten des einen zum Ersten des anderen Monats unternommen werden müssen, fallen ihrem Geldbeutel zur Last. Auch haben sie selbst die Mühen und Kosten für den Transport ihres oft viele Zentner wiegenden toten und lebenden Inventars zu tragen. (…) Trotz all dieser Strapazen ziehen jedoch die meisten Artisten die Varieté-Engagements denen beim Zirkus vor. Hier gibt es zwar längere Verträge, die für die ganze Spielzeit gelten. Auch fallen die großen Reisespesen weg. Allein, die Gagen sind meist kleiner. Ferner gehört die Zeit des Artisten in weit ausgedehnterem Maße dem Direktor, als dies beim Varieté der Fall ist. Der Artist muß bei Pantomimen und den dazu nötigen Proben mitwirken, am Abend ›Barrière‹ stehen oder ›Objekt halten‹. Er muß ferner (bei reisenden Zirkussen) bei Verladung des Pferdematerials und (bei kleineren Unternehmen) oft sogar auch beim Aufbau des Tents helfen.«[3] Selbstverständlich wird die unterschiedliche Dauer der Engagements in Zeiten erhöhter Arbeitslosigkeit unter den Artisten sicherlich anders bewertet werden als hier bei Bretschneider zur Jahrhundertwende. So betont etwa Rudolf Hüttemann 1926, daß es für Artisten eine »große Chance (sei), zuweilen (…) 2 bis 3 Jahre, manchmal sogar auch 10 bis 20 Jahre, in ein und demselben Zirkusunternehmen engagiert zu sein. Für die Artisten ist dies der größte Vorteil und der größte *Unterschied zwischen Zirkus und Varieté.*«[4] So ist also zu berücksichtigen, daß das Varieté spezielle Akrobaten herausbildete, die nicht mehr in der Manege auftreten konnten oder wollten. Im Circus und auf der Bühne traten zwar Künstler auf, die zu den Artisten rechneten, doch handelte es sich dabei durchaus um zwei nur noch lose verbundene Fraktionen.

Schließlich bleibt die Frage zu beantworten, ob denn nicht doch mittels der Formel von der »Einheit der Vielfalt«[5] eine gattungsmäßige Gemeinsamkeit von Varieté und Circus beschrieben ist. Inhaltlich zielt die Formel auf die Addition (»Vielfalt«) ab, nach der sowohl im Circus wie im Varieté die Aufführung (»Einheit«) gestaltet wird. Da die Nummern sich aber nicht rein additiv zueinander verhalten, sondern das Disparate in einer Art Komposition in ein möglichst geeignetes Verhältnis gebracht wird, ist das Wort »Einheit« auch als Ausdruck der Qualität aufgefaßt. Unter den so beschriebenen formal-dramaturgischen Gesichtspunkten ist die Übernahme der Formel vom Circus auf das Varieté durchaus berechtigt. Doch erweist sich mit ihrer Übertragbarkeit auch die ganze Fragwürdigkeit der »Definition«, denn allein formal-dramaturgisch läßt sich das Varieté und der Circus eben nicht charakterisieren. Geradezu a-historisch vernachlässigt der Versuch, Circus und Varieté als das gleiche auszugeben, den urbanen Hintergrund des 19. und 20. Jahrhunderts, der Varieté überhaupt erst hatte entstehen lassen. Bedeutung und Eigenart des Varietés (und des Circus) lassen sich mit dem auf die formalen dramaturgischen Prinzipien ausgerichteten Ansatz nicht annähernd begreifen. Es handelt sich um eine so vage Bestimmung, daß sie geeignet ist, auf sämtliche Veranstaltungen, deren Programme reihenmäßig gebunden sind, angewendet zu werden (als da sind: Sängerwettstreit, Schlagerparade, Rundfunkprogramme, Modenschauen, Revuen etc. pp.) Damit erfährt die Formel von der Einheit der Vielfalt aber eine so starke Ausdehnung, daß sie ihrem Inhalt nach unkonkret und damit letztlich zur Charakterisierung des Circus oder Varietés unbrauchbar wird.

82   De Sousa sang 1905 im Wintergarten.

American-Theater-Restaurant.

SPEISEN-KARTE.

Warme Speisen.

	M.	Pf.
Beefsteak von Filet	1	25
do. mit Ei oder Sardellen	1	50
do. deutsch	—	75
Rumsteak à la Hamburg	1	—
Kalbs-Côtelette	—	90
do. mit Ei	1	20
Wiener Schnitzel	1	—
Guilasz	—	80
Czracy	—	80
Gänseleber	—	80
Gänseklein	—	80
Kalbsfricandeau	—	80
Klops à la Königsberg	—	—
Gebackene Kalbszunge	1	—
do. Kalbsbrägen	—	75

Braten.

	M.	Pf.
Hasenbraten	1	—
Gänsebraten	1	—
Wiener Braten	—	90
Kalbsnierenbraten	—	80
Kalbsbraten	—	75
Englisch Roastbeef	—	80
Boeuf à la Mode	—	80
Hammelkeule	—	—
Hammelrücken	—	75
Hammelbraten	—	75
Rippespeer	—	75
Schmorbraten	—	75
Hamburger Huhn	—	90
Backhuhn	—	90
1 junges Huhn	1	25
Gefüllte Taube	—	—

Fische.

	M.	Pf.
Hecht in Butter		
do. grün		

Eier-Speisen.

	M.	Pf.
Setz- od. Rühreier	—	75
do. do. mit Beilage	1	—
Eierkuchen	—	75
Omelette naturelle	—	75
do. aux Confitures	1	—

Dessert.

	M.	Pf.
Schweizer ⎫	—	30
Limburger ⎬ Käse	—	30
Neuchateller ⎭	—	40

Compots.

	M.	Pf.
Sellerie-Salat	—	25
Melonen	—	25
Preisselbeeren	—	25
Apfelmuss	—	25
Pflaumen	—	25
Zuckergurken	—	25
Senfgurken	—	20
Saure Gurken	—	10
Pfeffergurken	—	10

Kalte Speisen.

	M.	Pf.
Beefsteak à la Tartar	1	—
Caviar, à Portion	1	—
Caviarbrödchen	—	50
Spickgans, à Portion	1	—
do. Brödchen	—	50
Lachsbrödchen	—	50
Schlackwurst mit Butter	—	75
Roher Schinken mit Butter	—	75
Gänsebraten mit Butter	1	—
Sardellen mit Essig und Oel	—	40
Sardinen à l'huile, pro Stück	—	20
Ein belegtes Butterbrod	—	30
do. mit Braten	—	40

Warme Getränke.

	M.	Pf.
Ein Glas Glühwein von Rothwein	—	60
Ein Glas Eier-Grogk	—	75
Ein Glas Grogk von Arrac, Rum oder Cognac	—	50
Eine Tasse Mocca-Caffee	—	25
Eine Tasse Thee	—	25
Eine Tasse Chocolade	—	40

Diverse kalte Getränke.

	M.	Pf.
Echt Porter	—	75
Englisch Ale	—	75
Erlanger Bier in Flaschen à	—	40
Kitzinger Bier do.	—	40
Ein Glas Bairisch Bier	—	15
½ Flasche Selterwasser	—	40
Ein Glas Limonade	—	40
Ein Glas Zuckerwasser	—	10
Ein Cognac	—	20
Ein feiner Cognac	—	15
Ein Liqueur, div. Sorten	—	40
Ein Knickebein	—	60
Ein Glas Madeira	—	60
Ein Glas Portwein	—	60

WEIN-KARTE.

Rothe Weine.

	M.	Pf.
Margeaux	2	50
Leoville Poyferre	3	50
do. in ½ Fl.	1	75
Château Larose	4	—
Château Lafitte	5	—

Weisse Weine.

	M.	Pf.
Hochheimer	3	—
Dorf Johannisberger	4	—
Malaga	3	50
Malvoisir Madeira	3	50
Zeres old Sherry	3	50
Alter Portwein	4	—
Süsser Ober-Ungar	3	50
Tokayer Ausbruch	4	—

Champagner.

	M.	Pf.
Carte Blanche	9	—
Carte d'or	9	—
Deutz & Geldermann	9	—
Möet et Chandon	10	—

83   Rückseite eines Programmzettels des American-Theaters

Vom Spezialitätentheater zum internationalen Varieté

Aufgrund der Debatten im Reichstag über die Einführung eines neuen Gewerbegesetzes steigerten sich naturgemäß die Erwartungen der Theaterdirektoren, Kneipiers und Café-Chantant-Besitzer in der zweiten Hälfte der sechziger Jahre. Ihnen war nur allzu bewußt, daß die Zukunft ihrer Unternehmungen in erheblichem Maße davon betroffen sein würde. Als im Sommer 1869 die Entscheidung gefallen war und sie den verabschiedeten Text auf seine Möglichkeiten abgeklopft hatten, entstand unter ihnen eine Aufbruchstimmung und Spekulationswelle, die nur zu vergleichen ist mit der Gründungshysterie im Anschluß an den Krieg 1870/71.

Doch vorläufig lag man in den Monaten bis zum 1. Oktober, dem Datum des Inkrafttretens der neuen GWO, noch auf der Lauer: die Theaterdirektoren der bereits bestehenden Bühnen mit teilweise schlimmen Befürchtungen, andere hingegen froh, außer den Possen nun auch einmal Schauspiele und Opern aufführen zu können, dritte wiederum schmiedeten umgehend Pläne, wie ihre Café-Chantants in Theaterbühnen zu verwandeln wären, und vierte schließlich – das sei nicht vergessen – begnügten sich auch durchaus mit dem Stand eines Tingeltangels und blieben gegenüber den Möglichkeiten der neuen Gesetzgebung desinteressiert. Die bereits oben genannten Zahlen über die Lokale, die als Tingeltangel angesehen wurden, erfaßten nicht mehr die 1869 zu Theatern avancierten Café-Chantants, sondern ausschließlich die Betriebe, in denen der Inhaber weiterhin nur eine Genehmigung als Schankwirt besaß. Bis zur gesetzlichen Reform 1883 läßt sich also eine Differenzierung beobachten, die das qualitative Spektrum der Darbietungen erheblich erweiterte. Mit dem Aufstieg des Varietés vom Spezialitätentheater zum internationalen Gastspielbetrieb, der nach 1869 einsetzte und zur Jahrhundertwende abgeschlossen war,

84   E. Hosang: Sommervarieté in der Berliner Bockbrauerei, 1896

85 Das Belle-Alliance-Theater, Postkarte, Ausschnitt

verschwand eben nicht – gewissermaßen naturhaft – die Kleinbühne, sondern ihre Zahl stieg im Gegenteil mit der anwachsenden städtischen Population immer noch an.

Von den Direktoren, die im Herbst 1869 begierig darauf harrten, ihre Häuser durch eine Schauspielkonzession zu veredeln, warteten manche noch nicht einmal den 1. Oktober ab, sondern reichten ihre Anträge bereits unmittelbar nach der Verabschiedung im Juni ein. Das Berliner Polizeipräsidium sah sich daraufhin genötigt, die gleichlautenden Ablehnungsschreiben der Presse zur Veröffentlichung zuzuleiten, um so die anschwellende Bewerbungsflut möglichst einzudämmen. Es erteilte zunächst folgende Rückantwort: »Auf den Antrag vom (…) wird Ew. Wohlgeboren erwidert, daß die von Ihnen in Bezug genommene Gewerbe-Ordnung für den norddeutschen Bund zur Zeit noch nicht in Geltung getreten ist und es Ihnen überlassen bleiben muß, Ihren Antrag am 1. Oktober zu erneuern.«[1] Da jedoch im Prinzip die Erteilung zu erwarten war, gingen die ungeduldigsten Café-Chantant-Besitzer in der Zwischenzeit schon daran, ihre Lokale soweit herzurichten, daß sofort nach der Bewilligung ihr neuer Theater- oder Opernspielplan aufgenommen werden konnte. Jetzt erst war ihnen gestattet, einen Bühnenvorhang einzubauen, Kulissen und Prospekte zur optischen Gestaltung des Bühnenraumes zu verwenden, bühnentechnische Einrichtungen zur Illusionsbildung (wie etwa Windmaschinen) zu installieren und das auftretende Künstlerpersonal mit Kostümen und Requisiten auszustatten.

Doch unabhängig vom Konzessionierungstermin setzte der Schub von Umbenennungen und Neugründungen bereits am 21. September ein. Der »Salon Royal« in der Leipziger Straße, bisher als Ball- und Konzertsaal betrieben, annoncierte sich an diesem Tage als »Salon Royal-Theater«, in dem »Vorstellungen und Ballet«[2] zu sehen wären. Die ebenfalls veröffentlichte Sitzplatzeinteilung entsprach der in gehobenen Häusern: Man unterteilte Parterre, Tribüne, Sperrsitze und Logen; die Preise erstreckten sich von 5 bis 12 1/2 Silbergroschen (was auch das untere Bürgertum zuließ), und das Publikum vergnügte sich bei der Premiere an drei Einaktern, die jeweils durch eine Pause unterbrochen waren. Ob es sich beim »Salon Royal-Theater« um ein praktisch illegales Vorpreschen gehandelt hat oder dem Direktor vorab die Genehmigung erteilt worden war, ließ sich nicht mehr feststellen, da weder die zeitgenössische Presse auf die Aufführungen reagierte noch irgendwelche Polizeiakten erhalten geblieben sind.

Die pünktlich zum 1. Oktober einsetzende Welle von Eröffnungen brachte u. a. das Tonhallen-Theater, das Theater Belle Alliance, das Bundeshallen-Theater, das Alcazar-Volks-Theater (ab November bereits Louisenstädtisches Theater), das Walhalla-Volkstheater und das Vaudeville-Theater. Bereits drei Wochen nach Inkrafttreten der Gewerbefreiheit zählte David Kalisch die neuentstandenen Bühnen und nahm sie satirisch im »Kladderadatsch« aufs Korn, indem er einen Weißbierlokalbesitzer Bohnekamm erfand, den er stöhnen ließ, daß bei ihm von Tag zu Tag der Besuch geringer werde, »denn am letzten Sonntag hatten wir schon 23, sage mit Worten *dreiundzwanzig Theater in Berlin,* wovon 17 auf die eine Seite *Theater*zettel, auf die andere Seite *Speise*zettel (abdrucken), so daß es nicht lange dauern wird, und sie werden in die *Soda-Buden Comödie spielen*«[3]. Auch von einer geänderten Erwartungshaltung des Publikums, die der Neigung der Café-Chan-

86 Bellachini

tant-Besitzer durchaus entgegenkam, wußte Kalisch zu berichten. In humoristischer Zuspitzung ließ er Bohnekamm äußern: »Jestern Abend (kommt) Einer zu mir, bestellt sich eine kleine Weiße und fragt mich: ›*Wat jibt es denn?*‹ Ick denke natürlich, er meint: – ›zu essen‹ und sage: ›*Sauerbraten mit Klöße!*‹ Nee, – sagte er, – ich meine, was heut Abend bei Ihnen gespielt wird? *Schaafskopf*, sag ich – oder *Klabbris* oder *Sechsundsechzig*, es kommt ooch manchesmal 'n *Whisttisch* zu stande! – Unsinn! sagte er, – ich meine ja nicht *jejeut*, – ich meine *jespielt, jejaukelt, jemimt! – Das ist bei mir noch nicht!* sag ick. Na denn *dank* ich! sagt er, nimmt seinen Hut und verduftet.«[4] Aufgrund dieser erweiterten Publikumswünsche und dem theatralischen Ehrgeiz ehemaliger Café-Chantant-Besitzer sind denn auch alle zeitgenössischen Beobachter sich einig in dem Urteil, daß die Gewerbefreiheit anfänglich primär den Varietébühnen zugute kam. Je nach Interessenlage erschien es den Zeitgenossen als verwerflich oder als Segen, daß sich die Programme zwar änderten, doch der ungezwungene Umgang im Publikum der gleiche blieb. »In allen diesen Theatern wurde dem Gambrinus neben der Thalia und der Göttin Nicotina gehuldigt«[5], so daß zur Abgrenzung die etwas geringschätzigen Charakterisierungen »Restaurations-« oder »Rauchtheater« in den Sprachgebrauch eingingen.

Neben den Schanklokalen, die die bisher bekannten Tingeltangelprogramme weiterhin anboten, entwickelten die neugegründeten Spielstätten zum größten Teil Aufführungsstrukturen, die Callenbachs Théâtre variété nachempfunden waren. Im Unterschied zur Bühne am Johannistisch, die bereits 1873 in andere Hände übergehen sollte, doch bis dahin die Art der Aufführungen aus den späten sechziger Jahren beibehielt, konnten die neuen Bühnen auch auf die Tragödie und die Oper zurückgreifen, da ja das höfische Monopol gefallen war. So kamen neben den Artisten, Tänzerinnen und sonstigen bisher gepflegten Darbietungen Inszenierungen aus sämtlichen theatralischen Genres hinzu. Auch weiterhin überwogen bei ihnen die humorvollen Vorträge, die jetzt zumeist in Form einaktiger Possen und Lustspiele gebracht wurden, doch rückten ebenso Opernmedleys sowie komplette Werke des klassischen Opernbestandes ins Repertoire. Bereits im Okto-

87 Theaterzettel

ber 1869 – die Probenzeiten waren allgemein nur wenige Tage – stand »Der Freischütz« auf dem Spielplan des Alcazar-Volkstheaters, und im Walhalla-Theater ging im Mai 1871 folgendes Programm über die Bühne: »Gastspiel der amerik. Gymnastik-Gesellschaft Familie Dickson. Produktionen an dem 60 Fuß hohen Apparat. Zum 1. Mal: Der Wildschütz, oder Die Stimme der Natur, kom. Oper in 3 Akten von Lortzing.«[6] Zumeist engagierten die Leiter zu den bisher verpflichteten Nummern einfach eine Handvoll Schauspieler hinzu, gaben diesen einen Text zu lesen und ließen sie nach ein, zwei Stellproben auftreten. Bis 1872 etwa ist aus den Ankündigungen der Presse ein Spielplan abzulesen, der in seiner turbulenten Mischung aus Opern, Operetten, Schauspielen, Possen und artistischen Auftritten charakteristisch ist für die fieberhafte Suche jener zahlreichen, plötzlich zu Theateranstalten avancierten Vergnügungslokale, sich eine Stellung im Bühnenleben der Stadt zu verschaffen. Der neuen Freiheiten froh, schöpfte man wahllos aus dem vollen und wagte sich in geschäftstüchtigem Optimismus und spekulationslustigem Zeitgeist nicht selten auch an Aufgaben, deren Realisierungen bei den künstlerisch meist beschränkten Mitteln fraglich bleiben mußten.

Dem verständlichen Ehrgeiz der neuen Bühnenleiter zum Trotz, aus ihren Vergnügungslokalen kulturell angesehene Kunststätten zu machen, verweigerte ihnen das Publikum überwiegend die Gefolgschaft, wenn es nur noch ernstes Schauspiel, Drama oder gar Opern vorgesetzt bekam. Auch das Walhalla-Volkstheater mußte diese

88   Knut Eckwall: Siegesfeier 1871

Erfahrungen berücksichtigen, als der von Emil Großkopf, dem Sohn des Begründers, initiierte Opernspielplan nicht die erwarteten Erfolge brachte. Ehrgeizige künstlerische Pläne besaßen eben auf einem Theatermarkt, der sich nach dem Prinzip der freien Konkurrenz entwickelte, nur so lange einen Wert, so lange ihre Realisierung durch volle Häuser, d.h. durch gefüllte Kassen, belohnt wurde. Stellte sich dieser Erfolg hingegen nicht ein, ging jegliche weitere Befolgung auf Kosten der Zuschauerzahlen, blieb also – ökonomisch gesprochen – unrentabel und privatwirtschaftlicher Selbstmord. »Sein oder Nichtsein« der Unterhaltungsbühnen hing mit dem Gespür für

89   Lipinskis Hundetheater

die Interessen, Neigungen und den – wie auch immer bewußten – Wünschen der Besucher zusammen, denen unbedingt gehorcht werden mußte. Die Sensibilität der Bühnenleiter und ihr Wille, diesem Zwang zu entsprechen, zeigte sich nirgends klarer als im Krieg 1870/71 gegen Frankreich, der in Deutschland zu einer nationalen Gefühlsaufwallung führte, die noch lange nachwirken sollte.

Bezeichnend ist eine Begebenheit, die sich im Jahre 1870 im Walhalla-Volkstheater zutrug: Dort stand im Frühjahr, also kurz vor Kriegsbeginn, die Tänzerin Antoinette auf dem Programm, die in der Erinnerung des Schriftstellers Max Kretzer den echten Pariser Cancan in Berlin einführte.[7] Ihr Erfolg war enorm, wenn der wachhabende Zensurbeamte auch empört seinem Vorgesetzten meldete: »Am Schlusse des Liedes überstieg das Benehmen der p. Antoinette alle Grenzen, denn sie nahm die Röcke vorn zusammen, fing mit den Beinen an zu zittern und ahmte vollständig die Bewegungen eines, im Stadium des Beischlafes sich befindenden Frauenzimmers nach, so daß ihr Benehmen bei den meisten Zuschauern ein öffentliches Ärgerniß hervorrief.«[8] Dennoch überwog die Zustimmung und ihr Engagement wurde immer wieder verlängert. Nach Ausbruch des Krieges aber lehnte nicht nur die Behörde, sondern auch das Publikum das weitere Auftreten der Französin lautstark ab. Die Zuschauer brachten ihre Abneigung so deutlich zum Ausdruck, daß Emil Großkopf gezwungen war, sie von einem Tag auf den anderen abzusetzen und stattdessen den Pariser Einzugsmarsch ins Programm zu nehmen.

Auch in anderen Theatern mußten die Veranstaltungen umgestellt werden, um den aufgeflammten anti-französischen Stimmungen entgegenzukommen. Nicht alle waren dabei so pfiffig wie der Direktor der Tonhalle, der seine Pariser Tanzdarbietung einfach in »Cancan italiano«[9] umtaufte und die Frauen in ein italienisches Gewand steckte. Die Anpassung der Unterhaltungsbühne an die neue Situation vollzog sich in einem rapiden Tempo. Bereits am 2. August 1870, also unmittelbar nach Kriegsbeginn, standen folgende Sketche und Einakter auf den Theaterzetteln: im Wallner-Theater: »Vorwärts, mit Gott für König und Vaterland«, im Walhalla-Volkstheater: »Des Königs Ruf«, im Belle-Alliance-Theater: »Der Abschied des Landwehrmannes«, im Louisenstädtischen Theater: »Louis in tausend Ängsten«, »Berliner in Frankreich« und »Der Krieger Traum in Feindesland«, und schließlich im Bundeshallen-Theater: »Der listige Preuße«, »Hinaus mit Louis« und »Borussia's Sieg«. Weitaus schneller als die Bildungstheater hatten also die Amüsierbühnen auf die neue Situation reagiert. Die Möglichkeiten der sich an die Wünsche der Zuschauer anschmiegen-

Programm 1 Sgr.

American Theater variété.

Dresdener Strasse 55.

Dienstag, den 2. September 1873.

Eröffnungs-Vorstellung

unter Leitung des Kapellmeisters Hrn. **Hirsch** aus Hamburg.

Erster Theil.
Entrée.
Ouvertüre zu: Zampa, von Herold.
Die Nachtigall, ges. von Frl Elise Börner.
Auftreten des Komikers Herrn Leonard.
Auftreten der englischen Chansonettensängerin Miss Jessi Backer.
Auftreten des Komikers Herrn Bendix.
Auftreten der Sängerin Frau Frida Rodelius.
Auftreten der deutschen Chansonettensängerin Frl. Johanna Rauscheck.

Ein Schneider als Don Juan.
Komische Scene und Duett.
Julius — Hr. Leonard.
Charlotte — Frl. Felix.

Zweiter Theil.
Marsch aus: Der Sommernachtstraum, v. Mendelssohn-Bartholdy.
Tante Bente, Couplet aus: Die Mottenburger, vorg. von Frl. Elise Börner.
Auftreten der englischen Chansonettensängerin Miss Jessi Backer.
Der Schauspieler in verschiedenen Caracteren, vorg. von Louis Heinsdorff.
Der Himmel hat eine Thräne geweint, ges. v. Frau Rodelius.
Da weiss man Bescheid! vorg. von Frl. Felix.
Auftreten des Komikers Hrn. Bendix.
Das Turteltäubchen, vorg. von Frl. Johanna Rauscheck.
Auftreten des engl. und franz. Sänger- und Tänzer-Paares Mr. und Misses Alfred a. G.

Dritter Theil.
La Mandolinata, Walzer von Paladilhe.
Der Kupferschmied, vorg. von Frl Elise Börner.
Auftreten des Komikers Hrn. Leonard.
Auftreten der englischen Chansonettensängerin Miss Jessi Backer.
In jeder Blume seh' ich dich! Lied, ges. von Frau Frida Rodelius.
Auftreten der Kostüm-Soubrette Frl. Felix.
Auftreten des engl. und franz. Sänger- und Tänzer-Paares Mr. und Misses Alfred a. G.
Schluss-Galopp.

Morgen, Mittwoch: Grosse Extra-Vorstellung und letztes Gastspiel des engl. und franz. Sänger- und Tänzer-Paares Mr. Misses Alfred vor ihrer Abreise nach Dresden.

Louis Heinsdorff.

90 Programmzettel

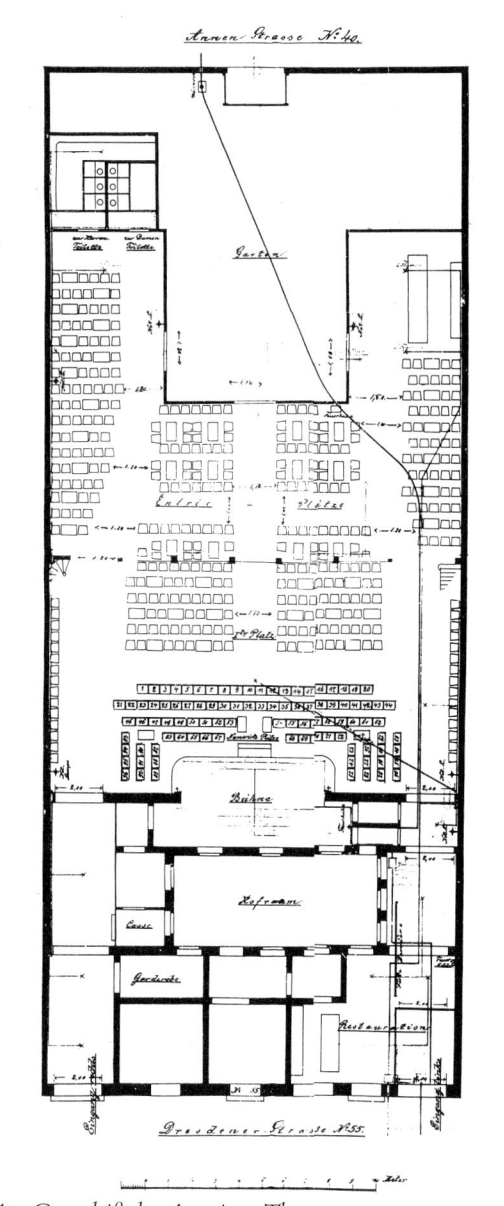

91   Grundriß des American-Theaters

den Unterhaltungsbühnen drücken sich genau in solchen Zeiten aus, in denen die Atmosphäre schlagartig umkippt. Besonders in Umbruchphasen offenbart die sich vordergründig als unpolitisch gerierende Varietébühne ihre »Charakterlosigkeit«; sie hält nirgends gegen, sondern läuft immer stromlinienförmig mit dem Common sense mit, ob der nun reaktionär oder demokratisch ausgerichtet ist. Erst in den eruptiven Zeitgeschehnissen wie Kriegsausbruch oder Revolution tritt ihre gemeinhin unerkannte, unauffällig wirkende und das allgemeine Bewußtsein bestärkende Funktion offenkundig zutage.

Bereits in der Saison 1873/74 reduzierte Emil Großkopf die Zahl der szenischen Aufführungen wieder und reaktivierte dafür jene Darbietungen, die auch vor 1869 die Programme des Hauses bestimmt hatten. Eine einzige einaktige Posse verblieb bis zum Ausscheiden des Direktors 1883 im Programm, deren Bedeutungslosigkeit sich sinnfällig in den Presseankündigungen ausdrückte. In ihnen heißt es beispielsweise am 29. Oktober 1878: »Auftreten der unerreichbaren Wasserkönigin Miß Curline, des ausgezeichneten Tänzerpaares Sgra. und Sgr. Cechetti, der amerikanischen Kunstschützen Miß Tillie Russell und Cart. Frank Howe, der Girards, genannt: Les troi Diables, in ihren großartigen Grotesk- und phantastischen Divertissements und den berühmten Akrobaten drei Gebr. Leopold; Theater-Vorstellung«[10]. Wie unwichtig im Verhältnis zum Varietéteil die Szenen wieder geworden waren, drückt sich unmißverständlich in der pauschalen Angabe »Theater-Vorstellung« aus. Wer was von wem spielte, war für das Walhalla-Publikum offenbar erneut ohne Belang.

Die Bemühungen auch anderer, unmittelbar nach der Einführung der Gewerbefreiheit eröffneter Bühnen um gehaltvollere Stücke als bisher scheiterten letztlich zumeist ebenso wie die der Walhalla. Noch 1873 hatten die Zeitgenossen miterleben können, wie das Théâtre variété in den Besitz von Friedrich Bente übergegangen und nicht nur in »Varieté-Theater« umbenannt, sondern auch der dort tradierte Spielplan außer Kraft gesetzt worden war. Der neue Direktor versuchte es nach der Neueröffnung einmal mit der Oper (etwa im Mai mit dem »Barbier von Sevilla« und der »Lucia von Lammermoor«), ein anderesmal mit dem Schauspiel (etwa im August mit »Adele Spitzeder« und im September mit der »Königin Margot und

Titelblatt eines Notenheftes

die Hugenotten«), bis sich nach der Jahreswende das restlose Scheitern der Bemühungen offenbarte; erneut reihte sich die Spielstätte in die Menge der Varietétheater ein und erzielte Erfolge mit dem von Callenbach bekannten Repertoire.
Derartige Wechsel waren keine Seltenheit, hingen sie doch mit den künstlerischen und ökonomischen Interessen der Bühnenleiter zusammen, auf deren Einschätzung ausschließlich die Spielpläne basierten. Aufgrund des sich immer stärker ausdehnenden Theater- und Varietémarkts, der sich in den Jahrzehnten nach der Reichsgründung als außerordentlich profitabel herausstellte, standen verständlicherweise keine bespielbaren Häuser lange Zeit leer. Krachte eine Unternehmung zusammen und verließ die gepachtete Bühne – was keine Seltenheit war –, stand bereits ein neuer Interessent vor der Tür, der glaubte, mit der Spielstätte eine Goldader übernehmen zu können.
Allgemein läßt sich für die siebziger Jahre feststellen, daß die Café-Chantants nach einer drei- bis vierjährigen Periode des Experimentierens

93 Nikolaus Kaufmann

zumeist zurückkehrten zu ihren alten Programmen, nunmehr erweitert jedoch durch die szenischen Möglichkeiten. Als Ausdruck einer steigenden Beliebtheit derartiger Unterhaltungsveranstaltungen müssen auch die Etablierung eines neuen Hunde- und Affentheaters in der Stadt sowie das Überhandnehmen von Zauberdarbietungen angesehen werden.
Ludwig Broekmann kam mit seinen Tieren Mitte der siebziger Jahre nach Berlin und eröffnete in der Dorotheenstraße eine Spielstätte, die so viele Zuschauer anzog, daß er sie das ganze Jahr über offenhalten konnte. Ging er dennoch gelegentlich auf Tournee, nahm er Gastspiele auf, wie etwa im Januar 1878 das Mechanische Theater Morieux. Einige Jahre später gelang es Broekmann sogar, in die Friedrichstraße, dem entstehenden Zentrum des Berliner Vergnügungslebens, umzuziehen, wo er bis Mitte der achtziger Jahre seine Dressuren zeigte. Die Anerkennung, die ihm und seinen Aufführungen für rund zehn Jahre zuteil wurde, drückte sich nicht zuletzt in Pressebesprechungen selbst der bürgerlich-betulichen Vossischen Zeitung aus, die von den »höchsten Ständen«[11] im Publikum berichtete und die Aufführungen »der allgemeinsten Theilnahme«[12] empfahl.
Gleichzeitig erlebten die Zaubertrickkünstler einen Aufschwung, wie er sich später nicht noch einmal wiederholen sollte. Die Berliner erlebten in den siebziger und achtziger Jahren eine Ausbreitung von reinen Zauberprogrammen, deren Quantität noch heute in Erstaunen setzt. Die Illu-

94 Szene im American-Theater, u. a. mit Otto Reutter und Hermann Frey

sionisten verankerten sich nicht nur als Einzeldarbietungen in den Aufführungen der bereits bestehenden Varietébühnen, sondern eroberten sich vielmehr außerdem Räume, die dem Varieté bis dahin verschlossen geblieben waren und die teilweise später – nach dem Abflauen des umfassenden Interesses – als Varietéspielstätten fortbestanden. Charles Arbre führte beispielsweise im großen Saal des Industriegebäudes in der Kommandantenstraße »natürliche Wunder«[13] vor, der alte Bellachini trat im Konzertsaal der neuerrichteten Lindenpassage auf, in Baschs Theater in der Dorotheenstraße gab es jeden Tag »Große Geister-Vorstellung«[14], und Prof. Seemann richtete sich im ehemaligen Sachs'schen Kunsthaus in der Taubenstraße ein und präsentierte seine »höchst elegante magische Vorstellung«[15]. Die Dilettantenaufführungen magischer Tricks innerhalb der Theatervereine, praktisch also im Liebhaberkreis, nahmen so zu, daß sich im Zuge dessen in der Stadt spezielle Fachgeschäfte wie etwa das von Hermann in der Friedrichstraße über Jahrzehnte behaupten konnten. Die allgemeine Begeisterung über die Illusionisten schlug sich als weitere gesellschaftliche Anerkennung der Nummernprogramme nieder und förderte den Aufstieg des Varietés erheblich.

Die bedeutendste Neugründung der siebziger Jahre war aber das 1873[16] in der Dresdener Straße eröffnete American-Theater. Obwohl der bereits mehrfach erwähnte Komiker Emil Thomas behauptete, daß der Direktor Louis Heinsdorff weder ein »Chantan, noch Spezialität, noch Varieté-Theater«[17] geschaffen hätte, sondern »ein Genre (...), das vor ihm und nach ihm nicht wieder ans Rampenlicht gefördert worden«[18] sei, sind die Aufführungen dennoch zur Varietégeschichte zu rechnen. Das American-Theater brachte »nur musikalische und deklamatorische Spezialitäten, nicht auch gymnastische, und das Orchester wird durch das bescheidenere Pianino vertreten; allein man kultiviert hier das komische Singspiel mit ganz hübschem Erfolge«[19], und pflegte also alles in allem die Varietéprogramme mit szenischen Teilen, wie sie in der Nachfolge Callenbachs in den siebziger Jahren üblich geworden waren. Nur bevorzugte der Direktor, zu dem sich bald August Reiff gesellen und später ablösen sollte, die Café-Chantant-Tradition von Komikern und Sängerinnen, die er um das Singspiel herumgruppierte, das im Zentrum der Aufführung stand.

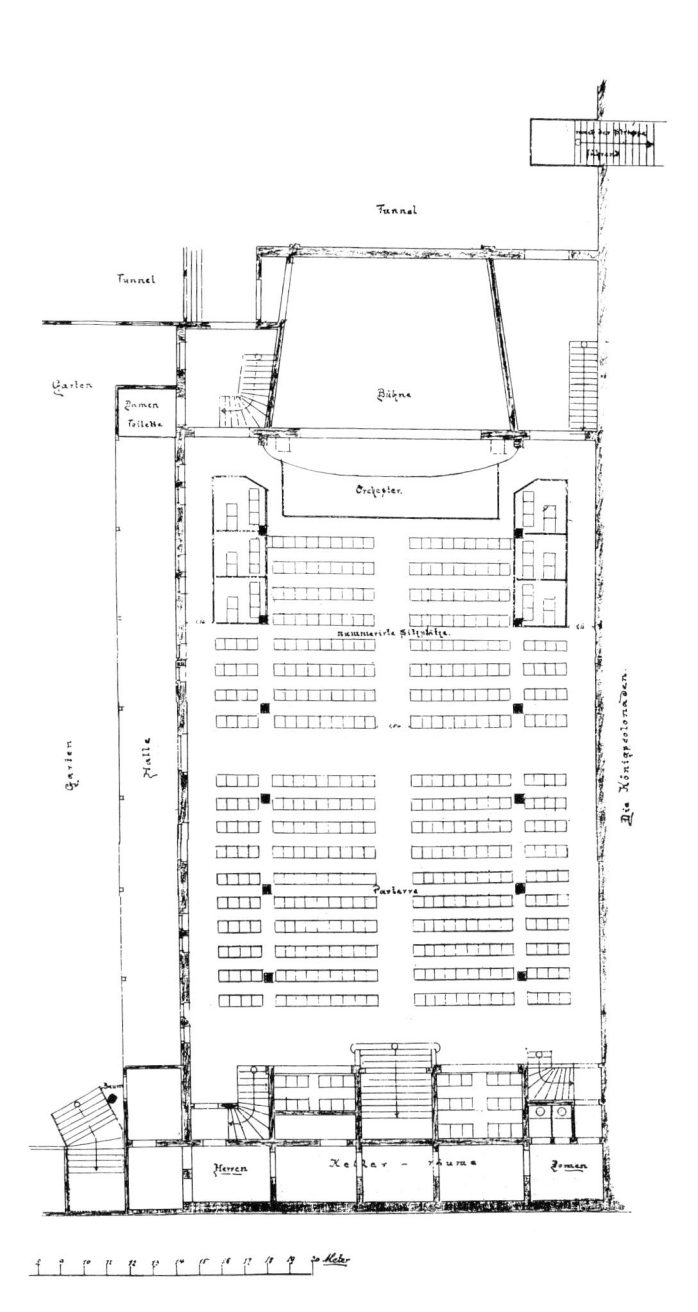

95 Grundriß von Kaufmanns Varieté

Salon Variété.

An der Königs-Brücke (früher Villa Colonna).

Sonntag, den 21. Januar 1883:

Grosse Matinée

veranstaltet vom

Fachverein chirurgischer Instrumentenmacher, Bandagisten und Berufsgenossen

zum Besten einer armen Wittwe.

Unter gefl. Mitwirkung des Gesang-Vereins „FRATERNITAS", des Gesanghumoristen Herrn **Wilh. Fröbel**, der Duettisten Herrn und Frau **Hannemann** und des Herrn **Heinicke**.

PROGRAMM.

ERSTER THEIL.

*1. Das Kirchlein, von Becker.
2. Duett, vorgetragen von Herrn und Frau **Hannemann**.
*3. Heimweh, von Heim.
4. Auftreten des Gesang-Humoristen Herrn **Wilh. Fröbel**.

ZWEITER THEIL.

*5. Ich grüsse dich! (Solo für Bariton) von Saleneuve.
6. Gesang-Vortrag von Herrn **Heinicke**.
*7. Myrthenblätter, von Berner.
8. Duett, vorgetragen von Herrn und Frau **Hannemann**.

DRITTER THEIL.

*9. Beim Wein! von Mücke.
10. Auftreten des Gesang-Humoristen Herrn **Wilh. Fröbel**.
11. Gesang-Vortrag von Herrn **Heinicke**.
12. Quodlibet, von J. Otto.

Die mit einem * bezeichneten Piècen werden vom Gesang-Verein „FRATERNITAS" ausgeführt.

Kasseneröffnung 10 Uhr.   Anfang 11 Uhr.
Entrée 30 Pf.

Druck von Franz Rosenthal, Berlin, Neue Friedrichstr. 22.

96 Programmzettel

Die Schlichtheit der Räumlichkeiten war typisch für die Varietéspielstätten dieser und der vorangegangenen Epoche. »Der Zuschauerraum ist ein Unikum«[20], bemerkte dazu die Berliner Illustrirte Zeitung ebenso belustigt wie orakelhaft. In einem Stadtführer aus den neunziger Jahren findet sich glücklicherweise eine detailliertere Beschreibung: »Mit seinem altmodischen Saale, seinen auf einer Art von Hühnerstegen zu erklimmenden Logen und seiner recht primitiv in den Raum eingebauten Bühne macht es den Eindruck einer Reliquie aus dem anspruchslosen Zeitalter des noch nicht zur Weltstadt aufgeschossenen Berlins. (...) Nichtsdestoweniger steht das Theater in seiner Art auf der Höhe der Zeit.«[21] Bei allen Mängeln besaß das American-Theater eine ausgesprochen lokalbezogene Atmosphäre, die sich verkörpert fand im Star der Spielstätte, dem Komiker Martin Bendix. »Wenn man in den kleinen, bescheidenen Saal mit einer schief schwebenden Galerie, die jedem Besucher auf den Kopf zu fallen schien, trat, umsäuselte schon jeden Eintretenden der Grog- und Bierdunst, vermischt mit dem Qualm recht mäßiger Zigarren. Vom Eingang rechts war eine kleine Bühne aufgeschlagen, vor derselben stand ein nicht ganz sicher gestimmtes Klavier, an dem später bei Beginn der Vorstellung der Kapellmeister und Kompositeur der auf der Bühne vorgetragenen Lieder Platz nahm und die Darsteller bei ihren Solovorträgen begleitete. Aber das Unheimliche dieses nicht wohl einladenden Lokals wurde sehr bald übertönt, wenn sich der kleine Vorhang hob und der urkomische Bendix auf die Bühne trat.«[22] Über die Herkunft seines Berufsnamens »Der Urkomische« berichtete der Komiker selbst: »Ich trat, ehe ich ans American-Theater ging, bei Fritz Stolt in der Potsdamer Straße auf, wo dreimal wöchentlich gespielt wurde. Stolt annoncirte immer: ›Urkomische Vorträge des Herrn Bendix‹, und daraus wurde dann in der Dresdener Straße ›der urkomische Bendix‹.«[23] Dieser Mann war zweifellos ein Könner seines Fachs. Von kleiner, untersetzter Gestalt, breitem, nahezu vierschrötigem Kopf und schleppendem Gang, trug er die blutigsten Kalauer vor. »Wenn er mit seinen kreisrunden, braunen Nußknackeraugen so ins Publikum mit einer geradezu kreuzdämlichen Miene«[24] glotzte, hatte er bereits die Lacher auf seiner Seite, ohne etwas getan zu haben. Dauerte ihm das Au-Geschrei der Zuschauer einmal zu lange, trat Bendix einfach an die Rampe und fragte auf seine unnachahmlich trockene Art: »Jefellt er Ihnen nich? Ick nehm'n zurück!«[25] Bis 1897 bestand diese Spielstätte unverändert in der Dresdener Straße 55 (dann mußte sie einem Postamt weichen) und entwickelte sich in diesen Jahren zu der herausragenden Komiker-Schmiede Berlins. Obwohl Bendix' Ruhm nie über die Stadtgrenzen hinausdrang – dazu war sein Humor offenbar zu lokalspezifisch –, beeinflußte seine Kunst dennoch die ganze Komikergeneration nach und neben ihm. Wie vormals Callenbach, der Carl Helmerding und Emil Thomas entdeckt hatte, besaß auch die Direktion des American-Theaters ein Gespür für Nachwuchstalente, die bei dem Star des Hauses in die Lehre gingen. So verwundert es nicht, daß auch Otto Reutter eines seiner ersten Berliner Engagements Ende der achtziger Jahre dort erhielt, wo er u. a. neben Hermann Frey (später Autor des Lieds »Immer an der Wand lang« und zeitweiliger Direktor eines Varietés am Moritzplatz) auftrat.

Bis zu diesem Zeitpunkt hatte aber die Varietégeschichte eine Entwicklung genommen, die sie endgültig vom Café-Chantant loslöste. Die ständig expandierende Zahl von Spielstätten gewann bisher weitgehend abseits gebliebene Schichten als Zuschauer, und unter den Fachleuten setzte sich endlich der Begriff durch, der bis heute das Genre kennzeichnet. Wie erwähnt kannte man in den siebziger Jahren nur den übergeordneten Begriff des Café-Chantant bzw. den der Singspielhalle. Um die Programme zu annoncieren, waren die Direktoren daher gezwungen gewesen, zumindest die attraktivsten Darbietungen einzeln aufzulisten. Nicht zuletzt daraus entstand das Bedürfnis nach einem positiven, übergreifenden Begriff, der nicht verwechselt werden konnte mit den Aufführungen der Sprechtheater.

Gegen Ende der siebziger Jahre entwickelte sich die Gewohnheit, die auftretenden Künstler als das »Besondere« schlechthin herauszustellen, die über herausragende Eigenschaften oder spezielle Fähigkeiten verfügten, sei es auf dem Seil, beim Kopfstand, in der Komik oder dem Gesang. Daraus entwickelte sich das Substantiv »Spezialitäten«, mit denen man zur Abgrenzung vom Theater und zur Heraushebung der Artisten die Darstellungen zusammenfaßte. Gleichzeitig begannen die Direktoren auch die Reihe der Auftritte durchzuzählen, so daß jeder einzelne Auftritt eine Nummer erhielt. Daraus entstand der Sprachgebrauch,

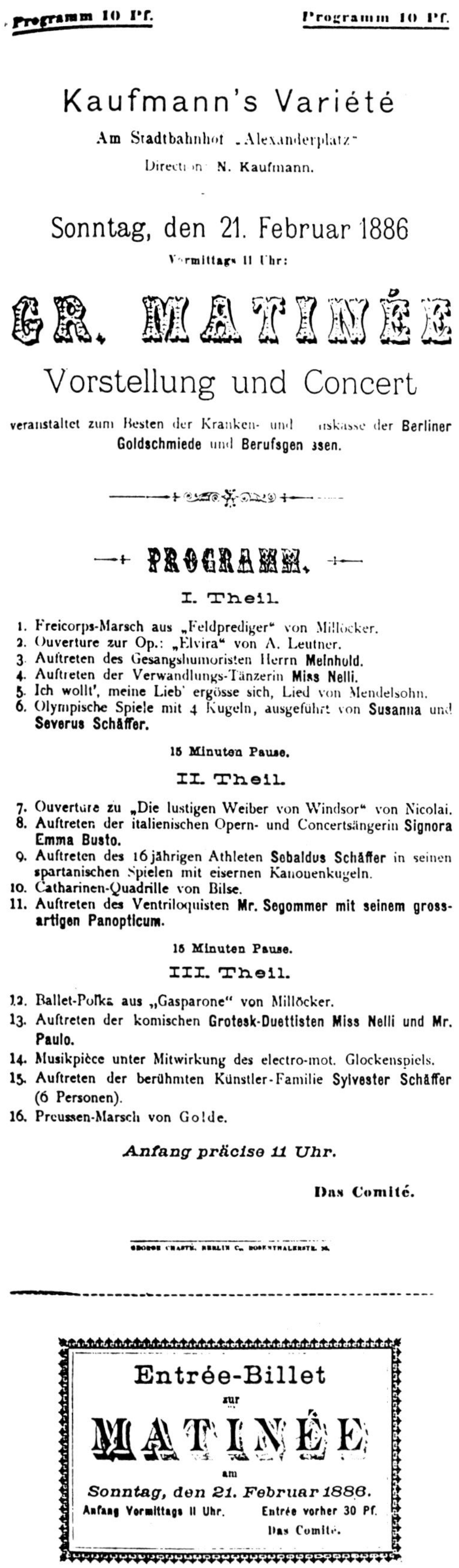

97 Programmzettel

den Artisten als »Nummer« oder »große Nummer« bzw. die Veranstaltung als »Nummernprogramm« anzusprechen. Die Verwendung des Wortes »Spezialitäten« läßt sich in Berlin zum ersten Mal 1877 nachweisen. Das in diesem Jahr neueröffnete »Chantant international ›Olympia‹« auf dem Gelände des späteren Apollo-Theaters kündigte das Auftreten »der berühmtesten Gesangs-Spezialitäten aus Paris, Brüssel, London, Petersburg, Stockholm, Wien und Straßburg«[26] an. Von den einzelnen Künstlern verlagerte sich seine Verwendung auf die Auftrittsstätten, so daß man begann, vom »Spezialitätentheater« zu sprechen (und der Name »Café-Chantant« langsam veraltete).

Bis in die neunziger Jahre dauerte es, bis sich das Wort »Varieté« wiederum gegen »Spezialitätentheater« durchsetzen sollte. Callenbachs Théâtre varieté hatte zwar die Bezeichnung in Berlin eingeführt, doch war sie gebunden an einen konkreten Gegenstand. Durch die Übernahme der Spielleitung durch Bente, der den Namen des Hauses umstellte und in »Varieté-Theater« eindeutschte, schob sich zwar das »Varieté« stärker in den Vordergrund, doch der im Hause gezeigte Spielplan entsprach dem in keiner Weise. Auch weiterhin blieb also der Begriff an die spezielle Bühne gebunden. Als dann die Spielstätte am Johannistisch sich nicht mehr gegen die benachbarte Konkurrenz des Belle-Alliance-Theaters und der Walhalla durchsetzen konnte und Anfang der achtziger Jahre endlich schließen mußte, existierte keine Bühne dieses Namens mehr in Berlin.

Nikolaus Kaufmann nahm die Gelegenheit wahr und benannte sein Etablissement, die ehemalige Villa Colonna, nach dem alten Callenbachschen Gebäude in »Salon Varieté«[27] um. Der neue Direktor war ein »Self-made-man«[28], wie sie in der Gründerzeit häufig anzutreffen waren. Als Bauunternehmer hatte er nach der Reichsgründung so glücklich spekuliert, daß er wohlhabend dabei geworden war und sich das Gelände am Alexanderplatz hatte erwerben können. In den Räumen dieses ehemaligen Tanz- und Konzertsaales, in dessen Garten noch Anfang der fünfziger Jahre kurzfristig einmal das Rudolf Cerfsche Königstädtische Theater beheimatet gewesen war, spielte Kaufmann zwar schon seit 1880 Varieté, doch erst zwei Jahre später nahm er die Umbenennung vor. Obwohl sein Haus, das seit September 1884 »Kaufmanns Varieté« hieß, nicht zu den bedeutendsten Etablissements Berlins gezählt werden kann, und der Begründer selbst sich nach nur zwei Spielzeiten ins Privatleben zurückzog, breitete sich nunmehr die Gewohnheit aus, die Spielstätten mit artistischen Programmen als

98   E. Hosang: *Der Kraftathlet Apollon im Reichshallen-Theater in Berlin*, 1897

»Varietés« zu bezeichnen. Nicht Callenbach, sondern Kaufmann stand somit am Anfang jener sprachlichen Eingewöhnung, die sich in den neunziger Jahren endlich allgemein durchgesetzt hatte.

Der Aufstieg vom Spezialitäten-Theater zum internationalen Großvarieté drückte sich sowohl im quantitativen Umfang der Nummernprogramme als auch in einer zunehmenden dekorativen Prachtentfaltung auf und vor der Bühne aus. Zwar bestanden weiterhin die schlichten Schankwirtschaften, die mit ihrem zumeist weiblichen Bühnenpersonal wie vordem mehr zum nächtlichen Amüsement gehörten, doch die neu entstehenden Varietébühnen kümmerten sich zusehends auch um eine ansprechende Ausgestaltung des Zuschauerraums. Damit gehorchten sie dem Zeitgeschmack des wilhelminischen Bürgertums, das nach Stuck und Plüsch in prahlerischer Überladenheit und wilder, geschmackloser Stilmischung verlangte. Die Ausgestaltung des »Wintergartens« im Central-Hotel, in dem seit 1887 Varietéaufführungen stattfanden, kann stellvertretend dafür angesehen werden. Im Gegensatz zu der Entwicklung in anderen deutschen Städten entstand jedoch kein speziell errichteter »Varieté-Palast« in Berlin; in der Reichshauptstadt waren alle Varietégebäude, bevor sie als solche hervortraten, anderen Zwecken dienlich gewesen. Gewöhnlich bestand die Gebäudebenutzung zuvor in Form des Tanz- und Konzertvergnügens, wie das bei Kaufmanns Spielstätte der Fall gewesen war. Auch das in den achtziger Jahren eröffnete Reichshallen-Theater am Dönhoffplatz, das später zur Heimstätte der Stettiner Sänger werden sollte, wurde anfänglich als Konzertsaal genutzt; das Varieté am Kottbusser Tor, in das Ende der zwanziger Jahre Wilhelm Bendow einziehen sollte, war als »Concerthaus Sanssouci« errichtet worden, und selbst der Berliner Prater und Schweizergarten existierten bereits als Ausflugsgaststätten mit musikalischen Programmen, bevor ihre Leiter zu Spezialitäten griffen. Auch bei der noch zu betrachtenden Entwicklung des Apollo-Theaters wird sich zeigen, daß das Grundstück und das darauf befindliche Gebäude bei den Stadtbewohnern bereits allgemein als Vergnügungsort bekannt war.

Schier unaufhaltsam breitete sich das Varieté gegen Ende des Jahrhunderts aus. Cafés aller Couleur, am Stadtrand gelegene Ausflugslokale, in der Stadt angesiedelte Brauereien und sonstige Ver-

99 *Das Reichshallen-Theater am Dönhoffplatz*

100 *Innenraum des Reichshallen-Theaters, Postkarte*

gnügungsstätten richteten zum Wochenende oder täglich stattfindende Varietéprogramme ein. Ihre Zahl nahm so überhand, daß sie selbst für die Fachleute nur noch zu schätzen war. »Ich glaube nicht fehl zu gehen«, schrieb Victor Happrich, Berliner Rezensent der Fachzeitschrift »Der Artist«, Mitte der neunziger Jahre, »wenn ich, die Vororte mit einbegriffen, die Zahl *der größeren* derartigen Bühnen auf etwa dreißig angebe.«[29] Umfangreicher, wenn auch nicht vollständig, war eine 1899 veröffentlichte Liste mit Berliner Varietés, die knapp fünfzig Auftrittsstätten anführte.[30] Insgesamt dürfte die Zahl der nach §33a GWO konzessionierten Spielstätten in der Stadt doppelt so groß gewesen sein. Ihre Existenz und ökonomischen Erfolge waren unübersehbar geworden.

Mit dem Aufstieg des Wintergartens in den neunziger Jahren und der Eröffnung des Apollo-Theaters 1892 entstanden im Berliner Vergnügungszentrum um den Bahnhof Friedrichstraße herum jene Großstadtvarietés, zu denen auch die bürgerlichen und aristokratischen Kreise in aller Offenheit gehen konnten. Zwar hatte es auch in den bisherigen Varietés, Café-Chantants und selbst in den Tingeltangel Besucher gegeben, die sozial gesehen der Hautevolee angehörten – die Äußerungen Fedor von Zobeltitz[31] über die Walhalla belegen diese Annahme hinreichend –, doch erfolgte der Besuch bis in die neunziger Jahre mehr unter dem Mantel der Verschwiegenheit. Erst der »Wintergarten« ermöglichte durch sein luxuriöses Interieur auch bürgerlichen und aristokratischen Kreisen den offenen Zugang zum Varietévergnügen. So wurde es durchaus üblich, daß politische Gast-Delegationen, die zu Besuch in der Reichshauptstadt weilten, nicht nur in die Oper geführt wurden, sondern ebenso in den Wintergarten. Bereits 1891 teilte die Berliner »Volks-Zeitung« ihren Lesern die Beobachtung mit: »Die Terrasse des Wintergarten-Theaters bot vorgestern ein ganz eigenartiges Bild. Auf der einen Seite der Terrasse saß vollzählig das dem Generalstab zugeteilte württembergische Offizierskorps, das sich zur Geburtstagsfeier ihres Königs im Wintergarten zu einem Souper versammelt hatte. Die Mitte wurde von der Chinesischen Gesandtschaft mit allen ihren Mitgliedern besetzt, während sich auf der rechten Seite der Terrasse die Parlaments-Fraktion der nationalliberalen Partei ein Rendez-vous gegeben hatte. Die so bunt zusammengesetzte Zuschauergruppe folgte mit Wohlgefallen der abwechslungsreichen Vorstellung.«[32] Dieser stetige Aufstieg von unscheinbaren Anfängen zur gesellschaftlichen Anerkennung im Zuge eines halben Jahrhunderts war den Artisten und Direktoren natürlich bewußt. Leo Bartuschek, zeitweiliger Präsident des Varietédirektoren-Verbands, faßte dieses Bewußtsein stolz in die knappen Worte: »In den neunziger Jahren (…) hatte sich das Varieté in Mitteleuropa Geltung in den bürgerlichen Schichten verschafft.«[33] Es breitete sich in durchaus realistischer Einschätzung der gewonnenen Position das gleichsam zum Kaiserbart passende Bewußtsein eines »Es ist erreicht!« aus, das sich in den Spalten der Fachpresse vielfältig äußerte. Selbstgefällige Rückblicke auf die vergangenen, schlechteren Zeiten wurden zur Jahrhundertwende häufiger als gewöhnlich veröffentlicht. Sie alle liefen darauf hinaus, den ungeheuren Aufstieg der artistischen Kunst im 19. Jahrhundert unter dem Motto »Fahrend Volk einst und jetzt«[34] zu dokumentieren. Gewaltige Änderungen hatten sich in dieser Zeit vollzogen. Die Zahl der Artisten hatte nicht nur aufgrund der sich ständig vermehrenden Auftrittsstätten kontinuierlich zugenommen, sondern ihr gesellschaftliches Ansehen war ebenfalls erheblich gestiegen. Sie zählten nicht mehr automatisch und wie selbstverständlich zu den Parias. Durch die nunmehr fest am Ort verankerten, ständigen Auftritte gewöhnten sich die Ansässigen an ihre Existenz und grenzten sie nicht länger als Fremde aus. Varietédirektoren galten häufig als angesehene Geschäftsleute, und die Artisten integrierten sich in den städtischen Alltag als anständige, steuerzahlende Bürger und gute Nachbarn, denen man ihren Beruf privat nicht mehr ansah.

Der Wintergarten

Die Vorgeschichte des Wintergartens begann bereits in den siebziger Jahren. Auf einem Hinterhof an der Friedrichstraße, nördlich der Berliner Prachtstraße Unter den Linden, eröffnete ein Gartenlokal seinen Betrieb, das der Inhaber Hermann Geber »Stadtpark« taufte. »Das verhältnismäßig große Terrain, durch einige spärliche Bäume als Garten bezeichnet, ist durch außerordentlich reiche und phantasievolle Anordnung von Gasflammen in verschieden gestalteten und verschiedenfarbigen Glocken, die in geradezu verschwenderischer Fülle angebracht sind, zu einem nur für den Abend berechneten, aber dann prächtig wirkenden Festplatz eingerichtet. Leichte, elegante Hallen, Fontänen, Blumenbosquets u.s.w. beleben und zieren den meist von Tischen und Stühlen eingenommenen Raum, an dessen beiden Langseiten Musiktribünen belegen sind.«[1] Durch eine dem Krollschen Etablissement und dem Belle-Alliance-Theater nachempfundene Ausschmükkung des Gartens sowie durch Engagements damaliger Konzertlieblinge gelang es der Direktion rasch, sich einen guten Ruf bei den vergnügensuchenden Berlinern zu sichern. Zu den Höhepunkten des nur kurze Zeit bestehenden Betriebs kann sicherlich das erstmalige Auftreten des Wiener Walzerkönigs Johann Strauß (Sohn) in Berlin im Jahre 1876 gerechnet werden, das als »musikalisches Ereignis«[2] gefeiert wurde.

Dieses so hoffnungsvoll begonnene Unternehmen fiel gegen Ende der siebziger Jahre der allgemeinen Stadtplanung wieder zum Opfer. Ihr kommt im Hinblick auf den Wintergarten ein hoher Stellenwert zu. Der Ausbau des Eisenbahnnetzes, seit Mitte des Jahrhunderts mit Nachdruck betrieben, machte sich besonders nach der Reichsgründung einschneidend bemerkbar. Innerhalb des europäischen Eisenbahnverkehrs erhielt Berlin aufgrund seiner geographischen Lage die Stellung eines Zentrums zwischen Ost und West, die zu einem ständig steigenden Verkehrsaufkommen und anschwellenden Besucherstrom führte. Zusätzlich betrieb man seit 1872 den Ausbau des lokalen Schienensystems, das neben dem Ring, der um das alte Stadtzentrum gelegt wurde, eine Anbindung an das internationale Schienennetz vorsah und mitten durch den Stadtkern führen sollte. So entstand neben dem Potsdamer ein neuer Central-Bahnhof im Schnittpunkt Friedrichstraße/Unter den Linden. Um die Bedeutung seiner Lage herauszustreichen, rechnete etwa die Leipziger Illustrirte Zeitung ihren Lesern 1879 die Menge der an- und abfahrenden Züge vor: »täglich 100 Züge vom fernen Norden, Osten und Westen und 400 Localzüge (...) sowie (...) zwei Pferdebahnen«[3]. Dieser Schienenbau schlug in das alte Stadtbild gewaltige Schneisen, denen ganze Häuserkomplexe weichen mußten; auch der Stadtpark und das angrenzende Thalia-Theater, das »über eine Terrasse«[4] mit Gebers Lokal verbunden war, fielen darunter.

Geber hatten sich durch den für 1880 in Aussicht gestellten Betriebsbeginn der Stadtbahn völlig neue Verdienstmöglichkeiten eröffnet, deren Gewinnspanne er durch den Aufkauf der umliegenden Grundstücke noch erheblich erweitern konnte. Da der neue Central-Bahnhof Friedrichstraße direkt neben seinem bescheidenen Lokal entstehen sollte, hatte er rechtzeitig die Chance

101 Bahnhof Friedrichstraße mit dem Central-Hotel im Hintergrund

102   Gartenlokal »Stadtpark«

gesehen, die ankommenden Reisenden in Form eines riesigen Hotels zu betreuen. Anerkennend schrieb die Presse: »Mit rapider Geschwindigkeit mehrt sich der Fremdenverkehr Berlins. Seitdem es die Hauptstadt des Deutschen Reiches ist und den Mittelpunkt des europäischen Eisenbahnsystems bildet, ist der Andrang der Fremden in steter Steigerung begriffen. Schon jetzt verkehren auf den zehn Eisenbahnen, welche in Berlin ihren Endpunkt finden, jährlich 10 Mill. Fremde, und in nächster Zeit wird wieder eine neue große Bahnlinie eröffnet, welche Berlin in direkte Verbindung mit Metz und Paris setzt und den Verkehr wieder bedeutend erhöhen wird. Unter solchen Umständen kann man sich nicht wundern, wenn die alten Hotels und Gasthäuser seit Jahren nicht mehr genügen, wenn ein großer Theil derselben umgebaut und erweitert worden ist, wenn neue glänzende, wahrhaft großartige und weltstädtische Hotels wie der Kaiserhof entstanden sind und sich das Bedürfnis nach neuen großen Etablissements noch fortwährend geltend macht. Im Anschluß an die im Bau begriffene Stadtbahn, welche im Frühjahr des nächsten Jahres eröffnet werden soll, wird gegenwärtig in unmittelbarer Verbindung mit dem großen Centralbahnhof an der Friedrichstraße ein großartiges Hotel erbaut, welches sich an Umfang, Glanz und Comfort aller ähnlichen Etablissements in London, Neuyork und Paris an die Seite stellen kann, aber durch die Verbindung mit einem prachtvollen Wintergarten einzig in seiner Art dastehen und alles, was bisher in ähnlicher Weise besteht, in den Schatten stellen wird. Kein Hotel in Berlin hat eine so überaus günstige

103   Hugo Spindler: Das Central-Hotel nach der Eröffnung, 1880

Lage wie dieses neue Eisenbahnhotel. (...) Die Idee, hier ein Hotel nach englischer und amerikanischer Weise (...) zu errichten, ist das Verdienst des Hrn. Hermann Gebers, des Eigenthümers jenes«[5] ehemals beliebten Gartenlokals.

Dieser hatte eine GmbH gegründet, die Schließung des zuletzt von dem Sohn Albert Lortzings betriebenen Thalia-Theaters erzwungen, die umliegenden Häuser (nebst seinem eigenen Restaurationsgebäude) abreißen lassen und im Spätsommer 1877 mit der Errichtung des »Central-Hotels« begonnen. Die Koordination zwischen Eröffnung des Hotels und Inbetriebnahme der Stadtbahn – beides für 1880 in Aussicht gestellt – klappte jedoch nur unzureichend, da sich die Fertigstellung des Streckennetzes um zwei Jahre

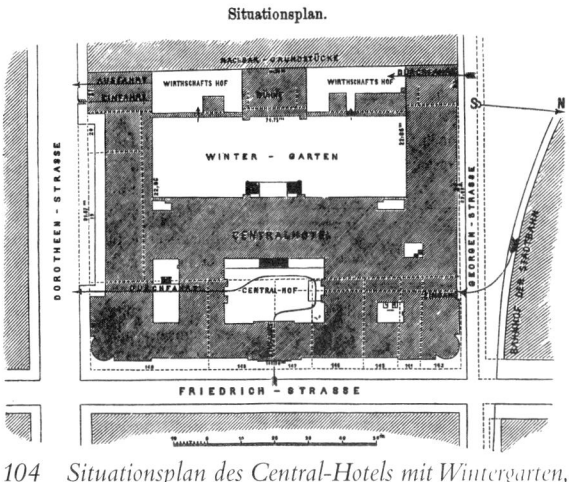

104   Situationsplan des Central-Hotels mit Wintergarten, 1880

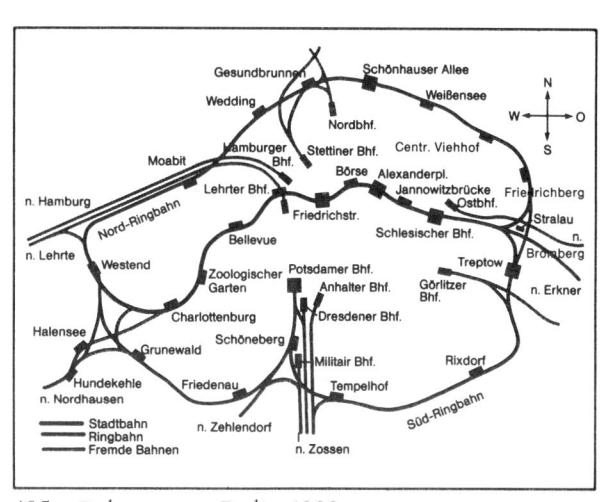

105   Bahnnetz von Berlin, 1882

verzögerte. Der geplante Termin konnte einzig von der Hotel-Gesellschaft eingehalten werden, die ihren Komplex am 1. September 1880[6] dem Publikum übergab.

Die Anlage zerfiel architektonisch in zwei Teile, einem Wohnbereich und einem Palmengarten, wie sie im wilhelminischen Kaiserreich en vogue waren. Zu den Ausmaßen des Hotels paßten auch die des Wintergartens, der »nicht nur den Gästen als Erholungsstätte, sondern auch für Concerte und Theatervorstellungen dienen«[7] sollte. Diese Bemerkung unmittelbar nach der Eröffnung des Hotels, die darauf hinweist, daß die Betreiber bereits zu diesem Zeitpunkt daran dachten, Aufführungen zu veranstalten, ist richtungsweisend, wie sich noch herausstellen sollte. Die Architektur besaß so auffallende Eigentümlichkeiten, daß sie das später in diesen Räumen eingerichtete Varieté – woher es seinen Namen hatte – von anderen vergleichbaren Spielstätten der Stadt erheblich unterschied. Da sie die Atmosphäre und auch Probleme der folgenden Jahrzehnte in starkem Maße vorbestimmte, können die räumlichen Bedingungen hier nicht unbeachtet bleiben.

Beim Wintergarten handelte es sich um einen langgestreckten Raum mit gewölbtem Kuppeldach aus Glas, dessen höchster Punkt 18 Meter von dem mit Kies bestreuten Boden entfernt war. In der Länge maß der Raum 75 und in der Breite knapp 23 Meter[8], womit der Wintergarten eine Grundfläche von etwa 1700 qm[9] hatte. »An der Ostseite (eine Längswand – d.Verf.) liegt eine breite zweiarmige Freitreppe, welche die Verbindung mit den Speisesälen herstellt. Von dort aus hat man einen überraschend großartigen Blick über den Wintergarten. (...) Während auf der Ostseite sich 19 reich ornamentierte Fenster befinden, liegen auf der Westseite eine kleine Bühne und 17 Nischen. (...) An der Nord- und Südseite befinden sich Balkons und Logen, welche in unmittelbarer Verbindung mit dem Hotel stehen, so daß man diese bequem aus den Logirzimmern erreichen kann, ohne den Saal zu berühren.«[10] Durch zwei Zugänge konnten die Besucher in den Wintergarten gelangen; sie besaßen sowohl die Möglichkeit, durch das Hotel zu gehen, dessen Eingang in der Georgenstraße lag, als auch den direkten Zugang von der Dorotheenstraße aus zu benutzen. Die Dekorationen des Wintergartens mit Grotten, immergrünen Strauch- und Schlinggewächsen lagen in den Händen des Hofgärtners Bock, der sie im zeitgenössischen Stil ausführte. Diese Domestizierung heimatlicher und exotischer Natur wurde durch eine reichliche Zahl von Gasleuchten erhellt, zu denen sich nachts die durch das Glasdach hereinschimmernde Leuchtkraft der Sterne gesellte. Alles in allem drückte die Anlage des Wintergartens wie die des ganzen Hotels Luxus der damaligen Spitzenklasse aus, was sich unmittelbar auf die Gäste der anberaumten Veranstaltungen auswirkte.

Zu Recht prognostizierten die Zeitgenossen nach der Eröffnung des Betriebs, daß die Programme im Wintergarten eine hohe Anziehungskraft »auf Einheimische und Fremde«[11] entwickeln würden. Bereits im Oktober 1880 begannen die Konzertveranstaltungen, die nicht ausschließlich für die Hotelgäste bestimmt waren, sondern zu denen man auch die Berliner heranzuziehen suchte. Der »königliche Musikdirektor A. Parlow«[12] machte den Anfang; auf ihn folgte im Frühjahr 1881 der in der Walhalla zu lokalem Ruhme gelangte Kapellmeister Theodor Franke. Bereits im Sommer 1881 bereicherte man das Konzert durch eine musikalische Varieténummer, den »englischen Royal Hand-Bell Ringers«[13], und im Herbst stand erneut der internationale Walzerkönig Johann Strauß in Berlin am Dirigentenpult. Spätestens im Herbst 1881 hatte sich der Wintergarten des Central-Hotels als musikalisch-unterhaltender Veranstaltungsort durchgesetzt, der aufgrund seines luxuriösen Interieurs die wohlhabenden bis reichen Kreise Berlins ansprach, die bisher eher in die Philharmonie gegangen waren. Das bessere, bürgerliche Publikum, das sich die späteren Varietédirektoren zugute halten sollten, war also bereits an den Ort gewöhnt, bevor solche Veranstaltungen überhaupt durchgeführt wurden. Der Erfolg des Varietés besaß in diesen musikalischen Programmen seine Wurzeln.

Die Gäste, die zu den Konzertveranstaltungen kamen, konnten zur Musik im Palmenhaus spazieren gehen oder sich vor dem Podium an einigen wenigen Tischen plazieren, wo sie aus den anliegenden Restaurationsräumen versorgt wurden. In den folgenden Jahren nahm die Zahl der eingerichteten Plätze kontinuierlich zu, so daß die Begrünung langsam zurückgedrängt wurde und sich somit irgendwann die Frage aufwarf, ob denn überhaupt die bisherige Raumnutzung sinnvoll gewesen war. Dieses Nachdenken gab letztlich den Anstoß, es mit den in Blüte stehenden Varietéprogrammen zu versuchen. Bis dahin aber organisierten die Hotelmanager noch eine ganze Serie von Bällen, die neben den Hotel-Gästen nur der Berliner Hautevolee offenstanden. Stolz präsentierte die Jubiläumsschrift »50 Jahre Wintergarten« die Abbildung eines Gemäldes, das im Foyer gehangen haben soll und eine dieser Veranstaltungen darstellt, an der »eine ganze Reihe von Prominenten«[14] teilgenommen hätte.

Die ersten zwei Jahre dürften allerdings hinsichtlich der Hotelauslastung nicht den Erwartungen der Betreiber entsprochen haben, verzögerte sich doch die Eröffnung der Stadtbahn bis 1882. Danach kann man davon ausgehen, daß der riesige Hotelkomplex der Spitzenklasse relativ ausgebucht war, so daß sich – wie beabsichtigt – im Wintergarten die Einheimischen mit den Fremden mischten. Seit 1882 ist also jene Publikumsstruktur vorhanden, die dem späteren Varietébetrieb zum Ruhm und Erfolg gereichen sollte. Außerdem läßt sich auch beim Spitzenvarieté dieser Jahrzehnte beobachten, daß es – wie alle Berliner Varietébühnen – durch Umwandlung bereits vorhandener Veranstaltungsorte entstanden ist.

Doch wann dieser Wandel im Wintergarten vor sich gegangen ist, darüber gingen bislang die Meinungen auseinander. Immer wieder ist im Nachhinein debattiert worden, ab wann der Wintergarten nun als Varieté anzusehen wäre. Merkwürdigerweise waren sich selbst die Betreiber höchst uneins: 1896 meldeten die Berliner Tageszeitungen das zehnjährige Jubiläum[15], ein Jahr darauf meldete dann die Fachpresse das gleiche Jubiläum erneut[16] und 1938 feierte die Direktion des Wintergartens ihr 50jähriges Betriebsjubiläum[17]. Anhand zeitgenössischer Unterlagen, die nicht durch nachträgliche Behauptungen entwertet werden können, sollen die Veranstaltungen in den drei kritischen Jahren 1886 bis 1888 eingehender untersucht werden. Zuvor muß jedoch noch einmal darauf hingewiesen werden, daß die letztlich vorgenommenen Programmänderungen bereits durch die Erfolge der Konzerte und die kontinuierlich vermehrt im Wintergarten auf-

106 Sylvesterball im Wintergarten

107   Innenansicht des Wintergartens, um 1884 (Foto: Albert Schwartz)

gestellten Stühle und Tische sich im Laufe der ersten Hälfte der achtziger Jahre bereits abzeichneten. Eine »verrückte Idee«[18], wie Erich Leif in der Festschrift 1938 behauptete, war es also zweifellos nicht, als man daran dachte, den künstlichen Garten noch weiter in den Hintergrund treten zu lassen und das Programmangebot zu erweitern.
Angeblich soll Julius Baron (Betonung auf der ersten Silbe) auf den Gedanken gekommen sein und 1886 den Wintergarten gepachtet haben. Zweifelsfreie Belege gibt es darüber nicht. Weder taucht sein Name in den Pressebesprechungen noch in den Anzeigen als Direktor auf. Auch die erhalten gebliebene Akte des Berliner Polizeipräsidenten über den Wintergarten enthält keine Bemühungen Barons um Aufnahme des Betriebs. Die Akte beginnt vielmehr mit dem Jahr 1887, als Franz Dorn (recte Grüger) die Konzession erhielt; erst 1888 taucht im Schriftverkehr Julius Baron als zweiter Direktor auf. Dieser Umstand muß aber nicht zwangsläufig bedeuten, daß er nicht doch bereits seit 1886 unter der Hand die Aufführungen im Wintergarten organisiert hat. Worin jedoch die angeblichen »Konzessionsschwierigkeiten«[19] gelegen haben sollen, die den Kompagnon und Strohmann Dorn nötig gemacht hätten, ist schlechterdings unerklärlich. Seine österreichisch-ungarische Herkunft hat ihm sicherlich nicht im Wege gestanden, da grundsätzlich jeder ein Recht auf Bewilligung besaß und wohl auch anzunehmen ist, daß die Hotelleitung nicht untätig geblieben wäre, wenn der Polizeipräsident unnötige Einwände gegen den Bewerber erhoben hätte. Für Barons Tätigkeit am Wintergarten seit 1886 spricht also nur der indirekte Beweis, daß schon zu seinen Direktionszeiten – dem offiziellen Briefverkehr zum Trotz – die Version verbreitet wurde, er wäre der Initiator gewesen. Victor Happrich etwa schrieb 1898 über die biographischen Hintergründe der beiden Varietéleiter und über den Zeit-

punkt bzw. die Umstände der Geschäftsübernahme: »Julius Baron ist im Jahre 1840 in Budapest geboren. Er war zuerst Kaufmann, interessirte sich aber seit jeher für die Kunst und war daher auch bei der Gründung des deutschen Theaters in Budapest hervorragend betheiligt. Im Jahre 1869 spielte er auch eine große und wichtige Rolle im politischen Leben Ungarns. Er gehörte der damaligen Opposition unter Tisz's Führung an. (…) Später, im Jahre 1872, übersiedelte er nach Wien und 1874 finden wir ihn bereits in Berlin, wo er bis 1886 litterarisch thätig war. 1886 übernahm er dann mit seinem Freunde Franz Dorn den Wintergarten, um ihn im Vereine mit diesem so hoch zu bringen. Dorn ist am 23. Februar 1855 in Berlin als Sohn einer alten, urberliner Familie geboren. Mit 15 Jahren ging er schon zum Theater. Er war als solcher im National- und Victoria-Theater engagirt, dann bei Emil Hahn und auch im Belle-Alliance-Theater. Nach dem Zusammenbruch des Wallner-Theaters unter Lebrun übernahm er mit Baron den Wintergarten.«[20] Tatsächlich verließ Theodor Lebrun 1886 das heruntergewirtschaftete Wallner-Theater, so daß auch Dorn bereits ein Jahr vor seiner Konzessionierung im Wintergarten tätig gewesen sein könnte. Demgegenüber spricht die Norddeutsche Allgemeine Zeitung im September 1887 aber ausdrücklich von »der *neuen* Leitung der Herren Dorn und Baron.«[21]

Die Direktionsfrage ist jedoch in diesem Zusammenhang nicht das einzig entscheidende Kriterium, sondern ebenfalls, wenn nicht gar weit stärker, die Programme, die von ihnen zusammengestellt wurden. Erst sie geben an, ab wann im Wintergarten Varieté gezeigt wurde. Wie erwähnt bestanden bis 1886 die Veranstaltungen aus zumeist instrumentalen Konzerten unter wechselnden Dirigenten, die musikalische Potpourris boten, indem sie einen Melodienstrauß banden. Wie in den verwandten Konzertetablissements der Reichshauptstadt überwogen die bekannten und beliebten Unterhaltungsmelodien (von Gassenhauern, Märschen und Operettenouvertüren bis zu Opern und symphonischen Werken). Selten erfuhr diese Praxis eine Unterbrechung, indem etwa eine Zigeunerkapelle spielte oder neben dem üblichen Konzert acht Wiener Fechtkünstlerinnen engagiert wurden. So erregte es selbstverständlich Aufmerksamkeit, als nach den bis zum Sommer 1886 abgehaltenen »populären Concerten« eine kleine Erweiterung des Programms bekanntgegeben wurde: »Herr Kapellmeister

108   *Franz Dorn*

109   *Julius Baron*

Franz Friedberg aus Wien (beginnt) mit seiner Kapelle einen Zyklus von Konzerten, dem sich am Sonnabend die erste Vorstellung des neu engagirten Ballets und der Sängerinnen anschließen wird.«[22]. Zum Saisonbeginn 1886 läßt sich also von einer Umkehrung der Verhältnisse zwischen den einzelnen Programmteilen sprechen, da nunmehr die Kapelle die Pausen zwischen den Tänzerinnen und Sängerinnen ausfüllte und nicht mehr umgekehrt. Um ein Varietéprogramm handelte es sich dabei aber auf keinen Fall. Maximal ließen sich diese Aufführungen als typisch für Café-Chantants ansprechen, zumal die Akteure nicht besonders erfolgreich gewesen zu sein scheinen, denn bereits Mitte Oktober stieß Tom Belling, der Erfinder des Dummen August, noch hinzu.[23] Mit dieser Clowntype, die Belling angeblich durch Zufall im Circus Renz entwickelt haben soll, entstand eine bis dahin unbekannte neue Gestaltung von Komik, die bis heute den Circusclown weitgehend bestimmt. Durch die Verbindung mit der Kapelle, den Soubretten und dem Ballet entstand also im Oktober 1886 das erste Varietéprogramm im Wintergarten. Da Belling ein Star war, fanden seine Auftritte regen Anklang beim Publikum: »Am Sonntag hatte die Direktion die Terrasse mehr als um das Doppelte erweitern lassen. Wir erblickten unter der Gesellschaft, welche den lustigen Einfällen Tom Bellings reichen Beifall spendete, Mitglieder der besten Gesellschaftskreise.«[24] Bis Dezember dauerte das Gastspiel, dann schied Belling wegen anderweitiger Engagementsverpflichtungen aus, worauf die Veranstaltungen für mehr als ein halbes Jahr wieder auf den gemischten Musikvortrag zurückgefahren wurden. In der Saison 1886/87 hatte der Wintergarten also gerade einmal zehn Wochen Varieté gespielt.
Als nach einer Sommerpause, die für bauliche Veränderungen genutzt worden war, am 17. September 1887[25] der nunmehr offizielle Direktor Dorn das Premierenprogramm als »Großes Concert und Vorstellung« ankündigte, begann die nicht mehr abreißende Reihe von Varietéaufführungen, die den Wintergarten zum berühmtesten Nummerntheater Berlins und des deutschen Kaiserreichs machen sollte.[26] Die Aufführungen waren in mehrere Teile gegliedert, begannen mit musikalischen Darbietungen und endeten zumeist in einer Pantomime. Mit diesen Programmen entsprach Dorn genau seiner Konzession, die ihm »Gesangs- und deklamatorische Vorträge (sowie)

110 Tom Belling

gymnastische Vorstellungen«[27] gestattete. Seine Möglichkeiten, »gymnastische« Darbietungen zu zeigen, waren in der ersten Saison noch relativ beschränkt, denn die Bühne verfügte über keine technischen Einrichtungen, die gestatteten, große akrobatische Leistungen zu präsentieren. In der Sommerpause 1888 nahm Dorn die Beseitigung dieser Mängel vor.
Aus der zweiarmigen Freitreppe gegenüber der Bühne wurde eine Terrasse mit Stühlen und Tischen, an denen in der Folgezeit die Prominenten unter den Gästen Platz nehmen sollten. Dort befanden sich die teuersten Plätze, weil man ungehindert über die Köpfe der im Parkett sitzenden Besucher auf die Bühne sehen konnte. Die bishe-

Winter-Garten-Theater.

Der Raub der Chloë.

Neues grosses mythologisches Ballet in 2 Bildern, arrangirt und in Scene gesetzt vom Balletmeister Jaques Holzer. Musik von C. A. Raida. Decorationen vom Kaiserl. russischen Hofmaler Professor Bredow. Costüme von Max Engel nach Figurinen von Angelo Papa. Electrische Beleuchtungsanlage nach Angabe des Chef-Ingenieurs Reich von Siemens und Halske. Requisiten von Rodoschofski. Waffen nd Rüstungen von Grossilier. Scenische Bühneneinrichtung von Hartwig.

Zahl der Mitwirkenden: 200 Personen.

Musikdirector: Franz Brandt. Harfe: Herr Josef. Orgel: Herr Meyer.

I. Bild: Der Raub der Chloë.
II. Bild: Vor Jupiters Thron.

PERSONEN:

Jupiter	Emma Flory
Juno	Enrichetta Spinzi
Venus	Else Werner
Amor	Marie Heller
Mercur	Marianne Hartmann
Pan	Jaques Holzer
Chloë, eine Schäferin	**Aida Riscali**
Daphnis, ein Schäfer	**Elia Semone**
Vulcan	Iwan Chapsinski

Vorkommende Tänze:

Im ersten Bilde:

a) **Tanz der Schäferinnen.** Aida Riscali. Elia Semone Hartmann. Groth. Schiech. Müller. Walter. Aranca und 30 Tänzerinnen.
b) **Tanz der Cyclopen.** Enrichetta Spinzi. Marianne Hartmann. Max Chapsinski. Jaques Holzer und 4 Tänzer des Corps de Ballet.
c) **Pas d'action.** Aida Riscali. Enrichetta Spinzi. Jaques Holzer. Elia Semone. Max Chapsinski.

Im zweiten Bilde:

a) **Hymne an Jupiter,** gesungen von 12 Herren und 50 Knaben unter Leitung des Musikdirectors Herrn Jentz. Gruppirungen von 12 Tänzerinnen.
b) **Grosser Marsch**
c) **Ballabile**
d) **Grand valse** } ausgeführt vom gesammten Corps de Ballet.
e) **Galopp**
f) **Grosse Apotheose**

111 Programmzettel, Oktober 1888

rige primitive Bühne, eine flache, in die Wand eingelassene Konzertmuschel wurde verbreitert und, da die Tiefe nach hinten durch die Gebäudemauern begrenzt war, nach vorn erweitert, so daß der Wintergarten seine später als typisch angesehene große, halbrunde Vorbühne erhielt. Zusätzlich ließen die Direktoren endlich die technischen Einrichtungen für akrobatische Nummern installieren, so daß nun auch Trapez-, Seiltänzer- und andere äquilibristische Auftritte möglich wurden.

Ein Problem ließ sich jedoch nicht lösen: Die Bühne lag ungünstigerweise an der Längsseite des Raumes und ließ sich aufgrund der Hotelarchitektur nicht an die Querseite verlegen. Da sich Bühne und Terrasse immer weiter vorwölbten, kamen sie sich bis auf gut zehn Meter entgegen, wodurch sich das Parkett statt in der Mitte nach links und rechts erstreckte. Das dortige Publikum konnte daher schlechter sehen als die Zuschauer auf der Terrasse. Besonders die Wortkünstler waren durch den – von der Bühne aus gesehen – flachen, doch breiten Zuschauerraum stark behindert, da sie, wenn sie nach links sangen oder witzelten, auf der rechten Seite nicht mehr verstanden wurden (und umgekehrt). Ohne Mikrophontechnik war das Problem in diesem Raum nicht zu lösen, wie etwa Otto Reutter zeit seines Lebens erfahren sollte.

Im Herbst 1887 fand also die Eröffnung des Wintergartens als Varieté statt. Da jedoch ein ganzes Jahr verging, bevor die Bühne so weit hergerichtet war, daß alle artistischen Darbietungen präsentiert werden konnten, hat die später auftretende Verwirrung um das Gründungsjahr durchaus seine Berechtigung gehabt. Erst seit der 1888/89er Spielzeit erkannte man das artistisch hohe Niveau der Programme allgemein an. Von dem Oktober-Programm berichtete die Deutsche Theater-Vereins-Zeitung: »Einen angenehmen Eindruck machte der im elektrischen Licht strahlende, zu einem Saal mit Bühne umgestaltete Wintergarten, welcher von einem distinguirten Publikum, das sich in diesen Räumen allabendlich ein Rendevous giebt, dicht besetzt war. Ein im Wintergarten zugebrachter Abend gehört zu den genußreichsten, welchen man sich in der Residenz verschaffen kann. Die Anziehungskraft der Künstler sowie die des ganzen Etablissements ist eine ganz bedeutende.«[28] Die Oktober-Aufführung bestand aus einer typischen Varietémischung: Reckturner wechselten mit Stimmenimitatoren ab, Ventriloquisten gingen einem Transvestiten voraus (einem sogenannten Damen-Imitator), Soubretten, Pistonbläser, eine Illusionistin und die Ballettszene »Der Raub der Chloë« folgten in rascher Aufeinanderfolge. War das bürgerliche Publikum bislang nur mit einem bildungsbedingten Schamgefühl in die Varietés der Stadt gegangen, bestand nun mit dem Wintergarten eine Spielstätte, die nicht nur ein erstklassiges, internationalem Niveau entsprechendes Programm bot, sondern dessen vornehmer, luxuriöser Rahmen es den wohlhabenden Kreisen der Stadt geradezu angeraten sein ließ, sich ohne Scheu dort zu zeigen. Die der Unterhaltung dienende Nummernfolge gewann daher an Ansehen »auch in Kreisen der Gesellschaft, die vorher die Varietébühnen als fragwürdige oder minderwertige Unterhaltungsstätte anzusehen pflegten.«[29] Seit Beginn der neunziger Jahre war der Rang des Wintergartens unumstritten; der Besuch galt inzwischen als »ultra-chik«[30] und die Berlintouristen, ob sie nun im Central-Hotel abstiegen oder nicht, sahen den Besuch einer Vorstellung als obligatorisch an. Sie trugen zwangsläufig seinen Namen in alle Welt, was wiederum dessen Renommée verstärkte. Berlin besaß zum ersten Mal ein wahrhaft internationales Varieté.

Bereits in einer 1891 veröffentlichten Beschreibung des Berliner Lebens wurde der Wintergarten in seinen ihn auszeichnenden charakteristischen

112 Luftnummer im Wintergarten, 1891

Merkmalen herausgestrichen: »Unser vornehmstes Spezialitätentheater ist der Wintergarten. Ein prachtvoll dekorierter Riesensaal mit hochgewölbtem Glasdach, welches das ›Reich der Luft‹, das Element der verwegenen Hochturner, in wirkungsvollster Weise repräsentiert; Grotten mit Springbrunnen, reicher Pflanzenschmuck in den Ecken und an den Wänden; die mit schweren Vorhängen drapierte Bühne, mit dem à la Baireuth vertieft liegenden Orchester und den Cerclesitzen halbkreisförmig in den Saal einspringend, ihr gegenüber die Estrade mit den Nobelplätzen, das Ganze durchfluthet von einem Meer elektrischen Lichtes und dicht besetzt von einer schaulustigen Menge, die sich hauptsächlich aus der feineren Lebewelt Berlins und aus Fremden zusammensetzt – das ist die Physiognomie des äußeren Schauplatzes. Was die Vorstellungen anbelangt, so bildet der Kultus der weiblichen Schönheit eine hervorragende Spezialität dieses Theaters, welches unter Anderem in Berlin zuerst die ›preisgekrönte Schönheit‹ zum Gegenstande der öffentlichen Schaustellung gemacht hat. Wir finden hier in der Regel ein flottes Ballet mit reizenden Solotänzerinnen, außerdem aber auch Flach- und Hochturner und sonstige Künstler – die vierbeinigen nicht ausgeschlossen –, wie sie eben von dem Begriffe des eigentlichen Spezialitätentheaters unzertrennlich sind.«[31] Wenn auch unerwähnt bleibt, daß die Suche nach Attraktionen und Sensationen eine Überzahl an fremdsprachigen Gesangsvorträgen mit sich brachte (was aber bei den Hotelgästen keine Probleme verursacht haben dürfte), trifft die obige Schilderung auch in den späteren Jahren noch zu.

113   Kleine Bühne im Wintergarten

Das lokale Element, das bisher in den Café-Chantants, Singspielhallen und Tingeltangeln zumindest bei den Komikern, Soubretten und in den Sketchen eine so große Rolle gespielt hatte, trat im Programm des Wintergartens völlig zurück. Die nach 1900 wechselnden Direktoren verzichteten zwar nicht gänzlich darauf, wie etwa die sich über dreißig Jahre immer wieder erneuerten Engagements Otto Reutters belegen, doch die lokalen

114   Plakat

115   Plakat

Nummern bildeten gewissermaßen nur noch einen Farbtupfer im bunten Strauß der internationalen Artisten. Aufgrund der hohen Platzanzahl und des Erfolgs beim Publikum verfügten die Direktionen auch über die finanziellen Mittel, Spitzengagen zu zahlen und selbst Künstler zu engagieren, die noch nie auf einer Varietébühne gestanden hatten. Stars der Oper, des Sprechtheaters und Konzertsaals machten so mitunter auf der Bühne des Wintergartens ihre ersten Erfahrungen mit dem Nummernprinzip der Aufführungen; die Höhe der Gage ließ sie ihre künstlerischen Hemmungen oft besiegen. Es ist schier unmöglich, aus der Schar der engagierten Artisten auch nur die Spitzenkräfte aufzuzählen; die Liste wäre endlos und immer noch unvollständig. Auffällig ist jedoch die Prädominanz schöner Frauen. Seien es nun die Five Sisters Barrison, Anna Held, Cleo de Merode, Saharet, La belle Otéro, Fritzi Massary, Mistinguett, Madge Lessing, Annie Dirkens, Lilian Russel, Titi Sidney, Olga Desmond, Anita Berber oder die über Jahre engagierten Tillergirls – immer schoben sich die Schönen des Hauses als besondere Attraktion in den Vordergrund.

Die sich aus dem monatlichen Programmwechsel ergebende Notwendigkeit, mit immer neuen und vermeintlich noch größeren Sensationen aufzuwarten (um der gattungsbedingten Neigung zur Monotonie entgegenzuwirken), ließ die Direktoren zu allem Neuen greifen, das sich ihnen anbot. Davon zeugen nicht zuletzt die Integration von technischen Erfindungen wie etwa der des Kinematographen oder der von kugelsicheren Westen, deren Haltbarkeit allabendlich mit einer lebenden Versuchsperson auf der Bühne getestet wurden, sowie der ständige Ausbau des Raumes und Einbau neuester Bühnentechnik.

Bereits 1890 nahmen Dorn und Baron den zwei-

116 Blick von der Terrasse auf die Bühne

ten größeren Umbau vor, der eine weitere Anhäufung wilhelminisch dekorativen Prunks in Gipsornamenten und Stoffdraperien mit sich brachte. Optisch erfuhr die Bühne, die zuvor im Palmen- und Strauchgewirr eher unscheinbar wirkte, eine stärkere Betonung. Bei diesem Umbau verschwand auch das Orchester in dem schon erwähnten Bayreuth-Graben[32], der aufgrund der zeitgenössischen Wagner-Mode als das Nonplusultra orchestraler Architektur galt. Fünf Jahre später erfolgte die Aufstellung einer zweiten Bühne innerhalb des Raumes, die zuerst von Henry de Vry's Lebenden Bildern im Märzprogramm 1895 benutzt wurde. In der rechts von der Hauptbühne gelegenen Ecke erhob sich nunmehr ein mit einem halbrund in den Raum vorspringenden Vorhang versehenes Podest, das für kleine Nummern geeignet war. Der technische Vorteil, den die Direktoren dabei im Auge hatten, bestand in einem reibungslosen Aneinanderhängen der Auftritte, zwischen denen bisher teilweise erhebliche Pausen eingetreten waren, wenn umfangreiche Umbauten erforderlich gewesen waren. Der Nachteil, der sich langfristig gegen die kleine Bühne als ausschlaggebend herausstellen sollte, bestand in der zu großen Entfernung zwischen den dortigen Darbietungen und den Zuschauern, die links von der großen Bühne bis zu 75 Meter entfernt saßen. Da die Aufführungen aber bis zum Ersten Weltkrieg weitgehend ihren offenen Charakter behielten, d. h. die Deckenbeleuchtung während der Vorstellung nicht verdunkelt wurde, das Publikum rauchen und trinken konnte und überhaupt ohne Unmut zu erregen während des laufenden Programms kommen und gehen konnte, hatte man von seiten der Zuschauer die Umbaupausen nicht in jedem Fall als störend empfunden. Die Theaterleitung glaubte offensichtlich, die Attraktion der Aufführungen durch eine fließendere Auftrittsfolge noch zu erhöhen.

Da aber die Idee einer zweiten Bühne nicht restlos zufriedenstellte, sann die Leitung nach einer weiteren Lösung, die zum Umbau im Jahr 1900 führen sollte, in dessen Folge der Wintergarten bezüglich der Dekoration sein spezifisches Gesicht erhielt, das bis zur Zerstörung im Kriegsjahr 1943 beibehalten wurde. Der durch den vier Jahre zuvor beendeten Bau des Theater des Westens lokale Bekanntheit erlangte Bauherr Bernhard Sehring lieferte die Pläne, deren Ausfüh-

117 Am Vormittag vor der Premiere

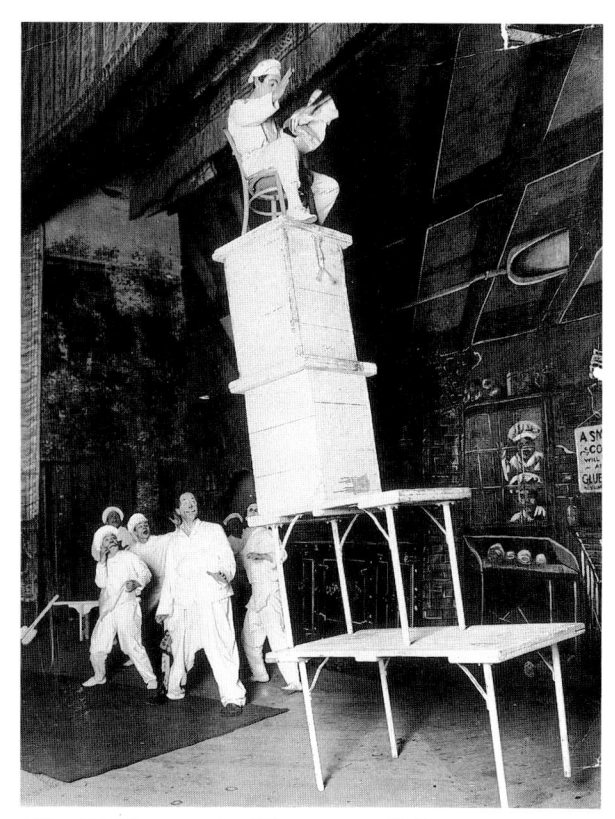

118   Die Bogannys im Wintergarten, 1912

rung die verbliebenen Pflanzen aus dem Wintergarten verbannten und auch sonst die Reste von Natur beseitigten: Die ungeheure Glaskuppel, durch die tagsüber die Sonne und nachts der Mond geschienen hatte, wurde von außen mit flexiblen Platten abgedeckt, so daß der Raum optisch zu einem eindeutig theatralischen Innenraum wurde; als Reminiszenz an die vergangenen Zeiten und um den verbürgten Namen beizubehalten, verfiel Sehring auf die Idee, künstliche Sterne an den Wintergarten-Himmel zu hängen. Moderne Glühbirnen wurden an der Decke angebracht, die neben der Raumbeleuchtung auch eine die Besucher bezaubernde Atmosphäre schufen. Der Berliner Lokal-Anzeiger berichtete denn auch überschwenglich nach der Neueröffnung im September: »Im Wintergarten wurde gestern (...) der neue Sternenhimmel eröffnet. Im Glanze unzähliger funkelnder Sterne, ›goldener Lügen im himmelblauen Nichts‹, erstrahlte der neue alte Saal, zu dessen Wiedertaufe sich alles eingefunden hatte, was in Berlin zu jenen gehört, die überall zu finden sind, wo was ›los‹ ist. Schmunzelnd mag die Direktion bei dieser fast beängstigenden Fülle des Eröffnungstages vor 13 Jahren gedacht haben, an dem die Abendeinnahme die Summe von – 132 Mk 50 Pf. ergeben! Zwischen damals und gestern dürfte der Unterschied wohl durch zwei Nullen ergänzt werden können. Mit Interesse verfolgte das Publikum die größte Novität des Abends, die drehbare Bühne.«[33]

In letzterem bestand die zweite technische Sensation dieses Umbaus. Die Direktion des Wintergartens, aus der Julius Baron gegen Ende der vorangegangenen Saison ausgeschieden war und die nunmehr als GmbH unter der künstlerischen Leitung von Franz Dorn fortbestand, hatte für den Einbau extra den Bühnentechniker des Münchner Hoftheaters, Karl Lautenschläger, nach Berlin kommen lassen, der die technische Überwachung vornahm. Lautenschläger hatte anläßlich einer Aufführung von Mozarts Don Giovanni bereits 1896 in München die erste Drehbühne Deutschlands realisiert, deren Einsatz offenbar die Leitung des Wintergartens derart beeindruckt hatte, daß sie für das Varieté die zweite Drehbühne Deutschlands in Auftrag gab. Sie diente in München wie im Wintergarten ausschließlich der Verkürzung der Umbaupausen, da man die Funktion allein darin sah, auf dem hinteren Teil bereits aufbauen zu können, während in dem vorderen Bereich noch die Vorstellung lief. Einzig die Drehung der Bühne (bei geschlossenem Vorhang) war noch vonnöten, um sofort weiterspielen zu können. Ausführlich wurden die Vor- und Nachteile der Neuerung unter den Artisten diskutiert. Happrich konnte ein Gefühl des Unwohlseins nicht unterdrücken: »Gewiß liegt der Bühne eine höchst originelle, geistvoll durchdachte Idee zu Grunde, doch möchte ich selbst behaupten, daß abgesehen von der Ersparniß an Zeit und Menschenmaterial der frühere Modus des Auftretens der Artisten denselben besser zusagen mußte, da es ein ganz anderes Auf- und Abtreten der Artisten war, als noch die Bühne stillstand, auch thaten die kleinen Pausen bei einer Vorstellung von fast vier Stunden ordentlich wohl und schließlich war die Bühne selbst wesentlich größer.«[34] Das letzte Argument gab schließlich den Ausschlag, wieder von der Drehbühne Abstand zu nehmen, war doch der Aufbau auf die Breite der drehbaren Scheibe reduziert, so daß man die inzwischen erheblich größer gewordenen realen Bühnenmaße nicht mehr ausnutzte. In den folgenden Jahren kam sie daher auch immer weniger zur Anwendung, bis sie schließlich wieder ausgebaut wurde.

119   *Titelblatt eines Programmheftes, 1902*

Die Ergebnisse dieses Umbaus sowohl raumatmosphärisch als auch bühnentechnisch hinterließen bei dem am Deutschen Theater in Berlin als Schauspieler tätigen Max Reinhardt so bleibende Eindrücke, daß er nicht nur unmittelbar nach der Übernahme der Leitung seines Kleinen Theaters an eine Drehbühne dachte und sie 1905 als dramaturgisch-funktionelles Mittel realisierte, sondern auch den Sternenhimmel zu würdigen verstand. So schrieb er am 21. August 1912 an Berthold Held einen Brief, in dem es um die Inszenierung der Ausstattungspantomime »Das Mirakel« geht: »Der Himmel muß natürlich übersät mit Sternen sein und diese müssen nach oben hinreichend abgeblendet werden, so daß es über den Sternen tief schwarz aussieht (Wintergarten Berlin).«[35] Ob Reinhardts ebenfalls in diesem Brief geäußerter Vorschlag, für die Mirakel-Produktion Beleuchter vom Varieté heranzuziehen, da diese sich besser eignen würden, in die Tat umgesetzt worden ist, ließ sich nicht nachprüfen. Reinhardts Talent, sich aus den disparatesten Bereichen szenische Anregungen für seine Aufführungen zu holen, erstreckte sich also auch auf den Wintergarten.

Charakter und Bedeutung dieser Spielstätte sowie seine Stellung innerhalb der Berliner Varietélandschaft wären damit zunächst hinreichend beschrieben; der weitere Entwicklungsverlauf fließt in die folgenden Kapitel ein.

120 Plakat, um 1910

Der Barrison-Skandal

Die 5 Sisters Barrison gehören zu jenen Truppen, die sich untrennbar mit der Geschichte des Berliner Wintergartens verbunden haben. Seit ihrem erstmaligen Erscheinen in der Stadt 1894 fällt geradezu zwangsläufig ihr Name, wenn auf die Entwicklung des Hauses eingegangen wird und die engagierten Artisten Revue passieren. Die Festschrift zum 50jährigen Jubiläum widmet ihnen mehr als zwei Seiten und räumt ihnen damit einen deutlich größeren Platz ein als jedem anderen Artisten, selbst als Otto Reutter, der immerhin für rund dreißig Jahre jährlich immer wieder in den Wintergarten zurückkehrte. Dennoch ist merkwürdigerweise bisher relativ wenig über die Truppe, ihre Auftritte und die Umstände ihres plötzlichen Verschwindens Ende der neunziger Jahre bekannt geworden. Dabei werfen gerade sie aufgrund ihres Erfolgs und des von ihnen verursachten Skandals ein außerordentlich bezeichnendes Licht auf die Verhältnisse am Varieté, die der Gattung inhärenten Suche nach Neuerungen (in diesem Fall erotischer Natur) sowie das artistische Arbeitsethos. Alles an ihnen ist im höchsten Grade bemerkenswert: ihr Erfolg ebenso wie die Auseinandersetzungen um sie, die über Jahre anhielten und in ihrer Erbitterung keinen Vergleich zulassen. Bei einer Dauer von nur knapp vier Jahren, die die Barrisons insgesamt bestanden, läßt sich hier durchaus metaphorisch vom Aufblitzen einer Sternschnuppe sprechen.

Die Vorgeschichte der Truppe, also jene Zeit, bevor sie nach Berlin kam, ist relativ kurz. Nach den spärlichen Unterlagen hierzu soll es sich ursprünglich um eine Truppe aus leiblichen Schwestern gehandelt haben, deren Vornamen mit Lona (Kürzel von Abelone), Gertrud(e), Inger (oder Ingar), Sophie und Olga angegeben werden. Sie wurden in Valby bei Kopenhagen geboren, doch wanderten sie bereits in jungen Jahren mit ihren Eltern in die USA aus. Der Vater arbeitete als

121 Plakat

122 Prinzessin Chimay, Postkarte, Ausschnitt

Schirrmacher in Pittsburg; der Familienname lautete Bareysen; die Familie erlangte die amerikanische Staatsbürgerschaft. Anfang der neunziger Jahre lernten sich Lona und der Däne Vilhelm Ludvig Fléron kennen, der »gelernter Droguist«[1] war und seit einigen Jahren in den USA lebte. Fléron wurde der »Impresario« der Truppe und hat sie vermutlich zusammengefügt, ihren Auftrittscharakter bestimmt sowie dem amerikanischen Vaudeville zugeführt. Lona soll die älteste der Geschwister gewesen und 1871[2] geboren worden sein. Sie selbst erklärte in einem Presseinterview, daß sie vor dem Entstehen der Barrison-Truppe als Schauspielerin tätig gewesen sei. «Ich lernte tanzen und singen und wurde für eine deutsche Stagione am Metropolitan-Opernhouse engagiert. Meine Collegen waren damals Lili Lehmann, Max Alvary, Kalisch und Andere. Nun, hier hielt es mich aber nicht lange und ich ging zum Schauspiel über. (...) Ich bereiste mit einer großen Gesellschaft fast ganz Amerika.«[3] Ihr Rollenfach sei die Naive gewesen.

Ab wann, wo und mit welcher Publikums- und Pressereaktion die Five Sisters Barrison erstmalig auftraten, läßt sich nicht nachweisen. 1893 sollen sie jedoch anläßlich der Weltausstellung in Chicago so große Erfolge verbucht haben, daß sie das Interesse auch der europäischen Varietétheater erregten.[4] Im März 1894 standen sie dann erstmalig im Programm der Pariser Folies Bergère, neben Loie Fuller, der Serpentinentänzerin, und La belle Otéro. Ihre Auftrittscharakterisierung lautete: »Chanteuse excentriques américaines«[5]. Zur Saisoneröffnung im September 1894 trafen sie endlich in Berlin ein. Der Wintergarten stellte sie groß als Sensation des Pariser Varietés heraus, die sie nach den vorliegenden Unterlagen in den bisher von ihnen besuchten Häusern *nicht* waren.

Die Direktoren Dorn und Baron hatten erheblich die Werbetrommel gerührt und waren dabei nicht kleinlich mit der Wahrheit gewesen. Unter dem Motto: ›Erlaubt ist, was neugierig macht‹, hatten sie der Geschwisterschar eine neue Biographie verpaßt: »Die fünf Ladies sollen, der brillant inscenirten Reclame nach, Damen der besten New-Yorker Gesellschaft sein, welche ehedem mit Gold spiel-

123   Die 5 Sisters Barrison auf der Bühne des Wintergartens, Postkarte

125   Die 5 Sisters Barrison mit Katzen

ten, so wie sie jetzt mit Männerherzen spielen werden.«[6] Die Werbung mit dem Märchen von den verarmten, womöglich adeligen Töchtern wohlgesitteter Abstammung, die es auf die anrüchige Varietébühne verschlagen hätte, entsprach durchaus einer weitverbreiteten Erwartungshaltung. Im als dekadent begriffenen Jahrzehnt vor der Jahrhundertwende, dem Fin de siècle, wunderte sich das Publikum nicht, wenn ihnen tatsächlich oder auch nur vermeintlich »gefallene« Töchter eines Adelsgeschlechts, die mit Skandalgeschichten für öffentliches Aufsehen gesorgt hatten, auf der Bühne sich als Schauobjekt präsentierten. Diese jungen Frauen – wie die angebliche Prinzessin Chimay, die ausgerechnet noch mit einem »Zigeuner« zusammenlebte – sangen und tanzten in den Programmen (wenn sie konnten) oder stellten sich im Trikot als Lebendes Bild dar (wenn sie nicht gar zu häßlich waren). Für die Zuschauer entscheidend waren nicht so sehr ihre Darbietungen, vielmehr lockte sie ihr Erscheinen selbst an. Die Marotte der ersten deutschen Kabarettisten, sich mit einem Adeligen als Geschäftsführer zu schmücken, war eine Folgeerscheinung.

Der Erfolg der Five Sisters Barrison in Berlin übertraf alles bisher für möglich gehaltene. Monat für Monat wurde ihr Engagement verlängert, ihre Auftritte standen »auf der Höhe der Situation, fin de siècle«[7]. Acht Monate ununterbrochen hintereinander waren sie im Programm des Winter-

124   Plakat

126   Th.Th. Heine: Buchillustration

127   Th.Th. Heine: Buchillustration

gartens und bestritten damit die längste Engagementszeit, die je in der Geschichte dieser Spielstätte verzeichnet wurde. Bei erfolgreichen Nummern kam es gelegentlich einmal zu Verlängerungen bis zu drei oder auch vier Monaten, aber eine Verpflichtung praktisch für die ganze Saison steht einzigartig da. Doch damit ist der alles überragende, schlagartige Erfolg der Truppe noch nicht ausgeschöpft gewesen. Bereits im September 1895, also unmittelbar nach der Sommerpause, stand sie schon wieder auf den Brettern des Wintergartens, dessen Publikum sie immer noch nicht über hatte. Wieder überragten die Schwestern sämtliche konkurrierenden Nummern und blieben bis zum März 1896, also weitere sechs Monate, auf dem Programm. Auch noch die dritte Saison eröffneten sie. Im September 1896 konnten die Berliner und Touristen erneut die Tänze und Gesänge der Five Sisters im Central-Hotel bestaunen. Erst im dritten Jahr standen sie wie eine durchschnittliche Nummer nur einen einzigen Monat auf dem Programm. Da sich Lona zu diesem Zeitpunkt bereits von der Truppe getrennt hatte und das ganze Ensemble bereits im Sommer des darauffolgenden Jahres auseinanderbrach, ergibt sich die bemerkenswerte Tatsache, daß die Barrisons rund die Hälfte ihrer Existenz in Berlin engagiert waren. Zieht man nun noch zum Vergleich die Städte ihrer weiteren Auftritte heran, die überwiegend im deutschsprachigen Raum lagen, wird augenfällig, daß es sich bei dem Trubel, den ihr Erscheinen auf der Varietébühne hervorrief, praktisch um ein deutsches, wenn nicht gar Berliner Phänomen handelte.

Die deutsche Reichshauptstadt lag zumindest im Herbst 1894 und im Frühjahr 1895 im Barrisonfieber. »›Man muß die Barrisons gesehen haben!‹ prangt es seit Monaten auf den Zetteln des ›Wintergartens‹, jenes großen Berliner Spezialitätentheaters, das mit den Folies Bergère in Paris und dem Etablissement Ronacher in Wien in einem Athem genannt wird.«[8] In jedem Laden der Friedrichstraße fanden sich ihre Fotografien zum Verkauf angeboten. »Tatsächlich strömte das Publikum in hellen Haufen jeden Abend nach dem gewaltigen Etablissement in der Dorotheenstraße. Tatsächlich war viele Monate hindurch der ›Wintergarten‹ ausverkauft. Und wenn in diesem weit sich dehnenden Saal, wo man, wie kaum noch an einer anderen Stelle Berlins, den heißen Atem der Weltstadt spürte, unter dem herabgelassenen Vorhang sich zehn trikotumhüllte, halbbestrumpfte Beinchen hervorschoben, dann ging ein erwartungsvolles ›Ah‹ durch die Menge. Wenn dann der Vorhang emporschnellte und die fünf lieblichen Mägdelein mit den goldblonden Puppenlocken am Boden, auf dem Bühnenteppich, lagerten, reckte alles sich die Hälse. Das allgemeine Entzükken aber erreichte den Gipfelpunkt, sowie nun die five sisters, sich erhebend, dem Publikum die Kehrseite und eine Fülle luftiger Spitzenröckchen zur Bewunderung darboten. (...) Die Barrison-Photographien wurden zu vielen Tausenden verkauft. Man konnte in kein Blumengeschäft gehen, ohne die Barrisons als Jardinièren zu finden, in kei-

128   Die 5 Sisters Barrison mit Katzen

nen Papeterie-Laden eintreten, ohne das Quintett in Gestalt eines mehr oder minder geschmackvollen Wandkalenders anzutreffen; und die Sängerinnen des erhebenden Liedes ›The bowri, the bowri‹ wurden in der Porzellanindustrie durch ganz merkwürdige Barrison-Aschteller verewigt.«[9] Wenn auch wenig von den hier erwähnten »Devotionalien« erhalten geblieben ist, verdeutlichen die überlieferten Fotos doch ihre von den damals üblichen, damenhaften Frauengestalten abweichende Erscheinung. Die Barrisons kleideten sich in spitzenbesetzte, hemdchenartige Kleider, die sie zu Kindern verjüngten. Ebenso kindlich benahmen sie sich bei ihren Auftritten. Mit scheinbar ungelenken Bewegungen begaben sie sich in Stellungen, die den Zuschauern am Rande des Geschmacklosen (oder auch darüber) lagen. Gespreizte Beine, hochgereckte Hinterteile beim Erheben vom Boden und ständig über die Knie emporrutschende Röcke brachen aus dem üblichen Rahmen des Benehmens von Soubretten heraus; sie spielten mit »kindlich-naiver« Laszivität erotische Unschuld. Die artistische Fachpresse würdigte ihre Darbietung anläßlich ihres Ausscheidens im April 1895 sehr ausführlich: »Man wird sie mit Bedauern scheiden sehen, denn ganz Berlin war berückt von der Schönheit, Eleganz und Anmuth dieser fünf allerliebsten Grazien. (...) Das Lied von der kleinen Katz und dem dazu gesuchten Schatz ist bis in die Salons der besten Gesellschaft gedrungen. In ganz Berlin gibt es wohl keinen Sterblichen, der nicht von ihnen zu erzählen wüßte, von jenen engelsgleichen Gestalten, die mit ihren himmlischen Reizen die ganze Welt erobert und schon so viele Menschenherzen erheitert und glücklich gemacht haben. Denn wessen Herz sollte nicht lachen, beim Anblick dieser niedlichen Kinder. (...) Es ist ein eigen Ding um die englisch-amerikanische Grazie in Gesang und Tanz. Die weibliche Anmuth besteht da eine ihrer gefährlichsten Krisen, und feiert zugleich einen ihrer glänzendsten Triumphe. Die reizenden Blondinen im Alter von 15–18 Jahren führen Grotesktänze aller Art aus. Ihre überschlanken Glieder, die lockenumwallten, feingeschnittenen Köpfchen bewegen sich mit einer Art eckiger Anmuth, die, kindlich herausfordernd, unwiderstehlich wirkt. Dazu kommt der eigenartige Rhythmus des englischen Couplets und die auffallende Uniformität ihrer Erscheinungen. Wenn sie aus ihren Pompadours fünf junge Katzen hervorziehen und sie lachend in das Publicum hineinstrecken, weiß man wirklich nicht, was man mehr bewundern soll, die niedlichen Thierchen oder ihre noch viel niedlicheren Herrinnen.«[10] Geradezu einen Seiltanzakt – metaphorisch gesprochen – vollführte hier Happrich, um der eindeutigen Anspielung keinen offenen Ausdruck zu verleihen. Denn das Lied von und mit den Katzen war ziemlich durchtrieben. Mit harmlosem Lachen und Gesten klemmten die Barrisons sich die Kätzchen zwischen die Schenkel und sangen dazu ein Lied mit dem Text:
»I have a little cat,
I like her like a pet,
But I want to have a Wauwau, Wauwau.«[11]
Hinsichtlich der Qualität ihrer Stimmen herrschte allgemein Einigkeit, daß sie »dünn« oder »schrill«

129 Parodie auf die Barrisons, 1896

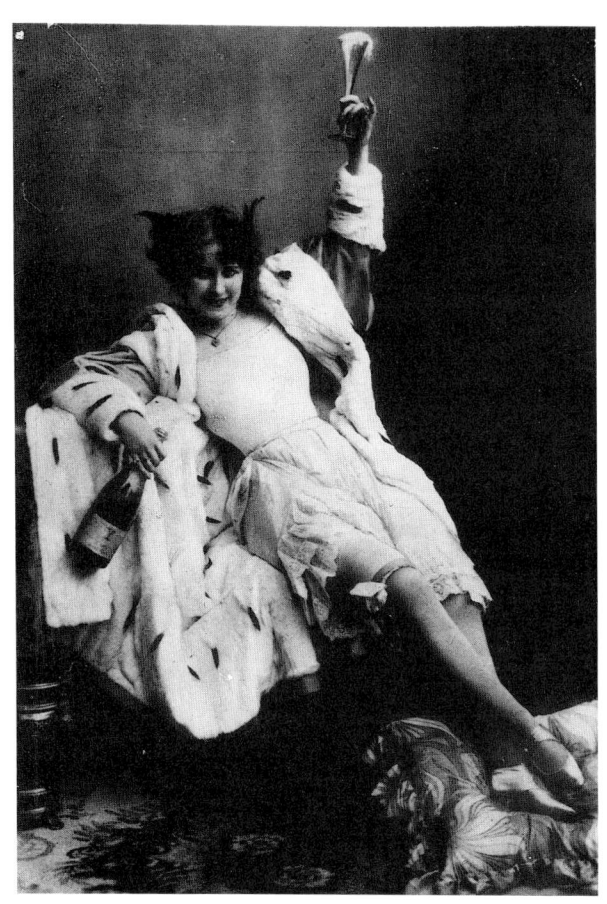

130 Lona Barrison

gewesen wären. So stellte sich denn bereits den Zeitgenossen die Frage: »Worin liegt denn nun der Erfolg der Fünf? In ihren Erscheinungen, die sich auf der Bühne zum Verwechseln ähnlich sehen? In ihrer, mit einem leisen Anflug von anglo-amerikanischer Lässigkeit gepaarten Grazie? In dem Raffinement ihrer Kostüme, die so vieles sehen und noch mehr errathen lassen. In ihren Gesängen und Tänzen? Vielleicht, ja sicher, in all' diesem zusammengenommen.«[12] Nicht bloß rhetorisch fragend wie hier die Berliner Illustrirte, sondern Antwort gebend, schrieb Anton Lindner 1897: »Sie dokumentieren die *Unschuld;* und sie thun dies wohlweislich, denn sie wissen, daß diese Pose dem Finde-Siècle abgelauscht und also auch für das Finde-Siècle ist. So tänzln sie, eine nach der anderen und: eins – zwei – drei – vier – fünf, in läppischen Kinderkleidchen herein: in Latzblousen und schmächtigen Faltenröcken, und auf den langlockigen Kinderkopf stülpen sie die naivste Rüschen-Kapotte, und stecken mit ihren Füßchen, an denen sie nächstens noch knabbern, in spärlichen Wadenstrümpfen und rührenden Knöpfenschuhen. Und wenn sie nun sittsam, verzagt, als hätten sie Nestle's Nährmilch darin, fünf kreisrunde Karpfenmäulchen öffnen und die obszönsten Locklieder in's Parterre stoßen, Fisteltöne, die sich dürr und kantig, wie mit gebundenen Flügeln aus den Stimmritzen hervorzwängen, – da ist es ihnen, als hätten sie gar nichts gesagt, als wäre das alles ja selbstverständlich und fromm, als gelte es ein ›Müde bin ich, geh zur Ruh ...‹, ein ›Tannebaum, o Tannebaum‹, und als müßte im Winkel, just hinter den Coulissen, wo die Glatzköpfe warten, Großmütterchen stehn und den Pfannkuchen backen. So bereichern sie durch diese *Baby-Pose* den beobachtenden Satiriker um eine feinkomische, derbwahre Nuance. Und während sie die Kinderröckchen und all die schwarzseidenen Windeln darunter mit seltenem Taktgefühl in die Höhe schnellen, und schämisch lächeln, wohl auch das Fingerchen der linken Hand in den Mundwinkel stecken, tanzen sie unbewusst die blutigste Satire auf die große, pathetische *Tugendlüge unserer Tage.*«[13] Mit Lindners etwas mißverständlicher Publikation über die Barrisons wird die Beobachtung eines Reporters belegt, daß die Barrisons angestaunt wurden »wie eine Offenbarung in der Kunst«[14]. Auch die Ausführungen Arthur Moeller-Brucks in »Das Varieté« aus dem Jahre 1902 gehen in Richtung Kunstbetrachtung: »Der Weltgeist nicht nur, auch der Zeitgeist, sein geliebtes Kind, das er voranschickt, ist überall; und hier offenbarte er sich ästhetisch in dem Geschmack fünf hagerer Mädchen, die aus ihrer Häßlichkeit – denn so und nicht anders mußte man sie in einer Zeit zunächst empfinden, die nur die Fettpolsterung des Frauenleibes liebte – plötzlich eine bejubelte Schönheit machten. Die Vorahnung künftiger Schönheitsbegriffe siegte zum erstenmale – hervorgestiegen nicht aus den Ateliers der Maler und Bildhauer, sondern aus dem dunkler wogenden Leben.«[15] Lindner und Moeller-Bruck nahmen die Five Sisters Barrison zum Anlaß, um allgemein, wenn auch unter differierenden Schwerpunkten, über ihre Zeit und Gesellschaft Aussagen zu treffen. Sie verkannten keineswegs, daß die von ihnen angestellten Überlegungen nicht den Intentionen der Geschwister entsprachen, doch der Erfolg jener kindlichen Laszivität sowie jener den damaligen Schönheitsvorstellungen entgegengesetzter Erscheinung deuteten beide als Indizien eines kulturellen Wandels.

Die von Moeller-Bruck hervorgehobene Knabenhaftigkeit der Körper – knapp zwei Jahrzehnte später wird man den neuen Frauentypus mit dem Wort »Girl« belegen – fand seinen Ausdruck in einem Zweizeiler, der dem Berliner Volkswitz entsprungen sein soll:
»Ob Hammelkotlett, ob Schweinekotlett,
Die Beene der Barrisons werden nicht fett.«
Dieser 1906[16] zum ersten Mal publizierte Ausspruch geht jedoch nicht auf einen Gassenhauer zurück, wie mitunter behauptet wird, sondern auf die von den Schwestern vorgetragenen Lieder. Über den Ursprung berichtete nachträglich ein Zeitzeuge: »Unter den Liedchen der Barrisons, die in englischer Sprache sangen, war eines, in dem zwei Worte wie deutsche klangen: Schinkkotlett und – bei einiger Phantasie – Kalbskotlett. (...) Im Monat danach oder vielleicht in dem diesen folgenden traten zwei Komiker – die Gebrüder Schwarz – in einer Persiflage der Barrisons auf. In einer dem Kostüm der Barrisons nachgebildeten Aufmachung, mit Perücken angetan, tanzten sie und sangen dazu:
›Schinkkotlett, Kalbskotlett,
Wir Barrisons werden doch nicht fett.‹;
sie errangen viel Beifall.«[17] Diese Erklärung scheint unter Berücksichtigung der damals noch weitverbreiteten Unkenntnis des Englischen – die Gebildetensprache war immer noch Französisch – plausibel zu sein. Zudem weist der Autor zu Recht auf die Persiflage hin, die sich rasch der Barrisons bemächtigte.

Ihr unbestreitbarer Erfolg, der ihre Gagen in astronomische Höhen trieb, bis sie 20 % von der Bruttoeinnahme verlangen und erhalten konnten[18], wirkte sich auf ihre Kollegen und Kolleginnen auf zweifache Weise aus. Die unter den Artisten weit verbreitete Neigung, erfolgreiche Nummern und Tricks abzukupfern, führte bereits 1895 zu einer grassierenden »Sister«-Seuche, deren Manager sich mitunter nicht scheuten, ihren Gruppen Namen zu geben, die dem ihrer Vorbilder zum Verwechseln ähnelten. Aus der Vielzahl der Kopien des Jahres 1895 seien die Harrison-Sisters, The 5 Sisters Winterburn sowie die 3 Dunbar-Sisters herausgegriffen, die in Aufmachung und Präsentation dem Original weitgehend glichen (doch weniger erfolgreich waren).
Die Unschuldsmiene des Original-Ensembles reizte die Kollegen aber auch zur Parodie, war diese doch zudem relativ einfach nachzuäffen. Da

131   Lona Barrison

jegliche Veralberung aber auf dem Wiedererkennungseffekt beruht, zeugen die Persiflagen noch einmal von der großen Bekanntheit des Mädchen-Ensembles. Die Spielorte, an denen die Parodien aufgeführt wurden, beschränkten sich dabei nicht auf die Varietébühnen Berlins, sondern erreichten selbst die Kasinos der Militärs. »Kein Herrenabend ohne Barrisons«, schrieb die Berliner Illustrirte, »– freilich imitirten. Hatten sie doch jüngst sogar die Ehre, von leibhaftigen königlichen Preußischen Garde-Lieutnants anläßlich eines Herrenabends im Offizierskasino der ›Maikäfer‹ vor dem Kaiser kopirt zu werden.«[19] Auch die offizielle Varietébühne zeigte sich aufgeschlossen für die Parodien, die sich entweder in Sketchen oder ganzen Einaktern Bahn brachen. Während der Berliner Gewerbeausstellung 1896, zu der eine ganze Reihe von Spezialitätentheatern ihre Bühne auf dem Ausstellungsgelände an der Spree aufgeschlagen hatten, kam etwa die Posse »Alle 5 Barrisons« von E. Prudens zur Aufführung[20], und selbst in Hamburgs »Flora« reüssierte im Dezember des gleichen Jahres der Humorist Max Menzel mit einer »Barrison-Burleske«[21].

Der Umfang der Nachahmung und der Persiflierung überschritt bei weitem alles bisher dagewesene; auch in diesem Kontext waren die Barrisons also ein herausragendes Phänomen der Varietégeschichte. Dennoch wären sie mit hoher Wahrscheinlichkeit der interessierten Nachwelt nicht mehr oder zumindest weit weniger bekannt, wenn es nicht einen vehement und öffentlich ausgetragenen Streit innerhalb der Artistenschaft um sie gegeben hätte, der sich über Jahre hinzog und den berufsspezifischen »Anstand« mittelbar zum Gegenstand hatte.

Angefacht wurde die Auseinandersetzung durch den damaligen Chefredakteur der Fachzeitschrift »Der Artist«, Hermann Waldemar Otto, der unter dem Pseudonym »Signor Saltarino« diverse Buchpublikationen zur Artistengeschichte verfaßt hatte und in Varieté- und Circuskreisen einen ausgezeichneten Ruf besaß. Otto schrieb im Januar 1897 den ersten Schmähartikel, der als Initialzündung wirkte und Lona Barrison veranlaßte, gegen Otto Klage wegen Beleidigung einzureichen.

Es hatte sich jedoch bereits vorher schon eine gewisse feindliche Atmosphäre gegen die Barrisons aufgebaut. Nicht wenige Kollegen neideten den Erfolg und neigten dazu, unlautere Methoden zu unterstellen. Ottos Veröffentlichung vorausgegangen war das Ausscheiden Lonas aus der Truppe im Sommer 1895 – sie wurde durch eine Engländerin mit dem Namen Ethel (Bethel) ersetzt – sowie gelegentlichen behördlichem Einschreiten gegen Auftritte. Bereits im Mai 1895 hatte ein Hamburger Sittlichkeitsverein den örtlichen Polizeipräsidenten davon zu überzeugen versucht, daß die Fotos des Ensembles, die »in den ersten und vornehmsten Kunstläden«[22] der Stadt ausgelegt worden wären und das Gastspiel ankündigten, verboten werden sollten. Der Verein konnte sich zwar nicht durchsetzen, aber Verdächtigungen gegen den Manager Fléron wurden laut, den Hamburger Skandal absichtlich verursacht zu haben, um billig für den in Aussicht stehenden Auftritt der Truppe zu werben. Er hätte angeblich sogar selbst dem Verein die anrüchigen Fotos zugesandt. Zweideutige Abbildungen und vermutete unsaubere Werbemethoden – die Gerüchteküche begann zu brodeln.

In Berlin wurde hingegen der Solo-Auftritt Lonas zu dieser Zeit noch mit weitgehendem Wohlwollen aufgenommen. »Lona Barrison (...) findet (...) täglich neue Schaaren begeisterter Verehrer, welche der jungen, überaus talentierten Künstlerin, ihrem Gesang und ihrer Reitkunst vielen Beifall zollen.«[23] Um diese Nummer, die noch zu beschreiben sein wird, ging es vordergründig in den späteren Auseinandersetzungen.

In Köln aber wurden teilweise die Werbefotos von der Polizei beschlagnahmt, und im November 1896 vermeldete die Presse, daß ihre Pferdenummer in New York untersagt worden sei. »Schön Lona wollte persönlich den Hengst vorführen und hatte sich zu diesem Zwecke ein Costüm zurechtgemacht, wie Eva vor dem Sündenfalle: oben nichts und unten nichts und in der Mitte auch sehr wenig. Außerdem bestand dieses Urbild edler Weiblichkeit darauf, nach Männerart zu reiten.«[24]

Acht Wochen später erschien dann der bereits erwähnte Artikel Ottos, der den Sturm entfachte.

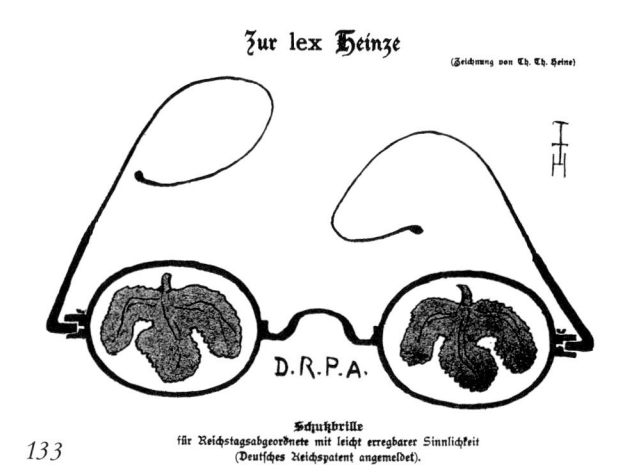

132 Hermann Waldemar Otto

133

134   Franz von Reznicek: »Ihre Produktionen scheinen vom Standpunkt der Sittlichkeit sehr verwerflich. Bitte wollen Sie dieselben wiederholen.«

Darin führt er unter anderem aus, »daß man keinem ehrlichen Artisten, braven Familienvater und anständigen Weibe zumuthen könne, mit halbnackten Weibsbildern auf einer Bühne zu arbeiten«[25]. Lona Barrison sei eine »Königin der Unterhose«[26] und es gereiche den Direktoren zu Schmach und Schande, »wenn ein solches fin-de-siècle-Product es überhaupt wagen darf, vor den Rampen zu stehen«[27]. Einen im Ton vergleichbaren Angriff hat es im Laufe der Geschichte der Artistenpresse nie wieder gegeben. Die Ungeheuerlichkeit des durchaus rufmörderischen Vorgangs verschärft sich noch, wenn berücksichtigt wird, daß – wie im Verlauf des Prozesses herauskommen sollte – Otto die von ihm angegriffene Darbietung noch nicht einmal gesehen hatte und die biedere Beschaulichkeit seines Düsseldorf – in dem er lebte und die Zeitschrift Der Artist erschien – die Verurteilung bestimmte. Zudem stand er als Katholik und Deutschnationaler Parteifreund überregionalen Sittlichkeitsvereinen nahe, die er in der Folgezeit in seinem Kampf gegen die Barrisons denn auch zu aktivieren verstand.

Nach Eingang der Klage und der Aussicht auf ein

135 Lona Barrison

gerichtliches Nachspiel, stilisierte er umgehend seine bisherige Fehde zu einem allgemeinen Kampf der Artistenschaft gegen die moderne Verderbtheit auf der Varietébühne hoch und forderte die Berufskollegen auf, ihm Beweismaterial gegen die Barrisons einzureichen. Die Zuschriften, die er aufgrund dieses Aufrufs erhielt, sind wert, hier stichwortartig aufgeführt zu werden, drückt sich in ihnen doch ein militanter Biedersinn aus, der bezeichnend ist für die Doppelmoral der Zeit. Man beglückwünschte Otto zu seinem »schneidigen Vorgehen«[28], über das man »entzückt« sei, und erklärte ihn prompt zum »unermüdlichen Vorkämpfer für Anstand und gute Sitte im Artistenthum«. Die Barrisons seien hingegen »Unkraut«, »Auswurf«, »Schmarotzer und Mistkäfer«, »Ungeziefer«, das »zu unser aller Freude zu vernichten« sei, »Weiber, die wie die Stachelschweine grunzten«, »Sch...« und »S...« (also Schweine und Säue), »parasitisches Schlinggewächs«, eine »Seuche« und »After-Artistinnen«. Die Reihenfolge ließe sich fast beliebig fortsetzen; es war geradezu ein makabrer Wettstreit im Gange, wer von den Artisten die stärksten Kraftausdrücke fand. Dem Vokabular entsprechend gestalteten sich natürlich auch die Ratschläge, die vorgetragen wurden, um den Barrisons Herr zu werden, die an Gewalttätigkeit nichts zu wün-

schen übriglassen. Man müsse »dieser H...wirtschaft am Varieté ein Ende bereiten, damit wieder ehrliche brave Artisten« ihr Auskommen finden; das »bösartige Geschwür am Körper der Artistenschaft« müsse geheilt werden; nur bei einer »radikalen Ausmerzung« könne der Berufsstand gedeihen; es wäre »diese Brut auszurotten« und diese »schädlichen Insecten von den Varieté-Bühnen zu bringen«. Schließlich erklärte man noch die Barrisons und ihren Manager gewissermaßen für vogelfrei, indem man sie als »verfemt und ausgestoßen aus dem Kreis der Singspielhallenkünstler« bezeichnete.

Nach allem, was man über die Auftritte der Geschwister und den Solo-Darbietungen Lonas heute noch weiß, stehen die Reaktionen in ihrer überaus scharfen Form in keinem adäquaten Verhältnis zu diesen. Erst vor dem Zeithintergrund der zweiten Hälfte der neunziger Jahre erscheint die Vehemenz, mit der offenbar stellvertretend für eine vermeintlich allgemeine sexuelle Libertinage (auf der Bühne) die Barrisons geradezu beruflich vernichtet werden sollten, verständlich. Die Katholiken und deutschnationalen Kreise suchten zunehmend Einfluß auf die Politik des Reiches zu nehmen, um den von ihnen diagnostizierten Sittenverfall, der sich im Naturalismus, der Abkehr von der Religion, Bohèmeleben, »Rinnsteinkunst«, allgemein verbreitete Prostitution und Vergnügungsrausch im Fin de siècle zeigte, aufzuhalten. Im ganzen Reichsgebiet bildeten sich Sittlichkeitsvereine, die immer wieder bei den Behörden vorstellig wurden, Petitionen verfaßten und moralisierende Zeitschriften veröffentlichten. Diese Vereine kooperierten miteinander, wie sich anläßlich der Otto-Barrison-Fehde herausstellen sollte. So rief Otto anläßlich eines Auftritts Lonas in Graz seine österreichischen Gesinnungsfreunde an, die bei der örtlichen Polizei und dem Theaterdirektor vorstellig wurden, um den Auftritt zu unterbinden; als das jedoch nicht den gewünschten Erfolg hatte, gingen sie in die Premiere und störten die Aufführung so sehr, daß die Polizei gerufen werden mußte.[29] Otto in Düsseldorf feierte den provozierten Skandal als ersten Sieg. Er suchte also nicht nur durch Artikel die Barrisons zu bekämpfen, sondern schritt auch zu militanten Aktionen. Entsprechend der konservativen Bestrebungen im ganzen Reich, die letztlich in der berühmt/berüchtigten Lex Heinze gipfelten, die über Jahre immer wieder dem Parlament zur

Beschlußfassung vorgelegt wurde und schließlich doch verhindert werden konnte, riefen auch die Artisten nach schärferen gesetzlichen Bestimmungen. »Wir allein können keine Abhülfe schaffen, uns müssen die Behörden helfen.«[30] Otto organisierte dementsprechend eine Petition, die er an alle Varietétheater versandte und an allen Orten, an denen Artisten anzutreffen waren, zur Unterschrift auslegen ließ. Mit ihr sollte die Regierung gebeten werden, »polizeiliche Maßnahmen gegen die mehr und mehr sich ausbreitende ›Leichte Cavallerie‹«[31] zu ergreifen. Zusätzlich wurde man in Berlin beim Minister des Innern vorstellig, um »im Interesse der öffentlichen Wohlfahrt und Sittlichkeit«[32] die Barrisons und ihren Manager Fléron als unerwünschte Ausländer abzuschieben. Spätestens als daraufhin Lona das amerikanische Konsulat einschaltete, das erfolgreich intervenierte, war der Streit aus den Reihen der rein artistischen Kreise herausgetreten und für die allgemeine Öffentlichkeit interessant geworden. Das Berliner Polizeipräsidium begann, die Presseberichte zu sammeln und auszuwerten, verlangte später nach dem Prozeß in Düsseldorf die Übersendung der Akten[33] und wertete umfassend den Streitfall aus, um die eigene Haltung in der Frage »Moral auf der Varietébühne« zu überprüfen. Die von Otto geschmähten »liberalen Blätter«[34] griffen den Fall auf und gaben ihre Kommentare ab, die sich insgesamt sehr kritisch mit der Haltung der Artistenschaft auseinandersetzten: »Die sogenannte Anti-Barrison-Bewegung fängt nachgerade an, in eine wüste und widerwärtige Barrison-Hetze auszuarten. (...) Es ist ein wirklich rührendes Schauspiel, die Herren und Damen im Brust-Tricot, vom fliegenden Trapez und vom Reck plötzlich als die Apostel der Sittlichkeit auftreten zu sehen. Mag man über ›die Barrisons‹ und ihren Singsang denken, was man will, jedenfalls kann man es nicht billigen, daß Artisten zu Denuncianten werden, Scandale direkt provociren und sich mit frommen Vereinen in Verbindung setzen, um ihnen mißliebige Gastspiele zu hintertreiben.«[35] Die National-Zeitung warnte eindringlich vor den Folgen verschärfter gesetzlicher Bestimmungen für das Gewerbe: »Der Ruf nach dem Verbot ›nach der Art der Barrisons‹ kommt einem Selbstmordversuch gleich. Denn schon heute giebt es auf einer großen Anzahl Spezialitätenbühnen Gruppen von Darstellerinnen, die äußerlich nach Art der Barrisons, ja sogar unter

136 Titelblatt einer Werbeschrift

Annahme von Namen, die dem der Letzteren gleich klingen, doch wesentlich andere Leistungen bringen und sich von den verletzenden Zudringlichkeiten der Barrisons vollständig fern halten. Zudem, wer will bestimmen, was eine Vorstellung ›nach Art‹ eines bestimmten Artisten ist? Soll die Polizei, wie sie jetzt an dem Text der vorgetragenen Couplets Censur übt, auch mit dem Metermaß feststellen, um wie viel Zoll ein Kleidersaum länger sein oder ein Ausschnitt höher reichen soll? Man drücke unserer Polizei diesen Maßstab in die Hand und sie wird nicht lange Zeit brauchen, um bei dem Verbot des Trikots überhaupt angekommen und das Auftreten eines Acrobaten am Reck für ebenso unmoralisch zu halten, wie das seiner Partnerin.«[36]

Die prophezeiten Folgen von Ottos Kampagne traten teilweise prompt ein, wenn sie auch im gesamten Reichsgebiet unterschiedlich aussahen. Bereits im Februar 1897, also etwa einen Monat nach den ersten Artikeln verschärfte die Polizei die Kontrollen in den sogenannten Tingeltangeln, deren Betreibern bei Mißachtung der gesetzlichen Bestimmungen sofortiger Konzessionsentzug drohte; im März hatte die »Mucker-Bewegung«, wie die Sauberkeitskampagne spöttisch genannt wurde, auch die Schausteller erreicht, »die sich namentlich gegen die sogenannten ›Extracabinets‹«[37] auf den Rummelplätzen aussprachen;

und schließlich kam ebenfalls im März eine polizeiliche Verfügung des Berliner Polizeipräsidenten heraus, die »vor jedem Neu-Auftreten einer Artistin eine specielle Probe-Vorstellung vor dem Polizei-Revier-Vorstand«[38] verordnete. Wenn auch unmittelbar in den ersten Monaten direkte Auftrittsverbote nicht ausgesprochen wurden, reichte die von Otto initiierte Kampagne doch, um innerhalb weniger Wochen die Arbeitsbedingungen sämtlicher Varietébühnen zu erschweren und einer gefeierten und teuren Truppe den Erwerbszweig weitgehend abzuschneiden. Bereits im März galt es »kaum noch als empfehlenswert, zu sagen, daß man sie überhaupt gesehen hatte«[39]. Engagementsverträge mit ihnen wurden von den Direktoren wieder annulliert, der Manager Fléron konnte nicht mehr darauf vertrauen, daß den Auftritten seines Ensembles ein zwar spektakulärer, aber doch die Zuschauer anziehender Ruf vorauseilte, so daß die Schwestern zu Personae non gratae wurden. Schließlich lösten sich die Barrisons in Folge der Hetze im Sommer 1897 auf.[40]

Zu den längerfristigen Auswirkungen dürften sicherlich auch Formulierungen in der von der Centrums-Partei eingebrachten Lex Heinze gehören, in der es bezüglich der Bühnendarbietungen hieß, daß mit Gefängnis bis zu einem Jahr belegt werden könne, wer »öffentliche theatralische Vorstellungen, Singspiele, Gesangs- oder declamatorische Vorträge, Schaustellungen von Personen oder ähnliche Aufführungen veranstaltet oder leitet, welche durch gröbliche Verletzung des Scham- und Sittlichkeitsgefühls Ärgerniß zu erregen geeignet sind«[41]. Die Kampagne in den Artistenkreisen steht somit in enger Verbindung mit parteipolitischen Aktivitäten, die von konservativer Seite aus gegen Schriften, Abbildungen und Bühnenvorstellungen allgemein im ganzen Reichsgebiet unternommen wurden. Offen bleiben muß die sich aufdrängende Frage, ob Otto möglicherweise aus parteipolitischen Bindungen heraus seine Kampagne startete, denn schließlich lagen zwischen dem Erscheinen der Five Sisters und der Auseinandersetzung mehr als zwei Jahre, ohne daß er sich in dieser Zeit moralisch entrüstet geäußert hätte.

Wenn seine Aktivitäten und die breite Unterstützung, die er aus Artistenkreisen erhielt, auch insoweit erfolgreich waren, daß die Barrisons sich auflösten, trat Lona Barrison dennoch auch weiterhin auf, und die von ihr und ihrem Mann angestrengten Prozesse gingen für Otto verloren. Obwohl dieser sich nicht scheute, Fléron als politischen Anarchisten zu denunzieren und die Auftritte der Barrisons als anarchistische Taktik hinzustellen, mit der die deutsche Gesellschaft dem moralischen Verfall ausgeliefert werden sollte (worüber in dänischen Artistenkreisen herzlich gelacht wurde)[42], er Fléron »überführte«, fast zwanzig Jahre zuvor ein Attentat auf den russischen Zaren begrüßt zu haben, schließlich frei erfundene Skandalberichte in der von ihm verantwortlich geleiteten Zeitung abdrucken ließ und die ihn kritisierende Tagespresse als von den Barrisons gekauft verleumdete, gingen sämtliche Prozesse für Otto verloren. Im Mai 1897 war der erste Gerichtstermin, bei dem Otto und der Verleger Eduard Lintz zu einer Geldstrafe verurteilt wurden. Nachdem die Verklagten daraufhin Einspruch erhoben hatten, kam im Juni das Revisionsverfahren zu einem zweiten Urteil, das die Geldstrafe noch erhöhte, weil Otto in der Zwischenzeit weitere beleidigende Schmähartikel geschrieben hatte. Strafverschärfend sahen die Richter den »Bildungsgrad, die Vorstrafen und die Hartnäckigkeit«[43] des Angeklagten an. Im dritten Prozeß schließlich, der den Anarchismusvorwurf behandelte, auf den der Manager ebenfalls mit einer Beleidigungsklage reagiert hatte und der im August 1897 stattfand, erhielt Otto eine zweiwöchige Gefängnisstrafe.[44] Zu den mehreren tausend Mark, die er inzwischen als Buße den Barrisons zu zahlen hatte, kamen noch die Gerichtskosten. Ironischer-, doch durchaus verständlicherweise kam es einige Monate später zur fristlosen Kündigung seines Arbeitsverhältnisses, weil er Verlagsgelder veruntreut hatte. Der Saubermann in der Artistenschaft war als Journalist damit unmöglich geworden und verschwand als Berichterstatter.

Nachzutragen bleibt, was weiterhin mit den Schwestern geschah. Lona Barrison versuchte noch weitere zwei Jahre, als Solodarbietung aufzutreten, mußte jedoch ständig gegen den schlechten Ruf ankämpfen, der sich verfestigt hatte. Ihre Darbietungen waren zudem nicht geeignet, von ihr ein besseres Bild zu erhalten. Ihre Standardnummer bestand darin, als Mann im Abendanzug die Bühne zu betreten, sich, ein anzügliches Couplet singend, der Kleider zu entledigen – darunter befand sich ein knappes Flitterkostüm –, um in diesem sich aufs Pferd zu schwingen und – im Herrensitz – ein Reitcouplet vorzutragen. Ihre Auftrittsorte lagen auch weiterhin zumeist im deutschsprachigen Raum, doch eine Rückkehr nach Berlin gelang ihr nur einmal. Jacques Glück vom Apollo-Theater holte den Star mit dem skandalträchtigen Namen, und prompt wurde ihr Auftreten in der Reichshauptstadt verboten.[45] Erst nachdem die Öffentlichkeit von einer ungerechtfertigten »Exekution«[46] gesprochen und eine Prüfungskommission ihre Darbietung gesehen hatte, durfte sie im März 1898 doch noch vierzehn Tage auf die Bühne des Apollo-Theaters. Sie verschickte in dieser Zeit regelrechte Konvolute mit Aufführungsbesprechungen, die die Dezenz ihrer Auftritte belegen sollten; langfristig blieb ihr jedoch der Erfolg versagt.

Ihr Mann hatte inzwischen in Ostende ein Lokal unter dem Namen »Bonbonniere« eröffnet und managte von dort seine Frau und zwei weitere Schwestern, die nach der Auflösung des Fünfer-Ensembles unter dem Namen »Sisters Morton«[47] auf den Varietébühnen weiterhin arbeiteten. Sie erlangten aber keine große Bedeutung, so daß eine Resonanz auf ihre Engagements, die Art ihrer Darbietung sowie die Dauer ihrer Existenz nicht nachgewiesen werden kann. Auch über Lona finden sich nach 1899 keine Hinweise mehr.

Einzig die angeblich jüngste der Schwestern, Gertrud, entwickelte sich zu einer seriösen Darstellerin. »Die hübscheste der dünnbeinigen five sisters, welche sich inzwischen (1898 – d.Verf.) gut entwickelt hat und in langen Kleidern ganz decente Liedchen und Tänze zum Vortrag«[48] brachte, schloß sich dem Freundeskreis Peter Altenbergs an. 1906 reiste sie sogar mit einer Vortragsserie seiner Werke durch Deutschland[49] und erlangte in den folgenden Jahren einen ausgezeichneten Ruf

137   Gertrud Barrison, 1910

als Tänzerin; Ferdinand Hardekopf stellte sie 1910 sogar neben die drei Schwestern Wiesenthal.[50] 1920 gründete sie in Wien schließlich eine Schule für Kunsttanz, Ausdruckslehre für Bühne und Film, rhythmische Gymnastik und moderne Gesellschaftstänze.

Eine weitere Schwester soll Lebensgefährtin des Wiener Architekten Adolf Loos geworden sein. Wie sehr jedoch der unter der Fahne des artistischen Anstands betriebene Rufmord als Vorurteil an den ehemaligen Barrisons hing, verdeutlicht eine Szene, die Tilla Durieux 1913 mit dem »Ehepaar« Loos erlebt haben will und in ihren Memoiren der Nachwelt überlieferte: »Frau Loos war eine der Sisters Barrisons, die einstmals die ganze Welt entzückten. Die ganze Gesellschaft wurde nun für den nächsten Tag zu einer Motorbootfahrt eingeladen. Aber was für eine Hölle hatten wir mit dieser Einladung entfesselt! Bibiana und Frau Loos, deren Blütezeit vorbei war, maßen sich sofort mit feindlichen Blicken, und kaum auf dem offenen Meer, brach auch die offene Feindschaft los. Bibiana öffnete ihr kleinbürgerliches Herz und spie Verachtung gegen Barrison, die sich mit ihren internationalen Triumphen hoch über Bibiana stehen fühlte. (...) Da fiel ein böses Wort von Bibianas Seite, und Barrison kreischte: ›What, ich ein Hur gewesen sein, ein solche Gosch, sein selber Hur, ich ein sär anständige wife. I have husband, Sie nix, Sie Hur! Sie Hur!‹ Worauf Bibiana mit gezückten Krallen auf ihre Feindin losstürzen wollte. Wir hielten sie mit Mühe zurück und umklammerten ihre schlag- und kratzbereiten Hände. Barrison flüsterte weinend: ›O, if daddy and mummy would know!‹ – Der arme Loos, der stocktaub war, wünschte fortwährend, man möchte ihm den Grund des Streits laut ins Ohr erklären. Kurz, es war eine reizende und erfrischende Meerfahrt.«[51] Bei der von Durieux erwähnten Frau Loos handelte es sich nach Elsie Altmann-Loos um Bessie Bruce (Ethel?), die Adolf Loos aufgrund der Unlöslichkeit seiner ersten Ehe mit Lina nicht heiraten konnte. Elsie Altmann-Loos gibt im Gegensatz zu Durieux jedoch an, daß Bessie *1886* in London geboren worden war und nur mit *einer* Kollegin als Tänzerin nach Wien gekommen war, wo sie den Architekten kennenlernte. Wenn also auch der Wahrheitsgehalt der Durieux-Anekdote, daß Bessie eine der Five Sisters Barrison sei, fragwürdig erscheint, bleiben die Assoziationen, die der Name hervorrief, doch höchst bemerkenswert. Noch zwanzig Jahre, nachdem die Schwestern zum erstenmal in Deutschland aufgetaucht waren, kannten die Artisten- und Schauspielerkreise ihren Namen. Mit ihm war allerdings durch den Prozeß ein bestimmtes Licht auf ihre Darbietungen geworfen worden, das ihr seit dieser Zeit unauslöschlich anhing. Ungerechtfertigterweise ragen somit die fünf Geschwister aus der unübersehbaren Zahl vergleichbarer und oftmals auch eindeutigerer Frauenensembles auf dem Varieté heraus. Ohne das kleinbürgerliche Tun – um Durieux' Wort aufzugreifen – der Sittlichkeitsapostel, den »Muckern«, und dem doppelmoralischen Biedersinn der Akteure wären höchstwahrscheinlich die Barrisons längst vergessen worden, trotz ihrer unbestreitbaren Erfolge. In einer wahren Donquichoterie schwangen sich die Varietékünstler auf und versuchten etwas von der Bühne zu vertreiben, das als Akzent zu den Programmen gehörte wie der Sternenhimmel zum Wintergarten. So gerierten sich die Künstler im Zuge der »Verbürgerlichung« der Artisten kleinkarierter, verklemmter und letztlich provinzieller als das bürgerliche Publikum, das staunend die Streitereien verfolgte.

Das Varieté und die Tanzmoderne

In einem zunächst vielleicht überraschenden Zusammenhang taucht der Name der Barrisons erneut 1928 auf. Arthur Kahane, zeitweilig Dramaturg bei Max Reinhardt, ordnete die Geschwister in einem Aufsatz über Grethe Wiesenthal in die Reihe der Tanzdarstellungen ein, die zur Jahrhundertwende den Siegeszug der Moderne einläuteten. Er führte aus: »Mein historisches Gewissen mahnt mich: nicht von den Wiesenthals ging die Renaissance des Tanzes und die Überwindung des Balletts aus, die sich in den letzten dreißig Jahren vollzogen hat, von den Sisters Barrison an (...) bis zu den Tillergirls; ich weiß, wie bahnbrechend die zähe Prophetennatur der armen Isadora Duncan gewirkt hat; ich erinnere mich an den Feuerzauber der Loie Fuller, an die exotisch elementare Wildheit der Saharet, an die männerbezwingende Otéro; ich weiß, um wie vieles technisch vollkommener die Russen tanzten, die einzige Pawlowa, Nijinski, Fokin, die Karsawina; und wie bedeutsam die transzendente Seelenkunst der Mary Wigman ist; welche mystische Ausdrucksreiche durch Rhythmus und Linie Sent M'ahesa ahnen ließ; und ich unterlag wie alle dem spitzbübischen Eulenspiegelreiz des Wunderkindes Niddy Impekoven; ich verspüre das ungeheure Zeitgefühl in der grotesken Phantasie der Valeska Gert. (...) Alles das und vieles andere ist stark, schön und neu, revolutionär und tief und erzieherisch und weltanschaulich bedeutsam.«[1] Essayistisch überspitzt mutet es auf den ersten Blick an, die Barrisons und Tillergirls in einem Atemzug genannt zu finden mit der Pawlowa, Mary Wigman und den Schwestern Wiesenthal, deren aller Erscheinen revolutionierend gewirkt haben soll. Dennoch zeugen die Äußerungen in einem vermittelten Sinn von einem genauen historischen Bewußtsein, das zu Recht zur Kenntnis nahm, daß die Wiedergeburt des Tanzes nicht von den überlieferten Aufführungsstätten ausging, sondern zu einem wesentlichen Teil von jenen Bühnen, die gemeinhin als triviale Unterhaltungsstätten angesehen werden. Rund einhundert Jahre, nachdem die Romantik das Ballett auf die Spitze gestellt hatte, so den Flug der Seelen veranschaulichend, setzte die Moderne den Tanz wieder auf die Ferse, schien doch der in Konventionen und Klassizität erstarrte Spitzentanz keine neuen Darstellungsmöglichkeiten

138   Die Schwestern Wiesenthal

139 Maria Taglioni in »La Sylphide«

mehr zuzulassen. Die Blüte des Balletts, beheimatet als eigene Bühnengattung in allen Opernhäusern der großen Städte, fiel in die Jahrzehnte zwischen 1830 und 1870. Maria Taglioni, Fanny Elßler und Carlotta Grisi rissen die Zeitgenossen in einen Taumel der Begeisterung. Nach der Reichsgründung machte sich die Ausstattung in Form ungeheurer Bühnenbilder und Materialschlachten von Kostümen und Requisiten immer breiter. Die Bühnentechnik triumphierte in einer verqueren Form des Historismus, der im Drama etwa zeitgleich von den Meiningern zu theatralisch fortschrittlichen Inszenierungen entwickelt wurde, über die tänzerbezogene Kunst. Geradezu legendär ist das bereits 1865 von Paul Taglioni inszenierte Ballett »Sardanapal« geworden, zu dessen Vorbereitung angeblich die bei den Ausgrabungen von Ninive aufgefundenen Skulpturen, Reliefs und Ornamente zur Gestaltung der Kostüme und Dekorationen kopiert worden sind. »Eine vor dreitausend Jahren untergegangene Herrlichkeit baute sich mit Tänzerinnen, Priestern, Kriegern wieder auf; ernst und wunderlich schauten die Wandverzierungen aus; die grotesken Steingestalten, bärtige Männerköpfe auf einem Stierleib mit Greifenflügeln, über dem Portal des Sonnentempels in Stein gegraben, die Wortzeichen der assyrischen Keilschrift, grellbemalte Pfeiler. (...) Das Innere des Sonnentempels, der Thron- und Bankettsaal Sardanapals, der Blick auf Ninive, das waren vortreffliche Werke auf dem Gebiete der Dekorationsmalerei.«[2] Bewegungstechnische Erstarrung und der vermeintlich bereichernde Einsatz überbordender Ausstattung verursachten schließlich eine zunehmend stärker empfundene »Agonie«[3] der Tanzkunst, die sich auch in einem tiefgreifenden Verlust gesellschaftlicher Resonanz ausdrückte. Die Begeisterung anläßlich von Auftritten der Ballerinen gehörten inzwischen der Vergangenheit an; Aufführungen verkamen zu konventionellen Pflichtübungen der Opernhäuser.

So wurde denn gegen Ende des 19. Jahrhunderts, um ein neues tänzerisches Kunstwerk durchzusetzen, dem als unerträglich empfundenen Zustand der »Krieg« erklärt, wie Max Terpis formulierte: »Krieg dem klassischen Ballett, Krieg der Musik, dem Kostüm, der Dekoration, Krieg der ganzen Tradition«.[4] Doch bevor Isadora Duncan ihre totale Ablehnung durch sensationelle Auftritte zum Ausdruck zu bringen verstand und man landauf landab das Ballett für tot erklärte, waren bereits Tanzbewegungen entstanden, die als praktischer Beginn der Moderne einzustufen sind und zum Pluralismus der Stilformen Entscheidendes beitrugen, wenn ihre Repräsentanten auch wenig theoretische Äußerungen überlieferten.

Bereits in den achtziger Jahren entstanden die sogenannten Skirt-Dances, als deren Hauptvertreter die Engländerin Kate Vaughan anzusehen ist. Bei ihren Auftritten verwendeten die Tänzerinnen einen extrem langen und weiten Rock (bei enganliegendem Oberteil), der mit zahlreichen Motiven bedruckt war. Schönheit und Charakter der Darstellungen entsprangen den fließenden Bewegungen der Kleidung, die zu einem integrativen Bestandteil des tänzerischen Ausdrucks geworden war. Auf die Stoffschuhe mit verstärkter Spitze sowie dem üblichen Tutu verzichteten diese Tänzerinnen ganz bewußt.

Eine Fortentwicklung und schließlich Perfektionierung erfuhr der Skirt-Dance Anfang der neunziger Jahre in dem Serpentinentanz, zu dessen herausragender Repräsentantin die Amerikanerin

Loie Fuller avancierte. Körperlich von etwas massiger Gestalt und ohne jede klassische Ausbildung, gelang es ihr innerhalb kürzester Zeit, zum hochgerühmten Star des Serpentinentanzes zu werden. Bei ihren Darstellungen verschwand die körperliche Erscheinung der Tänzerin vollständig im Stoff, der (nach einem Patent der Fuller) mit einem Ring um die Stirn befestigt wurde und in einem weiten cape-artigen Umhang bis auf den Boden herabfiel. Um den Stoffbahnen die gewünschten Bewegungen zu verschaffen und die durch den Körper vorgegebenen Raummaße aufzulösen, entwickelten die Serpentinentänzerinnen Haken oder Stangen, die sie in den Händen hielten und die die Spannweite ihrer Arme erheblich vergrößerten. Mit ihnen dirigierten sie während des Tanzes die Stofffülle. Die Bezeichnung selbst beruht auf einem der frühesten Tänze Loie Fullers, bei dem sie aufgedruckte Schlangen (fr. serpent) als Motiv auf ihrem Rock trug. Durch die Stoffmenge und den vergrößerten Armradius optimierte sie die visuellen Gestaltungsmöglichkeiten, bis schließlich das bewegte Kostüm zum alleinigen Ausdrucksträger geworden war. Durch die exzessive Verwendung moderner Beleuchtungstechnik, besonders elektrischer Lichtquellen unterschiedlicher Farbtönung, gelangen ihr biomorphe Gesamteindrücke, die sowohl die Künstler des Jugendstils wie des Symbolismus stark beeindruckten. Julius Meier-Graefe schrieb 1900: »In einem der tollen Tänze, wo man kaum noch

140 Patentierung des Serpentinentanzes

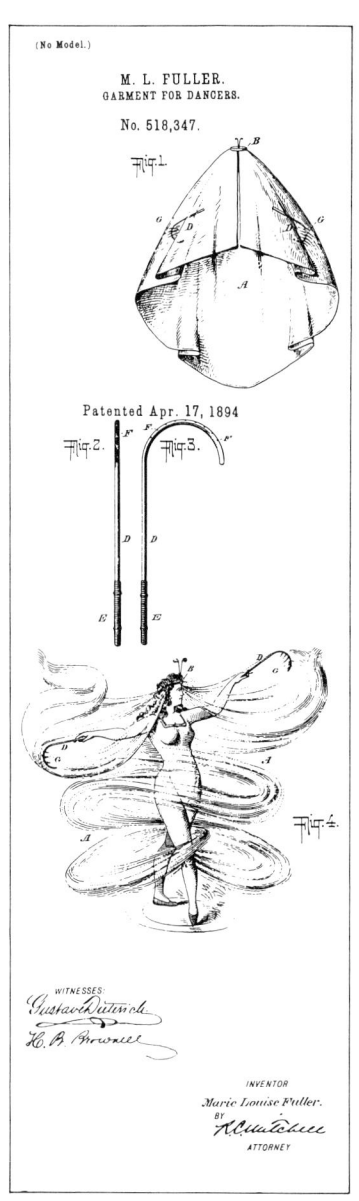

141 Loie Fuller Tänze: Spirale, Korb und Serpentinen

142   Ausleuchtung beim Serpentinentanz

den Farben und Linien zu folgen vermag (...), verschwindet sie plötzlich, löscht aus. Es ist ganz dunkel, aber in dem Dunkel bewegt sichs, es sind glühende Punkte, die tanzen, es ist wie ein Tanz von Glühwürmchen, wie von Sternen. Sie ziehen weite, feurige Kreise, stellen sich in leuchtenden Bergen nebeneinander, durchschlängeln sich, nur Punkte; kein Atom von menschlichen Bewegungen, von etwas Körperlichen; Ornamente, von einer Kühnheit, einer Reinheit, einer Mystik. (...) Da hält man den Atem an.«[5] Nach den Erfolgen Loie Fullers und den publizistischen Hochschätzungen durch die Naturalisten-Gegner »stiegen die Serpentinentänzerinnen wie Pilze aus der Erde und im Laufe der Zeit sogar aufs Pferd«[6]. Ihre Auftrittsorte waren nicht die des klassischen Balletts, sondern die städtischen Vergnügungstempel der Revue- und Varietéaufführungen. In Paris das Folies Bergère und in Berlin der Wintergarten engagierten die Fuller regelmäßig und mit ungeheurem Erfolg. Bereits 1892 resümierte die Fachwelt ihren Auftritt in Berlin mit den bezeichnenden Worten: »Miss Fuller kann sich rühmen, mit den Konventionen des Balletts gebrochen und tatsächlich etwas Neues und Schönes erfunden zu haben.«[7] Erst im zweiten Jahrzehnt des neuen Jahrhunderts verlor der Skirt- und Serpentinentanz seine innovative Kraft.

Ebenfalls bereits in den achtziger Jahren entstand eine Tanzbewegung, die aufgrund ihrer formalen Simplizität eine Tradition schuf, die noch heute fortwirkt. Ihre frühen Anfänge sind mit dem Namen John Tiller verbunden, der in England Mädchengruppen zusammenstellte, die in Größe, Gestalt und Erscheinungsweise möglichst gleich sein sollten. Diese in späteren Jahren als »Girls« bezeichneten Ensembles unterschiedlicher Mitgliederstärke begründeten die »Sister«-Welle, zu der auch die Barrisons zählten und von denen die Kesssler-Zwillinge nach dem zweiten Weltkrieg in Deutschland wohl am bekanntesten wurden. Die zwillingshafte Ähnlichkeit der anfänglich fünf- und siebenköpfigen, in den zwanziger Jahren bis auf 36 Tänzerinnen anwachsenden Gruppen entindividualisierte die einzelnen und schuf somit einen aus mehreren Gliedern bestehenden, doch ganzheitlich agierenden Tanzkörper, deren Teile in einem gleichrangigen Verhältnis zueinander standen und auf dem Gipfel ihrer Darstellungskunst sich zu ornamentalen, mineraliengleichen Raumkörpern formten. Kein individueller tänzerischer Wille prägte ihre Erscheinung, kein Einzelinteresse wurde ausgedrückt, sondern das Ensemble schien von einem unwiderstehlichen

Gesamtwillen geleitet, dem die partikularen Teile fraglos gehorchten. Keine Primaballerina trat hervor; keiner herausragenden solistischen Leistung galt der Applaus; keine subjektive tänzerische Ausdruckskraft schuf die Erfolge. Wenn die Girl-Truppen in Deutschland auch erst in den zwanziger Jahren ihren legendären Ruhm in den großen Revuen Erik Charells und Herman Hallers sowie der Scala erlangten, gehörten sie doch bereits seit den neunziger Jahren zum festen Bestandteil der Tanznummern auf den Unterhaltungsbühnen, die zur Keimzelle des modernen Tanzes werden sollten. Ihr erstes nachzuweisendes Engagement in Berlin erfolgte bereits im September 1895 im Wintergarten, wo sie immerhin an der Seite so bekannter Artisten auftraten wie Sylvester Schäffer, La belle Otéro und Lona Barrison.[8]

Besonders die großen Varietés, finanzkräftig und immer auf der Suche nach dem Publikumsgeschmack, erkannten bereits im Fin de siècle, daß diese unakademischen Tanzformen auf ein breites Interesse stießen. Die Direktoren dachten zweifellos nicht daran, den tanzkünstlerischen Ausdruck aus den zu Fesseln gewordenen Konventionen zu befreien, doch schufen sie praktisch jene Öffentlichkeit, die die Opernhäuser und Bildungstheater der neuen Generation von Tänzern und Tänzerinnen verwehrten. In Berlin stellte gerade der Wintergarten zur Jahrhundertwende die modernen Tanznummern in einer schier unübersehbaren

143   Plakat

Fülle von Engagements heraus. Die Blüte der Varietéentwicklung fällt somit nicht ganz zufällig zusammen mit dem Heraufdämmern und schließlich dem Siegeszug einer Tanzmoderne. Das Varietétheater war zu diesem Zeitpunkt so machtvoll geworden, daß es Einfluß auf die Entwicklung traditioneller Kunstgattungen nahm.

Nicht übersehen werden kann, daß die herausragende Bedeutung, die die Tänzerinnen zur Jahrhundertwende auf den Bühnen der Varietés, der Kabaretts und der Konzerthallen besaßen, heißen sie nun Saharet, La belle Otéro oder Eugénie Fougère, neben der tanzkunstimmanenten Auflehnung gegen ein zum oberflächlichen Bewegungsritus verkommenes Ballett auch gesellschaftliche

144   Lawrence Tiller (Kreuz) mit seinen Schülerinnen, den Tillergirls, um 1900

Implikationen besaß. Wesentlich ist dabei die allgemeine Lustlosigkeit, mit der die Gesellschaftstänze zur Jahrhundertwende ausgeführt wurden. Zeitgenossen schildern in anschaulichen Berichten die gelangweilten Gesichter und müden Gesten der sich in Wohnstuben oder öffentlichen Tanzpalästen bewegenden Tänzer. Der ekstatische Tanz in den Ballhäusern, über den sich im Vormärz Heinrich Heine ebenso entrüstet hatte wie der Berliner Kritiker Ludwig Rellstab, gehörte längst der Vergangenheit an. Die Bewegungsscheu und die Regeln körperfeindlichen gesellschaftlichen Verkehrs hatten Platz gegriffen und – wie im Ballett – zu Erstarrungen geführt, die nicht zuletzt durch den modernen Bühnentanz aufgebrochen wurden.

Um so bedeutungsloser der Gesellschaftanz für die Zeitgenossen wurde, desto stärker richtete sich ihre Aufmerksamkeit auf die Bühnentänze. Stellvertretend für das private Individuum vollzogen die Tänzer und Tänzerinnen der Moderne den Ausbruch aus der erdrückenden Erstarrung, die sich über den Tanz, den körperlichen Ausdruck und die gesellschaftlichen Konventionen gelegt hatte.

Zwei Beispiele mögen die Ausführungen erläutern. 1880 stellte Henrik Ibsen sein Stück »Ein Puppenheim« fertig, das nach der Übersetzung ins Deutsche unter dem Titel »Nora« bekannt wurde. Innerhalb der Handlung, bei der es um die Trennung eines Ehepaares geht, skandalöserweise aber die Frau ihren Mann und ihre Kinder verläßt, spielt das Motiv des Tanzes eine zentrale Rolle. Es handelt sich um eine Tarantella, einen wilden südländischen Tanz, der für Nora zum vorweggenommenen Ausbruch wird. Er ist Mittel und Tat zugleich. Mit ihm sprengt sie daher nicht nur den erlaubten Bewegungsrahmen, sondern im Tun streift sie auch die gesellschaftlichen Konventionen ab, die es ihr verboten, die verlogene Ehe zu verlassen. Körperliche Bewegungsfreiheit und Freiheit innerhalb der Gesellschaft hat Ibsen so in einem Motiv in Übereinstimmung gebracht.

Inhaltlich nur unwesentlich verschieden findet der Tanz Eingang in die Filme Charles Chaplins, der seiner berühmten Figur des Tramp während

145   Tillergirls um 1913

des Ersten Weltkriegs seine charakteristischen Eigenschaften verlieh. Als Komiker in einer der Fred-Karno-Truppen, die mit burlesk-exzentrischen Pantomimen über die internationalen Bretter der Varietétheater tingelten (und auch im Wintergarten gastierten), erhielt Chaplin bleibende Eindrücke, die sich in seiner Filmgestalt niederschlugen. Der Tanz, der in allen seinen Streifen eine zentrale Bedeutung besitzt, hat immer einen euphorischen Anstrich, da er die ihn Ausführenden über ihren jeweiligen (zumeist schlechten) Zustand hinaushebt. »Charlies unbedingte Freiheitsliebe findet ihren reinsten Ausdruck in dem tänzerischen Gestus, der ihn bis zu seinen späten Filmen kennzeichnet. Der Tanz erscheint als unmittelbarer Ausdruck der Freiheit, als Triumph des Unbeschwerten und Verhöhnung der Schwerfälligen. In ihm manifestiert sich der Versuch, sich vom Gesetz der Schwerkraft wie von allem anderen zu befreien.«[9]

Der tanzkünstlerisch entscheidende Einschnitt wird gemeinhin mit dem Erscheinen Isadora

147 *Plakat*

146 *Eugénie Fougère*

Duncans gemacht, die 1904 zum erstenmal in Berlin auftritt. Sie lehnt die Ballettradition radikal ab: »Die Tanzkunst im modernen Ballett ist ein Ausdruck der Degeneration, des lebendigen Todes, alle Bewegungen sind steril, weil unnatürlich.«[10] Stoffschuhwerk, Tutu und Trikot verfallen bei ihr dem Verdikt. Statt dessen kleidet sie sich in griechische Gewänder und tritt barfuß und ohne Trikot oder gar Korsett auf. Eine festgelegte Schrittfolge fehlt ihren Auftritten ebenso wie den ihrer Nachfolgerinnen. Sie begründet eine lange Reihe von sogenannten Barfuß- oder Schönheitstänzerinnen, die jedoch größtenteils ihre Darbietungen auf den pikanten Reiz einer zum Nackttanz neigenden Entwicklung beschränkten. Olga Desmond muß sicherlich in diese Linie gestellt werden, deren Auftritte im Mozartsaal 1908 Anlaß gaben, im Reichstag erregte Debatten über ein eventuelles Veranstaltungsverbot auszulösen. Der Zusammenhang zwischen neuen und unkonventionellen Formen tänzerischen Ausdrucks und gesellschaftlichem Aufbegehren wurde also – wie auch immer reflektiert – durchaus gesehen. Erst mit Isadora Duncan begann aber die bewußte Absage an die traditionelle Auffassung vom Tanz. Ihr Auftreten und ihre kleine Schrift »Der Tanz der Zukunft« waren Meilensteine in der Geschichte der Tanzkunst der Neuzeit. Von ihr wurde der bereits von Jean-Georges Noverre erhobene Ruf nach Natürlichkeit der Bewegung und die von François Delsarte eingeleitete radikale Umbildung der Erziehungsmethode für Tanz, wenn auch in Form eines hellenisierenden Romantizismus, zum leitenden Ziel erhoben, das gewissermaßen sämtliche Tanzstile der Moderne vereinigte. »Diesen ersten, energischen Vorstoß ins Neuland folgte eine Zeit quantitativ starken Tanzwollens rein individualistischer Einstellung. Man wagte es. Jede neue Tänzerin, jeder neue Tänzer brachte eine mehr oder minder originelle Auffassung von Tanzkunst in seinen Schöpfungen.«[11] Man lehnte sich an Vorbilder der Vergangenheit an: Griechenland, Indien, Ägypten, Rom, Gotik, Renaissance, Maskentänze, Schleiertänze, Barfußtänze, rein mathematisch geformte Gestaltungen, ekstatische Improvisationen, musikalische Interpretationen, in Bewegung umgesetzte Malerei und Plastik – all das wurde von Einzeltänzerinnen

148 Plakat

und -tänzern wie von kleinen Ensembles vom Podium des Konzertsaals und von der Varieté- wie Kabarettbühne herab als neuer Tanz geboten, der Nachahmer fand oder wieder verschwand.

Hier kann nicht der Ort sein, die einzelnen Entwicklungsschritte in ihrer Komplexität nachzuzeichnen, die für die moderne Tanzkunst des 20. Jahrhunderts entscheidend wurden. Vielmehr muß im Kontext dieser Arbeit die relative Ungezwungenheit, mit der – sicherlich der Not gehorchend – die modernen Tänze auf den Unterhaltungsbühnen Aufnahme fanden, gebührend hervorgehoben werden. Bis auf geringe Ausnahmen nahmen die Tänzer und Tänzerinnen die Angebote, innerhalb eines Varieté- oder Kabarettprogramms aufzutreten, ohne Ziererei in Anspruch. Noch 1925 beklagt sich der Tanzhistoriker Max von Boehn: »Der Kunsttänzer braucht ein Podium und wie die Verhältnisse nun einmal liegen, findet er es gar nicht oder unter wenig würdigen Bedingungen, in einem Café chantant, in einer Tanzdiele oder dergleichen Lokalitäten. Er ist eine Varieténummer neben Parterreakrobaten, Chansonetten, Tierdressuren usw.«[12] Ohne die Möglichkeiten, die ihnen aber dort geboten worden waren, hätte es sicherlich größerer Anstrengungen bedurft, den modernen Tanz durchzusetzen. Ob es nun Ruth St. Denis, die Wiesenthals, Niddy Impekoven, Anita Berber, Valeska Gert, das Ballett Tatjana Gsovsky, Mary Wigman oder Harald Kreutzberg, ob es Mata Hari, Celly de Rheidt, Toni Birkmeyer, Rosario Guerrero, das Ballett Rita Gévard oder Cononel de Basils russische Truppe waren, die Unterhaltungsbühne zeigte sich weit offener für die neuen Formen tänzerischen Ausdrucks, als es die traditionell dem Ballett verbundenen Opernhäuser waren. Wenn vom Varieté gesprochen wird, darf seine Funktion als Wegbereiter der Tanzmoderne also nicht unterschlagen werden. Auf den Bühnen der Spezialitätentheater mit ihrem Massenpublikum rückte sie geradezu ins Zentrum der gesellschaftlichen Aufmerksamkeit. Die neuen Tänze konnten sich sogleich einem großen Publikum gegenüber bewähren und mußten sich nicht erst langsam aus dem Ghetto avantgardistischer Zirkel herauskämpfen. Die Verbindung von Varieté und Pluralismus der Tanzstile zur Jahrhundertwende erwies sich also gerade aufgrund der prinzipiellen Offenheit des artistischen Programms als außerordentlich fruchtbar.

149   Franz Lenbach: Saharet, 1900

150   Ruth St. Denis

151 *Plakat*

Das Apollo-Theater

Bereits erwähnt worden war, daß im Gegensatz zur Varietéentwicklung in anderen deutschen Städten keine Theater extra für die Nummernprogramme in Berlin errichtet wurden, sondern sämtliche Bühnen jeweils aus Umbauten heraus entstanden.

So zeigt sich auch beim Apollo-Theater, daß das Haus bzw. die Gartenanlage auf dem Grundstück Friedrichstraße Nr. 218, lange vor der Eröffnung des Apollo im Jahre 1892 bei den Berlinern als Ort des Vergnügens allbekannt war. Ungünstiger gelegen als der Wintergarten, da die Zuschauer die Friedrichstraße vom Bahnhof aus ziemlich weit in südlicher Richtung hinab spazieren mußten und es insofern an der Peripherie des sich seit den siebziger Jahren ausprägenden Berliner Vergnügungszentrums lag, existierte auf dem Gelände des späteren Apollo seit 1872[1] ein Restaurationsbetrieb. Namenlos anfänglich annoncierte das Unternehmen sich schlicht als »Concert-Garten«, womit die Örtlichkeit durchaus treffend beschrieben war. Das Grundstück war ein relativ schmales Rechteck mit rund dreißig Metern Straßenfront und einhundert Metern Tiefe, wobei einzig an der Straße das Grundstück mit einem mehrstöckigen Haus bebaut war. 1872 zog der auf dem Hinterhof gelegene Handwerksbetrieb aus und in die Werkstätten eine Restauration ein, deren Betreiber im nunmehr »Garten« genannten Hof ein Musikpodium für die Unterhaltung der Gäste errichtete. Es handelte sich somit seinem ganzen Charakter nach um einen Konzertbetrieb, wie er in Berlin seit den Jahren des Vormärz verbreitet war. Populäre Militärkapellen konzertierten die ersten zwei Jahre während der warmen Sommermonate auf dem Gelände an der Friedrichstraße, dessen Restaurationsbetrieb im Winter notwendigerweise ruhte. Der auch bei anderen Sommertheatern zu beobachtende, aus ökonomischen Überlegungen sich speisende Automatismus, den Betrieb ebenfalls in den kalten oder regnerischen Monaten für die Zuschauer attraktiv zu machen, führte bereits im Jahr 1874 zur Errichtung eines Saalbaus am hinteren Ende des Grundstücks. So lag also zwischen dem Gebäude an der Straße und dem neuerrichteten Konzertsaal der verbliebene Rest des Gartens, dessen Musikpodium weiterhin das Zentrum zumindest des sommerlichen Vergnügens blieb. Im Saal befanden sich eine Reihe von Tischen in lockerer Ordnung, an denen die Gäste mit Speisen und Getränken bewirtet werden konnten, Tanzmöglichkeiten waren geschaffen worden, die die Veranstaltung von Bällen in Aussicht stellten, das Rauchen war selbstverständlich überall erlaubt, und als besondere Attraktion hatten die Betreiber für zwei neben dem Orchesterpodium gelegene Billardzimmer gesorgt. Seit dem Herbst 1874 lief also der Betrieb endlich das ganze Jahr über, wobei nun auch die Programme keine reinen instrumentalen Konzerte mehr blieben. Wiederum wiederholte sich hier jene Entwicklung gewissermaßen en miniature, die bereits im

152 Rückseite eines Programmzettels

153   Blick von der Bühne des Concordia-Theaters, 1885

154   Concordia-Theater, 1885

umfassenden Sinne als Frühgeschichte des Varietés beschrieben worden war: Zu den reinen Instrumentalnummern populärer Komponisten traten vokale Darbietungen hinzu, die zumeist von Frauen ausgeführt wurden. Auch der von der Walhalla her beliebte Schaudirigent und Kapellmeister Fliege fand sich ein und sorgte erneut für gefüllte Häuser. Nach gut einem Jahr, im Dezember 1875, berichtete die Vossische Zeitung insgesamt anerkennend: »Der geräumige Concertsaal war fast *überfüllt.* (...) (Es) finden dort allabendlich Concerte statt, die von der gutgeschulten Kapelle des Musikdirektors Fliege unter dessen Direktion ausgeführt und durch Gesangsvorträge der Damen Frl. Engel, Frl. Velter und der Herren Simon und Angyalfi, unter des Letzteren Leitung, angenehm bereichert werden.«[2] Für eine von der Straße zum Konzertsaal im Winter 1875 eingerichtete Passage, die die Besucher trockenen Fußes von der Straße zum Veranstaltungsort führte, holten sich die Betreiber keinen geringeren als den Theaterarchitekten Eduard Titz[3], dessen Ruhm sich u.a. auf die Planung und Ausführung des Friedrich-Wilhelmstädtischen-, des Wallner- und Victoria-Theaters stützte.

Bei wiederholt vorgenommenen Verschönerungsarbeiten und den bereits beschriebenen Programmen gemischt-musikalischer Art bestand das Etablissement einige Jahre durchaus erfolgreich, ohne nach einer Theaterkonzession und damit einer Ausweitung des Spielangebots zu trachten.

Doch der ökonomische Erfolg jener verwandelten Aufführungsstätten, die ehemals Café-Chantant-Programme geboten hatten, war zu offensichtlich, um nicht immer mehr Restaurationsbetriebe zu verleiten, ähnliche Aufführungen zusammenzustellen. Von diesem Prozeß wurde auch der Konzertgarten in der Friedrichstraße ergriffen, der im Winter 1877 zum ersten Mal den Versuch unternahm, sich als Varieté groß herauszubringen. Als Chantant-international tauchte er plötzlich auf den Anzeigenseiten der Presse auf und gab vor, daß sich seine neuen Vorstellungen nur an englischen und Pariser Vorbildern orientieren würden und sich der Veranstaltungsort somit zu Recht den neuen, anspruchsvollen Namen »Olympia« zugelegt hätte.[4] Die internationalen Spezialitäten, die tatsächlich auftraten, schlossen sowohl artistische Nummern als auch Gesangsdarbietungen ein. Das erste Varietéprogramm auf diesem Gelände erlebte also im Dezember 1877 seine Premiere.

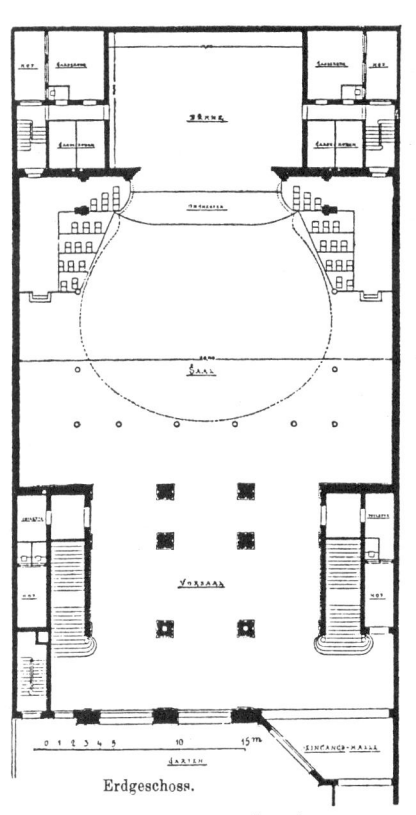

155   Grundriß des Apollo-Theaters

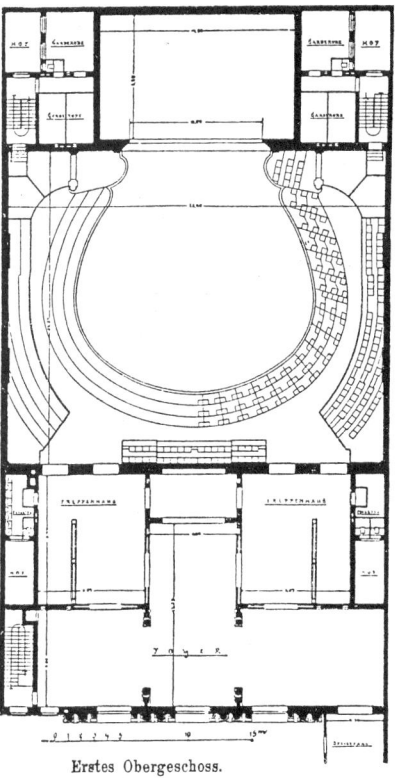

156   Grundriß des Apollo-Theaters

Bis zur Eröffnung des Apollo-Theaters fünfzehn Jahre später wiederholte sich noch einmal die eben skizzierte Entwicklung, denn die Olympia konnte sich aus ungeklärten Gründen nur wenige Monate halten. Ob die engagierten Kräfte gegenüber den Einnahmen des doch relativ bescheidenen Raumes sich als zu teuer herausstellten oder die Polizeibehörde Einwände gegen den neuen Spielbetrieb erhob, ließ sich nicht feststellen. Weder Pressemitteilungen noch Aktenschriftstücke konnten aufgespürt werden.

Im Herbst 1878 waren die Veranstaltungen wieder auf den reinen Konzertbetrieb zurückgefahren worden, und das Etablissement figurierte nunmehr unter dem Namen »Berliner Flora«[5]. Die neue Bezeichnung ist nicht frei von einer gewissen Großspurigkeit, wie sie der Reichsdeutsche dieser Zeit schätzte. Gewaltig, mächtig, monumental oder gar kolossal, wie ein Modewort der Epoche lautete, wünschte sich der Wilhelminismus die eigenen Verhältnisse. So lehnten sich die Betreiber der relativ kleinen Berliner Flora auch reichlich unverschämt sprachlich an die neuerstandene Charlottenburger Flora an, die kurz zuvor errichtet worden war. Als typisches Spekulationsobjekt der Gründerzeit hatte man nach dem Muster des Frankfurter Palmengartens in Charlottenburg einen wahrlich riesigen Gebäudekomplex mit Gartenanlage, Konzertsaal und Restaurationsbetrieben errichtet, der insgesamt bis zu 12 000 Personen Platz bot.[6] Obwohl der Aufstieg des Varietés in den neunziger Jahren auch das Charlottenburger Unternehmen ergreifen und das Nummernprogramm auch dort (bis zum Abriß 1902) eine Heimstätte finden sollte, war die vom Friedrichstraßen-Etablissement über den Titel angestrebte Analogie doch ziemlich vermessen. Auf dem Musikpodium übernahm »der alte Liebig«[7] das Zepter mit seiner fünfzig Mann umfassenden Kapelle, der – nach Emil Thomas – »Konzerte höherer Art«[8] abhielt. Nach einer kurzen Episode im Herbst 1880, als auch in die Berliner Flora die damals beliebten Zauberaufführungen einzogen, eroberten sich die im Aufwind befindlichen Sängergesellschaften die Räume. Diese neue Art der Lieddarbietung, die ausschließlich von Männerensembles gepflegt wurde, erwies sich in der Folgezeit als außerordentlich populär. Die Stettiner und Leipziger Sängergesellschaften avancierten zu den in Berlin berühmtesten und anerkanntesten Quartetten bzw. Quintetten; sie bewahrten über Jahrzehnte praktisch eine Sonderform der Nummern-

157   Die Flora in Charlottenburg, Postkarte

folge, mischten die Ensembles sich doch selten mit sonstigen Varietékünstlern. Die Gesellschaften bestritten in der Regel die ganze Aufführung und besaßen teilweise über Jahre ihre eigenen festen Spielstätten, wie etwa die Berliner Flora, später das Reichshallen-Theater und das Theater am Kottbusser Tor. Mit ihnen zog erneut die musikalische, vokale Nummernfolge in die Räume der Berliner Flora ein.

Vollends zum Varieté gestaltete das Etablissement Adolf Düssel um, der 1884 die Bühne übernahm und sie zu Weihnachten als »Concordia« eröffnete. Ausführlich fand die Premiere Erwähnung in der Norddeutschen Allgemeinen Zeitung, die dabei zu Recht auf die inzwischen als Operetten-Theater fortbestehende Walhalla verwies: »Am Abend des ersten Weihnachtstages fand vor dicht gedrängtem Publikum die Eröffnung des neuen ›Spezialitäten-Theaters‹ statt. In der Nähe des Walhalla-Theaters belegen, das seiner ehemaligen Bestimmung nunmehr ganz entfremdet ist, scheint es berufen, dessen Erbschaft anzutreten. Die Räume des neuen Lokals sind in vortheilhafter Weise erneuert worden; freundlich und geschmackvoll treten sie dem Besucher entgegen. Die Anordnung der Plätze ist zweckmäßig und der Blick von allen Seiten auf die Bühne frei. (...) Die Kapelle des Instituts leistet Gutes und neben derselben sorgt ein geschickt gewähltes Personal für Unterhaltung und Überraschung. Liedersängerinnen und Solo-Instrumentalisten, Gymnastiker und Akrobaten wurden uns vorgeführt. Auch der geschickte Bauchredner (...) fehlte nicht, und als neue Erscheinung trat ein ›Schatten-Silhouettist‹ mit recht ansprechenden Leistungen auf.«[9] Mit diesem Eröffnungsprogramm, das instrumentale und vokale Musik mit den verschiedensten akrobatischen und komischen Nummern verband, deutete der Direktor die Richtung an, in die er seine Bühne lenken wollte. Die Abwesenheit szenischer Elemente zeigt zudem, daß der Bühnenleiter nach §33a GWO konzessioniert war und nicht nach §32 GWO, der das Schauspiel höherer Art zuließ. Doch die Varietéattraktionen konnten sich trotzdem sehen lassen. In den Jahren bis 1892 traten auf der Bühne im Hinterhof der Friedrichstraße einige der bedeutendsten Künstler des zeitgenössischen Varietébetriebes auf, von denen etwa Oceana Renz genannt sei.[10] Sie war die Schwiegertochter des Circusprinzipals Ernst Renz, dessen Sohn Adolf »die gefeierte Sylphide der Luft«[11] 1873 geheiratet hatte. Auch das Berliner Debüt des Kunstradfahrers Nicolas (Nick) Kaufmann im September 1886 erfolgte im Concordia-Theater.[12] Nachdem sich in den siebziger Jahren das Fahrrad immer weitere Kreise der Bevölkerung erobert hatte, konnte es nicht ausbleiben, daß es auch die Bühne der für solche Zwecke immer offenen Nummerntheater eroberte. Kaufmann, der erst Anfang der achtziger Jahre das Fahrradfahren erlernt hatte[13] und zu einem Virtuosen sowohl auf dem Hochrad als auch später auf dem »Niederrad« avancierte, hatte vor seiner Bühnenlaufbahn bereits bei diversen internationalen Radrennen Triumphe feiern können. Sein Abschied vom Rennsport und seine Übersiedlung auf die Varietébühne machte ihn gewissermaßen zum Ahnherrn der deutschen

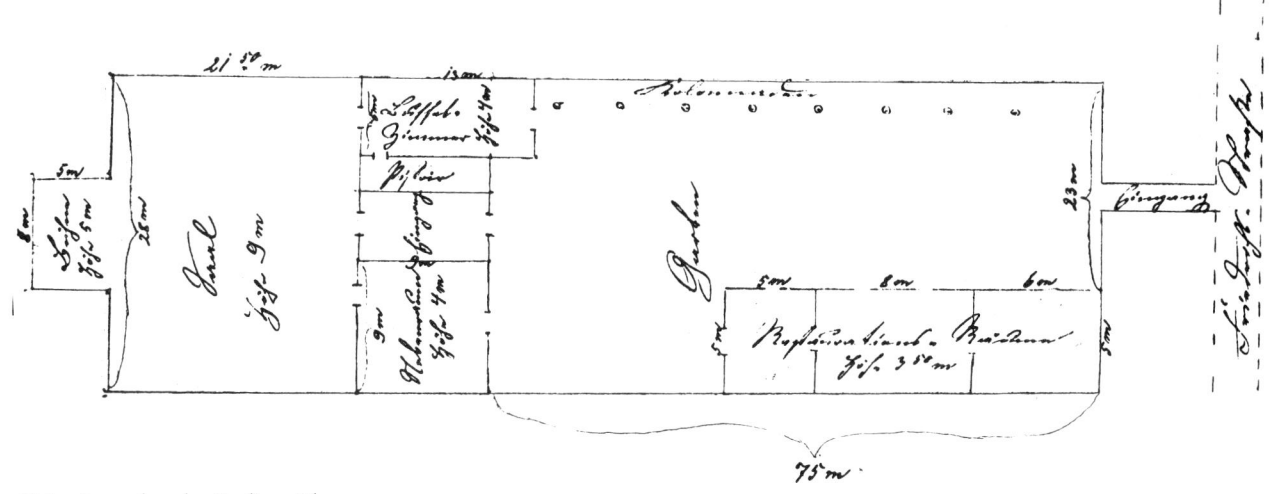

158 Lageplan der Berliner Flora

159   Farbiges Deckblatt eines Briefes von Nick Kaufmann, 17. 9. 1924

Kunstradfahrer. In späteren Jahren engagierten ihn auch die dann beste Berliner Bühne, der Wintergarten, doch vorgestellt hat er sich dem Berliner Publikum an einem weit bescheideneren Ort. Freilich begnügte sich die Direktion nicht mit den rein aristischen Aufführungen, sondern Düssel strebte nach einer Programmstruktur, wie sie Callenbach eingeführt hatte und nach 1869 vielfältig kopiert worden war, etwa von der Walhalla und dem American-Theater. Szenische Elemente sollten die Aufführungen in der Concordia ebenfalls enthalten. Seit 1890 setzte die Bühnenleitung daher an das Ende des Abends Pantomimen, Harlekinaden oder dialogisch-humoristische Sketche, die ihr nach § 33a GWO erlaubt waren. Nach der Sommerpause 1890, die genützt worden war, um Reparaturen, bauliche Veränderungen und dekorative Verschönerungen vorzunehmen, stand im September die erste komische Ballett-Pantomime »Der Liebe Glück und Pein«[14] auf dem Spielplan, im November zeigte die Direktion »Pankow, komische Lokal-Pantomime«[15] und im Januar 1891 »Ballnachts-Abenteuer, Humorist. Bilder aus dem Pariser Nachtleben«[16]. Obwohl also die Szenen am Ende der Aufführung gewissermaßen für die Programme in der Concordia obligatorisch wurden, gelang es dem auch Regie führenden Direktor doch nicht, sie etwa wie im American-Theater oder wie später im Apollo zu allgemeiner Anerkennung zu bringen. Die ansonsten durchaus wohlwollende Vossische Zeitung hielt sich mit ihrer Kritik denn auch nicht zurück: »Wenn nur der Schluß des Abends nicht mit einer Niederlage geendet hätte! Bei der Pantomime ›Der Liebe Glück und Pein‹ liegt für den Zuschauer der Ton auf der letzten Silbe. Abgesehen von einigen gefälligen Tanzeinlagen, ist das Ding sträflich langweilig, und lange vor Beendigung des öden Schauspiels ergossen sich durch die Komödie starke Auswandererzüge. Schade um die glänzende Ausstattung, die an das traurige, jeglichen Humors baare Werk aufgewendet worden.«[17]

160   Apollo-Theater, Innenhof

161 Briefkopf

Doch ungeachtet aller Kritik und Aufführungsschwächen zählte das Concordia-Theater in der zweiten Hälfte der achtziger Jahre mit zu den angesehensten Vergnügungsorten Berlins. Aufschlußreich ist in diesem Zusammenhang die Anzeigenseite des Berliner Volksblatts, das vor der Etablierung des Wintergartens die Varietés in folgende hierarchische Reihenfolge brachte:
Theater der Reichshallen,
Concordia-Theater,
Kaufmanns Varieté,
American-Theater.
Die Stellung, die sich das Apollo erringen sollte: zweite Bühne am Platze, besaß also sein Vorläufer bereits ein Jahrzehnt früher. Dieser Bedeutung entsprach denn auch die Namensänderung, die zum Jahresende 1890 vorgenommen wurde: Concordia-Palast-Theater.
Trotz der zunehmend eingebauten Gips- und Plüschdekorationen, der technischen Umrüstung auf elektrische Beleuchtung sowie der Perfektionierung der Gastronomie blieben letztlich die räumlichen Verhältnisse relativ bescheiden. Zwar gab es inzwischen einen Vorraum, durch den die Besucher kamen und der durch keinerlei Abtrennung mit dem eigentlichen Theatersaal verbunden war – eine Raumgestaltung, wie sie etwa auch in der berühmten Pariser Folies Bergère herrschte –, doch ein »Palast« war diese Hinterhofbühne wahrlich nicht. Aber nach dem Motto »Namen sind Schall und Rauch« und der Erkenntnis »Klappern gehört zum Handwerk« wollte es Düssel offensichtlich zumindest vom Namen her mit dem Nobelvarieté Wintergarten aufnehmen. Aufmerksamkeit heischend kündigte er Sensationen im Februar 1891 an, über die die National-Zeitung ihre Leser ungläubig unterrichtete: »Wie uns von der Direktion des Concordia-Palast-Theaters mitgetheilt wird, beabsichtigt dieselbe, das Berliner Publikum gegen Ende dieses Monats mit einem Schaustücke ganz absonderlicher Art zu überraschen. Es sind dies Original-Stiergefechte in den unter dem Titel ›Messe in Sevilla‹ zur Aufführung gelangenden Szenen aus dem spanischen Volksleben. Herr Direktor Düssel hat eine Anzahl Stiere aus der Züchterei des Matadore Filippo Garcia in Madrid angekauft und eine eigene Gesellschaft, bestehend aus Toreadores, Banderillos, Piccadores, Capas, Flamenos und Gitanes in Original-Darstellung bringen. – Es kann sich dabei selbstverständlich nur um harmlose Nachahmungen handeln. Wir haben das Vertrauen zu den spanischen Stieren, daß sie sich ebenso liebenswürdig erweisen werden, wie die ›bucking Horses‹ des Dr. Larver. Und das ist auch ebenso gut.«[18] Dem Polizeipräsidium hingegen erschien diese Presseankündigung derart ungeheuerlich, daß es – wie sich anhand des Aktenmaterials feststellen ließ – umgehend bei der Direktion Erkundigungen einholte, was es damit auf sich habe. Im Antwortschreiben vom 23. Februar 1891 erklärte die Bühnenleitung daraufhin erhellend, daß »die Produktion mit einem Stier durch die von mir engagierten Clowns (...) in einem pantomimischen Divertissement«[19] stattfinde, zu dem allerdings tatsächlich ein einzelner Stier herangezogen werden würde. Zur Beruhigung der Aufsichtsbehörde fügte Düssel dann aber eine genauere Beschreibung seiner Sicherheitsvorkehrungen an, derzufolge vorgesehen war, ein eisernes Gitter zwischen Bühne und Zuschauerraum herabzulassen, die hölzernen Bühnenumkleidungen auf das Doppelte zu verstärken und »die Hörner des Stieres (...) mit Kautschuküberzügen zu versehen«[20]. So blieb schließlich von der sensationellen Presseankündigung

162   Little Tich

Straßenzugang zum Apollo-Theater, Postkarte   163

nur ein winziger Rest nach; Klappern gehörte tatsächlich zum Handwerk.

Trotz dieser unseriösen, wenn auch durchaus üblichen Methoden, durch die die Direktion des Concordia-Palast-Theaters hoffte, dem in diesen Jahren kometenhaft aufsteigenden Wintergarten standzuhalten, trat ganz das Gegenteil ein. 1892 pachtete das mit Düssel konkurrierende Direktorengespann Dorn und Baron auch noch die Bühne in der Friedrichstraße. Nachdem Düssel das Haus am 20. April geschlossen hatte, setzten sie sich umgehend mit dem Besitzer Ziegra in Verbindung und mieteten es »auf zehn Jahre«[21]. Die Eröffnung wurde zu einem kleinen gesellschaftlichen Ereignis, zumal die neue Direktion die Premiere mehrere Male verschieben mußte. Am 26. August war es schließlich soweit, daß sich die Premierengäste in den erneut ausgeschmückten Theatersaal begeben durften, dessen »mit Geschmack durchgeführte Eleganz der inneren Einrichtung«[22] man ausführlich lobte. Als Sensation wirkte im Eröffnungsprogramm weniger das Ballett-Divertissement »By the Sea« als vielmehr der englische Komiker Little Tich und die französische Chansonsängerin Duclere.

Little Tich war ein international anerkannter Komiker der englischen Music-Hall, der mit seiner kleinen Gestalt, in überdimensionalen Schuhen und weit vorgeneigter Körperhaltung umherwatschelte wie ein Enterich. Respektlos, wie nur die besten seines Faches zur Jahrhundertwende es verstanden, parodierte er selbst Mitglieder der englischen Königsfamilie – zur Erheiterung des Publikums. Da dergleichen aber im Deutschen Reich zu diesen Zeiten noch völlig unmöglich war, brachte er bei seinem ersten Auftreten in Berlin im Rahmen dieser Eröffnungsvorstellung weniger bissige Nummern zum Vortrag, schob stärker »seine drollige Figur, (...) die großartige Mimik und die vortreffliche Imitation einer Balleteuse«[23] in den Vordergrund.

Dem zweiten Star der Premierenveranstaltung, der Französin Duclere, prophezeite man, in Berlin als Kassenmagnet wirken zu werden, da ihre Vor-

164 *Programmheft, 1901*

165 *Programmheft des Apollo-Theaters, 1901*

166 Max Ziegra

tragsart bei den zeitgenössischen Lebemännern, Gigerl genannt, geradezu Beifallsstürme hervorgerufen hatte. Die Volks-Zeitung begründete den Erfolg mit folgender Beschreibung: »Bei dem Erscheinen dieser feschen Dame wurden wir an das Wort des Wiener Tragöden Wagner erinnert, den seine Frau bei der Rückkehr von einem Diner fragte: ›Du, was hat denn die Dir gegenübersitzende Schauspielerin K. angehabt?‹ – ›Wie soll ich denn das wissen?‹ erwiderte der wortkarge Wagner, ›so weit sie über den Tisch ragte, hatte sie nichts an, was sie unter dem Tisch trug, konnte ich nicht sehen.‹ – Madame Duclere ließ uns auch unter den Tisch blicken. Eine ›offenherzigere‹ Person ist den Berlinern wohl noch nicht vorgekommen. (...) Kecker wie Mamsell Rigolboche in Paris während der Blütezeit des zweiten Kaiserreichs. Dieser Tanz war eine Orgie der Frechheit. (...) In der Enthüllung ihrer Reize tat sie so viel für die Schaulustigen, daß ihr zu tun fast nichts mehr übrig blieb. (...) Sie sang und tanzte wie eine Bacchantin, und als sie abging, hob sie das Kleid an der Rückseite mit einer Geste auf, welche die bekannte Einladung Götz von Berlichingen's (...) enthielt. Und diese Einladung wurde von den Gigerln mit donnerndem Beifall«[24] beantwortet.

Doch trotz des Eröffnungserfolges wurde das Direktorenpaar nicht froh mit seiner neuen Bühne. Im Vergleich mit den Engagements für ihre erste Spielstätte trat die Qualität der für das Apollo-Theater verpflichteten Kräfte deutlich zurück. Kein internationaler Tanz- und Gesangsstar, keine aufwendigen Ballette oder Ausstattungsszenen wie noch im Eröffnungsprogramm, keine aufmerksamkeitsheischende Neuentdeckungen eroberten sich die Bühne des Apollo in den folgenden Monaten. Bereits seit September läßt sich ein merkwürdiges Desinteresse Dorns und Barons an ihrer zweiten Wirkungsstätte beobachten, dessen Motive sich leider nicht aufhellen ließen. Nur aus dem Umstand, daß sie sich bereits im Mai 1893 – wie verlautet: »gütlich«[25] – aus ihrem Vertrag lösten, läßt sich ableiten, daß sie bereits sehr rasch nach der Eröffnung des Hauses die Übernahme bereuten. Da aber kein Eigentümer so ohne weiteres die berühmtesten Varietédirektoren der Stadt aussteigen sieht – und Ziegra dürfte da keine Ausnahme gewesen sein –, kam es beiden Seiten in dieser Situation sehr gelegen, daß der seit kurzem für den Wintergarten tätige Jacques Glück an der Übernahme des Apollos Interesse zeigte. Seit dem 20. April 1893[26] versah er die Direktionsgeschäfte und führte in den folgenden Jahren die Bühne ihrer eigentlichen Blütezeit entgegen, die sich auch dann noch fortsetzte, als er im September 1898[27] die Direktion wieder aufgab und zum 1. Oktober 1899[28] die Leitung des neuerrichteten Düsseldorfer Apollo-Theaters übernahm. Der damit verbundene Aufstieg Glücks – war doch die Düsseldorfer Bühne erheblich größer als die Berliner – beruhte auf seinem ausgeprochenen Geschick bei der Entdeckung zugkräftiger Darbietungen und auf der Einführung einer neuen Programmform, die erheblich mit der Person Paul Linckes verbunden war.

In der ersten Saison bespielte Glück das Etablissement mit dem von Dorn und Baron entlehnten Stil des klassischen Varietéprogramms, das auf szenische Elemente gänzlich verzichtete und die weiblichen Tanz- und Gesangsvorstellungen stark hervorhob. Doch bereits im Sommer 1894 errang er durch eine Komposition seines neuen Kapellmeisters Paul Lincke einen so überzeugenden Erfolg, daß Glück die Dramaturgie seiner Aufführungen entscheidend veränderte. Der junge Musiker, zu diesem Zeitpunkt gerade einmal 28 Jahre alt, stellte mit dem »Singspiel ›Die verkehrte Welt‹«[29] seine erste Komposition im Apollo-Theater vor, die den ganzen zweiten Teil des Abends ausfüllte. Zwar war es keine Neuerung im Varieté, szenische Elemente selbst längerer Art in das Programm einzufügen, auch die Stellung zum Ende der Aufführung fiel in solchen Fällen nicht aus dem Rahmen des Gewohnten, doch die Art der Szenen bot manche Novität. Als Burlesken wurden normalerweise die kurzen, höchstens halbstündigen derbkomischen Sketche bezeichnet, die handlungsmäßig und textlich auf jeglichen Anspruch verzichteten (auch mußten wegen GWO!). Paul Lincke begann mit der Vertonung der »Verkehrten Welt« die Burlesken musikalisch zu gestalten und schuf damit gewissermaßen unbeabsichtigt Berlinische Miniaturoperetten. Das war das Besondere. Bereits bei dem ersten Werk erstaunte man vor dem »allerliebsten Bouquet fröhlicher Chansons«[30], die er anzufertigen verstanden hatte (und von denen in der Folgezeit eine ganze Reihe zu Gassenhauern, Schlagern und schließlich zu Evergreens avancierten). Von diesem Zeitpunkt an trug Lincke in rascher Folge mit immer neuen Kompositionen entscheidend zur Beliebtheit der Aufführungen im Apollo-Theater bei, die ein in Berlin einzigartiges Profil erhielten.

Die Musik und die Inszenierungen besaßen nicht alle die gleiche Qualität, doch eine Laufzeit von bis zu einem halben Jahr en suite bei monatlich wechselnden artistischen Vorprogrammen bewies, daß seine Musik den Zeitgeschmack des Berliner Fin de siècle zu treffen wußte (zumindest soweit es sich im Vergnügungsrausch auslebte). Seine Kom-

167   Rudolf Schier

positionen ragen dabei meistens weit über den Wert der Texte und Spielvorlagen hinaus, die von professionellen Schnellschreibern verfaßt wurden und in ihrer Lustigkeit häufig ausgeprochen bemüht blieben. Selbst die Manuskripte seines Freundes Heinrich Bolten-Baeckers, der etwa den Text für die Operette »Frau Luna« schrieb, entbehrten zumeist jenes literarischen und dramaturgischen Niveaus, das die Kompositionen über den

168   Szenenbild aus dem Metropol-Theater, 1898

Tagesgebrauch erhob. An ihre Stellung in der Entwicklungsgeschichte der Operette und des Varietés dachten aber vermutlich die Freunde zu jener Zeit nicht, als es darum ging, den Bedarf des Apollo-Theaters an Novitäten zu decken. Was das Publikum außer den ins Ohr gehenden Melodien schätzte, war das lokale Milieu, in dem die Handlungen zumeist angesiedelt waren und dem Lincke mit seinen Kompositionen musikalischen Ausdruck zu geben verstand. Erst aus der Verbindung von Ortsbezogenheit und den als berlinisch empfundenen Melodien Linckes entstand das, was man später die Berliner Operette nennen sollte. Geradezu genüßlich erzählten die Rezensenten nunmehr ihren Lesern den Handlungsfaden, der durch viele bekannte Örtlichkeiten der Stadt führte. So etwa in der im Mai 1897 herausgebrachten »Venus auf Erden«, in der der Berliner Fritz Leichtfuß auf einer Bank im Tiergarten einschläft und sich in den Olymp hinaufträumt. Fritz Steidl als Leichtfuß und Henry Bender als Jupiter finden im inszenierten Traum Gefallen aneinander, und die gesamte Belegschaft des Himmels steigt zur Erde herab, um sich das dortige Nachtleben anzusehen, von dem selbst die himmlischen Gefilde bereits so viel Gutes vernommen hätten. Inkognito – versteht sich – tummelt sich die ganze Göttermannschaft in den einschlägigen reichshauptstädtischen Lokalen (etwa den Amorsälen), bis schließlich Leichtfuß' Traum abrupt endet, weil er von seiner Bank im Tiergarten heruntergefallen und aufgewacht ist. Die in den Handlungsrahmen liegenden Möglichkeiten verstanden jedoch weder Glück noch Lincke auszubauen. Der Komponist mußte vielmehr nachträglich höchst mühsam die Kurzoperetten auf abendfüllende Partituren erweitern, wodurch sich ganz erhebliche Längen einschlichen; Glück hingegen gab sich bereits zufrieden mit den vollen Häusern, die sein Komponist und zudem noch blendend aussehender Schaudirigent erzielte. Erst Richard Schultz, der Direktor vom Metropol-Theater, der zur Jahrhundertwende die von Glück eingeführte

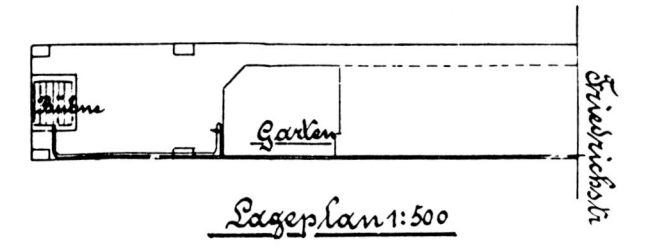

169   Lageplan des Apollo-Theaters aus dem Jahre 1900, der den Rückgang der Gartenfläche verdeutlicht

170   Knockabout-Clowns auf der Bühne des Apollo-Theaters, 1906

neue Varietédramaturgie übernahm, nur mit Julius Einödshofer als Komponisten und Julius Freund als Texter, sah die erfolgsträchtigen Möglichkeiten der Ausweitung und schuf 1903 folgerichtig die erste Berliner Revue, deren Rahmen exakt dem von »Venus auf Erden« entsprach.

Auch nachdem der Direktor des Apollo-Theaters Berlin verlassen hatte, behielten die nun häufig wechselnden Pächter die vom Zuschauer inzwischen gewohnten musikalischen Burlesken bei. Im Juni 1898 übernahm der Theater- und Künstleragent Emerich Waldmann die Leitung, schied jedoch bereits im Sommer 1900 wegen »Differenzen prinzipieller Natur«[31] zwischen ihm und dem Besitzer Ziegra im Zorn wieder aus. Nach kurzer eigener Leitungstätigkeit setzte Ziegra zum Saisonbeginn 1901 den Leiter des bei der Inszenierung von »Frau Luna« mitwirkenden Grigolatis Balletts, Friedrich Zschiegner, als Direktor ein. Wiederum ein Jahr später gab es schon wieder einen neuen Bühnenleiter, der offensichtlich über einen größeren Durchhaltewillen verfügte als seine Vorgänger: Rudolf Schier. Dieser blieb bis 1909 und übergab die Geschäfte dann Carl Juppa, der jedoch im Jahr 1913 – angeblich aus zu großer Sorge um sein nicht mehr aufrechtzuerhaltendes Unternehmen – an einem Herzschlag verstarb.

Tatsächlich stand das Apollo-Theater zu diesem Zeitpunkt vor seinem Ende. Nicht die Programme waren wesentlich schlechter geworden oder das Publikum fand keinen Gefallen mehr an dieser Spielstätte, sondern äußere Umstände führten eine ökonomische Unrentabilität herbei. Paul Lincke hatte bereits vor Jahren das Engagement aufgekündigt und arbeitete inzwischen als freier Komponist und Musikverleger. Er war durch seine Tätigkeit am Apollo-Theater zu einer allgemein bekannten Persönlichkeit geworden, so daß sein Ausscheiden im August 1901 nicht unbemerkt blieb: »Paul Lincke, der langjährige Hauskomponist und Orchester-Dirigent des Apollo-Theaters in Berlin, hat seinen abgelaufenen Vertrag mit dieser Bühne nicht erneuert und ist bereits aus dem Verbande desselben ausgeschieden. Paul Lincke wird kein Engagement an einer Bühne mehr annehmen, sondern sich nur dem Componiren und der Leitung seines musikalischen Verlags (...) widmen. Sein Nachfolger am Dirigentenpult des Apollo-Theaters ist Capellmeister Ehrke, der bis jetzt neben Lincke als zweiter Dirigent functionirte.«[32] Ob eventuell sein Schritt auch durch die vorangegangenen mehrfachen Direktionswechsel verursacht worden war, läßt sich heute nicht mehr mit Sicherheit feststellen. Doch auch ferner brachte er Werke heraus, die mit unzweideutigem Erfolg auf seiner Hausbühne ihre Uraufführung erlebten.

Die ökonomische Verschlechterung des Apollo-Theaters stand jedoch in keinem Zusammenhang mit dem Erfolg oder Mißerfolg der Operetten. Vielmehr begann die allgemeine Stadtentwicklung und eine rigide Handhabung der Sicherheitsvorschriften die Bühne in der Friedrichstraße ökonomisch zu strangulieren. Als vormals der Konzertgarten als Vergnügungsstätte eröffnet worden war, war die Friedrichstadt zwar bereits kein Brachland mehr gewesen, doch ihre Bebauungsdichte nahm erst in den darauffolgenden Jahren entscheidend zu. So entstand zur Jahrhundertwende die Situation, daß sich die Gartenanlage des Apollo-Theaters auf die Größe eines Freilicht-Foyers rückentwickelt hatte und zudem von allen vier Seiten durch mehrstöckige Häuser umschlossen war. Die Baupolizei sah die Verhältnisse dort mit zunehmender Besorgnis. Nach den europaweit Beachtung findenden Theaterbränden der achtziger Jahre, 1881 etwa des Wiener Ringtheaters, verschärften die örtlichen Aufsichtsbehörden die Sicherheitsauflagen von Spielstätten und erzwangen vielfach den nachträglichen Einbau von Brandschutzeinrichtungen. Als entscheidend erwies sich schließlich die Polizeiverordnung vom 2. Mai 1909, die – konsequent auf das Apollo-Theater angewandt – nur den Abriß bedeutet hätte. Dem im gleichen Jahr neu in das Vergnügungsunternehmen einsteigenden Carl Juppa erteilten die Baubehörden erhebliche Auflagen, die er besser erfüllte, wenn er nicht die Spielgenehmigung verlieren wollte. Gravierendster Punkt war dabei die Hinterhofsituation, besaß das Haus doch immer noch nur einen einzigen Straßenzugang zur Friedrichstraße. Bei einem Feuer gäbe es daher nur diesen einen Fluchtweg, der zudem noch aufgrund seiner Länge diverse weitere Gefahrenquellen barg. Man verlangte von Juppa fast Unmögliches: die Schaffung eines Umgangs um das Theater herum, wie es die freistehenden Bühnen besaßen, zumindest aber für die erste Zeit einen zweiten Fluchtweg und eine Sprinkleranlage. Juppas Vorgänger Schier hatte zur Behebung von Platzmängeln bereits in dem hinter dem Büh-

nenhause gelegenen Gebäude, das zur Wilhelmstraße hinausführte, zusätzliche Garderobenräume für seine Darsteller angemietet und einen Durchbruch zum Theater eingebaut. Juppa versuchte nun, diesen als Fluchtdurchgang zur Wilhelmstraße zu erweitern, indem er zum Parkett verbindende Treppen legte. Doch die Auflagen der Baupolizei nahmen nicht ab, und die in Aussicht stehenden Umbauten, wenn sie denn überhaupt mit dem Gebäude möglich wären, versprachen erhebliche Summen zu verschlingen. Zusammenfassend listete die Behörde folgende Punkte auf:
»1.) Das Theater liegt nicht an einer öffentlichen Straße und hat nicht den für derartige Theater geforderten umlaufenden Hof. Das Theater ist vielmehr von drei Seiten völlig eingeschlossen; der Zugang erfolgt nur durch eine etwa 100 m lange und etwa 4 m breite Durchfahrt, deren Seitenwände zum Teil durchbrochen sind. Es liegt daher die Gefahr der Verqualmung bei Ausbruch eines Feuers vor.
2.) Die Ausgänge aus dem Zuschauerraum liegen nur an *einer* Seite dieses Raumes.
3.) Das Parkett und der Rang haben keine umlaufenden Flure.
4.) Die Rangtreppen führen nicht auf kürzestem Wege ins Freie und liegen nicht in besonderen Treppenhäusern.
5.) Das Bühnenhaus hat im Verhältnis zum Zuschauerhaus nicht die vorschriftsmäßigen Abmessungen.
6.) Der hintere Bühnenausgang und die Garderobenräume hinter der Bühne liegen auf einem *nicht* zum Theater gehörigen Grundstück, die betreffenden Räume sind nur *angemietet.* Eine dauernde Sicherstellung der Ausgänge und die Befahrbarkeit der betreffenden Höfe ist daher nicht gegeben.
7.) Die im Bühnenhause selbst belegenen Ankleideräume erhalten teilweise gar kein Licht, teilweise nur von Lichthöfen aus; sie sind also zum dauernden Aufenthalt von Menschen ungeeignet und nur vorübergehend zugelassen.
8.) Die Flure und Treppen des Bühnenhauses entsprechen hinsichtlich ihrer Breite, Zahl und Beschaffenheit nicht den Forderungen des § 22; besonders da sie keine Beleuchtung von der Straße oder einem vorschriftsmäßigen Hofe erhalten; auch führen sie nicht auf dem kürzesten Wege ins Freie.«[33]
In Anbetracht dieser Forderungen der Baupolizei, die immerhin die Macht besaß, bei Nichterfüllung die Schließung der Spielstätte zu veranlassen, war es kein Wunder, daß sich 1913 kein neuer Pächter mehr fand, als die Bühne plötzlich durch den Tod Juppas verwaist stand.

Die unentschiedene Situation nutzte die relativ junge »Cines-Gesellschaft« aus und übernahm das Theater, das sie zum Kino umbauen ließ. Für den Einbau eines Projektionsraumes beauftragte die Gesellschaft einen der bekanntesten Theaterarchitekten der Stadt, Oskar Kaufmann.[34] Kaufmann hatte sich bereits durch das 1908 eröffnete Hebbel-Theater einen hervorragenden Ruf erworben und sollte ihn später etwa durch den Bau der Volksbühne am Bülowplatz erneut bestätigen. Am 29. August 1913 fand die Eröffnungsvorstellung in dem inzwischen dritten Haus der Cines-Gesellschaft statt, die bei den Aufführungen diverse kürzere Filme zeigte, denen ein Varietéprogramm – eine sogenannte Bühnenschau – voranging. Der Berliner Börsencourier berichtete anerkennend: »Man erkannte das alte, etwas verstaubte Theater, in dem man zu Juppas Zeiten so oft herzlich gelacht hatte, kaum wieder. Alles war ›auf neu‹ gearbeitet, von den Kronleuchtern an bis herab zu den Uniformen des zettelverteilenden Boys. Ein stumpfes, behagliches Violett herrscht vor und macht den großen, an sich etwas nüchternen Raum zu einem angenehmen Aufenthalt. Eine festlich gekleidete Menge war zu der Premiere herbeigeeilt. Wird doch heutzutage die Eröffnung eines Kinos fast mehr gefeiert als die eines Schauspielhauses. Nach dem Muster des Cines-Palastes am Zoo bietet auch die Apollo-Cines eine Mischung von Varieté und Bühne. Die Auswahl der Films war recht geschickt getroffen. Eine Burleske (…), eine Lichtspielnovelle (…), eine Komödie (…) und ganz besonders die prachtvollen Militärbilder (…) reihten sich würdig an. Die Varietéstücke boten ebenfalls durchweg gute Leistungen. (…) Kurz, es war ein genußreicher Abend.«[35] Vier Auftritte gingen den Filmen voraus; das Verhältnis von Film und Varieté hatte sich damit umgekehrt.

In knapp zwanzig Jahren, seit der erste Film im Varieté gezeigt worden war, hatte die Filmwirtschaft einen derartigen Aufschwung genommen, daß sie begann, die artistischen Spielstätten zu verdrängen. Das Apollo-Theater, bisher immerhin das zweite Varieté der deutschen Hauptstadt, ist daher ein besonders eklatantes Beispiel für diesen Prozeß.

Kino und Varieté

Das Verhältnis von Kino, Film und Varieté ist enger, als auf den ersten Blick zu vermuten wäre. Dennoch ist es erstaunlich, daß die Kinohistoriker bisher relativ wenig Augenmerk auf diesen Aspekt ihres Forschungsgegenstands gelegt haben, der zumindest die ersten zwanzig Jahre seiner Entwicklung nicht unwesentlich beeinflußte. Gewöhnlich beschränkt sich die Darstellung der frühen Filmgeschichte auf die technische Entwicklung sowie auf die frühen Distributionsformen; ausführlicher beschrieben wird erst der 1913 einsetzende Kunstfilm. So werden unverständlicherweise knapp zwei Jahrzehnte Kino- und Filmgeschichte relativ einseitig abgehandelt. Gerade in diesem frühen Stadium des Kinematographengewerbes waren jedoch die Verbindungen zwischen dem Film und dem Varieté ungewöhnlich eng, existierten doch nicht nur bei den Vorführungen formale wie inhaltliche Affinitäten, sondern auch auf der personellen Ebene bestanden diverse Berührungspunkte zwischen der frühen Kinowirtschaft und den Varietébetrieben. Wenn sich auch am Ende das reine Kino – also das Lichtspieltheater, in dem ausschließlich Filme gezeigt wurden – gegen jede gemischte Form durchsetzen sollte, zeigt doch nicht zuletzt die jahrzehntelange Tradition von Bühnenschauen, die noch nach dem Zweiten Weltkrieg in einer ganzen Reihe Berliner Kinos zu sehen waren, von den Verflechtungen.

Allgemein bekannt ist, daß die ersten öffentlichen und zu kommerziellen Zwecken veranstalteten Filmvorführungen im Berliner Wintergarten im Novemberprogramm 1895 stattfanden. Die Brüder Max und Emil Skladanowsky, die auf der kleinen Seitenbühne ihren sogenannten »Bioscop« vorführten, waren jedoch keine technischen Erfinder, die sich zur spektakulären Propagierung ihrer Neuerung auf die Varietébühne begeben hatten, sondern sie gehörten dem Artistenstand von Kindesbeinen an. Bereits ihr Vater war mit Zauberlaternen und Nebelgeräten unterwegs gewesen und hatte bei den Aufführungen seine Söhne mit herangezogen. Max Skladanowsky, auf dessen innovative Einfälle die späteren Filmvorführungen beruhten, berichtete über eines der mit seinem Vater zusammen absolvierten Engagements in Berlin: »Am 18. November 1879 hielt mein Vater

171 Anzeige im Berliner Lokal-Anzeiger

zum ersten Mal einen wissenschaftlichen Vortrag in der Berliner Flora, dem späteren Apollo-Theater, in der Friedrichstraße. Hier bediente ich den großen Doppelprojektor, der die zu dem Vortrag notwendigen Lichtbilder riesengroß auf die Leinwand warf. Irgendwie verfolgte mich die Sehnsucht, die bisherigen starren Projektionsbilder mit Leben zu erfüllen. Zuerst versuchte ich, diesen Bildern durch mechanische Vorgänge Abwechslung und Bewegung zu geben, und viele Bilder riefen wahre Sensationen hervor, waren es doch für viele die ersten beweglichen ›Tonbilder‹, denn mein Vater sprach hierzu die notwendigen Erklärungen. Es waren Urahnen des späteren Tonfilms. Ich war meines Wissens der erste, der zur Projektion komprimierten Sauerstoff verwendete. Zur Überblendung meiner Bilder benutzte ich einen eigenartigen Hahn in der Zuleitung des Gases. Im Volksmund hießen solche Bilder ›Nebelbilder‹. Auf dem Programm standen aber hochtrabende Namen wie ›Riesentableaus‹, ›Welttheater‹, ›Illuminationstheater‹ usw. Das Projektionsgerät stand hinter einem Shirtingvorhang, der mit Wasser angefeuchtet werden mußte, um die Transparenz zu begünstigen. Zu meinem großen Bild ›Der Brand der Sennhütte zu Brienz‹ waren allein vier Einzelbilder nötig. Zuerst erschien die Schweizer Landschaft mit der Hütte bei Sonnenuntergang. Langsam verfinsterte sich das Bild durch heranziehende Gewitterwolken. Im zweiten Apparat war inzwischen die Blitzplatte eingesetzt worden.

172

Durch schnelles Öffnen und Schließen des Objektivverschlusses war die Täuschung des Blitzes vollkommen. Anstelle des Blitzbildes wurde nun das dritte Bild, die Brandplatte eingesetzt, die langsam auf dem Shirtingvorhang erschien. Eine runde Glasplatte mit rot bemalten Flammenbündeln wurde in Drehung versetzt und zeigte die Sennhütte, von Flammen eingehüllt. Langsam erschien dann das vierte Bild: Der Mond stieg herauf und beleuchtete die Ruine.«[1] Bei diesen Varieténummern bestand also die Sensation nicht in einem Spezialkönnen von Personen, etwa Seiltanzen, Singen oder Witzeerzählen, sondern in den Effektmöglichkeiten von Licht und Mechanik, mit deren Hilfe optische Wirkungen erzeugt werden konnten, die auf das Publikum außerordentlich reizvoll wirkten.

Auch ohne ihren Vater traten Max und Emil Skladanowsky mit Nebelbildern auf und figurierten dabei unter dem Namen »Die Brüder Hamiltons«. Sie zeigten ein »electro-mechanisch-pyrotechnisches Wasserschauspiel-Theater«[2]. Mit dieser Darstellung waren sie bereits im Oktoberprogramm 1895 im Wintergarten engagiert – also einen Monat vor der Filmweltpremiere – und absolvierten ihre Vorführungen »mit vielem Erfolg«[3], wie die Presse knapp bemerkte. Niemand ahnte zu diesem Zeitpunkt, was die Brüder in aller Stille vorbereitet hatten. Während des Engagements hatte Max Skladanowsky endlich seinen Doppelprojektor so weit vervollkommnet, daß er ihn der Öffentlichkeit präsentieren konnte. In der Hoffnung, mit ihren bewegten Bildern als Artisten groß herauszukommen – ein Kinobetrieb lag außerhalb ihrer Vorstellung –, führten die Brüder ihn der Wintergarten-Direktion vor. Diese war beeindruckt und verlängerte ihre Verträge um einen weiteren Monat, so daß am 1. November 1895 zum ersten Mal die sogenannten »lebenden Photographien« einem Varietépublikum gezeigt wurden. So wie Dorn und Baron die Neuheit als »sensationell« empfanden, so ging es auch dem Publikum und der Presse, die jedoch in der Darbietung noch nichts anderes sehen konnte als eine typische Varietéattraktion. Die Staatsbürger-Zeitung schrieb am 5. November: »Das Finale der Vorstellung springt auf die kleine Bühne des Bioskop über. Der ingeniöse Techniker benutzt hier ergötzliche Momentphotogramme und bringt sie in vergrößerter Form zur Darstellung, aber nicht starr, sondern lebendig. Wie er das macht, das soll der Teufel wissen.«[4] Victor Happrich wußte als Fachjournalist bereits mehr: »Mit dem Bioscop haben die Herren Skladanowsky eine großartige Erfindung gemacht; in Lebensgröße werden, dem electrischen Schnellseher vergleichbar, Artisten in ihren Productionen, z. B. Jongleure, Ringer, Reck-

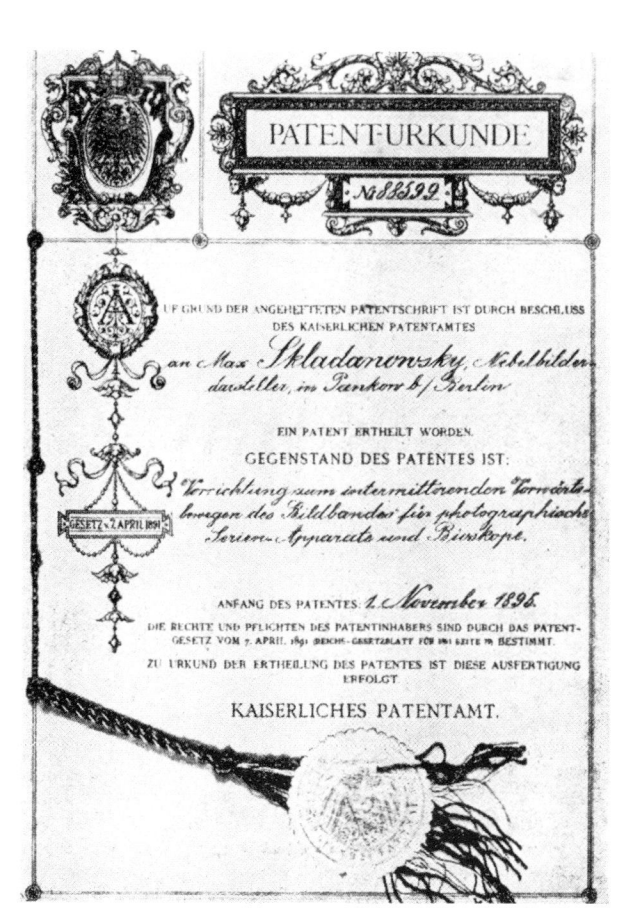

173   Max Skladanowsky

174

175   Emil Skladanowsky

turner u.s.w. auf die Bühne gezaubert, daß man erstaunt. Die Piece ist unstreitig die amüsanteste des Abends, schade, daß sie am Schlusse des Programms zu finden ist.«[5] Das Gefühl, Zeitzeuge eines historischen Augenblicks gewesen zu sein, ging den Rezensenten offensichtlich ab.

Tatsächlich blieben die gezeigten kurzen Filme sehr nahe am Lebens- und Arbeitsbereich seiner Urheber und zeigten ausschließlich Darbietungen von Artisten. So annoncierten die Brüder nicht zu Unrecht im darauffolgenden Monat, daß ihre Nummer »ein volles Varieté-Programm«[6] sei. Ihre Vorführung umfaßte zu diesem Zeitpunkt neun Filme:

»1. Italienischer Bauerntanz, ausgeführt von 2 Kindern
2. Komisches Reck (Brother Milton)
3. Das boxende Känguruh (Mr. Delaware)
4. Jongleur (Petras)
5. Acrobatisches Potpourri (8 Personen)
6. Kammarintzky, russ. Nationaltanz (3 Gebr. Tscherpanoff)
7. Serpentinentanz (Mlle. Ancion)
8. Ringkampf zwischen Greiner und Sandow
9. Apotheose (Gebr. Skladanowsky)«[7].

Form und Inhalt entsprachen also den Varietégepflogenheiten, so daß es nicht verwundert, wenn die Agenten anderer europäischer Spezialitätenbühnen nach dem Debüt sofort die Erfindung unter Vertrag nahmen. Ende November verließen die Skladanowskys Berlin und reisten nach Paris, wo sie im Revuetheater Folies Bergère auftraten. Danach schifften sie sich nach London ein, um einem Engagement in dem berühmten Londoner Empire Theatre nachzukommen. Bereits unmittelbar in den ersten Monaten des Jahres 1896 verbreitete sich also aufgrund der internationalen Arbeitsgewohnheiten der Artisten die Kunde von der filmtechnischen Novität in den wichtigsten Ländern des europäischen Kontinents.

Das Jahr 1896 brachte dann die Anfänge einer Filmindustrie sowie die ersten reinen Kinos mit sich. In Frankreich hatten die Brüder Auguste und Louis Lumière ebenfalls seit längerem an der Entwicklung einer Projektionstechnik gearbeitet, dessen Ausformung sich letztlich als praktikabler erweisen sollte als die der Skladanowskys. Dessen Apparat mit seiner Doppelprojektion und dem Schneckengewinde zum Transport der Filmstreifen blieb ein nur von ihm betriebenes Original, von dem nichts in die späteren Apparate übernommen werden konnte. Die Lumières zeigten in Frankreich ihre ersten Filme im Dezember 1895 und begannen anschließend sofort mit der ökonomischen Auswertung ihrer Erfindung, indem sie deren internationale Verbreitung vorantrieben. Da sie jedoch nicht dem Varieté verbunden waren, schlugen sie einen wirtschaftlich zweckmäßigeren Weg ein: Sie vergaben gewissermaßen Lizenzen an Interessierte in den europäischen Großstädten, die dann nicht auf die Varietébühnen gingen, sondern eigene Räume anmieteten, in denen sie ausschließlich die Filme der Lumières zeigten. In Berlin

176 Erste Filmaufnahmen der Brüder Skladanowsky

erfolgte die Geburt des sogenannten Ladenkinos im April 1896; in ihm wurden mit den Apparaten von Lumière auch französische Filme gezeigt, die zumeist naiv dokumentarischen Charakter besaßen. Doch auch die ersten, speziell geschaffenen Spielszenen kamen bereits zur Aufführung.

In Deutschland ist die aufblühende Film- und Kinoindustrie mit dem Namen Oskar Messter verbunden, der von Berlin aus bereits im Laufe des Jahres 1896 fast siebzig Projektoren verkaufen konnte, deren Erwerber zu einem Drittel aus dem Ausland kamen.[8] Im September 1896 übernahm Messter das von den Lumières aufgegebene Ladenkino und konnte so unter ständiger Praxisbedingung seine Technik der Projektion weiter vervollkommen.

Gleichzeitig hatten die Brüder Skladanowsky auf den Bühnen der Varietétheater diverse Konkurrenten erhalten, die sich neuerer Filmtechniken bedienten und damit einwandfreiere, weniger stark flimmernde Bilder vorführen konnten. In Berlin fand die zweite Filmvorführung in einem Varieté erst im September 1896 statt. Ort des Gastspiels war Kaufmanns Varieté. Bereits zu diesem Zeitpunkt konnte die Vorführung nicht mehr auf

177   Oskar Messter

178

die rein technische Sensation vertrauen, die noch ein halbes Jahr zuvor den Erfolg garantiert hatte, sondern mußte erweiterte Anstrengungen unternehmen, die stummen Vorgänge akustisch und intellektuell ansprechend und verstehbar zu gestalten. »Da ist (...) Olinka, die schöne Polin, welche die ›lebenden Photographien‹ in vorzüglicher Weise dem Publicum vorführt. Die hübsche, jugendliche Dame betritt, gehüllt in ein keckes Seidencostüm, die Bühne und hält zunächst dem Publicum einen kleinen ansprechenden Vortrag, welchen sie, sobald die Bilder erscheinen, durch Commentare hie und da zweckentsprechend ergänzt. Der Kinematograph, welchen Madame Olinka vorführt, ist ein vorzüglicher Apparat, welcher uns auf der weißen Bildfläche tanzende Kinder, marschirende Soldaten, launige Vorgänge auf der Straße und in Restaurants, tanzende Haremsdamen und Japanerinnen, ankommende Eisenbahnzüge, einen Prestidigitateur in voller Thätigkeit und viele andere Vorgänge so anschaulich in ihren Bewegungen vorführt, daß sie uns greifbar körperlich erscheinen, um so mehr, als Mr. Hubertus, der Gatte von Madame Olinka, der hervorragende Imitateur von Thierstimmen, die einzelnen Bilder unsichtbar durch Geräusche und Töne zu beleben weiß. Was den Apparat, der hier zum ersten Male auf der Varietébühne erscheint, anbelangt, so lassen sich die lebenden Photographien folgendermaßen erklären: Die lebenden Vorgänge werden auf einem Collodiumstreifen photographirt, der sich in verticaler Richtung in einem hermetisch verschlossenen Kasten aufrollt. Durch einen kunstvollen Mechanismus rollt sich dieser Streifen, auf dem die Bilder photographiert worden, in fortlaufenden, durch Stillstände unterbrochenen Bewegungen ab. Die Zahl der Aufnahmen beträgt 15 in der Sekunde. Was sich also beispielsweise in einer einzigen Minute auf der Straße abspielt, bedarf etwa 900 Photographien und nimmt einen Streifen von 18 Meter Länge und 3 Centimeter Breite in Anspruch. Der Apparat beruht auf dem Anschütz'schen Verfahren und ist von Edison und August und Louis Lumière in Lyon vervollkommnet worden. Es werden für den Kinematographen Bänder von Films verwendet,

179   Kino in der Friedrichstraße, um 1910

so daß es möglich ist, die durchsichtigen Bilder, welche ungefähr die Größe von Briefmarken haben, vor eine Lichtquelle zu setzen und sie als Projection auf die Leinwand zu bringen. Von electrischen Bogenlicht hell bestrahlt, rollt sich der Collodiumstreifen durch einen Präcisionsmechanismus mit ruckweisen Bewegungen auf, und so schnell arbeitet der Apparat, daß man meint, er stände still und zeige nur ein einziges, allerdings lebendiges Bild auf dem gespannten Leinwandrahmen.«[9] Faszination und Informationsbedürfnis halten sich bei diesem Aufführungsbericht in historisch aufschlußreicher Weise die Balance, zumal die technische Beschreibung die Gefälligkeit der Präsentation durch eine junge Frau nicht nebensächlich erscheinen läßt. Offensichtlich breitete sich inzwischen das Bewußtsein aus, es in dem Film mit einem Medium noch ungeahnter Möglichkeiten zu tun zu haben, dem hohe Aufmerksamkeit zu zollen sei; die Gefahren für das Varieté sahen hingegen die Fachleute noch nicht.

Wiederum besaß Kaufmanns Varieté mit dem Engagement der Madame Olinka durchaus eine Vorbildfunktion, denn kurze Zeit später wandte sich Messter an die Direktion des Apollo-Theaters mit dem Vorschlag, eines seiner Projektionsgeräte dort fest zu installieren. Jacques Glück willigte ein, und so kamen auf der Bühne in der Friedrichstraße ab Dezember 1896 die ersten ständigen Filmvorführungen in Berlin zustande.[10] In der ersten Zeit befriedigten jedoch die Bilder nicht völlig die inzwischen gestiegenen Erwartungen der Zuschauer: »Die lebenden Photographien, welche den Schluß der Vorstellung bilden, sind hochinteressant, besonders die bunten lebenden Photographien der Quadrille Moulin rouge, welche einen Cancan in optima forma veranschaulichen, doch möchte ich auch hier, ganz subjektiv allerdings, behaupten, daß mir Madame Olinka's Kinetograph etwas schärfere Bilder zu werfen schien. Vielleicht lag es an der Größe der Bildflächen, die allerdings bei Madame Olinka ziemlich klein waren, während die im Apollo-Theater gezeigten lebenden Photographien ziemlich große Bilder zeigen, die ja dann natürlich wohl mit der wachsenden Größe etwas an Schärfe einbüßen dürften.«[11]

Jacques Glück und Messter hatten Erfolg mit ihrer Installation, denn die Filmvorführungen im Apollo-Theater fanden erheblichen Anklang im Publi-

180   Berliner Feenpalast, Postkarte, Ausschnitt

kum. Da sich zudem die finanziellen Aufwendungen für Einbau und Betrieb in Grenzen hielten, ahmten andere große Varietéhäuser das Apollo nach. Im Laufe des Jahres 1897 festigten sich die engen Verbindungen von Varieté und Filmwirtschaft so weit, daß jeder größeren Spielstätte ein Projektor angeliefert wurde, der jeweils zum Abschluß der Aufführungen die neuesten Filme zeigte. Nach dem Apollo trat als zweites Varieté in Berlin das Reichshallen-Theater im Januar 1897 mit einer Projektionsausrüstung vor die Öffentlichkeit. Nun konnte natürlich der Wintergarten nicht mehr zurückstehen; im Februar stand noch einmal Skladanowsky mit seinem inzwischen weiterentwickelten Apparat, jetzt »Animetograph«[12] genannt, auf dem Programm und zeigte Berliner Momentbilder wie den Verkehr auf dem Alexanderplatz. Doch einen vergleichbaren Erfolg wie knapp anderthalb Jahre zuvor erzielte er nun nicht mehr. Zu rasch war seine Erfindung durch die Konkurrenz, die durchaus leistungsstärkere Bilder zu liefern imstande war, überflügelt worden. So dauerte sein Engagement auch nur bis zur Mitte des Monats, worauf sich die Wintergartenleitung einen »Vivaphotoscop«[13] aufstellen ließ, mit dem u. a. der erste erotische Film dem Publikum gezeigt wurde. Den Streifen »Endlich daheim« kannten manche Zuschauer bereits in Form eines Varietésketches, der zuvor über diverse internationale Bühnen gegangen war. Dabei handelte es sich gleichsam um eine wilhelminische Art des Striptease: Eine Frau kommt nach Hause und geht zu Bett. Dazu muß sie sich selbstverständlich ihrer Kleidung entledigen. Das langsame Ablegen der verschiedenen Stoffschichten (Straßenkleid, Unterkleid, Korsett und schließlich Hemd) wirkte auf die Zeitgenossen äußerst »pikant«.

Im März 1897 besaß auch der Feenpalast einen Projektor; des weiteren kamen in den restlichen Monaten des Jahres die Bühnen Artushof in Moabit, Puhlmanns Sommertheater in der Schönhauser Allee und das Passagetheater im Stadtzentrum hinzu. Bereits im Mai 1897 – anderthalb Jahre nach der Uraufführung – stellte der Fachrezensent verwundert fest, daß »die jetzt beinahe unvermeidlich gewordenen lebenden Photographien«[14] sich ihren festen Platz im Repertoire der Varietés erworben hatten.

Nur die großen Häuser waren es freilich, die sich einen Projektor fest im Haus installieren ließen. Daneben gab es natürlich auch weiterhin die mobilen Filmvorführungen etwa eines Skladanowsky oder einer Madame Olinka. In den Programmheften tauchten jetzt auch die konkurrierenden Systeme namentlich auf: Messter etwa für das Apollo-Theater, das Vitaphotoscop im Wintergarten kam von Philipp Wolff aus London, und in den Reichshallen stand ein Excelsior-Mimograph nach dem System Försterling. Die Bedeutung der Varietétheater bei der Ausbreitung des Films und der Erprobung technischen Geräts war demnach nicht unerheblich. Im folgenden Jahrzehnt änderte sich bezüglich der Filmvorführungen in Varietétheatern nichts Entscheidendes. Alle größeren Spielstätten besaßen inzwischen einen eigenen Projektor, der jedesmal zum Abschluß der Aufführungen zum Einsatz kam. Mit dem Film und der damit notwendig gewordenen Verdunkelung des Raumes begann jene Entwicklungsphase, in der das Essen, Trinken und Rauchen während der Vorstellung zurückgeschraubt wurde; die früher gepflegte Geselligkeit verlor damit zwangsläufig an Bedeutung.

Spätestens nach der Jahrhundertwende begannen manche Direktoren und Artisten, die Entwicklung des Kinos mit Sorge zu betrachten, mußten sie doch allmählich befürchten, daß das Kino sich aus der beliebten, dem Spezialitätenprogramm aber untergeordneten Rolle emanzipieren würde. Die Zahl der Kinos in der Stadt nahm langsam, doch unaufhaltsam zu. Begünstigt wurde diese Entwicklung durch die gesetzlich noch nicht reglementierte Betreibung von Filmtheatern, für die es bislang keine gewerberechtlichen Bestimmungen gab. Da man in diesen Anfangsjahren zudem feuertechnisch noch außerordentlich unachtsam mit den Materialien umging (so empfahl man etwa bei einem Filmbrand das Löschen mit Wasser), gab es auch von anderen Aufsichtsbehörden nur geringe Einschränkungen bei der Eröffnung eines Kinos. Der zahlenmäßige Anstieg der Filmtheater ist leider bisher noch nicht genau ermittelt worden, finden sich doch auch in den erhalten gebliebenen Akten nur unzureichende Angaben. Für das Jahr 1912 immerhin gibt es in einer zeitgenössischen Publikation eine Größenangabe, die den rasanten Verlauf erahnen läßt. Für das Gebiet Groß-Berlin mit seinen inzwischen rund drei Millionen Einwohnern wird darin von einem Bestand von 260 Kinos ausgegangen.[15] Wenn also die Zahl der Varietés die der Theater zur Jahrhundertwende etwa um das Dreifache überstiegen haben dürfte, hatte das Kino in nur rund fünfzehn Jahren diese Zahl noch einmal um 100 % überschritten! Offensichtlich hat sich in diesem Zeitraum ein eklatanter Strukturwandel auf dem Gebiet der Unterhaltung abgespielt. Der Film eroberte nicht so sehr ein neues Publikum, begab sich nicht primär in für Theater und Varieté untaugliche Räume (was er *auch* tat), sondern eroberte bisherige Theater- und Varietégänger und verdrängte die artistischen Veranstaltungen aus ihren angestammten Häusern. Die Schauspielhäuser hatten zu diesem Zeitpunkt noch relativ wenig vom Kino zu befürchten, da sich das Publikum der Ladenkinos zumeist aus Kreisen rekrutierte, die nicht oder höchst selten dorthin gingen. Die Kinder, Arbeiter und Hausangestellten, die tagsüber und nachts sich im »Kientopp« einfanden – wo sie selbstverständlich rauchen und Getränke bestellen konnten –, bildeten aber ansonsten das Publikum für die Kleinvarietés, die Tingeltangel, jene Lokale also, deren Existenz sich nie in irgendeiner Art von Aufführungsbesprechung niederschlug. Das Kino nahm diesen Lokalen nicht nur das Publikum fort, sondern häufig rückte es sogar als Sieger in ihre Räumlichkeiten ein. Der Aufstieg des Films verursachte also die große Krise des Varietés (in Verbindung mit dem Kabarett). »Das ehemalige Berliner Varieté Café Walhalla in der Elsässerstraße 47/48 ist außen und innen hübsch renoviert und in ein Biophon-Theater der Firma Messter umgewandelt worden. Die Eröffnungsvorstellung (1906 – d.Verf.) fand allseitigen lebhaften Beifall. Die Biophon-Bilder (singende Photographien), u.a. Carl Böhme's Piston-Solo, Oscar Braun als Nanki-Poo im Mikado, ein Couplet-Vortrag Otto Reutter's und Siegmund Liban's ›Es war einmal‹ wurden ebenso acclamiert wie die wunderbaren Filme des Thaumatographen, z.B. Carneval in Nizza und die Industrie der Sardine. Die Öconomie führt der bisherige Direktor Herr Anton Thiel mit bekannter Aufmerksamkeit.«[16] Bereits in den Jahren vorher hatte Thiels Walhalla nicht zu den teuren Varietés gehört, denn die Elsässer Straße war berühmt für ihre Lokale mit Frauenbedienung, Animierzwang und erotischem Vortragsstil, doch das Kino kam dem Betreiber offensichtlich noch billiger. Mit der für diese Sorte Lokal relativ teuren Anschaffung des Projektors riskierte der Besitzer sicher einiges, doch einmal aufgestellt war die jeweilige Bestellung von neuen Filmen preiswerter als immer neu zu tätigende Engagements. Die ehemaligen Bühnenleiter konnten nun als Kinobesitzer die Filme Tag und Nacht laufen lassen, wogegen bei einem Varietéprogramm – selbst im Tingeltangel – mehr als drei Auftritte am Abend nicht möglich waren. »Das Kino mit seiner ausgedehnten Spielzeit war zu jeder Tageszeit zugänglich, wo die Arbeit (physische oder geistige) schichtweise abgelegt war. Von der Fabrik, aus den Büros heimkehrende Leute sahen unterwegs, – befreit von der Last der Arbeit – die Tore des Kinos stets geöffnet. Kein Wunder, daß unzählige Tausende ihren Heimweg durch einen kleinen ›Kientopp-Sprung‹ gewürzt, oder ihren Angehörigen gleich dort ein Rendezvous gegeben hatten.«[17] Die Masse, vorher dem Varieté zugetan, bevorzugte nun die Kinos, für die der Eintritt zumeist nur Pfennige betrug. Da längere Spielfilme technisch noch unmöglich waren, zeigte man wie im Spezialitätentheater eine Nummernfolge, zu-

181 Das Apollo-Theater als Film-Palast

182 Direktor Ludwig Schuch, Max und Emil Skladanowsky vor der Kamera der Wochenschau, anläßlich der Enthüllung einer Gedenktafel am Eingang des Wintergartens, 1. November 1935; hinter dem Rücken der Gefilmten das Hakenkreuz

sammengestellt aus verschiedenen Filmen: »komische, dramatische, technische, gemischt (...); das Publikum konnte lachen und weinen, kurz: die Unterhaltung war immer packend.«[18] Hier wie dort wollten sich die Zuschauer nicht bilden, sondern amüsieren. So entsprachen die Aufführungen im Kino nicht rein zufällig den Kriterien der Nummernfolge.

Nachdem die kleinen Varietés in Kinos verwandelt worden waren, kamen die mittleren dran: 1911 schloß der Konzertsaal Sanssouci am Kottbusser Tor seinen Spielbetrieb und eröffnete neu als Lichtspieltheater[19]; 1913 endlich war auch das renommierte Apollo-Theater an der Reihe – die Ära der bürgerlichen Kinopaläste und der glanzvollen Neubauten hob an. Im Januar 1914 faßte ein Varietéfreund die beschriebene Entwicklung in einer kritischen Bestandsaufnahme in die knappen, doch zutreffenden Worte zusammen: »Der Kino sitzt wie ein Pagode auf monumentalem Piedestal und faltet die Hände über dem gefüllten Bauch: Veni, vidi, vici. Er hat gesiegt.«[20]

Das Verhältnis hatte sich umgekehrt. Nicht mehr der Film war beiläufiger Bestandteil des Varietéprogramms, sondern in den Theatern der Cinesgesellschaft, die bereits 1914 in Palast-Theater-AG[21] umgetauft wurde, traten die Artisten in die Rolle eines beiläufigen Teils innerhalb eines Gesamtprogramms. Die den Filmen vorangestellten Bühnenschauen, die 1913 eingeführt wurden und über Jahrzehnte Tradition bleiben sollten, dokumentieren den Sieg des Kinos über die Nummernbühne. Selbst die Berliner Premiere von Max Reinhardts »Mirakel«-Film im Mai 1914 war eingebettet in ein mehrteiliges Programm[22], dem eine Bühnenschau vorausging.

Der Höhepunkt der Varietéentwicklung war erreicht. Nach einer Jahrzehnte andauernden Aufwärtsentwicklung, die das Varieté zur dominierenden Vergnügungs- und Kommunikationsstätte für das Kleinbürgertum und Proletariat gemacht hatte, knickte zur Jahrhundertwende die Kurve um, und es setzte das ebenso lang dauernde Sterben des Varietés ein.

Das »literarische Varieté« (Kabarett)

Frank Wedekind schrieb 1897 ein Gedicht mit dem Titel:

»TINGEL-TANGEL

Trauert nicht, ihr Völkerscharen,
Ob der schweren Zeit der Not.
Packt das Leben bei den Haaren,
Morgen ist schon mancher tot.

Küssen, um geküßt zu werden,
Lieben, um geliebt zu sein,
Gibt's ein schöner Los auf Erden
Für ein artig Mägdelein?

Ja, die Liebe ist mein Credo,
Meines Lebens Inbegriff,
Und so werd ich zum Torpedo,
Ach, für manches Panzerschiff.

Ach, mir ist zumut, als stünde
Mir geschrieben im Gesicht:
Eine grauenvolle Sünde
Als die Tugend gibt es nicht!

Fürchte nichts, mein süßer Schlingel;
In der schweren Not der Zeit
Freut der Mensch sich nur im Tingel-
Tangel seiner Menschlichkeit.

Bei dem allgemeinen Mangel
Idealer Seelenglut
Trefft ihr nur im Tingel-Tangel,
Was das Herz erheben tut.

Saht ihr einen süßren Engel
Je zu eurem Zeitvertreib,
Als ein hübsches Tangel-Tengel-
Tingel-Tongel-Tungel-Weib?

Tuben schmettern, Pauken dröhnen,
Schrille Pfeifen gellen drein,
Spenden dem Gesang der Schönen
Ihre Jubel-Melodein.

Wie die Sturmflut unermüdlich,
Tönt des Konterbaß Gebrumm;
Und die Schöne lächelt friedlich
Nieder auf das Publikum.

Ach, da werden wider Willen
Aller Augen patschenaß,
Kneifer türmen sich auf Brillen,
Und davor das Opernglas.

Trommelwirbel und Geklingel!
Lauter dröhnt der Pauken Ton;
Und im Taumel tanzt die Tingel-
Tangel-Tänzerin davon.

Und nun schwillt das dumpfe Gröhlen
Zum Radau bei Alt und Jung.
Und aus tausend Männerkehlen
Wälzt sich die Begeisterung.

Doch das Mädchen ist verschwunden,
Hat sich auch vielleicht derweil
Schon mit Schnüren losgebunden
Ihrer Reize größten Teil.

Lang noch hallen tiefgestöhnte
Liebesklagen ringsumher;
Doch umsonst, das heißersehnte
Mädchen kokettiert nicht mehr.«[1]

Wedekind kannte zweifellos das Tingeltangel der neunziger Jahre aus eigener Anschauung; ebenso zweifellos belegt das Gedicht – für sich genommen eine Provokation der wilhelminischen Doppelmoral – eine umfassende Beschäftigung der literarischen Intelligenz mit dem Varieté. Eine in die Krise geratene Literatur und ein voll erblühtes Spezialitätentheater gerieten unter dem Zeichen »Fin de siècle« miteinander in Kontakt, schufen 1901 etwas Neues: das Kabarett, und trennten sich alsbald wieder, ihre Schöpfung sich selbst überlassend.

Notwendige Voraussetzung für die Begegnung war der Durchbruch des Naturalismus in den achtziger Jahren, dessen Themen eine verstärkte Aufmerksamkeit für die Individuen und gesellschaftlichen Gruppen des unteren Sozialbereichs förderten. Gerhart Hauptmanns »Weber« be-

183 *Plakat*

schrieb den Aufstand der verarmten, schlesischen Weber, Max Kretzers »Meister Timpe« den Niedergang des traditionellen Handwerks durch die industrielle Konkurrenz und Arno Holz/Johannes Schlafs »Familie Selicke« die individuellen Zerstörungen durch Alkoholismus und beengte Wohnverhältnisse. Auch in der bildenden Kunst zeigten sich gegenüber den siebziger Jahren ähnliche Verschiebungen der Gestaltung und sozialen Aufmerksamkeit; Hans Baluschek, Käthe Kollwitz und Heinrich Zille etwa schufen keine mythischen Urwelten mehr oder dekorative Heroenmalerei, sondern wendeten sich auf höchst unterschiedliche Weise dem Leben des »Dritten Standes« zu. Eine ganze Generation von Künstlern entdeckte als aussagekräftigen Gegenstand von Kunst das Arbeitermilieu, manch einer gesellte sich sympathisierend zur Sozialdemokratie (in der Volksbühnenbewegung etwa) oder begab sich gar außerhalb des sozial Vertretbaren. John Henry Mackays Roman »Die Anarchisten« etwa proklamierte literarisch die Aufkündigung jeglicher gesellschaftlicher Verantwortung, und das Leben Peter Hilles als Stadtstreicher läßt sich durchaus als vollzogene Hinwendung zu den Deklassierten verstehen. Literarisch wie persönlich kultivierte die deutsche Spielart der Bohème, zu der sich vor der Jahrhundertwende eine Vielzahl Künstler zählte, den Alkoholexzeß sowie den Verkehr in Prostituiertenkreisen. Dabei gerieten zwangsläufig auch die bürgerlich bisher nicht anerkannten Formen des Vergnügens in den Blickpunkt, besonders die verschiedenen Spielarten der Varietéunterhaltung. Anders als in Frankreich, wo etwa Henry Toulouse-Lautrec besonders die großen Varieté- und Revuepaläste wie Moulin Rouge oder Folies Bergère abbildete, zogen in Deutschland mehr die kleineren Bühnen die Aufmerksamkeit der künstlerischen Intelligenz auf sich.

Es konnte nicht ausbleiben, daß die Schriftsteller begannen, nach den Gründen des triumphalen Aufstiegs der artistischen Programme zu fragen, zumal sie beobachteten, daß noch die schlechtesten Verse, in vertonter Form und von einer Diseuse oder einem Komiker vorgetragen, durchschlagende Erfolge erzielten, wohingegen ihre gedruckte Lyrik fast unverkäuflich war. Wie schlecht es um die Verbreitung moderner Gedichte bestellt war, beschrieb anschaulich Otto Julius Bierbaum 1901, als er das »Wunder« erleben

184 Otto Julius Bierbaum

185 Titelblatt von Anton Lindners Schrift über die Barrisons

186   »La Roulotte«

konnte, eine Anthologie zum Bestseller aufsteigen zu sehen. Bezeichnenderweise waren die Gedichte jedoch nicht also solche ausgegeben, sondern als Lieder, genauer: als »Brettl-Lieder«. Im Vorwort zur zweiten Auflage der Sammlung heißt es: »Es sind doch Verse, die in dem Buch stehen, Reimverse, Rhythmenzeug, lange und kurze Zeilen, – Gott steh mir bei: Lyrik. Derlei pflegt auf heutige Deutsche doch abschreckend zu wirken. (...)

187   Ernst von Wolzogen

Wenn ich nicht selber einer der zehn Autoren wäre, und wenn ich nicht die übrigen persönlich kännte, so würde ich mich nicht scheuen, den Verdacht auszusprechen, daß diese zwanzigtausend Exemplare von den werten Dichtern selbst aufgekauft worden seien. (...) Deutsche Lyriker sind zu Allem fähig.«[2] Bedeutsam an dem Verkaufserfolg ist darüber hinaus, daß die erste Auflage noch vor Eröffnung des ersten deutschen Kabaretts erschien und ihr reißender Absatz demzufolge nicht auf die aufsehenerregende Premiere zurückzuführen ist. Die Nachfrage erwies sich als so stark, daß bereits nach drei Monaten zehntausend Exemplare verkauft worden waren. Das Interesse der Öffentlichkeit und damit des Publikums an der Vortragslyrik war bereits zu diesem Zeitpunkt vorhanden.

Die erste literarische Behandlung des Themas war bereits 1891 von dem dänischen Schriftsteller Holger Drachmann vorgelegt worden. Er entwickelte in seinem Roman »Forskrevet« und in einer Reihe von Vorträgen erstmals den Gedanken eines »literarischen Varietés«. Er ging davon aus, daß das Theater die Funktion, das Volk zu bilden, weitgehend verloren hätte, weil die Aufführungen eine zu anstrengende und gleichförmige Aufmerksamkeit der von der Industriearbeit ermüdeten Zuschauer verlangten. Das Varieté jedoch wäre geeignet, den verwaisten Platz einzunehmen, hätte es doch ohnehin das Schauspiel bereits in der Gunst des Publikums überflügelt. Die zeitgenössische Literatur müßte deshalb diese neuen Etablissements nutzen, um deren Bedeutung als Volksbildungsinstrument zu heben und gleichzeitig die Literatur erneut zu legitimieren. Das ermüdete, gemischte Publikum könnte nur in jenen Stätten die nötige Zerstreuung finden, in denen das Zwanglose erlaubt wäre. Nach Drachmann müßte dieses literarische Varieté auf die einfachen Kunstformen zurückkommen; das wirklich poesiereiche Lied müßte nochmal erschaffen, der Gassenhauer mit Aristophanischem Witz gewürzt werden.

Die hier entwickelten Vorstellungen einer neuen Art Varieté, von neoromantischen Strömungen der Zeit nicht unbeeinflußt, fanden sowohl in Dänemark als auch im Deutschen Reich Gehör. Bereits 1892 erfolgten in Kopenhagen die ersten Versuche einer Umsetzung. Von deutscher Seite verhielt man sich noch weitgehend reserviert: »Es ist nicht unmöglich, daß sich durch die ›litterarischen Varietés‹ ein neues Publikum bildet, was auf die Specialitätentheater von nicht geringem Einfluß wäre, da man nach und nach das Publikum der Bühne herüberziehen könnte. (...) An manchen Stellen wird man es sich zwar noch nicht vorstellen können, gleich hinter dem Saltomortale des Akrobaten die neuesten Verse eines jungen Dichters zu hören – aber warte man ruhig ab, wer weiß, was noch alles ›fin-de-siècle‹ zeitigt.«[3]

Es dauerte denn auch nicht mehr sehr lange, so setzten sich auch deutsche Schriftsteller daran, ihre Gedanken über das Verhältnis von Literatur und Varieté zu formulieren und die Möglichkeiten einer literarischen Distribution mittels der Unterhaltungsbühnen zu überprüfen. 1897 kamen gleich zwei Neuerscheinungen heraus, die vordergründig wenig miteinander zu tun hatten, aber trotzdem Ausdruck der Auseinandersetzung mit dem in Blüte stehenden Spezialitätentheater waren. Anton Lindner verfaßte unter dem Pseudonym Pierre d'Aubecq den bereits erwähnten längeren Essay über die Barrisons, und Otto Julius Bierbaum legte seinen Kabarett-Roman »Stilpe« vor.

Lindners auf den ersten Blick als Verherrlichung der Five Sisters Barrison wirkende Text ist, wenn auch auf eine leicht mißzuverstehende Art, ausgesprochen kritisch. Daß die erotische Trivialkunst des Quintetts monatelangen Rummel in Berlin auslöste, wohingegen die Literatur ins gesellschaftliche Abseits sich gedrängt sah, forderte ihn zu seiner Publikation heraus. Um eventuellen (dann doch eintretenden) Mißverständnissen vorzubeugen, gab er seiner Schrift den Untertitel »Zum Kapitel: Z e i t s a t i r e«[4], wobei die gesperrte Schreibweise dem Original entspricht.

Im gleichen Jahr erschien Bierbaums »Roman aus der Froschperspektive«, der die Veröffentlichung Drachmanns aufgreift und weiterentwickelt. Auch Bierbaum behandelt in satirischer Weise den Verfall der Literatur, die für seinen im Bohèmemilieu angesiedelten Protagonisten »Stilpe« zu einem Supermarkt der Lebensrechtfertigungen verkommen ist. Als persiflierter Bildungsroman, der die Stationen von Geburt bis zum Tod des Helden nachzeichnet, nimmt er die später einsetzende deutsche Kabarettentwicklung im Scheitern der Ansprüche literarisch vorweg. Auf dem Höhepunkt des eher nihilistischen Lebensweges gründet Stilpe ein »literarisches Tingeltangel«. Im Zei-

188 »Literarisches Varieté«: Die Überbrettl-Gründer haben Pegasus dressiert

189 Karikatur auf die Ideen der ersten Kabarettisten von Th. Th. Heine: »Sehen Sie wohl, Herr von Schiller, ich habe ja gleich gesagt, Ihr ›Lied von der Glocke‹ wird erst dann von der Volksseele in seiner ganzen Tiefe empfunden werden, wenn Sie es selbst vortragen, und dabei eine brennende Petroleumlampe balancieren.«

190 Bozena Bradsky

chen Momus', des Gottes des Spotts, läßt Bierbaum seinen Protagonisten verkünden: »Was ist die Kunst jetzt? Eine bunte, ein bißchen glitzernde Spinnwebe im Winkel des Lebens. Wir wollen sie wie ein goldenes Netz über das ganze Volk, das ganze Leben werfen. Denn zu uns, ins Tingeltangel, werden Alle kommen, die Theater und Museen ebenso ängstlich fliehen, wie die Kirche. Und bei uns werden sie, die bloß ein bißchen bunte Unterhaltung suchen, das finden, was ihnen Allen fehlt: Den heiteren Geist, das Leben zu verklären, die Kunst des Tanzes in Worten, Tönen, Farben, Linien, Bewegungen. Die nackte Lust am Schönen, der Humor, der die Welt am Ohre nimmt, die Phantasie, die mit den Sternen jongliert und auf des Weltgeist Schnurrbartenden Seil tanzt, die Philosophie des harmonischen Lachens, das Jauchzen schmerzlicher Seelenbrunst. (...) Wir werden den Übermenschen auf dem Brettl gebären! Wir werden diese alberne Welt umschmeißen! Das Unanständige werden wir zum einzig Anständigen krönen! Das Nackte werden wir in seiner ganzen Schönheit neu aufrichten vor allem Volke! Lustig und lüstig werden wir diese infame, moralklapprige Welt wieder machen, lustig und himmlisch frech!«[5] Dennoch läßt Bierbaum seinen Helden in den Strudel der Sensationsbühne geraten und sich vom Publikum mit der sarkastischen Äußerung »Qualis poeta pereo!«[6] verabschieden, indem er sich auf offener Bühne zum Vergnügen der Zuschauer erhängt. Dieser eher pessimistischen Prognose zum Trotz erschien manchen von Bierbaums Zeitgenossen die Möglichkeit einer Bühne für moderne Dichtungen nicht mehr so abwegig zu sein.

Als Bestätigung der Diskussion um das literarische Varieté sahen viele die französische Cabaretentwicklung an, die in den neunziger Jahren zu einer hauptsächlich Pariser Attraktion geworden war. In der deutschen Presse immer noch mit der Aura des Geheimtips und der künstlerischen Spontaneität umgeben, waren die Cabaretbühnen des Montmartre jedoch praktisch inzwischen längst touristisch erschlossen und ebenso bekannt wie die großen Revuehäuser der Seine-Metropole. Gleichwohl erlebten dort die deutschen Schriftsteller Chansons und Conférencen, die literarisch anspruchsvoller waren als die auf den deutschen Varietébühnen gepflegten Lied- und Komikertexte.

Auch der europäische Erfolg der französischen

191 Plakat von Jo Steiner, 1914

Diseuse Yvette Guilbert, die nie im Leben im Cabaret aufgetreten ist, schien Beleg dafür zu sein, daß ein literarisch anspruchsvolles Programm durchaus möglich wäre. Ihre erste Deutschlandtournee 1898, die sie auch ins Berliner Apollo-Theater führte, gestaltete sich geradezu zu einem Triumphzug, konnten sich doch auch die gebildeten Kreise ihrer faszinierenden Persönlichkeit nicht entziehen. Daß ihre Auftritte und die ihr gezollte allgemeine Anerkennung (die »Sarah Bernhardt des Chansons«[7]) die ohnehin bereits in Gang gekommene gedankliche Auseinandersetzung um ein literarisches Varieté in Deutschland beeinflußten, davon zeugen u. a. die Schlußbemerkungen Leo Herzbergs in einem Aufsatz anläßlich ihrer Premierenvorstellung: »Wir gehen wohl nicht fehl, wenn wir annehmen, daß das Debüt Yvette Guilbert's auf dem vorzugsweise von Damen gepflegten Genre des Chansons eine reformatorische Wirkung ausüben wird. Sie ist zwar nicht das, was wir unter einer Chansonette oder Soubrette verstehen (...), aber doch giebt ihr Auftreten den Damen Veranlassung, in sich zu gehen und Vorträge zu wählen, welche endlich einmal das anwidernd seichte Wortgeklingel ohne jeglichen geistigen Inhalt vermeiden. Es ist geradezu ekelhaft, immer und immer wieder zu hören: vom schneidigen Lieutenant, welche Pointe unwiderruflich mit der Geste des Schnurrbartdrehens markirt wird; vom Souper mit Champagner, vom ›Sect, der am Besten schmeckt‹; von dem ›schönen Militär‹ und von den anderen sattsam, bis zum Überdruß gekannten, stereotypen Motiven der Damencouplets. Dieser Fehler ist nicht etwa den Coupletschriftstellern zuzuschreiben, sondern den Damen selbst. Sie wollen keine geistreichen Texte; sie sagen: ›Das Publikum versteht das nicht‹. Das ist nicht wahr; halten Sie doch, meine Damen, das Publikum nicht für schwerfälliger, als Sie selbst sind. Der Beweis ist erbracht, daß das Publikum sehr empfänglich ist für Darbietungen, die auch dem Geiste, nicht nur dem Auge Anregung geben. (...) Die Costüme sind bei unseren Damen die Hauptsache, landläufig wenigstens und eine Zeitlang werden sie es wohl auch noch bleiben, aber die Anregung ist gegeben, jetzt bessere Vorträge zu bringen, und wir hegen die berechtigte Hoffnung, daß das vernachlässigte Gebiet des Liedes resp. Couplets sich in kurzer Zeit einer besonderen Pflege erfreuen wird. Yvette Guilbert hat durch ihr Erscheinen auf der deutschen Varietébühne ein Samenkorn ausgestreut, das auf fruchtbaren Boden gefallen ist und reiche Früchte tragen wird.«[8]

Zunächst jedoch trat genau jenes ein, was der Autor hier beklagte: Nicht die Inhalte und die Qualität der Lieder wurden nachgeahmt, sondern die Kostüme. Bereits im Mai 1898 kündigten Anzeigen in der Artistenpresse eine französelnde Lucie Verdier als »deutsche Yvette Guilbert, Schöpferin des deutschen Sprechgesanges«[9] an, die selbst die schwarzen, ellenbogenlangen Handschuhe kopierte.

Einen letzten Anstoß zur Gründung des Kabaretts erhielten die deutschen Literaten durch das Gastspiel einer weiteren französischen Truppe im Jahr darauf. Der entscheidende Unterschied zum Auf-

192   Pantomime aus dem ersten Wolzogen-Programm mit Olga D'Estree, Luigi Spontelli und Olga Wohlbrück

tritt der Yvette Guilbert bestand in der Präsentation. War die Diseuse noch in einem gewöhnlichen Varietéprogramm des Apollo-Theaters als Star engagiert gewesen, kam nun eine Truppe aus Paris mit ihrem Gesamtprogramm in die Stadt. Das Ensemble mit dem bezeichnenden Namen La Roulotte spielte im Mai 1899 im Belle-Alliance-Theater und intensivierte die heimatliche Diskussion um ein »literarisches Tingeltangel« erheblich. Die Berliner Illustrirte Zeitung berichtete exakt unter dieser Überschrift ausführlich von der Premiere: »Die einst so berühmten und einträglichen Cabarets von Chat Noir und Bruant sind heute vergessen. Die wechselnde Pariser Mode hat neulitterarische Tingel-Tangels in Schwung gebracht. Trète au de Tabarin (Tabarins Jahrmarktsbude), Guignol (Puppenspiel), Carillon (Glockenspiel) und La Roulotte (Der Komödianten-Karren) heißen jetzt die besuchtesten Cabarets von Montmartre. Sie führen an einem Abend neben mehreren Solo-Nummern, die hauptsächlich aus von den Verfassern selbst vorgetragenen politischen Couplets und lyrischen Dichtungen bestehen, noch gewöhnlich eine Revue, oder ausgelassenen Einakter oder eine Pantomime auf. Was Wunder, daß diese Varietés mit ihrem reichhaltigen Programm und ihren billigen Eintrittspreisen dem teureren Pariser Boulevard-Theater (...) die empfindlichste Konkurrenz machen.«[10]

Für weite Teile der späteren deutschen Kabarettisten wurde die Zusammensetzung des Publikums bei diesem Gastspiel zum Vorbild. Fedor von Zobeltitz notierte: »Weit draußen im Belle-Alliance-Theater, das zwanzig mal zusammengekracht ist und nicht mehr so recht in die Höhe kommen will, gastierte bis heute die Truppe eines Mont Martre-Theaters, das sich ›La Roulotte‹ nennt. Ich habe sie gestern gehört inmitten eines Publikums, das gegen die sonstigen Besucher des Vorstadt-Theaters erheblich abstach: einer sehr eleganten Gesellschaft, die die Logen und das Parkett füllte, und in der ich unter anderem auch zwei königliche Prinzen, mehrere Mitglieder auswärtiger Botschaften, viel Herren der vornehmen Finanz, den alten Friedrich Haase und in seiner Nachbarschaft die Dell'Era, unsere Primaballerina, erkannte. Alle Welt war entzückt und begeistert.«[11] Das Interesse an solcher Art Nummernprogramm hatte also bereits bestanden, lange bevor die ersten deutschen Kabarettbühnen ihre Pforten eröffneten. Der Freiherr Ernst von Wolzogen, Gründer des ersten deutschen Kabaretts, bemerkte denn auch zu den Anstößen, die er vor der Realisierung erhalten hatte: »Seit die Pariser ›Roulotte‹ in Deutschland ihre Gastspielreise unternommen hat, und besonders seit so vielen Tausenden deutscher Ausstellungsbesucher (gelegentlich der Pariser Weltausstellung von 1900) die Cabarets bekannt geworden sind, ist in den Kreisen unserer jüngeren Künstlergeneration der Wunsch immer lebhafter zum Ausdruck gekommen, das Experiment des künstlerischen Varietés auch bei uns zu versuchen. Ich selbst bin schon vor Jahren nicht durch die Pariser Vorbilder, sondern durch die phantastischen Pläne des prachtvollen skandinavischen Poeten Holger Drachmann und durch Bierbaums ›Stilpe‹ zum Nachdenken über diese Frage und zum Schmieden eigener Pläne

193   Hanns Heinz Ewers

angeregt worden, und im Laufe der letzten zwei Jahre sind wiederholt mündliche und schriftliche Anfragen an mich ergangen, ob ich nicht die Hebung des ›Brettl‹ in die Hand nehmen wollte.«[12]

Hier fallen die zentralen Begriffe der ersten Kabarettistengeneration: »künstlerisches Varieté« und »Hebung des Brettl«; Otto Julius Bierbaum fügte in der 1900 erschienenen bereits erwähnten Anthologie von Gedichten und Liedern, die er für das in Planung befindliche Kabarett zusammenstellte, den dritten zentralen Begriff hinzu: »angewandte Lyrik«[13].

So entstand ausgerechnet in dem Jahrzehnt, in dem das Varieté den Gipfel seines Erfolges erklommen hatte, eine Gegenbewegung, die die dramaturgischen Prinzipien der Spezialitätenbühne zu entlehnen und an dessen Popularität anzuknüpfen suchte, ansonsten aber in typisch deutscher Erziehungsmanie die Berechtigung der üblichen Nummernaufführungen weitgehend abstritt. Unter dem Slogan »Hebung des Varietés« schlossen sich Literaten zusammen, entwarfen erste Pläne und setzten schließlich ihre Vorhaben in die Tat um. Das deutsche Kabarett war aus der Taufe gehoben.

Hier kann nicht der Raum sein, die Kabarettgeschichte zu schreiben. Die vorangegangene Behandlung der Entstehung des literarischen Varietés in Deutschland, das – wie zu zeigen war – nicht in unmittelbarer Genealogie mit dem französischen Künstlercabaret zu sehen ist, sondern eine Eigenentwicklung darstellt, geschah nur deshalb so ausführlich, weil das Varieté der neunziger Jahre als Pate des Kabaretts ins rechte Licht gerückt werden mußte.

Auch in späteren Jahren blieb das Verhältnis zwischen Varieté und Kabarett so eng, daß es mitunter äußerst schwer fällt, eindeutige Trennungslinien zu ziehen. Drei Aspekte sind es besonders, die die Schwierigkeiten illustrieren: das Personal, die Lokalbenennungen und die Dramaturgie der Programme.

Es war bereits erwähnt worden, daß zum Varietépersonal nicht nur die akrobatischen Künste gehörten, sondern ebenso der Tanz, der Gesang sowie die Komik und das Schauspiel. Als Wolzogen begann, die Auftritte für sein Überbrettl zusammenzustellen, griff er wie selbstverständlich auf die varietéerfahrenen Darsteller zurück. Da er durchaus richtig erkannte, daß ein guter Schriftsteller noch lange kein kongenialer Vortragskünstler sein muß, hielt sich bereits in seinem ersten Programm der Anteil originärer Bohèmiens in engen Grenzen. In Wolzogens Memoiren bekannte er freimütig, daß etwa sein erster weiblicher Star, Bozena Bradsky, eine »herabgekommene Opern- und Operettensängerin« gewesen sei, die vor ihrem Engagement in Berlin »am Hamburger Edentheater, einem Varieté zweiten Ranges«[14] mitgewirkt hätte. Auch andere Künstler, die als Kabarettisten der ersten Stunde bekannt wurden, entstammten der Varietébühne und/oder gingen später dorthin zurück. Marcell Salzer etwa, einer der bekanntesten Rezitatoren vor dem Ersten Weltkrieg, wurde zwar vom Kabarett entdeckt, doch ließ er sich ebenfalls im Varieté sehen; Paul Schneider-Duncker gründete nicht nur diverse Kabaretts, u.a. mit Rudolf Nelson den »Roland von Berlin«, sondern stand als Salonkomiker auch auf der Spezialitätenbühne; und Claire Waldoff – um die Aufzählung einiger der bekanntesten Kabarettisten abzurunden – fand selbstverständlich ebenfalls ihren Weg ins internationale Varieté. Gerade in der Anfangszeit konnten die Kabarettgründer auch gar nicht anders handeln, denn bis auf wenige Ausnahmen gingen alle Bohème-Kabaretts in Deutschland bereits nach kurzer Zeit wieder ein. Im Gegensatz zu manchen naiv-spontaneistischen Vorstellungen, wie Kabarett zu sein habe, gliederten sich realistischerweise die restlichen Bühnen von Anfang an in das übliche Berliner Nachtleben ein. Für bestimmte Teile der Varietékünstler, besonders jene, die sich auf das Wort und die Musik stützten, entstanden in den neuen Spielstätten begehrte zusätzliche Auftrittsmöglichkeiten. Bezüglich des Bühnenpersonals wirft bereits das bloße Faktum, daß im Herbst 1901 mehr als vierzig Kabaretts eröffnet haben sollen[15], die bezeichnende Frage auf, mit welchen Künstlern die Programme bestritten worden sein sollen, wenn nicht Artisten. Die sich erst in den Folgejahren entwickelnde Riege der Kabarettisten ist also praktisch eine Spezialisierung des Varietékünstlers, die sich jedoch für beide Auftrittsorte eignete.

Bereits aus dem Gesagten ergibt sich das Problem der Abgrenzung von Varieté und Kabarett: Sind wirklich alle Lokale, die sich den Namen Kabarett geben, auch als solche anzusehen? Aus mehrfachen Gründen fällt die Beantwortung dieser Frage nicht leicht. Es ist bekannt, daß Wolzogen aufgrund seines Erfolges – er bereiste bereits im Sommer 1901 mit drei unterschiedlichen Tourneetruppen die deutschen Lande und verdiente unerwartet viel Geld – eine Kabarettlawine lostrat. Aufgrund des von ihm äußerst geschickt geführten, vorangegangenen Propagandafeldzugs, in dem er immer wieder die »Hebung des Varietés« herausgestellt hatte, wirkten für die zeitgenössischen Ohren die Begriffe Überbrettl, Brettl, Buntes Theater etc. gehaltvoller und aufregender als die traditionellen Bezeichnungen Varieté, Spezialitätentheater oder gar Café-Chantant. So kann man zweifellos davon ausgehen, daß die Überbrettlflut der ersten Jahre darauf zurückzuführen ist, daß ein Modewort zur Anwendung kam und Gastwirte ihre Kleinvarietés in dem Glauben umtauften, die Attraktivität ihres Lokals dadurch zu heben. Hanns Heinz Ewers schrieb bereits 1904 völlig desillusioniert: »Jeder Wirt, der für seine sauren Biere und schlechten Weine keine Abnehmer fand, griff gierig nach diesem neuen Lockmittel, Dutzende von Schmierenkomödianten, die vergebens von einer Agentur zur anderen liefen, um ein Engagement zu erhaschen, fühlten plötzlich den Beruf in sich, ein Cabaret leiten zu können. Diese Gesellschaft hatte meist keine Ahnung, was ein ›Cabaret‹ eigentlich ist, und so entstand denn im besten Fall ein Café Chantant, in dem irgend ein Don Carlos aus Krotoschin holprige Verse deklamierte, oder eine Diva von Buxtehude ein abgestandenes Überbrettlliedchen herplärrte. Das aber waren wie gesagt noch die besseren Resultate, die übrigen dieser Unternehmen (...) sind weiter nichts als Gelegenheitslokale der schlimmsten Sorte.«[16] So war es nicht ungerechtfertigt, wenn die Artisten mal spöttisch, mal aggressiv davon sprachen, daß das Kabarett nur eine moderne Form des Tingeltangels sei. Bereits im Dezember 1901 kritisierte Oscar Geller, der im ersten Wolzogen-Programm als Pierrot Luigi Spontelli aufgetreten war: »Wie hat die Überbrettelei protzig und großmäulig ihr künstlerisches Programm entwickelt – was ist davon geblieben? Nichts ist geblieben, als nur mäßige, mittelmäßige Varietékost. Das wirklich Künstlerische ist zum Teufel gegangen. Die stilisirte, künstlerische Pantomime liegt in den letzten Zügen, das Mimodrama röchelt nur noch, der künstlerische Tanz ist überhaupt nie gebracht worden, die politische Satyre hat sich in dem impertinenten ›Marschallstab‹ das Genick gebrochen und erschöpft, das litterarische Chanson ist bei seinen Anfängen stehen

194   Im Kabarett Roland von Berlin, 1906, u. a. mit Rudolf Nelson und Paul Schneider-Duncker

geblieben, das Künstlerische des Überbrettls, sein Litterarisches und Vornehmes ist an der Sterilität in der Production eines Programmes zu Grunde gegangen, geblieben ist das Couplet, die mehr oder minder picant verschleierte Zote, die Pointendichtung, ein Programm, wie es bei jeder Kindstaufe, bei jedem Polterabend von dem mäßigsten Dilettanten zusammengestellt werden kann. (...) Die letzten Überbrettl, die im nächsten Jahre noch bestehen werden, werden bloß Varietés ohne Schaunummern sein.«[17]

So wäre denn der dritte Verbindungsstrang von Kabarett und Varieté bereits genannt: das Programm. Als zentraler Unterschied läßt sich festhalten, daß das Kabarett weit stärker, wenn nicht gar ausschließlich auf das Wort und den Gesang abhob, wogegen im Varieté, wie es sich zur Jahrhundertwende präsentierte, die akrobatischen Schaunummern einen erheblichen Teil der Aufführungen ausmachten. Die Dramaturgie war jedoch weitgehend identisch, denn beide Spielstätten bauten ihre Programme nach dem Nummernprinzip auf. Selbst der für das Kabarett charakteristisch werdende Conférencier muß letztlich als eine Modifikation des traditionellen Varietékomikers angesehen werden.

So sind die theoretischen und praktischen Einflüsse, die von der Spezialitätenbühne auf das entstehende Kabarett wirkten, außerordentlich prägend. Trotzdem entstand nach dem Verschwinden der Bohèmeunternehmungen dem Varieté in den wortbezogenen Kleinkunstbühnen eine Konkurrenz, die in Verbindung mit der erstarkenden Filmwirtschaft die Krise des Varietés einläutete. Das Kabarett entdeckte gewissermaßen eine Nische, in der es sich einrichten konnte und in dieser Form zumindest bis in die zwanziger Jahre hinein bestehen sollte. Das Literarische trat dabei völlig in den Hintergrund, vielmehr sorgten die Betreiber für einen luxuriösen und intimen Rahmen für die Programme. Sie eröffneten ihre Spielbetriebe erst dann, wenn die Theater- und Varietévorstellungen zu Ende gingen (gegen elf Uhr nachts) und schlossen sie erst wieder gegen Morgen. Das räumliche Ambiente war exquisit, die Eintrittspreise lagen hoch, und das Standardgetränk bestand in Sekt. »Der ›Roland von Berlin‹, der ›Klimperkasten‹, der ›Struwelpeter‹ und das ›Cabaret Unter den Linden‹ – sie sind Kinder des gleichen Geistes und nähren sich von der gleichen Nahrung. (Man muß) wohl oder übel Sekt zechen. Das Milieu bringt es so mit sich, und man wird sehr merkwürdig angesehen, wenn man da nicht mittut, wie die anderen.«[18] Unter diesen Verhältnissen ist es erklärlich, wenn das Publikum dieser nächtlichen Unterhaltungslokale zu den besitzenden oder besserverdienenden Kreisen gehörte, zumal es über relativ viel Zeit verfügen mußte, wenn es bis zum Morgen die Lokale bevölkerte. Das traditionelle, eher einfache Varietépublikum war also im Kabarett ausgeschlossen. In einem 1905 verfaßten Bericht über das Cabaret Unter den Linden heißt es dazu: »Die Hauptsache ist, daß sich das Publikum leicht und angenehm unterhält. Das Publikum, das ins ›Cabaret‹ geht, hat die Absicht, den angebrochenen Abend totzuschlagen und sich bei Sekt und Zigarren von der leicht geschürzten Muse amüsieren zu lassen.«[19] In diesen neuen Spielstätten fanden also jene Zuschauer, die noch in den neunziger Jahren die Unterhaltungen des Varietés genossen hatten, ähnliche Programme vor, die aber den Vorteil hatten, als modern zu gelten, einen nobleren Anstrich zu besitzen und das gewöhnliche Volk auszuschließen. Es ist bekannt, daß etwa bei der Eröffnung des ›Roland von Berlin‹ sich weite Teile der Aristokratie ein Stelldichein gaben, deren Mitglieder die 20 RM Eintritt – mehr als ein Tagesverdienst eines Arbeiters – als Bagatelle empfanden. Dem Varieté gingen also durch die Entwicklung des Kabaretts genau jene Zuschauer wieder verloren, auf die die Direktoren und Artisten in den neunziger Jahren so besonders stolz gewesen sind: das Großbürgertum und der Adel. Die Artistenbühne wurde wieder im besten Sinn volkstümlich und erhielt prompt wieder das Odium einer geistlosen Unterhaltung des »Pöbels«[20]. Wenn sich auch das Varieté noch jahrzehntelang behaupten konnte, noch riesige Spielstätten mit Erfolg eröffnete und man in den Fachkreisen von einem Niedergang nichts wahrnahm, waren zur Jahrhundertwende dennoch bereits jene Weichen gestellt, die das langsame Absinken in die Marginalisierung einleiteten.

Organisationen der Artisten und Direktoren

Das 19. Jahrhundert mit seinen gewaltigen sozialen Veränderungen brachte nicht nur die Auflösung überlebter Feudalstrukturen mit sich, sondern auch das Entstehen neuer Formen eines bürgerlich dominierten gesellschaftlichen Verkehrs, der bestimmt war durch den freiwilligen Zusammenschluß unterschiedlicher Personen aufgrund gemeinsamer Interessen und Überzeugungen. So zog sich durch das ganze Jahrhundert eine Organisationsbewegung, die private, politische und wirtschaftliche Interessen bündelte und zu gleichsam anonymen Körperschaften in Form von Parteien, Gewerkschaften und Unternehmerverbänden führte. Die bis dahin existierenden Interessenvertretungen, etwa innerhalb des Zunftwesens, waren noch weitgehend personal fixiert, blieben doch die jeweiligen Kreise der involvierten Personen relativ überschaubar. In der sich ausprägenden industriellen Massengesellschaft des 19. Jahrhunderts mit ihren explosionsartig sich ausdehnenden Großstädten ging die personelle Überschaubarkeit verloren und neue Organisationsformen demokratischer Art entstanden, die zusehends neue Anhänger fanden und schließlich die verbliebenen Reste älterer Interessenvertretungen verdrängten.

In der ständigen Auseinandersetzung divergierender Interessen traten damit nicht mehr Einzelpersonen gegeneinander an, sondern stellvertretend oder hauptberuflich Tätige mit der Macht ihrer Vereinigungen für die Propagierung und eventuelle Durchsetzung ihrer Forderungen bzw. der

195 *Ludwig Barnay*

ihrer jeweiligen Klientel. Wie weit sich einzelne Gruppierungen in diesem Streit behaupteten, war also eine Frage des Einflusses oder besser: der Macht.

Die Macht des einzelnen minimierte sich und die der anonymen Organisationen, die die Einzel-

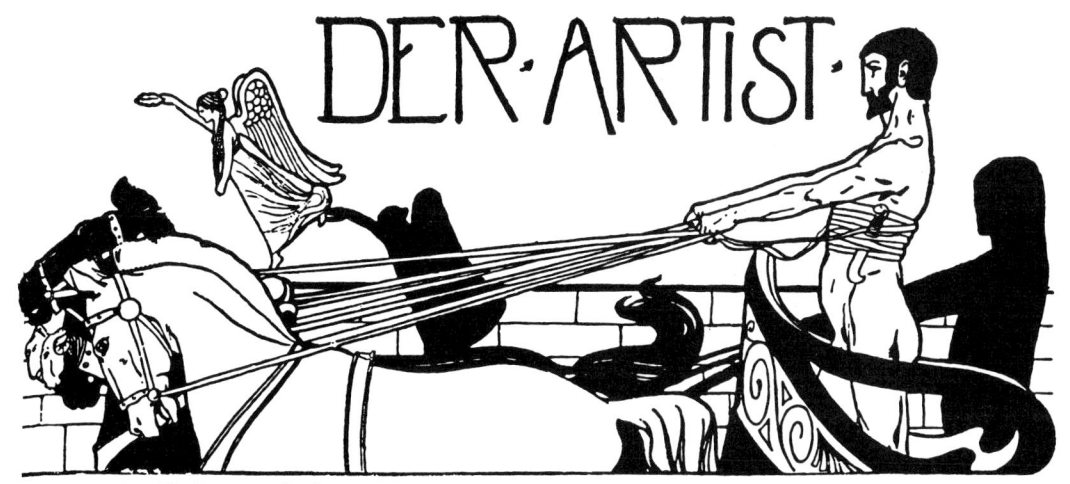

196 *Titelgrafik der Zeitschrift »Der Artist«*

Internationale Artisten-Genossenschaft

Unterstützungs-, Kranken- und Sterbe-Kasse für Angehörige der Circus, Varieté- und Specialitäten-Bühnen, sowie Concert-Etablissements.

Unter Oberaufsicht des Staates. ✛ Gegründet 1886.

Central-Bureau: Stallschreiberstr. 28. ✛ Kassenstunden: 9—1 Uhr. Sonntags geschlossen.

International Association of Artists,	Association internationale des Artistes,
(Superintendet by the Government)	(Sous surintendance du Gouvernement)
Fund of assistence in case ' want, sickness and death	Caisse de secours en cas d'indigence de maladie et de la mort
for Ladies and Gentlemen professional of Circus-, Variety- and Concert-Hall-Business.	pour tous ceux qui appartiennent aux Cirques, aux Théâtres des Variétés et aux Cafés-Concerts.

BERLIN S. 114, im December 1899.

Hochgeehrter Herr!

Das Directorium der Internationalen Artisten-Genossenschaft veranstaltet

am Sonntag, den 14. Januar 1900, Mittags 12 Uhr.

in Gebrüder Herrnfeld's Budapester Theater (am Alexanderplatz)

eine Wohlthätigkeits-Matinée zum Besten seiner Unterstützungskasse und bereitet hierfür ein Arrangement vor, das als ein

Künstler-Fest I. Ranges

in des Wortes wahrster Bedeutung bezeichnet zu werden verdient. Die hervorragendsten Künstler aller bedeutenden Berliner Specialitäten-Bühnen haben ihre uneigennützige freundliche Mitwirkung zugesagt, ebenso haben die Directoren Gebrüder Anton & Donat Herrnfeld in gastlicher Weise nicht nur ihr Bühnenheim unentgeltlich dem humanitären Zwecke zur Verfügung gestellt, sondern werden auch selbst in ihrer speciellen Eigenart eines ihrer beliebten Originalstücke zur Darstellung bringen, so dass den geehrten Fest-Theilnehmern, deren schauspielerischer Beruf es ihnen selbst unmöglich macht, die Künste anderer Artisten und Berufscollegen in den üblichen Theaterstunden zu bewundern, — in dieser ganz besonders grossartigen — und an aussergewöhnlichen Darbietungen — einzig dastehenden Fest-Matinée — hierzu reiche Gelegenheit finden.

Das Directorium der I. A.-G. giebt sich die Ehre, auch Sie, hochgeehrter Herr, zu dieser Fest-Matinée, — die abgesehen von dem wohlthätigen Zweck — sich zu einem Ereigniss für das Artistenthum Berlins gestalten wird, — höflichst einzuladen, und bittet in Anbetracht der ungemein schnellen Vergebung der vorhandenen Plätze um gütige umgehende Mittheilung, wieviel Billets für Sie und w. Angehörige reservirt werden dürfen.

Mit vorzüglichster Hochachtung

(gez.) Alex. Hoenig.   Anton Herrnfeld.   Richard Winkler.
Martin Bendix.

197   Einladung der IAG zum Künstlerfest, mit handschriftlichen Bemerkungen eines Beamten der Berliner Polizeibehörde

interessen bündelten, dehnte sich ständig aus. Nicht wie ehedem familiäre Traditionen, persönliche Ziele oder Ehrenhaftigkeit sicherten nunmehr den Einflußbereich, sondern ausschließlich die quantitative Stärke der Organisationen sowie ihre finanziellen Möglichkeiten. Unternehmerverbände entwickelten sich naturgemäß zu keinen Massenorganisationen, doch ihr Reichtum sicherte ihnen einen gesellschaftlich bestimmenden Einfluß, der von den gewerkschaftlichen Verbänden nur durch eine auf Quantität aufbauende Macht beschränkt werden konnte.

Da im 19. Jahrhundert die Theaterkultur und sonstige Bühnenunterhaltung sich zu einem prosperierenden, den kapitalistischen Gesetzmäßigkeiten unterworfenen Markt ausformte, wundert es nicht, wenn sich die an diesem Markt beteiligten Personen ebenfalls organisierten. Stellten sich auch bei den Schauspielern die idealistischen Vorstellungen vom Künstler als Genie anfänglich dem Aufbau einer Interessenvertretung noch in den Weg, schufen die Theaterunternehmer bereits 1846 im Deutschen Bühnenverein die erste Möglichkeit gemeinsamer Beschlußfassung. Im Juli 1871 fanden sich endlich auch die Schauspieler auf Initiative Ludwig Barnays in der Genossenschaft Deutscher Bühnenangehöriger zusammen. Der Wunsch nach einer grundlegenden sozialen Sicherung ihres Berufs hatte sie zueinandergeführt und ging daher auch als zentrale Forderung in ihr Gründungsprogramm ein. Der die Arbeitsverhältnisse im Theater jener Jahre prägende Frühkapitalismus hatte inzwischen unter den Bühnenkünstlern die Erkenntnis reifen lassen, daß selbst der Ruhm eines umjubelten Stars nicht die schlechten Lebens- und Engagementsbedingungen aufwiegt. Einzig zu vertrauen auf den guten Willen und das Entgegenkommen der Direktion, hatte sich als nutzlos herausgestellt, konnten die Bühnenleiter doch nicht anders, als Entlassungen auszusprechen, wenn es dem Betrieb schlechtging. Die sich aus dem Interessenantagonismus ergebende Erkenntnis, berufliche Verbesserungen nur durch gemeinsames Handeln ertrotzen zu können, wurde Allgemeingut. »Nichts von alledem, was für die Artisten an sozialem Fortschritt erreicht wurde, war als Geschenk zu uns gekommen. Es waren die Artisten selbst, die es sich mit Hilfe ihrer Gewerkschaft Zoll für Zoll«[1] hatten erkämpfen müssen. Unter der fehlenden sozialen Sicherung im Krankheitsfalle und Unterstützung im Alter

198 Richard Schultz

litten Schauspieler und Artisten gleichermaßen, kamen ihnen doch nicht automatisch die Vorzüge der Sozialgesetzgebung, die in den achtziger Jahren des 19. Jahrhunderts für die Industriearbeiter und Angestellten eingeführt wurde, zugute. Nicht nur rechtlich blieb das Verhältnis von Bühnenkünstlern und -leitern ungeklärt, auch sie selbst sahen sich lange nicht eingebunden in der Funktionsbeziehung von »Arbeitnehmern« und »-gebern«. Erst die gesetzliche Definition der Bühnenkünstler als lohnabhängig Beschäftigte hätte sie in den Stand gesetzt, die staatlichen Sozialversicherungen und die Altersversorgung in Anspruch nehmen zu können. Die fehlenden diesbezüglichen Festlegungen gaben bis weit ins zwanzigste Jahrhundert hinein Veranlassung zu spontanen und organisierten Arbeitskämpfen. Rückblickend aus Anlaß des 50jährigen Jubiläums der Internationalen Artistenloge (IAL) resümierte ihr zeitweiliger Präsident Alfred Fossil: »Die Gerichtsurteile hatten noch nicht einmal einwandfrei die Arbeitnehmereigenschaft der Artisten festgestellt. Sie waren einmal sogenannte Zwischenmeister, dann wieder Freiberufler, dann Angestellte, dann selbständige Gewerbetreibende, dann freie Unternehmer und was weiß ich, was alles in den verschiedensten Urteilen der Gerichte und der höchsten Spruchkammern der Körperschaften der Sozialversicherungen zum Ausdruck kam. Es blieb die Frage offen, ob der Künstler-Agent ein Impresario ist oder ein echter Stellenvermittler. War der Direktor eines Varietés der Arbeitgeber der Mitglieder einer Artistengruppe, oder war es der Truppenchef? (...) Die soziale Unsicherheit,

Die ersten 200 Logenmitglieder

AUSSERORDENTLICHE MITGLIEDER:

Otto Gregor †   Leo Herzberg †   Charles Mertens

ORDENTLICHE MITGLIEDER:

1. Max Grix-Grigory
2. Adolf Deamando
3. Carl Grigory
4. Heinrich Derrington
5. Henry de Vry
6. Heinrich Blank
7. Max Kirsten
8. Siegwart Gentes †
9. Florus-Raponet
10. Oscar Renello
11. Carl Unthan
12. Paul Milon
13. Georg Edler (G. und Gusti Edler)
14. Adolf Wotpert
15. Paul Jülich
16. Paul Paetzold (Paulton & Doley)
17. Eugen Veldemann
18. Adolf Salerno
19. Georg Rasso
20. Adolfo Joscary
21. Robert Steidl
22. Fritz Steidl
23. Max Franklin (Truppe)
24. Jean Clermont
25. Robert O'Leary
26. Hugo Morlay †
27. Paul Fuchs (Gert & Gräfe)
28. Franz Schneider-Bobby
29. Max Welson
30. Max Allison
31. Ernst Brooklyn
32. Otto Allison
33. Bernhard Allison †
34. Willi Torp
35. Georg Gau
36. Valentin Klein
37. Ben-Aly-Bey
38. Friedrich Laares †
39. Anton Geni (Idamas)
40. Albert Rackley †
41. Paul Conchas †
42. Paul Carro
43. William Olschansky
44. Eugen Galway
45. Josef Scott (Brothers)
46. Oscar Morgenroth (Aurora-Truppe)
47. Charles Perez
48. G. N. Caldwell (Black Troubadours)
49. Jean Bayer
50. Ephraim-Thompson
51. Josef Kremo †
52. Alex Vasilescu †
53. Harry Lubliner
54. Morris Cronin
55. Charles Serra
56. Georg Serra
57. Alexander Geni
58. Max Wessely
59. Joi Jurmanovits †
60. Jack Parros
61. Paul Moser
62. Bernhard Marx
63. Fortunato Florenz
64. La Roland
65. Carl Schwarz sen. †
66. Camillo Schwarz
67. A. Metzetty
68. Henry Marnitz (Marnitz-Manell-Truppe)
69. A. Morelly
70. Hermann Abone †
71. Emil Czekowsky-Spoon
72. Stefan Deltorelly †
73. Alfred O'Neil (O'Neil & Torp)
74. Adolf Grunato †
75. Max Außner-Maxini †
76. Rio da Kosta
77. Fritz Braatz
78. Charles Baron †
79. Frank Bonhair
80. Fred Edlawi
81. Hans Sarrasani
82. Mlle. Manzoni (de Lyon)
83. Hermann Krüger (Musical Sterne)
84. Paul Traney †
85. Emil Teheran †
86. Percy Harvey
87. Tom Viebig
88. Alex Barsikow
89. Paul Petras
90. Wilhelm Picardy †
91. Ernst Terras
92. Adolfo Paolis
93. Alred Meers
94. Arthur Arley
95. Ernst Perzina
96. Gustav Carmanelli
97. Max Renard
98. Jack Selbini sen.
99. B. Troba
100. Nick Kaufmann (Kaufmann-Truppe)
101. Max Tourbillon
102. Emil Albino (Albino & Lydia)
103. Julius Pawel
104. Paul Spadoni
105. Dietrich Ulpts
106. James Marco (Marco Twins)
107. Fred Dewey-Vero †
108. Paul Backer
109. Eugenie Martens-Morskaja
110. Fernando Joscary
111. Harry Calder † ⎫
112. Fred Calder ⎬ Calder Brothers
113. George Calder ⎭
114. Anton Sattler
115. Emil Brieger †
116. Franz Becke
117. Arthur Canary
118. Ike Rose (Saharet)
119. Adolf Barowsky
120. Amundus Paris
121. Hermann Pertois †
122. Hermann Arkas †
123. Arthur Gasch
124. Adolf Rossini
125. Otto Braatz-Barra
126. Josef Mirano
127. Hugo Schultz †
128. Ferdinand Guitano
129. Leo Rápoß
130. Hugo Guitano
131. Willi Paßpart
132. Charles Decaruso
133. Robert Milton
134. G. Aquamarinoff
135. Georg Schindler †
136. Max Hildebrandt †
137. Otto Reutter
138. Charles Cesaro
139. Alexander Tacianu
140. Chung Ling Soo
141. Engelbert Sassen
142. Alfred Delbosq
143. C. Théréses
144. Jaques Bronn †
145. Harry Houdini
146. Hadji Mohamed
147. Charles Pauly
148. Franz Ergotti
149. King Louis
150. Hugo Plötz-Larella
151. Alois Hasch † (Czinka Panna)
152. Sigmund Linné
153. Georg Stelling
154. Willy Agoston
155. Moritz Cooper
156. Harry Aertsens †
157. Erich Erick
158. Peppi Pfeifer Arlon †
159. A. Uschkorath
160. Heinrich Kleye
161. Alex Braatz †
162. Balduin Pontelli †
163. Sadi Alfarabi
164. Charles Lauri †
165. Thomas Macagno
166. Gustav Klatt
167. Gustav Francois
168. Little Wood (& May) †
169. José Villand
170. Willy Zimmermann
171. Oscar d'Endel
172. Bernhard Posen
173. Ludwig Tartakoff
174. Ludwig Wallno
175. Georg Almasio (Trio)
176. William Schüff
177. C. August Nagels
178. E. Patty-Frank
179. Anna Rappo
180. Emil Klös
181. C. Labakan
182. Harry Ramo †
183. Fritz Fred
184. Willy Pauly (Fred & Pauly)
185. Julius Neumann (Rakoczy)
186. Chassino
187. Kurt Reising
188. Albert Bill †
189. Paul Will
190. Alfred Sinon (Sinon & Paris)
191. Rudolf Adras †
192. Lucie Verdier
193. Eduard Zertho
194. Hugo Hugosset
195. P. C. Foy (La Foy)
196. Arthur Saxon
197. R. Neumann-Eberius
198. Ludwig Tellheim †
199. Arthur Martinius † (Soeurs Valencia)
200. W. Judge-Alaska

199

die Vertragslosigkeit, das Ausgeschlossensein von allen sozialen fortschrittlichen Institutionen, das war kennzeichnend für die so oft zu Unrecht bezeichnete, sogenannte ›gute, alte Zeit‹.«[2] Dementsprechend stand bei den Varietékünstlern – wie schon bei den Schauspielern – die soziale Absicherung im Vordergrund, als sie ihre erste Organisation gründeten. Weitaus am stärksten engagierten sich dabei die Mitglieder akrobatischer Nummern. Aufgrund ihrer mitunter lebensbedrohlichen Berufspraxis entwickelten sie ein besonders ausgeprägtes Gespür für die Notwendigkeit von Versicherungen. Ihre Körper als unmittelbare Produktionsmittel waren durch die Darbietungen zumeist stärksten Verschleißerscheinungen ausgesetzt, so daß die Akrobaten nur eine relativ kurze Zeitspanne ihres Lebens auftreten konnten; sie waren zudem erhöht unfallgefährdet und mußten eine womöglich langjährige Arbeitsunfähigkeit durch Invalidität versicherungstechnisch unbedingt berücksichtigen; da gleichzeitig die Akrobaten nur in Ausnahmefällen als Solisten auftreten können, gewöhnlich zumindest einen Partner brauchen, wirkt sich eine engagementslose Zeit bei ihnen gravierender aus als etwa bei einer einzeln auftretenden Soubrette. Aber auch sie war, besonders die der zweiten und dritten Kategorie, häufig bereits nach kurzer Zeit abgetingelt, so daß sich ihr in der Regel nur noch der »Hafen der Ehe« als soziale Sicherung anbot.

Tanzsoubretten wie Saharet bildeten die rühmliche Ausnahme, nicht nur wegen ihres internationalen Erfolges, sondern auch, weil sie zu den ersten Mitgliedern der IAL gehörte. Innerhalb der Gruppe der Wortkünstler am Varieté ragten besonders Robert und Fritz Steidl sowie Otto Reutter durch frühe Mitgliedschaft heraus.
Der erste entscheidende Schritt auf dem Wege zu einer modernen Interessenvertretung bildete die Herausgabe der ersten deutschen Fachzeitschrift 1883, der die Produzenten den Namen »Der Artist« gaben. »Der Zauberkünstler Hermann Mellini, der spätere Erbauer und langjährige Leiter des Mellini-Theaters in Hannover, der im Mai 1883 den Düsseldorfer Buchdrucker Carl Kraus zur Herausgabe des ›Artist‹ anregte, schildert die Zustände, bevor ›Der Artist‹ existierte, wie folgt: ›Wie schwer hatte man es doch ehemals auf unserem Gebiet, als noch keine Fachblätter existierten! Man wußte nie, wo eine Konkurrentz sich aufhielt, man kannte keine Bezugsquellen, man war beschränkt in den Engagements, denn Adressen wurden gewissermaßen als Geheimnis betrachtet usw., kurzum, die heutige Generation kann sich gar keinen Begriff machen von den damaligen Zuständen.‹ Diese (...) Bemerkungen kennzeichnen besser, als weitschweifige Darlegungen es vermögen, welche außerordentliche Tat – wirtschaftlich, sozial und kulturell gesehen – mit der Gründung des ›Artist‹ ganz unbewußt vollzogen wor-

200   Titelgrafik der Zeitschrift »Das Programm«

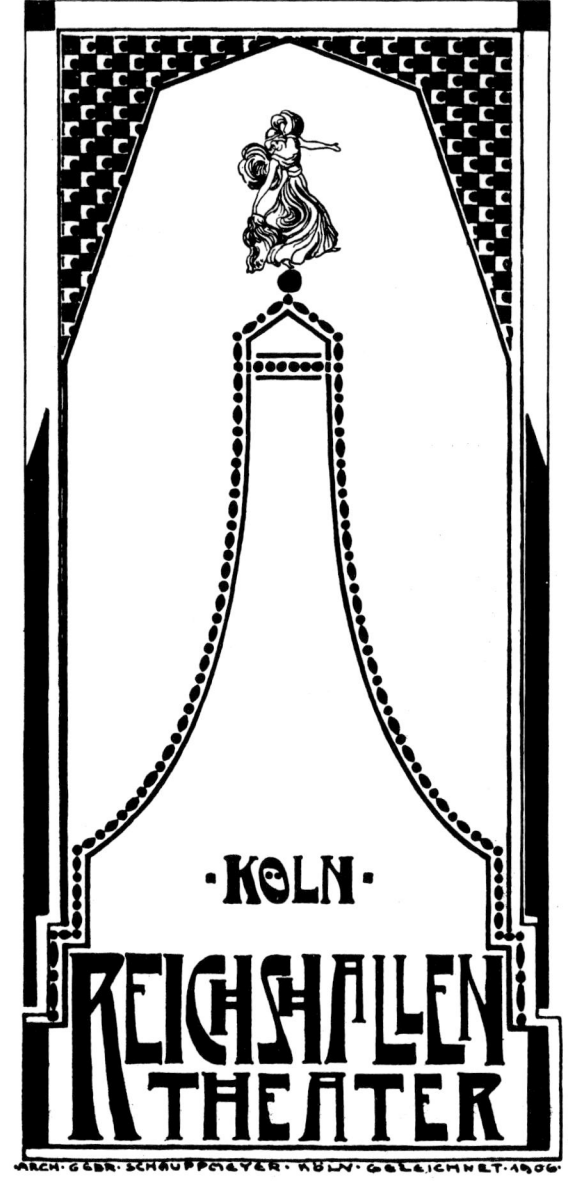

201 Titelblatt eines Programmheftes, 1906

den war. Galt es doch, das fluktuierende, internationale ›Volk der Gaukler und Nomaden‹, das ohne festen Wohnsitz durch die Welt pilgerte, zu erfassen.«[3] Zum ersten Mal entstand in dieser Zeitschrift ein öffentliches Sprachrohr für die Belange des artistischen Berufsstands, das sowohl für die Künstler als auch für die Direktoren offenstand und in dem die Beteiligten ein überregionales Verständigungsorgan besaßen, das die Vereinzelung durchbrach und erlaubte, sich als Gemeinschaft gleich Interessierter zu erfahren.

So dauerte es denn auch nicht mehr lange, bis die erste Organisationsgründung gemeldet werden konnte: Am 25. März 1886 entstand der »Erste Hamburg-Altonaer Artisten-Verband«, dessen etwas umständliche Namensgebung darauf hinweist, daß Altona noch kein Hamburger Bezirk war (wie heute) und die Verbindungsstraße zwischen beiden Orten, die Reeperbahn, das Zentrum des städtischen Varietélebens darstellte. Ob es sich hierbei tatsächlich um die erste deutsche Artistenorganisation handelte, ist zweifelhaft, denn trotz des äußerst spärlichen Quellenmaterials zu dieser Frage läßt sich bereits für das gleiche Jahr ein »Deutscher Artistenverein« nachweisen[4], dessen Entstehungsdaten nicht aufgedeckt werden konnten. Da dieser jedoch im Winter desselben Jahres für die am 12. November 1886 gegründete »Internationale Artisten Genossenschaft« (IAG) eine Benefiz-Veranstaltung im Theater der Reichshallen Berlin einberief, kann durchaus davon ausgegangen werden, daß der Verein älterer Herkunft war. Zwei Jahre darauf entstand in dem Berliner Randbezirk Rixdorf der Artistenverein »Einigkeit«[5], dessen Mitglieder heute noch am Ort tätig sind. 1891 kam der »Internationale Artisten-Verband« hinzu[6], der es sogar zu einer eigenen Zeitschrift mit dem Titel »Der Künstler« brachte; und wiederum ein Jahr später fanden sich Varietékünstler zu dem Verein »Sicher wie Jold«[7] zusammen, dessen Hauptsitz in Hamburg lag. Schließlich folgten 1898 zwei neue Artistenvereine, die sich die Namen »Union« und »Victoria«[8] zulegten. Die »Internationale Artisten-Loge«, die 1901 entstand, war also wahrlich nicht die erste Artistenorganisation, wenn sie auch die einflußreichste werden sollte. Sämtliche Vereinigungen, die bis zur Jahrhundertwende gegründet wurden, verstanden sich nicht als »Kampforganisationen«[9], wie sich Berol-Konorah ausdrückte, sondern als Geselligkeits- und Versicherungsgemeinschaften. Dementsprechend lautete der Briefkopf der IAG, die aufgrund des Begriffes »Genossenschaft« fälschlicherweise in die Nähe der Gewerkschaften gerückt werden lönnte: »Unterstützungs-, Kranken- und Sterbekasse für Angehörige der Circus-, Varieté- und Spezialitäten-Bühnen, sowie Concert-Etablissements«[10]. Die etwas geringschätzige Art, mit der Berol-Konorah diese Verbände abtat, da sie ihre Mitglieder »sogar aus direktorialen Kreisen«[11] rekrutierten, ist höchst unangebracht, denn diese Vereine setzten bewußt bei den elementaren menschlichen und sozialen Bedürfnissen ihrer Mitglieder an. Versicherungstechnisch von den staatlichen Institutionen vernachlässigt, schritten die dort zusammengeschlossenen Artisten bereits zur kollektiven und solidarischen Selbsthilfe. Das Bewußtsein, daß diese Art der Selbstversicherung ihre engen Grenzen hat, mußte erst wachsen, bevor die Artisten die Kämpfe ihrer Organisationen gegen die Bühnenleiter als ihre »Klassengegner« gutheißen konnten. Bislang hatten sie versucht, diese durch Können und Freundlichkeit für sich einzunehmen.

Angeregt durch die Erfolge der industriellen Arbeiterbewegung, die mit den Mitteln kollektiver Arbeitsniederlegung und solidarischem Zusammenhalt erzielt worden waren, kam den Varietékünstlern die politische Dimension des Interessengegensatzes von Direktion und Arbeitnehmern allmählich zu Bewußtsein, obwohl die überwiegende Zahl einen »Streik«, d. h. einen Auftrittsboykott, als selbstschädigend einstuften. Trotzdem kam es gelegentlich bereits vor der Jahrhundertwende zu gemeinsamen Verweigerungen, wenn die Bühnenleiter ihre Machtmöglichkeiten zu willkürlich handhabten. 1897 etwa staunte die Öffentlichkeit: »Ein Strike der Chansonetten ist in einem Berliner Spezialitätenlocal dritten Ranges ausgebrochen. Die Veranlassung zu diesem für Jüngerinnen der leichtgeschürzten Muse ziemlich ungewöhnlichen Vorgehen bot eine Verfügung des gleichzeitig das Local bewirtschaftenden ›Directors‹, der mit dem neuen Jahre die sogenannten ›Weinprocente‹ abschaffte. Da die Sängerinnen bei ihrer geringen Monatsgage auf diese Nebeneinkünfte angewiesen sind, und sich eine Zurücknahme der directorialen Anordnung nicht erwirken ließ, stellten die Damen die ›Arbeit‹ ein.«[12] Umgehend wurden daraufhin die Kündigungen ausgesprochen, wenn der Direktor nicht gar die sich aus dem Vertragsbruch ergebende Möglichkeit zur Einbehaltung der eventuell noch ausstehenden Gage in Anspruch nahm. Ohne größere Organisation, die den entsprechenden Gegendruck durch Unterstützungsaktionen in die Wege leiten konnte, besaßen die Sängerinnen keine Chancen, sich gegen ihre Entlassung zu wehren. Das Ergebnis war: »Ihre allerdings durch die ›Reform‹ persönlich nicht betroffenen männlichen Collegen, Komiker und Capellmeister, bekundeten einen bedenklichen Mangel an Solidarität, indem sie nicht nur ruhig weiterspielten, sondern sich sogar mit Erfolg um die Anwerbung von Strikebrecherinnen bemühten.«[13] Da dieses Verhalten sicherlich kein Einzelfall war, erklang

202 Leo Bartuschek

nicht zufällig im gleichen Jahr das erste Plädoyer für eine gewerkschaftliche Organisation: »Was die große Masse der ›ungebildeten‹ Tagarbeiter vermocht, das sollen die vornehmen Artisten nicht zu Wege bringen? Was diese armen Teufel, die bloß einige wenige Pfennige täglich verdienen, und dies unsicher, im Stande waren, das sollen die Artisten nicht vermögen, die Tausende verdienen? (...) Artisten, lernt von den Arbeitern! Es giebt zwei Mittel, sich Achtung und Respect zu verschaffen, seinen ehrlichen festen Willen durchzusetzen: Streik und Boykott! (...) Das ist die Selbsthilfe, Männern würdig!«[14]

Es sollten aber noch einige Jahre vergehen, bevor eine Artistenorganisation so stark war, daß sie einen Streikaufruf mit Aussicht auf Erfolg verfassen und die Durchführung planvoll vorbereiten konnte. Erst der IAL gelang es, sich als gewerkschaftliche Vertretung Anerkennung zu verschaffen; der Mann, mit dem dieser Wandel vom Versicherungsverein zur Artistengewerkschaft verbunden war, hieß Max Berol-Konorah.

Beabsichtigt war diese Entwicklung bei der Gründung der IAL keineswegs. Unmittelbarer Anlaß bildete der Zusammenschluß einiger der größten Spielstättenbetreiber Deutschlands zum IVDV, dem Internationalen Varieté-Direktoren Verband, 1901. Den ersten Versuch, zu einem direktorialen Verband zu kommen, stellte er jedoch nicht dar. Auf lokaler Ebene war es bereits in den neunziger Jahren zu Vereinsgründungen gekommen, wie etwa dem »Verein der Berliner Varietébesitzer«[15], dessen Versammlungsprotokolle selbst in den

Tageszeitungen Beachtung fanden. Zwar besprachen die Mitglieder dieser Vereine bei den Sitzungen auch ihre hausinternen Belange, doch weit wichtiger war ihnen das einfache gesellige Zusammensein. Eine internationale, mächtige Interessenorganisation der Unternehmer gab es noch nicht. Gefordert worden war sie aber bereits 1895 von einem Kieler Varietébesitzer, mit der dieser u. a. erreichen wollte, daß jene Artisten, die sich »etwas zuschulden« hatten kommen lassen, auf Schwarze Listen gesetzt und ihnen damit weitere Engagements erschwert werden würden. Trotzdem vergingen noch einige Jahre, bis innerhalb der Direktorenkreise die Notwendigkeit einer einheitlichen und überregionalen Organisation eingesehen wurde. Der Grundimpuls für die Gründung eines Direktorenverbands 1901 entsprang schließlich der Klage »über die vielen Kontraktbrüche«[16]. Ihre Beschwerden erfolgten zu Recht, wenn auch der Grund nicht bei den Artisten lag – wie von ihnen angenommen –, die doch für jeden Vertragsbruch eine Konventionalstrafe zu zahlen hatten. Zu Auswüchsen, die den engagierten Artisten in eine potentiell vertragsverletzende Zwangslage brachten, führten die sogenannten »Hausverträge«, die bis zu einer späteren einheitlichen Regelung in jedem Varieté verschieden waren. »Die meisten Verträge gaben dem Direktor (...) einseitig das Recht, den Vertrag zu verlegen, zu prolongieren oder den Artisten zu denselben Bedingungen für später zu reengagieren. Manchmal war dafür keine Frist gesetzt; im Höchstfall war die Frist 14 Tage. 14 Tage vorher oder gar noch kürzere Zeit vor Engagementsantritt konnte also der Vertrag plötzlich verlegt werden. Daß der Artist kein Ersatzengagement mehr fand, war gleichgültig. Gefiel eine Nummer, so konnte der Direktor den Vertrag prolongieren. Hatte der Artist schon anderweitig abgeschlossen, so mußte er vertragsbrüchig werden.«[17] Da die Künstler zudem noch nicht verpflichtet waren, ihr Eintreffen anzukündigen, erfuhr die Direktion immer erst am Tag der Premiere, ob sie ihr Engagement auch wirklich alle antraten. Da besonders bei Zugnummern die Werbung rechtzeitig im voraus einsetzen mußte, fiel die Enttäuschung des Publikums auf die Theaterleitung zurück, wenn sie Artisten angekündigt hatte, die nicht erschienen. Um in einem solchen Fall eventuell nicht nur mit einem halbvollen Programm die Aufführung bestreiten zu müssen, engagierten die Direktoren aus Erfahrung eine größere Anzahl Artisten, als sie brauchten. Zwangsläufig mußten sie sich vertragsgemäß daher das Recht einräumen, Überzähligen auch kurzfristig zu kündigen. So räumten sich Bühnenleiter eine dreitägige Kündigung ein,

203   Artistenstreik in Stuttgart, 1924

die keine Frist festsetzte, sondern der Direktion erlaubte, ein Engagement innerhalb der ersten drei Tage fristlos zu kündigen.

Diese Praxis erwies sich letztlich für beide Seiten als so nachteilig, daß die Direktoren auf Abhilfe sannen. Nach einem Vorgespräch zur Hamburger Domzeit im Dezember 1900 kamen am 22. Januar 1901 etwa drei Dutzend der bedeutendsten Varietédirektoren auf Anregung des Metropoltheaterleiters Richard Schultz in Berlin zusammen und gründeten den IVDV. Im Vorstand saß Schultz als 1.Vorsitzender, Hermann Mellini als 2.Vorsitzender und Siegmund Kohn vom Krystall-Palast in Leipzig als Schriftführer.[18] Die erste offizielle Sitzung zur Besprechung eines Normalvertrages setzte man für den Karfreitag an, der traditionsgemäß spielfrei war. Die Pläne der Direktoren lösten innerhalb der Artistenschaft große Unruhe aus, da man fürchtete, weitere Verschärfungen und berufliche Nachteile durch den ersten überregionalen Zusammenschluß gewärtigen zu müssen. Prompt berief Otto Gregor, ein Komiker, der lange Jahre am American-Theater engagiert gewesen war, ebenfalls für den Karfreitag, den 5. April 1901 eine Artistenversammlung nach Berlin, zu der sich rund zweihundert Bühnenkünstler einfanden. Sie gründeten auf der Basis der zuvor von Gregor ausgearbeiteten Richtlinien die Internationale Artisten-Loge, die – wie der Name bereits andeutet – sich von freimaurerischem Gedankengut inspirieren ließ. Dementsprechend nannten sich die Mitglieder in den ersten Jahren auch »Logenbrüder«, waren aber in der Regel kämpferischer eingestellt als ihre Kollegen in den bisherigen Artistenvereinen. Im ersten Vorstand befanden sich Henry de Vry als Vorsitzender, Leo Herzberg als Stellvertreter und Robert Steidl als Schatzmeister. Gegen ein von den Direktoren am 5. April beschlossenes Schiedsgericht, das Streitigkeiten zwischen den Bühnenleitern und Artisten regeln sollte, schritt die IAL bereits im Mai mit Erfolg ein. Sie erkannte zwar durchaus die Notwendigkeit einer derartigen Instanz an, da sie aber ausschließlich mit Direktoren besetzt werden sollte, lehnte sie die Einrichtung kategorisch ab. Bereits am 12. Mai 1901 löste es sich aufgrund ihres Einspruchs wieder auf, ohne auch nur ein einziges Mal in Aktion getreten zu sein. Ebenso erging es dem Vertragsentwurf der Direktoren, den anzuerkennen die Logenmitglieder verweigerten, da er u. a. immer noch die dreitägige Kündigung vorsah. Durch ihr

204 Tipsy Konorah am Grab ihres Vaters Max Berol-Konorah

resolutes Auftreten und durch die Einbeziehung der »Internationalen Artisten-Zeitung« als Publikationsorgan ihrer Ansichten zwangen sie die im IVDV verbundenen Direktoren, mit der IAL in Verhandlung zu treten wie bislang noch mit keiner Artistenorganisation. Der entscheidende Durchbruch zu einer aktiven Varietépolitik, die beide Seiten einschloß, war damit gelungen.

Noch war allerdings die IAL alles andere als eine Gewerkschaft, denn der freimaurerische Anspruch bewirkte eine elitäre Haltung des Logen-Vorstands, der über die Aufnahmeanträge entschied. Zurückhaltend und dennoch deutlich mißbilligend formulierte ein Kritiker, daß die IAL »in der Aufnahme ihrer Mitglieder sehr vorsichtig zu Werke«[19] gehe und »von den Candidaten nicht nur den Nachweis längerer Zugehörigkeit zum Artistenstande, sondern auch namentlich genügende Referenzen in Bezug auf persönliche Ehrenhaftigkeit«[20] verlange. So hielt sich die Anzahl der Mitglieder noch längere Zeit in engen Grenzen, was sich jedoch in den ersten Jahren nicht zum Nachteil auswirkte, da der IVDV schon nach kurzer Zeit wieder auseinanderfiel.

Der 1902 vom Direktorenverband eingeführte und mit der IAL abgestimmte Normalvertrag, der

205   Alfred Fossil, 1950

für die Artisten einige Verbesserungen brachte und für alle Bühnen der Mitglieder Geltung besaß, erwies sich bereits bald als nicht praktikabel, da die nicht-organisierten Varietédirektoren ablehnten, ihn in ihren Häusern zu übernehmen. Die anderen Bühnen unterliefen ihn mit ihren alten, ihnen ja mehr Rechte einräumenden Hausverträgen, so daß auch die Verbandsmitglieder bald vom Normalvertrag wieder abrückten. 1903 hob der IVDV gar die Verbindlichkeit wieder auf, so daß er sich um das einzige bisherige Ergebnis seiner zweijährigen Arbeit brachte. Folgerichtig ließen ihn denn auch die Bühnenleiter wieder »einschlafen, ohne einen Beschluß auf Auflösung zu fassen«[21].

Die Loge bestand hingegen fort und konsolidierte sich zunehmend. Die Mitgliederzahl kletterte langsam auf rund 800 und blieb dann bis zum Jahre 1909 relativ konstant. Frauen konnten in dieser Zeit zwar Mitglieder werden, blieben aber noch von den Versammlungen ausgeschlossen. Wie die vorangegangenen Artistenverbände organisierte auch die IAL die soziale Absicherung, indem sie getrennte »Kassen« für Krankheits-, Unfall- und Sterbefälle einrichtete und ihren Mitgliedern bei Engagementslosigkeit Überbrückungskredite bewilligte. Zusätzlich versuchte der Vorstand Einfluß auf die Entscheidungen der staatlichen Gesetzgebungsorgane zu nehmen. Beispielsweise sprach er sich gegen das 1903 eingeführte Kinderschutzgesetz aus, das eine Einschränkung der Kinderarbeit vorsah, weil man in Artistenkreisen befürchtete, dadurch den Nachwuchs nicht mehr frühzeitig und in ausreichendem Maße in die Nummern einbeziehen zu können. Des weiteren richtete die IAL einen Rechtsschutz ein, der den Mitgliedern die Kosten und Durchführung von gerichtlichen Streitereien abnahm, und mittels der die Loge in den Stand gesetzt war, anhand exemplarischer Fälle richterliche Entscheidungen herbeizuzwingen, die legislative Richtlinien in die Varietéarbeit einführten.

1904 trat Henry de Vry als Präsident zurück, und nach einer Interimslösung übernahm Max Berol-Konorah das Amt, das er bis 1908 ehrenamtlich ausübte. Erst zu seiner Zeit formte sich die IAL zur wichtigsten Artistenorganisation Deutschlands, da Konorah gegenüber den Bühnenleitern einen respektloseren Ton anschlug und auch vor Kampfmaßnahmen nicht zurückschreckte. Nach Aufnahme der Tätigkeit mußte der bis dahin vielbeschäftigte Artist zu seiner Überraschung erleben, daß immer weniger Engagementsangebote für ihn eintrafen, da den Direktoren der frische Wind, den er in die IAL gebracht hatte, mißfiel. Diese unorganisierte Boykott-Bewegung führte dazu, daß Konorah 1908 seine artistische Arbeit aufgab und nunmehr hauptamtlich seine ganze Kraft der Loge zur Verfügung stellte.

Ein aufgrund der weltumspannenden Arbeitsplätze von Artisten wünschenswerter internationaler Verbund der Artistenorganisationen schritt unter seiner Führung zügig voran. Die am 18. Februar 1906 in London etablierte Artistengewerkschaft Variety Artistes' Federation (VAF) affilierte sich der IAL noch im selben Jahr. Im Herbst 1906 traten auch die nordamerikanischen »White Rats«, eine zur Jahrhundertwende gegründete Organisation, die u. a. den Streik als durchaus legitimes Mittel bereits eingesetzt hatte, dem Affiliationsvertrag von Loge und VAF bei. Nachdem sich darüber hinaus 1909 die französische Union Syndicale des Artistes Lyriques ebenfalls angeschlossen hatte, kam es im Juli 1911 auf einer internationalen Konferenz in Paris zur Gründung der ersten »Weltliga der Artisten-Organisationen«, dessen Vorsitz der Präsident der VAF, W. H. Clemart, übernahm.

Während der ganzen Zeit versuchte die IAL, die Gewohnheit der alten Hausverträge zu brechen, fand aber keinen entsprechenden Ansprechpartner, da es einen praktischen Zusammenschluß der Direktoren ja nicht mehr gab. 1908 sollte er – ironischerweise auf Initiative der Loge – wieder entstehen. Die IAL griff in diesem Jahr zum ersten Mal zu einem radikalen Kampfmittel, dem Boykott, um den Artisten in den Jahren vor dem Ersten Weltkrieg ihre gefährdeten Arbeitsplätze zu erhalten. Eine Reihe größerer Varietés war zu dieser Zeit geschlossen worden oder zu einer gemischten Spielplangestaltung übergegangen, nach der sie sechs bis acht Wochen Varieté und den Rest des Jahres Operetten gaben. Die IAL verhängte nun über diese Häuser, propagandistisch unterstützt durch das 1902 gegründete Verbandsblatt »Das Programm«, einen Auftrittsboykott, der die Direktoren zwingen sollte, wieder das ganze Jahr über Varietéaufführungen zu zeigen. Die Bühnenleiter sahen darin zu Recht einen versuchten Eingriff in ihre unternehmerische Freiheit und organisierten zum 13. Mai umgehend einen »Mitteleuropäischen Direktorenkongreß« in Düsseldorf. »Die Versammlung verlief sehr angeregt. Einmütig war man der Auffassung, daß seitens der Loge den Direktoren der Fehdehandschuh hingeworfen war, daß man eine Institution schaffen müsse, die Autorität habe, solchen Angriffen entgegenzutreten. Man bedauerte, daß der 1901 gegründete Verband nicht mehr bestand und entschloß sich, einen neuen Verband zu gründen. Ein Ausschuß wurde gewählt, um die Gründung vorzubereiten, Statuten auszuarbeiten und nach Berlin eine Versammlung einzuberufen, um den Gründungsakt zu vollziehen.«[22] Am 5. Juni 1908 fand dann im Central-Hotel die Etablierung des neuen Internationalen Varieté-Theater-Direktoren Verbands (IVTDV) statt, der als erstes die Herausgabe einer eigenen Zeitschrift zur Propagierung der Verbandsmeinungen beschloß; bereits im Oktober erschien die erste Nummer des »Organ«. In den Vorstand berufen wurden Jacques Glück vom Düsseldorfer Apollo-Theater und Max Brück von dem Kölner Reichshallen-Theater als Vorsitzende, Siegmund Kohn (Leipzig) und Hermann Blum (Chemnitz) als Schriftführer sowie Leo Bartuschek (Stettin) als Schatzmeister.[23] Bei den umgehend einsetzenden Verhandlungen zwischen dem IVTDV und der IAL zog zwar die Loge ihren Boykottaufruf zurück, setzte dafür aber den zweiten einheitlichen Normalvertrag durch. Im Gegensatz zum ersten Vertrag erlangte der zweite zumindest für die großen Häuser Verbindlichkeit und regelte im allgemeinen die Engagementsgrundlagen für die Varietékünstler, so daß sie nicht mehr von Haus zu Haus neue Bestimmungen vorfanden. Ein neuer Vertrag kam erst 1919 zustande, der dann aufgrund der veränderten gesellschaftlichen Kräftekonstellationen erhebliche Verbesserungen für die Artisten mit sich brachte. Als Folge der Verhandlungen um dieses Vertrags-

206   *Feierstunde zum 10jährigen Bestehen der NSBO im Haus Vaterland, März 1941*
       (Foto: Josef Donderer)

werk änderte sich das Selbstverständnis der IAL. Konorah schrieb: »Im Januar 1909 wurde das Statut geändert und aus der ›Elite-Korporation‹ eine Gewerkschaft gemacht, die alle aufnahm, die am Varieté engagiert waren, ganz gleich, welche Gage sie verdienten.«[24] Bereits 1912 hatte die Mitgliederzahl die Zweitausender-Marke erreicht.

Unermüdlich dehnte die Loge die Interessenverknüpfungen unterschiedlicher Organisationen aus. »Anfang 1912 hatte sich die IAL auch mit dem Allgemeinen Deutschen Musikerverbande zum ›Varietékartell‹ zusammengeschlossen und war dadurch, da der A.D.M.V. auch dem Bühnenkartell angehörte, mit dem Bühnenkartell in Fühlung geraten. Im Dezember 1913 erfolgte dann auch der Eintritt in das Deutsch-österreichische Bühnenkartell, dem außer dem A.D.M.V. die Genossenschaft Deutscher Bühnenangehöriger, der Chorsänger- und Ballettverband, der österreichische Bühnen-Verein und der österreichische Musikerverband angehörten. Ständig wuchs so der Einfluß der Loge durch die nationalen und internationalen Affiliationen. Das Bühnenkartell löste sich auf, als die ihm angeschlossenen Organisationen Anfang 1917 gemeinsam dem Afa-Bund (damals Arbeitsgemeinschaft Freier Angestelltenverbände, später Allgemeiner Freier Angestellten-Bund) beitraten und damit diesen als gemeinsame Spitzenorganisation hatten.«[25] Mit dem Eintritt in die Afa war der IAL endlich der Anschluß an die nicht-künstlerische Gewerkschaftsbewegung gelungen und damit ein weiterer bedeutender Schritt auf dem Wege zur gesetzlichen Anerkenunng der Varietédarsteller als Arbeitnehmer.

Nachdem während der Kriegsjahre die Auseinandersetzungen zwischen IAL und IVTDV auf ein Minimum zurückgefahren worden waren, die Aufrechterhaltung von Auftrittsmöglichkeiten anfänglich von beiden Seiten als primäre Aufgabe gesehen worden war und später die staatliche Reglementierungen die Spannungen unterdrückt hatten, entbrannten sie in der November-Revolution 1918/19 schlagartig mit nie gekannter Heftigkeit aufs neue. In Berlin erhob die Revolutionsregierung die Loge kurzzeitig gar zur allein bevollmächtigten Behörde für den ganzen Bereich des Varietés, Circus und Kabaretts; unter tragischer Verkennung der Situation förderte Konorah ausgerechnet zu diesem Zeitpunkt unfreiwillig das Auseinanderbrechen des mühselig geknüpften organisatorischen Netzes durch die Ausrufung einer Neustrukturierung auf der Grundlage des Räte-Gedankens. Nach seiner eigenmächtigen Ankündigung 1919 fiel der Verband, der in der

207 *Die Allisons, 1922, mit Otto Eimer-Allison (4. v. r.)*

208 Briefkopf der IAL 1934

Berliner IAL seine Zentrale besaß, schlagartig auseinander, und regionale Abspaltungen entstanden im ganzen Reichsgebiet. Der »Freie Artisten-Verband« (FAV) spaltete sich bei einer Versammlung im Apollo-Theater von der Loge ab, als sich einige Artisten gegen Konorahs Vorschlag eines Zentralen Artisten-Rates vehement wehrten; in Süddeutschland entstand die »Süddeutsche Artisten-Gewerkschaft«, die von den regionalen Neugründungen die einflußreichste war, und auch in Sachsen wuchs eine größere Neuorganisation augenblicklich heran. Es vergingen wiederum Jahre, bis die auseinandergebrochene Einheit erneut hergestellt werden konnte, denn die Realisierung des Räte-Gedankens (»Wahl von Betriebsartistenräten in allen Varietés usw. bei jedem Programmwechsel«[26]) erwies sich in der politischen wie künstlerischen Sphäre als unmöglich.

Die November-Revolution brachte aber den Varietékünstlern das für ihre Zukunft entscheidende Vertragswerk, den Tarifvertrag. Die durch die bewaffneten Auseinandersetzungen auf den Straßen eingeschüchterten Unternehmer ließen sich 1919 Zugeständnisse abtrotzen, die zu gewähren ihnen in nicht so aufgewühlten Zeiten nie eingefallen wäre. Erstmalig regelte ein umfassender Text die Bedingungen für beide Seiten verbindlich, der – da es kein Theatergesetz gab – legislative Qualität besaß. Dieser Tarifvertrag unterschied sich von Abschlüssen in anderen Berufen, da er keine Lohnfragen oder Arbeitszeiten in den Vordergrund stellte, sondern klare Rechtsverhältnisse schuf, die den Eigenarten des Varietégewerbes Rechnung trugen. Alle folgenden Tarifverträge sollten bis heute auf diesem Text von 1919 aufbauen.

Da jedoch dieser Vertrag einzig mit dem IVTDV ausgearbeitet worden war, der nicht die einzige Direktorenvereinigung jener Jahre darstellte, erlangte der neue Tarifvertrag zunächst nur eine beschränkte Gültigkeit. Die mit dem IVTDV konkurrierenden Verbände, etwa die »Vereinigung Deutscher Volksbühnen«, die viele mittlere und kleinere Varietés umfaßte, und der »Verband der Kaffeehausbesitzer Deutschlands«, der einen Teil der Kabarettbetriebe verband, lehnten die Übernahme des Tarifvertrages – wie selbstverständlich – ab. Zur Durchsetzung organisierte die IAL nunmehr einen punktuellen, aber landesweiten Streik der Artisten, der selbst jene Direktoren zur Annahme zwang, die nicht organisiert waren. Mit Wirkung vom 1. März 1920 trat er, unterzeichnet von den Tarifparteien und dem Arbeitsministerium, allgemein verbindlich in Kraft. »Damit war endlich nach langen Mühen und Kämpfen der Tarifvertrag für das Varietégewerbe unter Dach und Fach. Das Reichsvarietégesetz, denn das stellte der Tarifvertrag dar, war geschaffen und in Kraft getreten. Das Ziel, dem die IAL 20 Jahre lang entgegengestrebt, Rechtssicherheit im Berufe, war endlich erreicht und durch die Gesetze geschützt.«[27]

Mit dem am 2. Februar 1920 erstmalig gegründeten »Allgemeinen Circus-Direktoren-Verband« (ACDV) konnte ebenfalls noch im gleichen Jahr ein Vertrag vereinbart werden. Erst Ende der zwanziger Jahre vereinigten sich der ACDV und der IVTDV zum »Internationalen Varieté-Theater- und Circus-Direktoren-Verband«, dem IVTCDV, der dann jedoch nur noch für kurze Zeit existieren sollte, denn 1933 änderten sich die Betriebsbedingungen radikal.

Die Deutsche Artistik

Alleiniges amtliches Mitteilungsblatt der Reichsfachschaft Artistik
in der Reichstheaterkammer

| Zweiter Jahrgang | Berlin, 21. Juni 1936 | Nummer 25 |

Reichskulturwalter Hans Hinkel

Photo: Dähn

der väterliche Freund der deutschen Artistik, feiert am 22. Juni seinen 35. Geburtstag. Die deutschen Artisten wünschen gerade Hans Hinkel zu diesem Tage das Allerbeste und versichern ihm, in steter Dankbarkeit ihre Pflicht für Volk und Staat zu erfüllen.

209 Titelseite der Zeitschrift »Die Deutsche Artistik« mit Geburtstagsgrüßen für Hans Hinkel

Bis dahin führte aber Berol-Konorah die IAL zu einer erneut schlagkräftigen Organisation, die zum allgemein anerkannten Stellvertreter der artistischen Interessen innerhalb des Reichsgebiets avancierte. Wie noch vor 1918 wirkte dabei als entscheidendes Mittel die Anbindung an andere Arbeitnehmerorganisationen sowie die Vergrößerung der Mitgliederzahlen. Bereits zum Jahresende 1919 war die Loge in den Allgemeinen Deutschen Gewerkschaftsbund aufgenommen worden und konnte von dort, gewissermaßen in übergeordneter Position, die konkurrierenden regionalen Vereinigungen von Artistenverbänden und Gewerkschaftsgruppen erfolgreich zerschlagen. Auch die internationalen Kontakte aus der Kaiserzeit, die durch die national-chauvinistischen Exzesse der vier Kriegsjahre gelitten hatten (u.a. war die erste Weltliga der Artistenorganisation zerbrochen), stellten sich langsam wieder her, so daß im Februar 1921 eine Konferenz in Rotterdam einberufen werden konnte, an der holländische, englische, französische, belgische, spanische, skandinavische und österreichische Organisationen teilnahmen. Einzig die Vertreter der englischen VAF mochten nicht schon knapp drei Jahre nach Kriegsende mit den weltkriegsanzettelnden Deutschen und Österreichern in einer Organisation zusammenarbeiten, so daß sie schließlich die Besprechung verließen. Die restlichen Vertreter beschlossen die Gründung der zweiten Weltliga, deren Vorsitz der Franzose Louis Vilette übernahm.

Auch die Mitgliederzahlen der Loge schossen im Vergleich zur Kaiserzeit enorm in die Höhe. 1926, als Berol-Konorah seine Broschüre zum 25jährigen Jubiläum der IAL verfaßte, nannte er eine Mitgliederstärke von 23 000 Personen. Erst in den zwanziger Jahren erhielt die IAL also den Charakter einer Massenorganisation.

Am 25. März 1930 starb der Präsident der Loge, nachdem er fast sechsundzwanzig Jahre der Organisation vorgestanden und in dieser Zeit ihr Profil maßgeblich ausgeprägt hatte. In den Berliner Reichshallen fand eine Trauerfeier statt, die nicht nur seine Kollegen und Freunde, sondern auch seine damaligen Gegner zusammenführte. Einig waren sich die Anwesenden in der Einschätzung, daß die Artistenschaft mit Berol-Konorah einen wertvollen Streiter und eine schwer zu ersetzende Persönlichkeit verloren hatte.[28]

Als Nachfolger wurde Alfred Fossil ernannt, des-

210 Willi Feldmann im Haus Vaterland, September 1942 (Foto: Josef Donderer)

sen Stellvertreter Bernhard Croé und Otto Allison waren. Sie hatten wahrlich kein einfaches Amt übernommen, denn nach nur knapp drei Jahren mußten sie die ganze Organisation gegen ihren Willen aus den Händen geben: Die inzwischen an die Regierung gelangten Nationalsozialisten entmachteten als eine ihrer ersten Aktionen die Gewerkschaften, was aufgrund des organisatorischen Verbunds auch die Artisten traf.

Bereits vor 1933 hatten sich in den Varietétheatern nationalsozialistische Zellen gebildet, so etwa 1931 im Haus Vaterland. Die NSBO (Nationalsozialistische Betriebs-Organisation) war ursprünglich keine Vereinigung von Artisten, sondern hatte sich vorwiegend aus Belegschaftsmitgliedern der Werkstätten, Bühnentechnik und Verwaltung zusammengesetzt. Zu ihren Aufgaben gehörte es, gegen die Arbeit der Gewerkschaften zu agitieren. Obwohl die IAL ihrerseits versuchte, die neuen Strömungen aufzufangen, blieb sie doch ein bevorzugtes Ziel der NSBO. »Ich erinnere mich noch gut«, schrieb ein Zeitzeuge zwanzig Jahre später, »daß es während der sogenannten Kampfzeit der NSDAP bzw. der NSBO ein beliebtes

211   Jupp Flohr

Kampfmittel war, in Mitgliedskreisen (der IAL – d.Verf.) damit zu hausieren, daß die IAL mit den Mitgliedsbeiträgen in unverantwortlicher Weise gewirtschaftet habe.«[29]

Ohne die Interessen der Artisten gewerkschaftlich zu vertreten, entwickelte sich die NSBO dennoch zu einer ernstzunehmenden Konkurrenz für die IAL. Nach der Machtergreifung wähnte sie sich endgültig berufen, für die Artisten zu sprechen. Sie forderte die Vorstandsmitglieder der IAL im März 1933 auf, in die NSDAP einzutreten. Als sie nicht den gewünschten Erfolg hatte, erschienen Vertreter der NSBO mit einem SA-Trupp im Berliner IAL-Büro und »verhafteten« Fossil. Als am 2. Mai dann alle Gewerkschaftsgebäude besetzt und die freie Vertretung der Arbeitnehmerinteressen abgeschafft wurde, drangen SA-Kommandos auch in die Räume der IAL ein: »Der IAL-Betrieb wurde unter einem Nazi-Kommissar weitergeführt. Dieser berief eine Artisten-Versammlung ein, und in derselben wurde die IAL gleichgeschaltet, wie man damals so nett sagte.«[30]

Fossil gelang es später, ins Ausland zu fliehen.[31] Für ihn rückte das NSDAP-Mitglied Walter Sandow in den Vorstand auf, in dem die bisherigen Stellvertreter, Bernhard Croé und Otto Allison[32], vorläufig verblieben. An ihren Stellungnahmen lassen sich die Auseinandersetzungen zwischen den demokratischen und nationalsozialistischen Mitgliedern innerhalb der Loge in aller Deutlichkeit ablesen.

Zunächst trat der Vorstand auch weiterhin durchaus offensiv gegen die NSBO auf und argumentierte, die organisatorische Einheit müsse wiederhergestellt werden. Er warnte vor dem Nebeneinander mehrerer Artistenverbände, pflichtete jedoch gleichzeitig der Forderung bei, sich als Verband der Deutschen Arbeitsfront anzuschließen. Daß damit jede Eigenständigkeit aufgegeben wurde, sah man im Vorstand bereits im Herbst 1933 als unvermeidbar an.

Mit äußerster Vorsicht behandelte man die Frage, was mit den Rücklagen der IAL geschehen sollte. Beruhigende Erklärungen wurden veröffentlicht, in denen der Vorstand betonte, daß die »Revolution« nun beendet sei, man sich inzwischen in der »Evolution« befinde und die bestehenden Gesetzesvorschriften beachte. Es erschien offensichtlich zu diesem Zeitpunkt noch nicht ratsam, den Artisten ihre in der IAL angelegten Ersparnisse, die für viele von ihnen die einzige Alterssicherung bedeuteten, ohne formal beruhigende Begründung wegzunehmen. Zumindest ein gewisser Schein von Legalität, der bereits bei der Machtübernahme der NSDAP unverzichtbar gewesen schien, sollte deshalb auch hier gewahrt bleiben. Gleichzeitig wurde aber all denen, die sich nicht fügen wollten, unmißverständlich klargemacht, was auf sie wartete: »All den Meckerern, den Miesmachern ist an der Gesundung des deutschen Volkes nichts gelegen. (...) Wer sich in den Weg stellt, wird umgerannt.«[33]

Im Dezember 1933 wurde die IAL der kurz zuvor geschaffenen Reichskulturkammer (RKK) angeschlossen und in »Berufsverband der Deutschen Artisten« umbenannt; zwischengeschaltet war der »Reichsverband der deutschen Artistik« (RDA), dem auch die Direktoren angehörten. 1936 wurde der RDA aufgelöst und beide Verbände als »Reichsfachschaft Artistik« der Reichstheaterkammer (RTK) innerhalb der RKK zugeordnet. Zu den Mitgliedern gehörten danach Bühnenkünstler und Direktoren. Mit der RKK hatten die Nationalsozialisten den Apparat geschaffen, um den Übergang reibungslos vollziehen und zugleich alle Künstler auf ihre Staatstreue kontrollieren zu können.[34]

Die Gelder der IAL flossen der RKK zu; die Enteignung war damit praktisch legalisiert. Am 9. Mai 1934[35] wurden der alte Direktorenverband aufgelöst und die varietéinternen Betriebsstrukturen nach nationalsozialistischen Vorstellungen neu geregelt: Das »Führerprinzip« bestimmte danach auch das Verhältnis von Bühnenleitern und Artisten. Tarifauseinandersetzungen wie in den Jahren der Republik, die dem hierarchischen Aufbau der Diktatur entgegenliefen, waren damit ausgeschaltet. »Alles für die Organisation, und nichts für uns selbst«[36], so hieß es erklärend in der zunehmend gleichgeschalteten Fachpresse.

Das Verhältnis von Mitgliedschaft und Verband hatte sich umgekehrt. Diente vorher der Zusammenschluß primär den Interessen des einzelnen Mitglieds in seiner Eigenschaft als Arbeitnehmer, war nunmehr die Organisation übergeordnet und absolut gesetzt. Den Mitgliedern blieben lediglich dienende Funktionen; bei den Entscheidungen des Vorstands hatten sie jegliches Mitspracherecht verloren. Was für die jeweilige Organisation gut war, entschieden nicht mehr sie, sondern ausschließlich der Vorstand, der bei seiner Befehlsausgabe auf absoluter Gefolgschaft bestehen konnte. Dementsprechend wurde auch der nach der Jahrhundertwende schwer erkämpfte Tarifvertrag ausgesetzt und eine neue Tarifordnung vereinbart.

Doch die traditionellen Verbandszeitschriften erinnerten weiterhin an die Zeiten selbstbestimmter Interessenvertretungen und wurden schließlich verboten. 1935 erschienen die letzten Nummern des Organ und Programm. Statt dessen wurde als amtliches »Organ der Reichsfachschaft Artistik« Die Deutsche Artistik herausgegeben (und 1940 in Artisten-Welt umbenannt). Das neue Blatt sollte – als Ausdruck der »deutschen Volksgemeinschaft« – den Ausgleich der Interessen von Direktoren und Artisten im NS-Staat belegen. Konnten damit überlieferte, bewährte und zum Teil schwer erkämpfte Errungenschaften endgültig beseitigt werden, hatten sich die Machthaber des »Dritten Reiches« zugleich ein Sprachrohr geschaffen, mit dem sie die vielreisenden Artisten erreichen konnten.

Unmittelbar nach Kriegsende begann erneut die organisatorische Aufbauarbeit seitens der Direktoren und der Artisten. Die Zersplitterung des ehemaligen Reichsgebiets in vier Besatzungszonen und der ehemaligen Hauptstadt in vier Sektoren behinderte jedoch die Entwicklung gewaltig. Da der alte organisatorische Zusammenhang nicht mehr bestand, die Kommunikationsmöglichkeiten aufgrund der Kriegsschäden erheblich eingeschränkt und die Reisen durch zonale Grenzziehungen erschwer waren, begannen Direktoren, ehemalige Funktionäre und Artisten zunächst, unmittelbar vor Ort Interessenvertretungen zu bilden, die die Belange der Artisten und ihrer Spielstätten regeln sollten.

Bereits im Juni 1945 entstand in Berlin eine neue IAL, die sogleich den traditionellen Fond »Artisten in Not« wieder ins Leben rief, dem gerade in dieser unmittelbaren Nachkriegszeit eine hohe Bedeutung zukam. Noch im gleichen Jahr entstanden in allen Besatzungszonen Neugründungen, mitunter gar mehrere nebeneinander, etwa im Sep-

212   Boris Bossi

213   Josef Milos (Mitte) auf der Beerdigungsfeier von Erich Carow, 1956, rechts: Erna Hoffmann-Förster (Foto: Josef Donderer)

tember in Essen und im Oktober in Hamburg. Bestrebungen um eine Einheitsorganisation, die besonders von Carl Schwarz, dem Präsidenten der Berliner Loge, vorangetrieben wurden, scheiterten jedoch schließlich an der politischen Entwicklung. »In den Westzonen begannen die Alliierten nach wenigen Monaten den Aufbau einer solchen Einheitsgewerkschaft zu verhindern – in dem Maße übrigens, wie sie die ehemaligen Herren der Wirtschaft wieder in leitende Positionen gelangen ließen«[37], schrieb Boris Bossi, langjähriger Vorsitzender der IAL, 1977 im Rückblick auf die Nachkriegsentwicklung der bundesrepublikanischen Loge. Doch nicht nur die Politik der Siegermächte, die auf eine territoriale Spaltung hinauslief, behinderte die Vereinheitlichung artistischer Neuorganisation. Auch die Frage der »Entnazifizierung« der Varietékünstler wurde in verschiedenen Verbänden unterschiedlich gehandhabt und bewertet. Wenn in der von Schwarz geleiteten Loge ehemaligen Artisten, die in der NS-Zeit Erfolge verbucht hatten, der Beitritt verweigert wurde, nahm man – wie Zeitzeugen berichten – in den Westzonen die ganze Sache nicht so genau. »Man braucht sich nur einmal die Kartei der hier im Westen lizensierten Kräfte durchzusehen, um festzustellen, daß überall in den Westzonen ehemals von den Nazis geförderte Künstler, die aktiv für den Nationalsozialismus tätig waren, heute wieder auf den Bühnen stehen«[38], resümiert ein Artist im Frühjahr 1948 seine Erfahrungen. Die »Spaltung«[39] der Artistenvereinigung zeichnete sich endgültig Ende der vierziger Jahre durch die Gründung der Bundesrepublik Deutschland und der DDR ab, wobei das Berliner Stadtgebiet ein drittes, weiterhin unter gemeinsamer alliierter Kontrolle stehendes »Gebilde« blieb, in dem sich für einige Jahre, bis 1961, West- und Ost-Organisationen begegneten, sich aber in der Kalten-Kriegs-Atmosphäre gegenseitig des Übelwollens verdächtigten. Dementsprechend gestalteten sich die Artistenverbände in den zwei deutschen Staaten auch unterschiedlich.

Die IAL in der DDR, die identisch ist mit der von Carl Schwarz initiierten Berliner Loge, schloß sich nach der Staatsgründung als Teil der Gewerkschaft Kunst und Schrifttum dem FDGB an, in dem sie nach Umstrukturierungen 1952 die eigne Fachgruppe Artistik in der nunmehrigen Gewerkschaft Kunst bildete; Ostberlin war dabei mit eingeschlossen.

Im Westen gingen die Hauptimpulse von Hamburg aus, dessen Logenpräsident Willi Feldmann, ein ehemaliger Conférencier, die Schaffung eines IAL-Verbands für die britische Zone bereits 1946 gelang, den er noch im gleichen Jahr zum Anschluß an die Deutsche Angestellten-Gewerkschaft Hamburg führte. In den folgenden Jahren setzte er seine Redegewandtheit und sein Engagement dafür ein, eine trizonale IAL zusammenzufügen, unter bewußtem Ausschluß der ostzonalen Loge. Feldmann »ließ die zersplitterten IAL-Verbände, die sich in allen Zonen und Sektoren gebildet hatten, durch seine geschickten Verhandlungen auf Bundesebene in Hamburg wieder zusammenwachsen«[40]. Am 1. Januar 1950 wurde die neue bundesrepublikanische IAL, zu deren Präsident Willi Feldmann ernannt wurde, aus der Taufe gehoben. Die Anbindung an die allgemeine Gewerkschaftsbewegung war bereits auf dem Gründungskongreß des DGB im Oktober des vorangegangenen Jahres erfolgt. Unter Mitwirkung Feldmanns kam es zu einem Zusammenschluß des Deutschen Musiker-Verbands, der Genossenschaft Deutscher Bühnen-Angehöriger, der IAL, des Schutzverbandes Bildender Künstler sowie des Berufsverbands der Komponisten, Journalisten und Autoren in einer Gewerkschaft Kunst, deren erster Vorsitzender ebenfalls Feldmann wurde. Bis 1955 übte er dieses Amt aus, blieb jedoch bis 1961 Präsident der IAL. Danach übernahm Ferdinand Recklin die Aufgabe, der 1977 von Boris Bossi abgelöst wurde. Gleichfalls ging 1977 die Umbenennung der Loge in »IAL Berufsverband Show und Unterhaltung« vonstatten, womit der Tatsache eines sich umstrukturierenden Berufsfeldes Rechnung getragen wurde. Zusätzlich zu den traditionellen Sparten vertrat die IAL nun auch die Pop-Sänger, Discjockeys, Dressmen und Berufssportler.

In Westberlin entstand in Konkurrenz zu der von Schwarz geführten Loge nach der Gründung der DDR ein an Hamburg orientierter IAL-Verband, der von Jupp Flohr geleitet und 1951 der bundesrepublikanischen Organisation angegliedert wurde.

Ähnlich verwickelt gestaltete sich die Nachkriegsentwicklung bei den Direktoren, die sich ebenfalls 1945 anfänglich auf lokaler Ebene neu zusammenfanden, da die übergreifenden Verbindungen unterbrochen waren. In allen vier Zonen bildeten sich Direktorenverbände, die sich – wie Ende der zwanziger Jahre – aus Varieté- und Circusleitern zusammensetzten. Bereits im Dezember 1945 gründeten beispielsweise in Köln einige Bühnenleiter einen neuen IVTDV, und im Hamburg entstand der VTCCDV (der Varieté-Theater-, Cabaret- und Circus-Direktoren-Verband), der trotz des enormen Mangels an Druckpapier bereits seit Juni 1946 über eine fachspezifische Publikation verfügte, die monatlich »an ca. 500 Varieté-, Kabarett-, Zirkus- und Gastspiel-Unternehmen in Deutschland versandt«[41] wurde. Die Bemühungen um einen zentralen Unternehmerverband realisierten sich in den folgenden Jahren jedoch nur eingeschränkt. Zwar konnte Kurt Bruck von Düsseldorf aus den IVTCDV zur bundesrepublikanisch maßgeblichen Organisation aufbauen, doch zu einem einzigen Verband kam es nach dem Krieg nicht mehr. Verloren in der ehemaligen sowjetischen Zone die Varietéunternehmer nach der Staatsgründung der DDR die Möglichkeiten einer Interessenvertretung (worauf viele nach Westen abwanderten), existieren in der Bundesrepublik bis heute zwei Verbände, deren Sitze in Düsseldorf und München liegen. Die Leitung des dritten Verbandes, der in Westberlin angesiedelt ist, lag anfänglich in den Händen des im Januar 1968 gestorbenen Josef Milos, eines Truppenchefs für Lebende Bilder. »Milos hatte in der Nachkriegszeit auch die Düsseldorfer unterstützt, die auf Grund der alliierten Gesetze nur als ›Tochter‹ gegründet werden konnte. (...) Die Spaltung geht sogar so weit, daß Deutschlandhallen-Chef Ferry Ohrtman Mitglied in Düsseldorf ist, Sportpalast-Hausherr Georg Kraeft dagegen an der Spree präsidiert«[42], berichtete die »Welt« im Mai 1968. Heute wird der Berliner Verband von Johanna Milos geleitet, der Witwe des Gründers, der jedoch gemeinsam mit dem IVTCDV und dem Münchner »Verband Deutscher Theater- und verwandter Unternehmungen« die Tarifabschlüsse mit der IAL aushandelt.

Nach dem Niedergang des Varietégewerbes in den sechziger Jahren sanken auch die Auflagenzahlen der jeweils verbandsgebundenen Fachzeitschriften. So kam es in dieser Zeit zu einer bis dahin für unmöglich gehaltenen Vereinigung der Zeitschriften, insofern die Gewerkschaftszeitung »Das Programm« ihr Erscheinen einstellte und das Unternehmerblatt »Organ Show-Business« einem unabhängigen Verlagshaus übertragen wurde. Ganz im Zeichen der vorherrschenden »Sozialpartnerschaft« veröffentlichten bis 1989 beide »Tarifpartner« ihre Standpunkte im selben Blatt.

Im Mai 1989 schrieb Bossi im »Organ Show-Business«: »Zum letzten Male veröffentlichen wir unsere Mitteilungen und Informationen unter dem Kopf des IAL Berufsverband Show und Unterhaltung.«[43] Dem voraus ging die Auflösung der IAL, die am 15. April 1989 mit der Gründung der IG Medien verbunden war. Innerhalb der neuen Gewerkschaft wurde eine »Fachgruppe Darstellende Kunst (IAL/Theater)« eingerichtet, die nun die Interessen der ehemaligen IAL-Mitglieder vertritt.

214 Übungsraum des Artistenvereins Einigkeit in Berlin-Neukölln, 1955 (Foto: Josef Donderer)

*215 Zwei Plakate von Jo Steiner für das Passage-Theater,
zur Bekanntmachung der Dauer-Vorstellungen*

Stagnation des Varietégewerbes

Die Jahre nach der Jahrhundertwende zeigen deutlich, daß das Varieté den Höhepunkt seiner Entwicklung überschritten hatte, auch wenn man in Artistenkreisen noch allgemein davon überzeugt war, sich endlich aus der Rolle des gesellschaftlichen Außenseiters befreit zu haben. Mit welchem Stolz man auf den zurückliegenden Aufstieg zurücksah, mag ein Aufsatz belegen, der unter der programmatischen Überschrift »Das Theater der Zukunft« im Jahre 1900 erschien. Darin heißt es u. a.: »Die Varietékunst ist ein Factor geworden, mit welchem jeder Director einer dramatischen Bühne zu rechnen hat, und die sich der klassischen Kunst gegenüber als eine siegreiche Concurrentin erwiesen. Das Varieté ist nicht mehr der Inbegriff einer oberflächlichen, nicht ernst zu nehmenden Kunst, sondern hat sich zu einer Stätte emporgeschwungen, in welcher auch dem verwöhntesten Geschmack Genüge geleistet wird. (...) Es kann keinem Zweifel mehr unterliegen, daß das Genre der artistischen Kunstleistungen auf allen ihren Specialgebieten jedweder höheren Kunstrichtung ebenbürtig ist, und daß auf der Bühne der Zukunft neben der Oper und dem Schauspiel auch die artistische Kunst gepflegt werden wird.«[1] Die Jahre bis zum Ersten Weltkrieg sahen, dem allgemein gehegten Optimismus zum Trotz, jedoch alles andere als rosig aus. Es setzte ein deutlicher Verfall ein, der auch auf die größeren Spielstätten übergriff.

Die Gründe für die Krise lassen sich als Umstrukturierung des Unterhaltungsangebots bezeichnen, die gravierende Funktionsverluste der Varietétheater mit sich brachte. Bisher hatte nicht nur das Bühnengeschehen prinzipell für eine umfassende Befriedigung der Zuschauerbedürfnisse gesorgt, indem fokusartig alles herangezogen wurde, was erfolgreich und jeweils populär war, auch über das unmittelbare Programm hinaus leisteten die Varietés als Orte gesellschaftlicher Kommunikation einen Gutteil zur Befriedigung der Publikumswünsche. Die Besucher wurden nicht erst zur Vorstellung eingelassen, sondern bereits Stunden vorher und blieben häufig auch danach noch zum Tanz am Ort. Die Möglichkeiten der Beköstigung waren obligatorisch, und als Stätte der Begegnung waren die Lokale besonders für die Jugend interessant. Die Aufführungen waren den Gästen wichtig, aber es hatte bislang – schon lichttechnisch – keine Konzentrierung auf die Bühne gegeben. Der Zuschauerraum blieb während der Vorstellung hell, so daß die Zuschauer die ganze Zeit über miteinander in Kontakt treten konnten.

Diese Funktion als kommunikativer Ort verlor das Varieté zur Jahrhundertwende durch die Elektrifizierung sowie die damit einhergehende Neigung, den Zuschauerraum abzudunkeln. Ausgehend von den großen Varietétheatern, die sich hierin der dramatischen Bühne anzupassen suchten, fand die Abdunkelung in den kommenden Jahren auch Eingang in die Kleinvarietés. Die der Schauspielkunst nützliche »anbetende« Haltung des Zuschauers im düsteren Stuhlreihentheater erwies sich aber als schädlich bei artistischen Nummernprogrammen. Das Kommunikative verlor an Bedeutung, und die zur Monotonie neigenden Aufführungen rückten stärker als ihnen guttat in den Mittelpunkt. Ein Teil des Publikums, das hauptsächlich an der Geselligkeit interessiert gewesen war, wanderte ab.

Doch nicht nur auf dieser Ebene erfuhr das Varieté einen Funktionsverlust. Wie bereits dargestellt worden war, setzte mit dem Aufkommen des Kinos und Kabaretts eine Spezialisierung ein, die das Publikum, die Programme und Varietékünstler gleichermaßen betraf. Die Spezialitätenbühnen verloren im Zuge dieser Entwicklung ihren bisher den Aufstieg fördernden Fokuscharakter. Im Kabarett entstand eine Konkurrenz, die sich programmatisch ganz dem Wort verschrieb, sei es gesprochen oder gesungen, und zog daher jene Zuschauer an, die kein Interesse an dressierten Seehunden oder sprechenden Papageien hatten. Künstlerisch verfeinerte sich also tatsächlich – wenn auch in anderem Sinne, als die Gründer es sich vorgestellt hatten – die Wortkunst in den neugegründeten Kabarettbühnen. Aus dem Ansager und Komiker wurde der Conférencier und aus der Kostümsoubrette die Diseuse, mit der das deutsche Chanson entstand.

Ebenso führte die Konkurrenz des Kinos zu einem Funktionsverlust des Varietés. War bisher das Tingeltangel die einzige Stätte gewesen, wo man für wenig Geld Zerstreuung fand, unterliefen die frühen Lichtspieltheater deren Preise und führten so zu einer Abwanderungsbewegung jener Zuschauer mit den geringsten Einkommen. Das ökonomisch rentablere Verhältnis von Kauf bzw. Leihgebühr und Kasseneinnahme verführte besonders die Besitzer von Kleinvarietés, ebenfalls ihre Programme auf den Film umzustellen, womit ihre Zahl abnahm.

Wie rasch der Konkurrenzdruck der Kinos auf das Varieté um sich griff, verdeutlicht nicht zuletzt der bereits im Herbst 1900 begonnene Versuch des Passage-Theaters mit »sogenannten *Dauer-(›D‹) Vorstellungen.* (...) Abweichend von dem bisher in Europa üblichen System, nur in den Abendstunden das Theater geöffnet zu halten, wird mit der Eröffnung des neuen Passage-Theaters jedermann die Möglichkeit geboten sein, von 12 Uhr mittags bis 11 Uhr nachts seine freie Zeit in einem erstklassigen Unterhaltungs-Etablissement zu verbringen. Actuelle Einakter bester Schriftsteller und für Berlin durchweg neue Spezialitäten erster Klasse sind für das Theater gewonnen worden und bürgen dafür, daß das Passage-Theater seinen Platz unter den ersten Bühnen Berlins in kurzem erobert haben wird.«[2] Die Neuerungen des Direktors Theodor Rosenfeld erregten zwar gehöriges Aufsehen, aber eine realistische Antwort auf die Konkurrenz des Kinos war damit nicht gegeben. Bereits nach wenigen Monaten änderte die Theaterleitung ihre Programmstruktur wieder. Offensichtlich hatte das Verhältnis von Gagenhöhe und Kasseneinnahme entgegen den Kinos zu ungünstig ausgesehen, um längerfristig verkraftet werden zu können. Rosenfeld reduzierte sein Aufführungsangebot auf zwei Vorstellungen am Tag, die jeweils am Nachmittag und Abend gezeigt wurden. Er war damit der erste Bühnenleiter in Berlin, der die später üblichen Nachmittagsvorstellungen anbot.

Wie rasch besonders die Kleinvarietés unter der sich ändernden Orientierung des unterhaltungsuchenden Publikums zu leiden hatten und ihre Pforten schlossen, verdeutlicht eine 1905 erschienene Publikation über die Berliner Varietés von Eberhard Buchner, die in diesem Zusammenhang sehr aufschlußreich ist. Der Verfasser resümierte seine Beobachtungen in dem unzweideutigen Satz: »Das intime Varieté (...) steht auf dem Aussterbeetat.«[3] Als Beleg nennt er die Entwicklung, die ein einstiges Zentrum des Tingeltangels genommen hatte: »Die Elsässerstraße ist die eigentliche Varietéstraße Berlins. Freilich, heute ist von den Varietés der Elsässerstraße kaum mehr Besonderes zu berichten. Gibt es dort überhaupt noch Varietés? Zwei, drei gleich beim Oranienburger Tor. Aber das ist auch alles. Nein, das Varieté der Elsässerstraße, wie es der alte Berliner noch kennt, ist so gut wie ausgestorben. Das Heute ist fahl und farblos gegen das Einst. (...) Ein Schutzmann erzählte mir: (...) ›Es kommt einfach niemand mehr – wie ausgestorben!‹«[4]

Doch wenn auch die Besitzer der großen Häuser das Verlöschen der Tingeltangel, das sich im ersten Jahrzehnt des 20. Jahrhunderts abspielte, anfänglich durchaus mit Wohlwollen betrachteten, spekulierten sie doch auf deren Publikum und hatten zudem moralische Vorbehalte gehabt gegen solche Art Lokale, erfaßte der Niedergang bald

216 Bestuhlungsplan des Passage-Theaters, 1911

auch die größeren Etablissements. Es setzte in den Artistenkreisen eine Debatte ein, die den zunehmenden Attraktivitätsverlust des Varietés mal den Direktoren, mal den Bühnenkünstlern, mal auch dem Publikum anlastete. »Wer hat noch nicht das Wort vom Niedergange des Varietés gehört!?!«[5] fragte das »Programm« seine Leser 1914. Die Schuldfrage blieb zunächst zwar umstritten, doch die Spezialisierung erkannte man inzwischen in aller Deutlichkeit als bedrohend. »Wenn etwas im Niedergang ist, so ist es das Publikum. Das Publikum ist die Wurzel alles geschäftlichen Übels, soweit es sich auf das Varieté bezieht. Ja, es ist wohl kaum übertrieben, wenn ich sage, daß wir ein Varietépublikum überhaupt nicht mehr haben. Wir haben ein Sportpublikum; wir haben ein Tanzpublikum; wir haben allenfalls noch ein Cabaretpublikum.«[6]

So war es denn auch kein Wunder, daß ein Sturm der Entrüstung losbrach, als ausgerechnet in diesen für den Varietébetrieb schlechten Zeiten der Berliner Magistrat 1913 die Lustbarkeitssteuer einführte. Das neue Gesetz erhob auf jede an der Kasse verkaufte Eintrittskarte eine Abgabe und staffelte die Bühnendarbietungen bezüglich ihrer Höhe in drei Klassen, die sich reziprok zur künstlerischen Wertschätzung verhielten: 20 % des Eintrittspreises sollte im Varieté dem Staat zufallen, 15 % bei Revuedarbietungen und 10 % von den Schauspielbühnen; Opern waren von der Regelung ausgenommen. Bühnenkünstler und Direktoren aller Couleur sahen gleichermaßen ihre Existenzgrundlage bedroht. Öffentlich und gerichtlich setzte man alle Hebel in Bewegung, um die Lustbarkeitssteuer wieder zu Fall zu bringen. Artistenvereinigungen, Varieté- und Circusdirektorenverbände, Theaterleiter und die Bühnengenossenschaft legten gemeinsam und unabhängig voneinander Protest ein. So riefen etwa der Berliner Wintergarten und der Circus Busch die Gerichte an, klagten gegen die »Erdrosselungssteuer«[7] und drohten gar, wenn sie nicht wieder von der Abgabepflicht befreit würden, ihre Unternehmen zu schließen. Edmund Reinhardt, der Bruder von Max und geschäftsführender Leiter des Deutschen Theaters, drohte ebenfalls radikale Gegenmaßnahmen an, da eine »Billettsteuer, die von der Bruttoeinnahme behoben würde, unbedingt eine wirtschaftliche Katastrophe zur Folge haben müßte. (...) Die Verwaltung des Deutschen Theaters würde dann – wie jeder Theaterleiter mit

217 *Extrablatt vom 1. August 1914*

Verantwortungsgefühl – sofort die Liquidation des Unternehmens einleiten«[8].

Mitten in diese Kämpfe um den Erhalt des Varietés platzte 1914 die Nachricht vom Beginn des Kriegs.

Das Kaiserwort aufgreifend, daß es keine Parteiungen mehr gebe, beendeten die Artisten die vorangegangenen, ihre Existenz betreffenden Auseinandersetzungen und stimmten in den allgemeinen Kanon der Begeisterung ein, wähnte man sich doch in Deutschland nicht als Aggressor, sondern als Verteidiger: »Jeder fühlt, das in diesem Augenblick aller Parteihader, alle selbstischen Interessen zurücktreten müssen hinter der Pflicht, die Heimat und den eigenen Herd zu verteidigen.«[9] Vergessen waren die Kämpfe um einen Tarifvertrag für die Varietékünstler, gegen die Lustbarkeitssteuer, um den Erhalt von Auftrittsmöglichkeiten und gegen die bedrohliche Konkurrenz. Die meisten Direktoren schlossen Anfang August 1914 ihre Häuser und kündigten sämtliche unterzeichneten Engagementsverträge auf. Davon waren nicht nur die unmittelbar im laufenden Programm befindlichen Künstler betroffen, sondern auch jene, die bereits für 1915 oder einen noch späteren Termin verpflichtet worden waren. Die Bühnenleiter beriefen sich dabei

218 Politische Karikatur aus Das Programm 1918: Die »schwarzen« Direktoren überreichen den Artisten den Vertrag mit der Kriegsklausel.

auf eine in den Verträgen befindliche, bisher unbeachtete Kriegsklausel, die zwar Jahre später von den Anwälten der Artistenvereinigungen als unzulängliche rechtliche Grundlage bezeichnet werden sollte, doch im August 1914 dafür herhalten konnte, sämtliche Varietékünstler von einen Tag auf den anderen zu entlassen; ohne jedes Einkommen und nicht selten ohne jede soziale Sicherheit standen die Artisten vor verschlossenen Spielstätten.

Innerhalb weniger Kriegstage zerbrach ein Arbeitszusammenhang, der praktisch von jedem Künstler der Branche als selbstverständlich angesehen worden war, weil er von Anbeginn an bestanden hatte: die Internationalität. Am 9. August schrieb der Präsident der IAL unter dem Titel »Weltkrieg«: »Deutschland, Österreich, Rußland, Frankreich, England, Serbien stehen im Kriege. In Italien wird im Augenblicke, wo diese Zeilen geschrieben werden, die Mobilisierung vorbereitet, wenn auch die Teilnahme dieses Dreibundstaates am Kriege noch nicht sicher ist. In Holland, Belgien und der Schweiz wird mobilisiert, um die Neutralität dieses Gebietes zu wahren. Eine ganze Welt steht in Flammen.«[10] In all den nun plötzlich verfeindeten Ländern befanden sich Artisten im Engagement. Deutsche in Frankreich, England und Rußland, Engländer, Franzosen und Russen in Deutschland. Doch die Grenzen waren geschlossen und der reguläre Verkehr zwischen den Staaten eingestellt worden; keine Post und kein Telegramm wurden mehr befördert;

Geldsendungen blieben einfach unerledigt liegen, Telefonverbindungen zum Ausland waren unterbrochen. Unter teilweise abenteuerlichen Umständen versuchten die Artisten, in ihre Heimatländer zurückzukehren, denn in dem plötzlich feindlich gewordenen Ausland waren sie nicht mehr sicher. Jene Menschen, die ihnen am Tag zuvor noch zugejubelt hatten, kehrten sich mit einem Mal mißtrauisch gegen sie. Wie groß die um sich greifende Hysterie vor Spionen in Deutschland und in anderen kriegführenden Staaten war, beschrieben nicht zuletzt die unter den Zeitläuften leidenden Artisten selbst: »Wie vorsichtig Ausländer heute sein müssen, geht daraus hervor, daß ein belgischer Artist namens L.V., gen. G., welcher

219 Titelblatt eines Varieté-Programmheftes für den Kölner Vergnügungspalast Groß-Cöln

in einer Pension der Friedrichstraße wohnte, die Aufmerksamkeit der Nachbarn dadurch auf sich lenkte, daß er sich aus dem Fenster lehnte, wenn Truppen vorüberzogen, und daß seine Frau französische und russische Lieder sang. Man nahm an, er könne am Ende die Truppen zählen und hielt wohl auch die Lieder der Frau für feindliche Kriegslieder. Die Nachbarn zeigten diesen Artisten der Polizeibehörde an, die ihn sofort verhaftete.«[11] Doch auch ohne Anzeige wurden alle, die sich als Ausländer zu erkennen gaben, in Gewahrsam genommen. Die Artisten mußten plötzlich

220 Artistenvorstellung an der Front vor Verdun, um 1915

um ihre Freiheit, bei Dressurnummern um ihr Hab und Gut, wenn nicht gar à la Mata Hari um ihr Leben fürchten.
Den deutschen Artisten ging es im Ausland nicht anders. Aus Odessa berichtete Mia Mara: »Schon im letzten Drittel des Juli begannen in Rußland die deutschfeindlichen Demonstrationen. (...) Wehe dem, der es wagte, ein deutsches Wort zu sprechen! Es erging ihm schlecht. (...) Mit großem Schmerz hat es uns erfüllt, daß diejenigen französischen, englischen, ja selbst spanischen und italienischen Kollegen und Kolleginnen, mit denen wir stets freundschaftlich, wie es sich gehört, verkehrten und denen keiner etwas zuleide getan hatte, sich gegen uns wandten und in verabscheuungswürdiger Weise ihren Haß deutlichen Ausdruck verliehen. Alle Kollegialität war mit einem Schlage verschwunden, das Band, das die Artistenschaft untereinander verknüpft hatte, zerrissen.«[12]
So stimmte denn die Artistenschaft nach anfänglichem fassungslosem Erschrecken in den nationalen Chauvinismus mit ein. Aus der Flut der sich besonders in Gedichtform ausdrückenden Kriegsbegeisterung wahllos herausgegriffene Strophen:

»Drauf los Artisten, auf den Feind!
Mit aller Macht drauf los!!
Vor euch muß bangen Russ' und Britt,
Jap', Belgier und Franzos'!
Ihr Akrobaten stramm und fest,
Lernt Saltos dreh'n dem Bär,
Daß er sich das Genick zerbricht
Und aufsteht nimmermehr!«[13]

Aus dem Couplet »Made in Germany«, das zur Melodie »Ich bin ein Preuße« vorzutragen war:

»John Bull in England kann zwar sehr gut boxen,
Er schlägt schnell zu, doch dann springt er zurück.
Doch *wir* hab'n Kraft vom allerbesten Ochsen.
Ein jeder Deutsche geht durch dünn und dick.
Was wir gepackt mit Händen, muß unter uns verenden,
Wir halten's fest, los läßt der Deutsche nie
Mit seinen Fäusten ›Made in Germany‹.«[14]

Diese militaristischen Drauflos-Hymnen schlichtester Machart, nicht gefeit gegen unfreiwillige Komik (der Deutsche als Ochse), flauten zwar gegen Ende des ersten Kriegsjahres bereits wieder ab, doch änderte das wenig an der nationalen Ausrichtung, die die Komiker und Sänger im Varieté nunmehr einschlugen. Noch ein Jahr vor der Niederlage »dichtete« Otto Reutter:

»Zur Zeit gibt's nur einen Reim,
Und dieser Reim, der reimt sich auf ›Krieg‹,
Das ist ein Wort – es lautet ›Sieg‹.«[15]

Sogar noch im Oktober 1918, also einen Monat vor der Novemberrevolution, als Kurt Tucholsky im »Organ« bereits in aller Deutlichkeit davon sprach, daß »schwarze Schweine«[16] den erneuten Aufbau eines internationalen Varietés durch Hinauszögerung des Friedens verhinderten, blieb bei

221 Politische Karikatur in der Zeitschrift »Das Programm«, 1918: »So hat jeder von uns sein Päckchen zu tragen!«

manchen Artisten der irreale Glaube an einen Sieg ungebrochen:

»Manche behaupten: der Welt-Krieg
Sei überhaupt nur ein *Geld*-Krieg,
In dem das Volk mit dem meisten Geld
Zum Schluß den Sieg in den Händen hält.

Die Theorie ist zu verwerfen!
Der Weltkrieg ist ein Krieg der *Nerven;*
Das Volk allein den Sieg gewinnt,
Des Nerven die bessern und stärkern sind.

Was *kräftigt* die Nerven? Heiterkeit,
Abwechslung und alles, was uns erfreut!
Was uns das Varieté heute bringt
Ist Nervenstärkung unbedingt.

Drum ist zu Deutschlands Nutz und Frommen
Das Varieté gar hochwillkommen.
Es hilft an der Front und im Reiche drinnen
Das Varieté: den Sieg gewinnen.«[17]

Tatsächlich besaß gegen Ende des Kriegs das Varieté die Funktion, wie sie im Gedicht beschrieben wird, wenn auch nicht unbedingt von allen als Mittel zum Siege angesehen. Noch im zweiten Halbjahr 1914 hatten die Verhältnisse so ausgesehen, als wäre die Spezialitätenbühne unmittelbar vor ihrem Ende. Artistengruppen brachen auseinander, weil der Sohn, Mann oder Vater eingezogen wurde bzw. sich freiwillig meldete; die Pferde der Circusunternehmen wurden beschlagnahmt und militärischen Zwecken zugeführt; die im Ausland befindlichen Truppen waren verhaftet oder hatten zumindest ihre Requisiten bei der Flucht zurücklassen müssen, und zu allem kam hinzu, daß die Direktoren nur sehr zögerlich ihre Häuser wieder eröffneten. Manche Gebäude, wie etwa Kliems Festsäle an der Hasenheide, waren gar zu Militärlazaretten umgewandelt worden, und der Berliner Polizeipräsident von Jagow sorgte durch eine verschärfte Zensurbestimmung für zusätzliche Verunsicherung: »Mit Rücksicht auf die gegenwärtigen Kriegszeiten muß erwartet werden, daß nur Aufführungen stattfinden, die dem Ernst der Zeit und dem patriotischen Empfinden der Bevölkerung entsprechen.«[18]
Doch letztlich erwies sich die Länge des Kriegs für das Varieté (wie für das Theater) geradezu als Glücksfall, denn als die Spezialitätenbühnen zur Jahreswende 1914/15 wieder im breiten Umfang

222   Plakat, 1919

ihren Betrieb aufnahmen, entsprach gerade die Unterhaltung den Bedürfnissen der Bevölkerung. Auch ökonomisch konnten die Direktoren freier schalten als zuvor, denn sie stellten die im August entlassenen Künstler nicht mehr zu den Gagen ein, die sie im Frieden noch gezahlt hatten. Eine sogenannte Kriegs- und Prozentualgage, die zumeist erheblich unter der sonst gezahlten Höhe lag, wurde üblich. Die vom Präsidenten der IAL veröffentlichten Beträge lagen bei rund einem Drittel der Friedensgagen. Zudem kommt bei den Direktoren hinzu, daß sie häufig eine erheblich verringerte Miete an den Besitzer abführen mußten, wodurch sich ihre Gewinnspanne beträchtlich erhöhte. Da innerhalb Deutschlands aufgrund des weggefallenen ausländischen Arbeitsmarktes unter den Artisten eine erhöhte Konkurrenz bestand, besaßen die Artisten ihrerseits gegen die Elendsgagen kein Mittel. Der deutsche Kaiser kannte zwar keine Parteien mehr, doch der tiefe Riß zwischen oben und unten, für den es nach Tucholsky keinen Kompromiß gibt, blieb in allen Lebenslagen spürbar.
Je länger der Krieg andauerte, der mit so viel Inbrunst begrüßt worden war und dem mit zunehmend schlechteren Verlauf so viel Leid, Bitterkeit und Ernüchterung folgten, desto größer wurde die Vergnügungslust in der Bevölkerung. Die materiellen Verhältnisse verschlechterten sich zunehmend – es fehlte an Essen, Kleidung und Heizmaterial –, doch das wenige, das man noch verdiente und nicht den Kriegsanleihen opferte, verjubelte man. So setzte bereits mitten im Krieg jene Vergnügungswut ein, die zu einem Charakteristikum der zwanziger Jahre werden sollte. Bereits 1917 war der Niedergang des Vorkriegsva-

rietés wieder wettgemacht und die Direktoren erlebten eine Hausse, die sie zu Superlativen hinriß: »Selten oder nie gab es eine günstigere Konjunktur für die Theater und Varietés als heute. Fast überall, wenigstens wo tüchtige Direktoren sind, aber auch wo man von solcher Tüchtigkeit nur wenig spürt, gehen die Geschäfte glänzend; volle oder ausverkaufte Häuser bei erhöhten Kassen-, Gardcrobe- und Theaterzettelpreisen sind an der Tagesordnung. (...) Die Urlauber, die lange draußen entbehrt haben, werden, wenn sie ein paar Wochen daheim zubringen, fast von einem Vergnügungstaumel ergriffen.«[19] Die Altberliner Tingeltangel waren nach der Jahrhundertwende restlos eingegangen, doch in den Kriegsjahren eröffneten erneut eine Unmenge kleinerer Lokale mit Varietéprogrammen, die sich künstlerisch an das Amüsierkabarett anlehnten. Diese einsetzende Flut von Nachtcabarets überstieg bei weitem jene nach der Gründung des Überbrettls. Die Gründe für das »Überhandnehmen der Vergnügungssucht«[20], wie Paul Lincke sich bereits 1918 ausdrückte, blieb den Varietékreisen nicht verborgen. Wenn bisher außerhalb der Bühnenbetriebe gelegene Gründe für das Auf und Ab weitgehend abgestritten worden waren, war die Kompensationsfunktion der Unterhaltung in den Kriegsjahren offensichtlich. »Es ist kein Leichtsinn, was die Menschen in die Varieté- und Operettentheater

223 Plakat

treibt, sondern ein unbezwingbarer Drang, der durch die mannigfachen Entbehrungen und Sorgen des täglichen Lebens, die der Krieg mit sich bringt, erzeugt und gefördert wird.«[21] Ein Konrad Dreher reimte pointiert:
»Drum lob ich auch das Varieté,
Als Opiat für Sorg und Weh'.«[22]
Die politischen und sozialen Verhältnisse der Nachkriegszeit sollten daran nichts ändern. Wie groß die Gewinnspanne der Direktoren gegen Ende des Ersten Weltkriegs gewesen sein dürfte, läßt sich am Beispiel James Kleins annähernd verdeutlichen. Dieser hatte bereits in der Zeit von 1910 bis 1912 das (neue) Walhalla-Theater am Weinbergsweg geleitet, war mit diesem aber in den Konkurs gerutscht. 1914 übernahm er Wolzogens ehemaliges Überbrettl in der Köpenicker Straße, das er als Deutsch-Amerikanisches Theater bzw. später National-Theater führte, und 1917 gelang ihm schließlich durch die Reaktivierung des Apollo-Theaters der Sprung in die Friedrichstraße. Der Verdienst dort, im alten Berliner Vergnügungszentrum, war so groß, daß er bald nicht nur das Gebäude aufkaufen konnte, sondern 1921 zusätzlich die Komische Oper an der Weidendammer Brücke erwarb.
Die Vergnügungsstätten erlebten einen Boom, der bis zum Ende der zwanziger Jahre anhalten sollte. Selbst während der Novemberrevolution und den Spartakusaufständen drängten die Zuschauer in die Varietés und Revuetheater. Von Kleins Bühne wird berichtet: »Anfang 1919. Im Apollo-Theater spielte man auch während des Höhepunkts der Spartakuskämpfe Varietétheater. Als Hauptnummer war Jean Gilbert engagiert, der damals als erster bekannter Dirigent und Komponist ein

224 R. Prat: Karikatur auf die Nackttänze, um 1924

Orchester auf der Bühne dirigierte. (...) Gerade während der Vorstellung (...) begannen auf der Straße die Spartakuskämpfe. Drinnen hörte man eine Sängerin trillern, einen Komiker Lachstürme entfesseln, ein Ballett Beifall einheimsen, und draußen, auf der Friedrichstraße, krachten Schüsse auf Menschen, explodierten Handgranaten und brüllte die Revolution, die deutsche Revolution!«[23] Selbst als »alle Räder stillstanden« – um mit Freiligrath zu reden –, als zur Abwendung des reaktionären Kapp-Putsches die junge Republik den allgemeinen Ausstand ausgerufen hatte, lief der Vergnügungsbetrieb ununterbrochen weiter. Friedrich Hollaender, engagiert im neugegründeten »Schall und Rauch«, berichtete darüber anschaulich in seinen Memoiren: »Kapp-Putsch. Generalstreik. (...) Das Schall-und-Rauch-Cabaret liegt in der Friedrichstadt, im Riesenkeller des Großen Schauspielhauses. Die kürzeste Verbindung zwischen zwei Punkten ist die gerade Linie. Und welche ist die kürzeste, wenn es gar keine Verbindung gibt? Straßenbahn, Omnibus, Taxi, Untergrundbahn sind im Streik. Nur Bierwagen mit Pferden fahren noch. (...) Also hopp hinauf auf ein Faß, und wo's nicht weitergeht, auf's nächste Bierfaß warten. So kommt man verspätet, aber doch irgendwann zur Abendvorstellung, welche bei Kerzenlicht stattfindet. Kerzen auf den Tischen im Zuschauerraum, Kerzen als Rampen-

225 Die Femina, Postkarte

beleuchtung. Die letzte Strecke, in der Gefahrenzone, hat man laufen müssen. Die wollen sich nicht Löcher in die Fässer schießen lassen. (...) Durch den Anzug, bitte schön. Manchmal sieht man denn auch, wenn man über den Damm rast, auf der gegenüberliegenden Seite einen umfallen. Aber ›the show must go on!‹ Die Vorstellung muß vom Stapel gehn. Besonders unsere, die die Ohren des Publikums steifhält im verzerrten Bild der Ereignisse. ›Berlin, dein Tänzer ist der Tod!‹ singt Blandine von der Bühne, und ihr Schatten tanzt überlebensgroß im zuckenden Wachslicht.«[24] Der Krieg war zwar zu Ende, doch die politischen und sozialen Verhältnisse kamen nicht zur Ruhe. Die »Vergnügungssucht«, von der Lincke gespro-

226 Die 5 Potroffs

chen hatte, änderte jedoch nichts an den Umstrukturierungen innerhalb der Varietélandschaft, die nach der Jahrhundertwende eingesetzt hatten. Den die Zerstreuungswünsche der Zuschauer auf sich vereinigenden Fokuscharakter hatte das Varieté endgültig verloren. »Wir werden uns folglich mit dem Gedanken vertraut machen müssen, daß unser Volk in der Hauptsache für das Varieté verloren ist.«[25] Das Tingeltangel war eingegangen, und die neuen Formen der in kleinen Räumlichkeiten stattfindenden Programme spezialisierten Teilaspekte der bislang im Varieté vereinigten Darbietungen. Eine Flut von Kabarettneugründungen erfolgte, die zum übergroßen Teil die akrobatischen Nummern ausklammerten. Neben den bislang üblichen Cabarets für das Chanson und der Conférence traten nun verstärkt Lokale in Erscheinung, die den Tanz betonten oder die Mini-Revue. Die Aufhebung der Vorzensur gestattete den Komikern eine freiere Behandlung aktueller Themen und den Lokalinhabern die Einführung von Nacktshows. Bereits 1920 führten die Fachzeitschriften eine Liste ein, die fein säuberlich Varietés und Kabaretts voneinander trennte. Auch wenn angenommen werden muß, daß nicht alle Lokale auf ihr vermerkt sind, ist das Zahlenverhältnis doch hochinteressant. Neben einer Reihe von ausgesprochenen Sommerbühnen, die nur während der warmen Monate im Jahr auf einer Gartenbühne Darbietungen brachten, befinden sich gerade einmal neun Varietés auf der Liste. Hingegen vermerkt sie unter der Rubrik Kabarett neunzig Spielstätten in Groß-Berlin. Da beide Aufführungsorte jedoch unter dem § 33a GWO fielen, sind sie auch in den Statistischen Jahrbüchern Berlins unter der Rubrik Varieté eingeordnet worden. Daher erklärt sich die eingangs dieser Arbeit erwähnte Größenordnung von 170 Varietés in der Stadt. In Bars, Tanzdielen und Cafés richteten die Besitzer zeitweilig oder ständig Möglichkeiten von kleinen Darbietungen ein, die sich inhaltlich erstreckten von kunstvoll-zeitkritischen Aufführungen (wie etwa in Rosa Valettis »Größenwahn« im Café des Westens) bis zum erotischen Kitsch (wie etwa in der berüchtigten »Weißen Maus« in der Jägerstraße).

In den Amüsierkabaretts hatten sich die Vorstellungen gegenüber der Vorkriegszeit erheblich verändert. Da in den zwanziger Jahren das gezeigt werden konnte, was man in den früheren Animierlokalen nur ansprechen oder andeuten durfte,

227 Titelblatt eines Programmheftes, 1922

wandelten sich die Aufführungen immer stärker in Nuditätenshows. In ihrem Charakter blieben sie sich hingegen gleich. »Was man früher als Tingeltangel bezeichnete, das nennt sich heute anspruchsvoll Kabarett. (...) Ein solcher Besuch in der Kleinkunstbühne, wo das Klein meistens eine andere Bedeutung hat als man hinein legt und von Kunst überhaupt schon keine Rede ist, kostet, wenn man unvorsichtig und ahnungslos ist, Großgeld. (...) Über dieses störende Moment hilft dann auch das bacchantische Gebaren der anwesenden Damen nicht hinweg, zumal wenn dies aus Gründen der öffentlichen Moral darauf beschränkt bleibt, dem Gast auf den Schenkeln zu sitzen und eine Flasche Sekt zu bestellen. Schließlich leben alle diese Lokale ja doch nicht von der Kunst, nicht einmal von der ›kleinen‹, sondern wie alle Amüsierbetriebe, ob vornehm oder power (arm – d.Verf.), von dem Dutzend freundlicher Mädchen, die sich hier von ihrer liebenswürdig-

228 Walhalla-Theater am Weinbergsweg; im Tunnel eröffnete 1927 Erich Carow seine Lachbühne

sten Seite zeigen und darum die eigentliche Attraktion bilden. (...) Es ist nicht einfach, die bourgeoisen Hemmungen zu beseitigen, die viele der Gäste mitbringen. Das gelingt noch am besten dem Alkohol, und darum wird es verständlich, daß die Huris dieses Paradieses jenen heiteren Gott beschwören, der schon in der antiken Welt beamtet war, für Stimmung zu sorgen. Heute sind seine Dienerinnen in vielen Lokalen an seinem Kult dadurch noch besonders interessiert, daß sie Prozente von der Zeche ihrer Tischgenossen erhalten. Obgleich der Conférencier, den das Programm als eine ›Stimmungskanone‹ ankündigt, mit Zweideutigkeiten oder noch mehr mit Eindeutigkeiten durchaus nicht spart, fällt der Hauptverdienst an der Erotik, die die Atmosphäre dieser Lokale obligatorisch zu schwängern hat, doch eben jenen Mädchen zu, die hier ernten möchten, was sie nicht gesät haben.«[26] Diese anschauliche, mit ironischer Distanz geschriebene, zeitgenössische Schilderung belegt zur Genüge, daß auch nach der Jahrhundertwende das Varieté hineinragte in das Prostituiertenmilieu. Die grundsätzliche Möglichkeit, das offene Nummernprogramm gewissermaßen auf einen einzigen Ton zu stimmen – hier den der Erotik –, rief immer wieder erneut die kleinbürgerlich-moralische Entrüstung von Artisten hervor, die glaubten, sich von diesem angeblichen »Schandfleck« befreien zu müssen, da er ihr Berufsbild in der Öffentlichkeit schädige.

Doch auch das anständige, internationale Großvarieté profitierte von der angefachten Vergnügungswut: 1920 eröffnete das zweite und 1929 das dritte Großraumvarieté in der Stadt, die Scala und die Plaza. Zwei Umstände wirkten bei der Planung, Durchführung und dem Charakter der Scala im Westen der Stadt entscheidend mit. Zum einen hatte sich in den vorangegangenen Jahren der sogenannte »Zug nach dem Westen« vollzogen, der um die Straßen Tauentzien und Kurfürstendamm ein neues Vergnügungszentrum der teuren Art entstehen ließ. Berlin besaß damit zwei Gegenden, in die der Einheimische und der Besucher strömte, wenn sie sich zerstreuen wollten. Die Bedeutung der Friedrichstadt sank ab; man empfand die dortigen Lokale und Veranstaltungen im ganzen etwas schäbiger als am vornehmen Kurfürstendamm. Der Bau der Scala in der damaligen Lutherstraße in der Nähe des Nollendorfplatzes entsprach also dem aktuellen Trend, der zudem mit dazu beitrug, daß die Scala bald höher geschätzt wurde als der alte Wintergarten, dem man im Programm und der Architektur die Vorkriegszeit noch anmerkte. Zum anderen hatte sich in das Bewußtsein der Zeitgenossen unverrückbar eingebrannt, in einer Massengesellschaft zu leben. Das massenhafte Sterben im Krieg hatte ebenso dazu beigetragen wie die allgemeine Massenhysterie zuvor und die inzwischen um sich greifende Massenproduktion der im Fließbandverfahren standardisierte Waren herstellenden Industrie. Theaterleute wie Artisten dachten gleichermaßen über die dadurch notwendigen Änderungen der Spielstätten und des Repertoires nach. Was dem Regisseur Max Reinhardt sein »Theater der 5000«, war in den Varietékreisen das »Volksvarieté«. Mit der Errichtung von Großraumspielstätten glaubten die Direktoren u. a. jene Zuschauerkreise wieder zurückgewinnen zu können, die sie durch die Umstrukturierung und die Konkurrenz verloren hatten. Diesen Gedanken entsprach die Scala in ihrer Konzeption – der Zuschauerraum faßte rund 3000 Zuschauer – sowie ihren Aufführungen.

Bereits in der ersten Hälfte der zwanziger Jahre, die für die Varietés als die »goldenen« anzusehen sind, lief das neue Haus in der Lutherstraße dem Wintergarten den Rang ab. Während dieser sein altes Erfolgskonzept bei der Programmgestaltung im allgemeinen beibehielt, bot die Scala Aufführungen, die sich an der in Blüte stehenden Revue orientierten. Bereits an anderen Varietés hatte es Versuche gegeben, die populäre Revueform mit dem Varieté zu verschmelzen. James Klein im Apollo-Theater, diverse Kleinkabaretts und ab 1920 die Scala dokumentieren den Anpassungs-

229   Erich Carow und Fredy Sieg in Carows Lachbühne, 1937 (Foto: Josef Donderer)

prozeß, den die Varietéprogramme versuchten vorzunehmen. Dabei verstärkten sich die Ausstattungselemente sowie die Ballett- und Gesangseinlagen. Auf der Strecke blieben jedoch häufig die akrobatischen Leistungen, für die denn auch besonders die zweite Hälfte der zwanziger Jahre alles andere als beruflich zufriedenstellend verlief. Bereits 1918 hatte Berol-Konorah stellvertretend für die Organisierten geklagt: »Es ist traurig, aber leider nur zu wahr: Die Konjunktur am Varieté ist glänzend, vielleicht besser wie je. Aber nur für die Direktoren, nicht für die Artisten!«[27] Der Krieg hatte viele als körperliche oder psychische Krüppel entlassen. Dressurnummern waren nicht wieder zusammenzufügen gewesen, weil die Tiere nicht mehr hatten gefüttert werden können und verkauft worden waren; Gruppen mußten sich erst wieder bilden und ihre Darbietungen langwierig proben. Die Gage lag niedrig und wurde bis 1923 zudem von der anziehenden Inflation geschmälert. Nach der Währungsreform strömten aber wieder die ausländischen Artisten ins Land, die sich vorher weitgehend ferngehalten hatten, da die deutsche Währung keinen Wert mehr besaß. Dadurch entstanden Neid, Mißgunst und Existenzängste, die unter dem Stichwort »Ausländerfrage« über Jahre hinweg diskutiert wurden, glaubten manche Artisten doch, die Ausländer nähmen deutschen Varietékünstlern die Engagements weg. Der Nationalismus, während des Krieges eingeübt, wirkte noch lange nach. Wie ehedem sahen sich eine ganze Reihe von Artisten, die ohne Verpflichtung geblieben waren, gezwungen, auf den Straßen, Plätzen und Hinterhöfen Berlins ihre Vorstellungen zu geben und abzusammeln. Der Herausgeber einer diesbezüglichen Fotodokumentation, die dankenswerterweise 1986 erschienen ist, vermerkt denn auch treffend: »Das Mittelalter reicht bis in die Weimarer Republik.«[28]

Auch die Eröffnung von Carows Lachbühne 1927 oder die der Plaza zwei Jahre später zeugen nicht von einer anhaltenden Stabilität oder gar einem weiteren Aufschwung. Carow zog in den ehemaligen sogenannten »Tunnel«, den Keller des Walhalla-Theaters am Weinbergsweg, in dem seit den Zeiten James Kleins Varietéveranstaltungen stattfanden; er wurde als Komiker nur berühmter. Die Plaza, Ableger des Scala-Konzerns im Nordosten der Stadt, geriet rasch in den Strudel der Weltwirtschaftskrise und ging zu einem Operettenspielplan über.

Bereits 1926 mehrten sich wieder die sorgenvollen Stimmen. Carl Schwarz faßte die artistischen Berufserfahrungen in den alarmierenden Worten zusammen: »Zwar brachte die Inflationszeit einen wahren Vergnügungstaumel mit sich, den geschäftstüchtige Direktoren auszuwerten wußten; aber er war wie ein letztes Aufflackern, und in letzter Zeit mehrten sich die Anzeichen der Agonie.«[29] Das Wort vom »sterbenden Varieté« begann die Runde zu machen.

Doch wie die relativ kurze, rund zehn Jahre anhaltende Zwischenblüte des Varietés nicht durch Faktoren verursacht worden war, die in der Macht der Artisten oder Direktionen lagen, so leiteten auch den Niedergang äußere Umstände bzw. Neuerungen ein, die alle in die zweite Hälfte der zwanziger Jahre fielen. 1925 nahm in Berlin der erste Rundfunksender seine regelmäßigen Sendungen auf, der die Hörer, wo immer sie sich auch befanden, mit Unterhaltung, Musik zum Tanzen und Informationen versorgte. Innerhalb kürzester Zeit gehörte das Radio zum Standardbesitz jedes Haushalts. 1928 lief der erste Tonfilm in den Berliner Kinos an, dessen unaufhaltsamer Erfolg die meisten Kinopaläste bis 1930 zwang, sich technisch umzurüsten. Nach anfänglichem Zögern – weil Aufnahme- und Abspielqualität noch erhebliche Mängel aufwiesen – setzte eine zweite Begeisterungswelle für den Film ein. Beide technischen Neuerungen zogen einen weiteren Teil des Varietépublikums ab. Die schlechte Situation radikal verschärfend, trat 1929/30 die Weltwirtschaftskrise ein, die im Zuge der damit ausgelösten steigenden Arbeitslosenzahlen eine Armut heraufbeschwor, die die Zuschauer aus materieller Not von den Spielstätten fernhielt bzw. sich mit der billigeren Version des Radios zufriedengeben ließ. Den Verlust an Publikum bekamen wieder einmal besonders die kleineren Etablissements zu spüren, aber auch die großen Varietébühnen wie Wintergarten, Scala und Plaza mußten sich anpassen. Das Apollo-Theater stand bereits seit geraumer Zeit leer, und die drei Großvarietés mußten ihre Preise teilweise erheblich senken. Um trotzdem noch die Betriebskosten zu decken, begannen die Leiter nunmehr, zwei Vorstellungen am Tage zu geben, wie weiland das Passage-Theater. Die Installation der nationalsozialistischen Diktatur und die darauf folgende sogenannte »Arisierung« der Unterhaltungsbranche sollten erneut die Verhältnisse verändern.

Varieté und Revue

Im gleichen Zeitraum, in dem die Varietébranche stagnierte und schließlich ihr Niedergang einsetzte, erlebte die Revue den Höhepunkt ihrer Entwicklung. 1903 brachte Richard Schultz am Metropol-Theater die erste Jahresrevue unter dem Titel »Neuestes – Allerneuestes« heraus, die – wie bereits geschildert – dramaturgisch der Lincke-Operette nachgebildet war. Anders als im Apollo-Theater bettete sie sich nicht mehr in ein Varietéprogramm ein, sondern war bei rund dreistündiger Dauer eine abendfüllende Inszenierung. Der Erfolg veranlaßte den Direktor, jedes Jahr die Spielzeit mit einer neuen Jahresrevue zu eröffnen, die – wie die erste Produktion – gesellschaftliche, politische und kulturelle Ereignisse des jeweils vergangenen Jahres behandelte. Julius Freund war der Autor, der in enger Zusammenarbeit mit Schultz, der auch Regie führte, und den Komponisten (u. a. Victor Hollaender und Paul Lincke) Texte verfaßte, die mit ironischem Unterton die Zuschauer unterhielten. Die Premieren waren glanzvolle Ereignisse, bei denen sich »tout Berlin« einfand, wie die Presse schrieb. Besonders umjubelt waren die langjährigen Stars des Metropol-Theaters, zu denen u. a. Fritzi Massary und Josef Giampietro gehörten.

Anfang der zwanziger Jahre wandelte sich die Gattung zur Ausstattungsrevue, die keinen thematischen Bezug mehr hatte, sondern deren Erfolg ausschließlich auf dem Reichtum der Kostüme und Kulissen beruhte. Die herausragenden Produzenten in Berlin waren James Klein in der Komischen Oper, Herman Haller im Admiralspalast und Erik Charell im Großen Schauspielhaus. Aufgrund des großen Publikumsinteresses für diese gewaltiges Spektakel konnten die meisten Produktionen fast ein ganzen Jahr gespielt werden. Ob nun Jahres- oder Ausstattungsrevue – immer formten die Regisseure die Aufführung zu einer Bilderfolge, bei der sich Tanz-, Gesangs- und Spielszenen abwechselten. Zu den Hauptdarstellern gehörten etwa Alice Hechy, Trude Hesterberg, Claire Waldoff und Hans Albers. Während der Weltwirtschaftskrise waren die hohen Kosten, die für die Inszenierungen aufgewendet werden mußten, nicht mehr tragbar, so daß die Ausstattungsrevue von den Spielplänen der meisten Theater wieder verschwand. Dennoch konnte sie in den dreißiger Jahren ihre Anziehungskraft auf das Publikum weiter behaupten, wie nicht zuletzt die Produktionen in der Scala unter Beweis stellten.[1]

230 Admiralspalast, Postkarte

Trotz gewisser dramaturgischer und personeller Verbindungen zwischen der Revue und dem Varieté unterschieden sie sich unverkennbar. Personell zeigten sich diese Verbindungen etwa in den Direktoren Schultz und Klein. Schultz war – wie erwähnt – einer der maßgeblichen Initiatoren bei der Gründung des ersten Verbandes der Varieté-Direktoren gewesen, und Klein hatte, bevor er Ausstattungsrevuen herausbrachte, u. a. das Walhalla-Theater als Varieté betrieben. Dramaturgisch beruhten beide »Gattungen« auf dem Nummernprinzip.

Doch bereits auf der Ebene der Regisseure treten die Unterschiede unübersehbar hervor. Haller und Charell kamen vom Tanz (Charell) und der Operette (Haller). Sie besaßen damit eine höhere Befähigung zur Inszenierung von Revuen als Klein, der vom Varieté her gewohnt war, nur artistische Nummern zu engagieren und diese in eine Reihenfolge zu bringen. Seine Produktionen galten denn auch im Vergleich mit denen seiner Konkurrenten als minderwertig. Bereits aus diesem Umstand ergibt sich, daß zur Inszenierung einer Revue ein Regisseur notwendig war, der mehr können mußte, als die Reihenfolge der Auftritte festzulegen. Er mußte in der Lage sein, die Qualität der einzelnen Bilder aufeinander abzustimmen, den Auftritten Schwung und Charme zu verleihen, und die Ausstattung, Ensembleszenen und Einzeldarbietungen in ein ausgewogenes Verhältnis zu bringen. Bei der Produktion einer Revue handelte es sich also um eine Inszenierungsleistung, die zu erbringen war. Hierfür waren umfangreiche Probenzeiten erforderlich.

Das übliche Varietéprogramm brauchte hingegen keinen Regisseur der beschriebenen Qualifikation. In der Regel wurden die einzelnen Nummern mit ihrer speziellen Darbietung für zumeist einen Monat engagiert; die Artisten reisten am Premierentag an, begaben sich ins Theater, ordneten dort ihre Requisiten, übergaben der Kapelle die Noten, erfuhren, wann sie im Programm auftreten sollten, und zeigten abends ihre Darbietung exakt so, wie sie sie am Abend zuvor auf einer anderen Bühne gebracht hatten. Ein Eingriff in ihre artistische Arbeit, sei's durch veränderte Kostüme, durch Verwendung von Kulissen oder Beistellung von Statisten, fand nicht statt. Die Tätigkeit des »Regisseurs« beschränkte sich also auf die Zusammenstellung der Auftrittsfolge. Von einer Inszenierung kann daher im Varieté zumeist nicht gesprochen werden.

Auch die Mittel, mit denen die Revue und das Varieté auf die Zuschauer wirkten, unterschieden sich. Unverzichtbarer Bestandteil der Revue war die Ausstattung. Der Aufwand, den die Produzen-

231 Komische Oper, Postkarte

ten hinsichtlich der Kulissen, Kostüme und der Zahl der Darsteller trieben, war entscheidend für den Erfolg einer Inszenierung. Angestrebt wurde die optische Überwältigung des Zuschauers. Die Bühnenkünstler wurden in einen gefälligen Rahmen gestellt, der ihre Auftritte einerseits unterstrich, dem sie sich andererseits aber auch – zum Wohle des Ganzen – einzufügen hatten.

Demgegenüber spielte im Varieté die Bühnenausstattung nur eine untergeordnete Rolle. Der Erfolg der artistischen Aufführung entsprang nicht der Pracht der Ausstattung, sondern einzig der Leistung der Künstler. In ihr Ermessen gelegt war die Wahl der Kostüme; ihre Gagenhöhe bemaß in der Regel die Schönheit und den Glanz der Requisiten. Eine jeweilige Anpassung der Bühne an die auftretenden Nummern konnte bei der üblichen Engagementpraxis nicht stattfinden, da der damit verbundene Aufwand in keinem angemessenen Verhältnis zur Dauer des Engagements gestanden hätte. Die meisten Varietétheater hatten demgemäß auch nur verschieden farbige Vorhänge, vor denen die Artisten auftraten. Günstigstenfalls wirkten diese neutral und lenkten nicht durch farbliche Mißtöne von der Darbietung ab.

Schließlich unterschieden sich das Varieté und die Revue darin, daß die jeweiligen Direktoren bei der Wahl der Bühnenkünstler differierende Schwerpunkte legten. Hervorgehoben worden war bereits die große Bedeutung der Akrobaten bei der Herausbildung des Varietés sowie die prinzipielle dramaturgische Offenheit der Nummernfolge, die es gestattete, Darstellungen aus allen Bereichen der Schaustellung auf die Bühne zu bringen. Die Grundelemente blieben aber die Musik, der Tanz, die Komik und die Akrobatik. Kein Theaterleiter konnte bei der Zusammenstellung seiner Programme auf akrobatische Darbietungen verzichten, ohne sich dem Verdacht auszusetzen, nicht möglicherweise eine mißglückte Revue inszeniert zu haben.

Bei der Revue lag es genau umgekehrt. Hier konnten akrobatische Nummern in der Aufführung mitwirken, doch prägten sie nicht ihren Charakter. Zur Inszenierung einer Revue holten sich die Produzenten vorwiegend Tanz- und Gesangsdarbietungen, die sie durch Szenen, gespielt von Kabarettisten oder Schauspielern, miteinander verbanden.

Insgesamt überwogen also – bei aller dramaturgischen Verwandtschaft – die Unterschiede, so daß es ratsam ist, die Revue- und Varietégeschichte nicht als Spielart ein und derselben »Gattung« anzusehen.

232   Ansicht des Theaters Unter den Linden, des späteren Metropol-Theaters, 1892

233   Die drei Ajax auf der Bühne der Scala, um 1928

Die Scala: eine Ausnahme

Der Zug nach dem Westen kann auch bei der Entstehung jenes Vergnügungspalastes verantwortlich gemacht werden, aus dem später die Scala hervorgehen sollte. 1908 konzentrierte sich das entstehende, neue Vergnügungszentrum noch ausschließlich auf die Gegend zwischen Nollendorfplatz und Kaiser-Wilhelm-Gedächtniskirche, so daß es zweifellos ein zeitgemäßer Einfall war, in der Lutherstraße in der Nähe des Nollendorfplatzes nicht nur ein neues, großes Vergnügungsetablissement zu eröffnen, sondern zugleich auch eine neue Form der Unterhaltung in Berlin einzuführen. Am 1. September eröffnete der »Berliner Eispalast« als erste Kunsteislaufbahn in der Stadt seine Pforten. Große Anzeigen in allen Zeitungen priesen die Pracht des neuen Hauses und dessen mit 2000 Quadratmetern größte Eislauffläche der Welt. 1500 Personen konnten gleichzeitig ihre Kreise und Pirouetten drehen; 3000 weitere konnten von den Galerien im Parterre und im ersten Rang dem bunten Treiben zuschauen. »Eine Flut von Licht spiegelt sich im Asphalt der Lutherstraße. Im grellen Schein der vom Sims des Eispalastes strahlenden Bogenlampen fährt Wagen auf Wagen vor; in Equipagen, Droschken und Automobilen erscheinen die zur Einweihung des sportlichen Etablissements geladenen Gäste. Im Innern des gewaltigen Hallenhauses ein farbenprächtiges Bild weltstädtischer Eleganz. Festlich gekleidete Herren, schöne Frauen in geschmackvoller Toilette. Ein unentwirrbares Geräusch von Musik, von Konversation und knisterndem Frou-Frou. Tout Berlin ist da.«[1]

Die Idee künstlicher Eislaufbahnen, die den beliebten Freizeitsport unabhängig von der Jahreszeit und der Witterung auszuführen erlaubten, war nicht neu. Bereits seit Jahren existierte in Paris der »Palais de Glace«, doch in der kaiserlichen

234   Berliner Eispalast, 1908

235 Plakat von J. Cheret, 1896

Reichshauptstadt wirkte der Berliner Eispalast als Sensation. Er zog die Lebewelt ebenso an wie die nur am Schlittschuhlaufen interessierten Personen. Der Erfolg war anfänglich so gewaltig, daß zwei Konkurrenzunternehmen den Eispalast kopierten: 1910 eröffnete in der Potsdamer Straße der später legendären Ruf erlangende Sportpalast und 1911 in der Friedrichstraße der später als Revuetheater betriebene Admiralspalast.

Mittlerweile hatte sich jedoch die Direktion des Berliner Eispalasts etwas Neues einfallen lassen müssen, um das Publikum zu halten. Auf die Dauer erwies sich das Gebäude als ökonomisch wenig rentabel, und dem Amüsierpublikum reichte es bald nicht mehr, bloß um die Eisfläche herum an Speisetischen zu sitzen und beim Souper den Läufern und Läuferinnen zusehen zu können. William Karfiol, der Direktor des Unternehmens, begann daher, überdurchschnittliche Läufer zu engagieren und sie abends in einem Schaulauf den Zuschauern vorzuführen. Aus diesen Anfängen entwickelten sich bis 1910 die ersten Berliner Eisrevuen, die offiziell als Eis-Pantomimen galten. So begann der Betrieb täglich um die Mittagszeit, und abends erfolgte dann die Inszenierung, die den privaten Gebrauch der Eisfläche beendete. Zu den Premieren lud die Direktion wie in ein Theater die Pressevertreter, die dementsprechende Aufführungsberichte verfaßten. Selbst die Fachzeitschrift »Das Theater« zeigte sich beeindruckt: »Der Eispalast ist eine Stätte des Berliner Lebens geworden, die man heute nicht mehr missen möchte. Aber sein Ehrgeiz geht weiter, getrieben von dem Wunsch des Publikums, durch immer neue Reize gelockt zu werden. Die spiegelglatte Fläche wurde zum Parkett, auf dem die leichteste und graziöseste aller Künste, der Tanz, heimisch und in den mannigfachsten Variationen zur höchsten Meisterschaft ausgebildet wurde. Und heute spielt man auf dem blitzenden Eise ganze Stücke, die Pantomime ist hier zu neuem Glanze erstanden. Ein prächtiger Rahmen für ein reizvolles Bild! In weitem Bogen spannt sich ein Lichtmeer über die Halle, tausendfältig widergespiegelt von der schimmernden Fläche, um die sich im Rund zu ebener Erde und in der Höhe die Zuschauer drängen. Lebensfreude, Lebensgenuß heißt die Signatur des geschmackvollen Raumes. Auf dem riesigen Spiegel wiegen sich im Takte der Musik schlanke Gestalten, ballen sich zusammen zu übermütigen Gruppen, lösen sich zersprühend wieder auf, jagen jetzt in wilder Hast an den Rampen entlang, gleiten jetzt langsam und graziöse an den Zuschauern vorbei. Dann wird mit einem Male wie durch eine Zauberhand all das bunte Gewimmel von weißen und roten Sweatern, von zierlichen Pelzkäppchen und gewaltigen Pleureusenhüten von der Bahn gescheucht, und die Kunst hält ihren Einzug. Man sieht bei einem Apachentanz, den die beiden Stars des Eispalastes ausfüh-

236 Eispantomime im Berliner Eispalast, Postkarte

ren, daß die Kälte der ›Bühne‹ der leidenschaftlichen Glut der Temperamente keinen Abbruch tut, man lacht in einer spanischen Pantomime über die Humore, die der geschickte Arrangeur Karfiol aus den Heimtücken des glatten Parketts zu ziehen weiß, und man bewundert schließlich bei dieser Pantomime und bei den jüngsten Szenen ›Im Park von Montplaisir‹ die reizvollen Effekte, die durch die geschmackvolle Zusammenstellung der Kostüme und die sichere Ausnutzung der Beleuchtungsmöglichkeiten erzielt werden. Besonders künstlerisch durchgebildet sind die Leistungen des Balletts, dessen erste Kraft durch einen Spitzentanz entzückt, wie er anmutiger und leichter auch auf der Bühne nicht häufig gesehen wird.«[2]

Doch bei allem Lob und künstlerischer Anerkennung scheint das Unternehmen keine gesicherte Grundlage besessen zu haben. Ob der Eispalast zu groß war, um rentabel zu wirtschaften, oder ob die Publikumszahl bei den Betriebskosten letztlich doch zu klein war, läßt sich nicht mit Sicherheit sagen. Die auffällige Suche der Direktion nach neuen Attraktionen, die sie trotz der erfolgreichen

237   Arthur Garrat: Publikum im Berliner Eispalast, 1909

238   A. Wald: Der Berliner Eispalast als Tattersall

Eis-Pantomimen unentwegt vornahm, spricht zumindest für eine unsichere Situation. So lag es nahe, daß Karfiol auch Anleihen beim üblichen Varietéprogramm machte. Darbietungen und Attraktionen der Spezialitätenbühne engagierte er für einen artistischen Rahmen um die szenischen Pantomimen herum. Im Dezember 1910 notierte der Berliner Lokal-Anzeiger bereits: »Ein vollkommen neues Programm war zu sehen, dessen Hauptpiecen schon mehr in das Gebiet des Varietés fallen.«[3]

Trotz dieser Versuche, sich mit dem Programmangebot einen festen Zuschauerstamm heranzubilden, ließ sich der Betrieb nicht aufrechterhalten. Im Sommer 1913 erhielt das Gebäude eine neue Bestimmung. Die Zeitschrift »Der Künstler« spöttelte: »Der Eispalast trägt seinen Namen jetzt zu Unrecht. Außer dem Gefrorenen, das der Kellner mit dem Ruf ›Einmal Panascheh!‹ am Büfett bestellt, hat er seine Beziehungen zum ›Eis‹ abgebrochen. Die Besitzer hatten sorgenvolle Tage, bis man schließlich die Sportarten wechselte. ›Worauf können wir denn jetzt noch hoffen?‹ soll einer der Direktoren während der Krisis gefragt haben. ›Aufs Pferd, Kameraden, aufs Pferd, aufs Pferd!‹ erwiderte ein anderer.«[4] Dementsprechend wurde die Eisarena entfernt und statt dessen eine Reitbahn eingerichtet. Bei der verschwenderischen Ausschmückung des Innenraumes und einer exquisiten Gastronomie aus dem Haus Kempinski[5] war der neue Tattersall eine »Luxusarena«[6]. Darin lag aber wiederum auch der Fehler seiner Betreiber, denn die Ausrichtung auf die reicheren Vergnügungskreise reduzierte die Zahl der Besucher so weit, daß sie sich in den weitläufigen

239   Jules Marx

Räumlichkeiten nicht mehr wohl fühlten. Bereits im Frühjahr 1914 endete diese Episode wieder. Der Kriegsausbruch im August verhinderte eine erneute Umgestaltung.

Zuvor waren jedoch in einem Nebensaal des Gebäudes wieder Artisten eingezogen. Bereits im Sommer des Jahres 1911 hatten die Inhaber diesen Saal zu »einem intimen Theaterraum«[7] umbauen lassen, in dem nach der Eröffnung die Künstler von Kabarett und Varieté einzogen. Ihre Auftritte in dem sogenanten »Eispalast-Casino«[8] erlebten denn auch durch den Kriegsbeginn nur eine kurze Unterbrechung von sechs Wochen. Bereits am 16. September 1914 wurden die Aufführungen wiederaufgenommen. Wie allgemein üblich in dieser Zeit, mischten sich Varieté- und Kabarettkünstler in den Veranstaltungen, zumindest soweit man den einzelnen deutliche Präferenzen zubilligen kann. Im November 1914 etwa trat Robert Koppel auf, der als »Lustiger Ehemann« im ersten Programm von Wolzogens Überbrettl Furore gemacht hatte. Ebenfalls im Programm befand sich Trude Hesterberg, die das Berliner Publikum bis dahin als Operettensoubrette kennengelernt hatte. Die hier erstmals vorgenommene Doppelung der Veranstaltungen im gleichen Haus zog sich aufgrund der architektonischen Gegebenheiten durch die ganze Geschichte des Gebäudes hindurch. So zog etwa in späteren Jahren Werner Finck mit seiner »Katakombe« dort ein.

Was aus dem zusammengebrochenen Tattersall wurde, schilderte der Berliner Herold 1932 rückblickend in einer Porträtskizze über Jules (Julius)

240   Titelblatt eines Programmheftes, 1932

Marx, dem ersten langjährigen Direktor der Scala: »Zum guten Varietédirektor gehört aber der Trieb zum Kaufmännischen. Den lernte er in Londoner Bankgeschäften ausbilden. Dann hatte sich sein Vater mit anderen Geschäftsfreunden in Berlin in eine große Grundstücksspekulation begeben. Das war der Berliner Eispalast in der Lutherstraße, der vor dem Kriege nicht recht leben und sterben konnte. Der Krieg rettete das schwirige Geschäft, indem das Kriegsministerium den ganzen Block für das Haupt-Sanitätsamt beschlagnahmte. Für die Besitzer eine ruhige runde Sache. Wenn sie morgens die Augen aufschlugen, hatten sie schon die Brieftasche voll, ohne daß sie einen Finger zu rühren brauchten. Nach dem Kriege mußten sie freilich sich Sorgen machen, was nun mit dem Riesenhause anzufangen wäre. Einer der Mitaktionäre war Ben Blumenthal, der schon damals im Filmgeschäft verwurzelt war. Ein anderer Mitaktionär war Herr Wolfsohn, der Besitzer der ›Lichtbildbühne‹. So plante man die Umwandlung des Eispalastes in einen Kinopalast.«⁹ Tatsächlich benutzte das Kriegsministerium das Gebäude als Lagerraum für das Sanitätsamt, doch »gerettet« hat der Krieg »das Geschäft« damit keineswegs. Bereits im Frühjahr 1915 wurde das Konkursverfahren eingeleitet und bald darauf die Zwangsversteigerung anberaumt, die kurz vor Kriegsende stattfand.

241 Julius Einödshofer, der erste Kapellmeister der Scala

»Jules Marx wurde zum Direktor bestimmt«, führte der Berliner Herold weiter aus, »und als Fachmann von der Kinotechnik holte er sich den ›Kino-Schuch‹, der damals bei der Ufa war und die technische Einrichtung aller ehemals neu erworbenen Theater des Ufa-Konzerns leitete. Da begab es sich aber, daß die Ufa auch das große Theater in den Ausstellungshallen am Zoo übernahm. Bei dem damaligen Stand der Filmproduktion in Deutschland erschien es den Herren in der Lutherstraße ein zu großes Risiko, nun in einer so abseitigen Gegend noch einen großen Kinopalast zu

242 Werbung für die Scala, 1921

244   Charly Willuhn auf der Bühne der Scala, um 1928

243   Anzeige, 1926

eröffnen. Und so drang Jules Marx, der in London gesehen hatte, was in Varietés zu verdienen war, mit seinem Vorschlag durch, statt des Kino-Palastes ein Groß-Varieté zu bauen. Für die Nebenräume plante man ein Luxusrestaurant. (...) Es ist kein Geheimnis, daß man damals der ›Scala‹, so wurde das neue, große Varieté getauft, keine gute Zukunft voraussagte, zumal auch der Start verunglückte.«[10] Der Genauigkeit halber soll hier noch hinzugefügt werden, daß der Reichsanzeiger die Gründung der Firma Scala Palast GmbH für den 30. September 1920 vermerkte, deren Geschäftsführer Moritz Löwenthal und Karl Wolffsohn hießen.[11] Erst am 6. November 1920, also nachdem die Scala bereits ihren Betrieb aufgenommen hatte, wurden Jules Marx und Ludwig Schuch statt der oben genannten als Direktoren ins Handelsregister eingetragen.[12]

Tatsächlich war man in artistischen Kreisen außerordentlich skeptisch gegenüber dem neuen Großprojekt. Mehrere Argumente sprachen scheinbar zu seinen Ungunsten: So glaubten manche Auguren aufgrund der nicht sonderlich erfolgreichen Geschichte des Eispalastes und Tattersalls abergläubisch an eine zwangsläufige Fortschreibung des Mißerfolgs; andere hielten die Größe des Theaters (schließlich handelte es sich um die größte derartige Spielstätte im Deutschen Reich) grundsätzlich für eine Fehlspekulation, die das Unternehmen über kurz oder lang in den Bankrott reißen würde, und dritte schließlich hielten »die Landschaft um Nollendorfplatz und Lutherstraße schon für keine ›Gegend‹ mehr, weil der Amüsierbetrieb, der hier einmal ein Zentrum hatte, inzwischen den Schwerpunkt zum Kurfürstendamm verlegt«[13] hatte. Da der Umbau aber zweifellos eine kleine Sensation war, gab es zur Eröffnung am 2. September 1920 denn doch das erste ausverkaufte Haus. Die Reaktionen auf das gebotene Programm, die Raumgestaltung und die allgemeine Atmosphäre in der Scala waren jedoch eher zurückhaltend.

Man bemängelte die riesigen Dimensionen der Bühne, die inszenatorisch nicht gemeistert worden waren, beklagte sich über die große Entfernung zwischen Zuschauer und Darsteller, die man in dem großen Raum nur noch als Winzlinge empfinde, ärgerte sich über die katastrophale Akustik des Raumes, die »mehrfache Echos«[14] warf, und empfand schließlich insgesamt, daß »der Zuschauerraum fröstelt«[15]. In der Fachzeitschrift »Das Programm« finden sich detaillierte technische Angaben zum Raum, die – ohne hier im einzelnen wiedergegeben werden zu sollen – die eher negative Einschätzung von dem jungen Unternehmen untermauern. Der verantwortliche Architekt war Paul Sydow, dessen Pläne vermeintlich besonderen Wert darauf gelegt hatten, »daß man von jedem Platz des Zuschauerraumes die gesamte Bühne gut übersehen kann. Welche Aufgabe damit erfüllt werden mußte, kann man ermessen, wenn man bedenkt, daß dieses Varieté 3014 Sitzplätze aufweist.«[16] Wie jedoch aus einem späteren Bericht zum Umbau 1925 hervorgeht, entsprach die Verwirklichung keineswegs dem verlautbarten Vorhaben: »Der Zuschauerraum wird so erhöht, daß auch von der letzten Reihe ein freier Ausblick auf die Bühne gewährleistet ist; ebenso erhält der Rang eine bedeutende Erhöhung.«[17] Offensichtlich war also der Neigungswinkel im Parkett und im Rang zu klein berechnet gewesen, so daß die Sicht durch die vorderen Reihen bislang behindert gewesen war.

Die Bühne war für alle großen artistischen Nummern geeignet. »Sie ist 20 Meter breit, 9 Meter tief (Vorbühne 3,25 Meter) und – im Bühnenausschnitt – 9 Meter hoch. Leider ist kein Schnürboden vorhanden, da zur Schaffung dieser für das Varieté so notwendigen Einrichtung die baupolizeiliche Erlaubnis verweigert worden sein soll. Auch die Seiten der Bühne lassen den wünschenswerten Spielraum vermissen. (...) Für Artistendekorationen ist ein Zug vorhanden; die Dekorationen (9 mal 12 Meter) müssen jedoch aufgerollt werden.«[18] Bevor die beengten Verhältnisse um die Bühne herum behoben werden konnten, vergingen noch acht Jahre. Durch den Aufkauf von Nebengrundstücken konnte erst 1928 ein Umbau vorgenommen werden, der einen Schnürboden, eine verdoppelte Hinterbühne und einen Eisernen Vorhang (der bis dahin ebenfalls gefehlt hatte) mit sich brachte. Gleichzeitig wurde auch der Arbeitsplatz des Beleuchtungsmeisters verlegt. Wie bis dahin allgemein üblich, besaß dieser unauffällig am Geschehen auf der Bühne beteiligte Techniker keinen Blickkontakt mit den Abläufen, da die Lichtregelung traditionell im hinteren Bühnenbereich angebracht war. Hinsichtlich der Aufführungen in der Scala hatte sich aber inzwischen herausgestellt, daß eine Verlegung not tat, um dem

245 Bestuhlungsplan der Scala, 1930

246   Werbepostkarte der Scala zur Aufführung im November 1936 (Foto: Josef Donderer)

Beleuchtungsmeister zu ermöglichen, auf das Bühnengeschehen besser, atmosphärisch genauer und dem Darbietungsablauf zeitadäquater reagieren zu können. »Der Mann, der die Beleuchtungseffekte reguliert, hat jetzt seinen Platz über dem Publikum und kann von dort aus genau die Wirkung der Beleuchtung kontrollieren. Dieser große Vorteil hat allerdings die Umlegung von Drähten in der Länge von 50 000 Metern notwendig gemacht.«[19] Der Einbau von »Marinescheinwerfern« förderte zudem die Möglichkeiten, die Bühne in wechselndes Licht zu tauchen. Die Scala-Programme, die sich zunehmend mit ausstattungsreichen Revueelementen anreicherten, konnten sich nicht mehr mit einem gleichbleibenden, stehenden Licht wie ehedem begnügen.

Das Orchester umfaßte anfänglich 36 Personen und stand unter der »Leitung des bestbekannten Kapellmeisters Herrn Julius Einödshofer. (...) Der Orchesterraum ist versenkt und liegt zum großen Teil unterhalb der Bühne.«[20] Einödshofer war tatsächlich bestens ausgewiesen, hatte dieser Operettenkomponist und Kapellmeister doch bereits vor der Jahrhundertwende unter Richard Schultz am Central- und später am Metropol-Theater gearbeitet und später im Admiralspalast die dortigen Eis-Pantomimen dirigiert. Doch an Popularität beim Berliner Publikum übertraf ihn der 1930 seine Stellung einnehmende Otto Stenzel, der als »Scala-Stenzel« ebenso unverzichtbar zum Haus gehören sollte wie das Nummerngirl und die hauseigene Ballett-Truppe. Er war nicht mehr nur der unauffällige Dirigent, der aus dem Orchestergraben heraus geschickt oder ungeschickt die Aufführung musikalisch begleitete, sondern – wie einst Paul Lincke – eine eigene Programmnummer: »Einen Sonderapplaus wie stets holte sich Kapellmeister Otto Stenzel mit seiner temperamentvollen Wiedergabe von Schlagern.«[21]

Auch in anderen Bereichen setzte die Scala neue Maßstäbe bei der Inszenierung von Varieté-Aufführungen. Die Verdunkelung des Zuschauerraumes war durch die Elektrifizierung und die Anpassung an theatralische Gepflogenheiten bereits

247   Titelblatt eines Notenheftes

weit fortgeschritten. Auch die Scala stand nicht hinter dieser Entwicklung zurück. Sie war allerdings die erste Varietébühne, die grundsätzlich festlegte, daß das Rauchen während der Vorstellung im Zuschauerraum nicht mehr gestattet sei. Neben dem Rauchverbot wurden auch keinerlei Einrichtungen geschaffen, die die Beköstigung der Besucher während der Vorstellung ermöglichten. Wie in jeder durchschnittlichen dramatischen Spielstätte standen den Besuchern nur noch in der Pause die verschiedenen Büfetts zur Verfügung, an denen sie sich mit Getränken und Eßwaren versorgen konnten. Die Sitzplätze waren in festen Reihen angeordnet, die durchgehend numeriert waren. Lose Stühle, die die Zuschauer je nach Bedarf sich zusammenrücken konnten – wie vor der Jahrhundertwende selbst bei den gehobenen Varietés üblich –, gab es nicht mehr. Ebenso waren sämtlich Tische, auf die zu verzichten selbst der Wintergarten erst durch das Vorbild der Scala veranlaßt wurde, aus dem Zuschauerraum verbannt. Das alte Varieté als unterhaltend-kommunikativer Ort wurde von der Scala am radikalsten abgeschafft.

Als neues Programmelement führte die Scala bereits 1920 das »Fräulein Nummer« ein. Ilse Mey, das erste und bekannteste Nummerngirl der ganzen Scala-Zeit, spazierte bis zu ihrer Ablösung 1928 vor jeder Darbietung mit einer Zahl in den Händen freundlich lächelnd quer über die Rampe. Da die Auftrittsfolge nicht immer den ausgedruckten Programmheften entsprach, war eine solche Einrichtung unbedingt notwendig. Der Wintergarten hatte sich eine andere Methode ersonnen: Links und rechts von der Bühne waren elektrische Leuchtanzeigen angebracht, die mit der aufflammenden Zahl andeuteten, welche Nummer als nächstes folgen würde. Zweifellos war der in der Scala gewählte Weg optisch gefälliger und menschlich sympathischer.

Bereits in diesem winzigen, doch durchaus als dramaturgischen Kniff zu bewertenden Programmdetail drückt sich die Qualität aus, die die Aufführungen der Scala bald über die des in Konventionen weitgehend verharrenden Wintergartens erhoben. Wenn vom Varieté der zwanziger und dreißiger Jahre die Rede ist, fällt unvermeidlich und zu Recht der Name des Hauses in der Lutherstraße und erst an zweiter Stelle der des Wintergartens.

Den überragenden Rang erhielt das neue Varieté nicht schlagartig, denn der Programmdirektor mußte erst Mittel und Wege ersinnen, aus den großen räumlichen Verhältnissen eine Attraktion zu machen. Jules Marx erlangte mit der Bewältigung der Aufgabe internationales Ansehen. »Er, der ›Dilettant‹, hatte das Fingerspitzengefühl für das, was die ›Fachleute‹ falsch machten. Eines Tages schickte er seinem bisherigen Programmanager Paßpart die seidene Schnur (die Kündigung – d.Verf.), setzte sich selbst ins Direktionsbüro, fuhr nach London, Paris, New York und brachte die besten Varieténummern aller Zonen nach Berlin.«[22] Wilhelm Ludwig Paßpart war zuvor Künstleragent gewesen und hatte in den ersten fünf Monaten nach der Eröffnung des Hauses für die Zusammenstellung der Auftritte gesorgt. Aber erst unter Jules Marx nahm die Scala ihren erfolgreichen und typischen Aufschwung, der die Skeptiker der Anfangszeit zum Verstummen brachte. Bereits Mitte der zwanziger Jahre war der Ruf des Hauses unumstritten. »Die Scala in Berlin«, schrieb »Das Theater« im Januar 1925, »die zweifellos für sich das Verdienst in Anspruch nehmen darf, in dem stark stagnierenden Karpfenteich der Berliner Varietés als aufmunternder Hecht gewirkt zu haben, läßt«[23] sich Monat für Monat neue Attraktionen einfallen. Wenn schon diese Zeitschrift die Entwicklung der Scala vor den Hintergrund der allgemeinen Situation als Ausnahme sah, drückte sich der »Berliner Herold« zwei Jahre später noch eindeutiger aus: »Und während an vielen Orten im Reich die Varietés eingegangen sind oder sich der Revue, der Operette, dem Kino

248 Karikatur von Kurt Bartl:
»Zwei Größen des Humors«

249 *Titelblatt eines Programmheftes von Conny Neubauer*

ergeben mußten, hat die ›Scala‹ ihr Publikum vergrößern können.«²⁴ Die Entwicklung des Unternehmens in der Lutherstraße ist also eine Ausnahmeerscheinung, da es sich in Zeiten der Stagnation und des beginnenden Niedergangs als Publikumsmagnet behaupten konnte.

Jules Marx war »Dilettant«, wie es so schön hieß. Doch gerade der Umstand, daß er nicht aus einer Artistenfamilie stammte, rettete ihn offensichtlich davor, in den Konventionen des traditionellen Varietés verhaftet zu bleiben. Als künstlerischer Programmdirektor erkannte er rechtzeitig, daß die Revue international und in Berlin voll erblüht war und die Zuschauer die Ausstattungsspektakel außerordentlich attraktiv fanden. Von dieser Entwicklung ließ sich Marx inspirieren und entwickelte die sogenannte »Varieté-Revue«. Dazu hob er die Musik wieder aus der rein begleitenden Funktion heraus und gab der Hauskapelle ein stärkeres und eigenständiges Gewicht. Jules Marx engagierte sich Bühnenbildner, die dem Varieté zum ersten Mal eine betontere Kulisse gaben. Bisher waren die Hintergründe entweder farbige Einheitsvorhänge oder aber bemalte, neutrale Prospekte gewesen, die mit dem Auftritt in der Regel in keiner Verbindung standen. Von der dekorativen Ausstattungspracht der Revue angeregt, versuchten die Bühnenbildner der Scala nun dem ganzen Abend eine Art von optischen »Rahmen« zu geben. Der dramaturgische Begriff des Rahmens ist gewissermaßen die inszenatorische Maxime der Scala-Programme, den auch die

250 Eintrittskarte zur Nachmittagsvorstellung

Direktoren der dreißiger und vierziger Jahre noch verwendet haben. Beispielsweise bemerkte der spätere Leiter Eduard Duisberg in einem Interview mit der »B.Z. am Mittag« 1933: »Unsere Programme sollen keine Konfektion mehr sein. Die einzelnen Nummern sollen nicht mehr schablonenmäßig auf das Publikum losgelassen werden. Wir streben, selber produktiv zu sein. Und das haben wir durch gewisse Reformen schon bewiesen. Durch den starken Einbruch des gesprochenen Wortes in das Varieté, durch die Heranziehung von Conférenciers (Adolf Gondrell, Werner Finck), durch die Aufführung von dramatischen Szenen oder Sketchen (Asta Nielsen, Otto Wallburg), durch die konsequent durchgeführte Renaissance der Kulisse und durch einen eigenen Inszenierungsstil. Man muß vielen artistischen Nummern mit liebevollem Einfühlungsvermögen entgegenkommen, man muß sie modernisieren, kürzen, adaptieren, kostümieren

251 Scala, 1935, Postkarte

und sie in einen die Darbietung fördernden szenischen Rahmen setzen.«[25] So entstanden teilweise aufwendige Kulissenbauten, die den Bühnenhintergrund ausfüllten, Bezüge zu den jeweils stattfindenden Auftritten herstellten und letztlich auch die riesige Bühne optisch mit Geschehen ausfüllten.

Die Ballettszenen erhielten bei den Scala-Programmen ein Gewicht, wie es auch in der Revue anzutreffen war. Engagierte die Bühnenleitung noch in den zwanziger Jahren alle berühmten Girltruppen der Welt, so waren sie Anfang der dreißiger Jahre inzwischen so unverzichtbar geworden, daß das Theater sich eine hauseigene Girltruppe aufbaute. Im Februar 1934 debütierten endlich mit Erfolg die ersten zwanzig »Scala-Girls«, deren »beifallsumbrauste Leistungen«[26] bis zum kriegsbedingten Ende des Spielbetriebs den Ruf des Hauses festigten.

Zum »Rahmen« gehörte neben den szenisch-verbindenden Kulissen auch die Conférence. Die Kabarettisten wurden dabei nicht als Ansager oder Überleitende eingesetzt (dazu war das stumme Nummerngirl da) oder erhielten nur einen einzigen Auftritt im Programm, sondern sie traten verstreut über den Abend immer wieder in Erscheinung. Sie schufen damit im bunten Geflecht der sich abwechselnden Nummern gewisse wiederkehrende Ruhepunkte, die sich als szenischer »Kitt« auswirkten. Die meisten bedeutenden deut-

252 *Jo Steiner: Humoristische Zeichnungen zum Scala-Programm, Mai 1930*

schen Conférenciers dieser Zeit kamen so auch irgendwann in die Scala und wurden wie Werner Finck oder Willi Schaeffers überschwenglich gefeiert.

Stars holten die Direktionen nicht ausschließlich aus dem artistischen Bereich. Mehrfach engagierten sie Publikumslieblinge des Stummfilms: Asta Nielsen, Henny Porten oder Pola Negri fanden sich ohne weiteres bereit, in einer extra auf sie zugeschnittenen Szene in den Varieté-Revuen mitzuwirken.

Auch innerhalb anderer Sparten des Artistenstandes erwies sich die Scala als außerordentlich geschickt bei der Engagementauswahl. In den zwanziger Jahren hatte »in Deutschland eine Hausse in Clowns eingesetzt. Nicht genug konnten aus England, aus Frankreich, aus Amerika hinübergeholt werden. Nicht genug aus den Ländern, die längst die Arbeit der einstigen Umbauclowns, der Entréeauguste, der Spaßmacher des Zirkus weit anders, weit wichtiger bewerteten«[27] als Deutschland. Dieser Hausse, zu der Charlie Chaplin nicht unwesentlich beigetragen hatte und die dazu führte, daß auch die Berliner Schickeria in Erich Carow einen lokalen Chaplin sah und eine Zeitlang seine Lachbühne zu ihrem Wallfahrtsort erkor, kamen auch die Programme der Scala entgegen. Grock, das Rivel-Trio, die drei Fratellini, Baggesen, Noni und jede Menge weiterer bedeutender Clowns erhielten herausragende Positionen in den Aufführungen. Nicht die Auftritte im Circus machten diese Clowns unvergeßlich, sondern erst die auf der Varietébühne.

Lachen, Prominenz, schöne Frauen, bewundernswerte Leistungen der Geschicklichkeit oder körperlicher Gewandtheit, Tanz und Musik: die Grundelemente des Varietés blieben immer dieselben. In der Scala wurde ihnen nur ein den Dimensionen des Hauses angemessener, zeitgemäßer Rahmen gegeben.

Die Scala feierte von den konkurrierenden Unternehmen beneidete Erfolge. War vor dem Ersten Weltkrieg der Wintergarten das Etablissement gewesen, an dem sich die Bühnenleiter orientierten, war es spätestens seit der Mitte der zwanziger Jahre die Scala. Die von Jules Marx angestrebte Anerkennung als Revuetheater verweigerte aber der Berliner Magistrat dem Haus. Das dem Streit zugrundeliegende Motiv der Scala, die es sogar auf einen Gerichtsprozeß gegen die Stadt Berlin ankommen ließ, war der Unmut über die Staffe-

253   Eduard Duisberg vor einem Bühnenbildentwurf

lung der bereits erwähnten Lustbarkeitssteuer. Bei den Einnahmen der Spielstätte dürfte eine Senkung des Steuersatzes um 5 % keinen unerheblichen Betrag ausgemacht haben.[28]

Bereits 1920 hatten sich Jules Marx und Ludwig Schuch entschlossen, nicht nur Abendvorstellungen zu geben, sondern zumindest auch am Wochenende eine Nachmittagsvorstellung anzusetzen. Die Gagen der ohnehin engagierten Künstler stiegen im Verhältnis zu den vermuteten Einnahmen minimal. So gab es in den ersten zwei Jahren mal am Sonnabend, mal am Sonntag eine zweite Aufführung, bis man herausgefunden hatte, daß der Sonntag der bessere Tag war. Zu diesen acht Vorstellungen in der Woche kam 1926 noch eine neunte. Das »Scala-Abendblatt«, eine an die Besucher kostenlos ausgegebene Hauszeitung, meldete diesbezüglich den Zuschauern im September 1926: »Seit Jahr und Tag sind die Sonntag-Nachmittagsvorstellungen der Scala von Familienpublikum und Kindern überfüllt. Es ist ja auch kein Wunder, da zu ermäßigten Preisen genau dasselbe Programm gezeigt wird, wie in den Abendvorstellungen. (...) Um weitesten Kreisen diese Vorstellungen zugänglich zu machen, hat sich die Direktion der Scala entschlossen, ab 1. Oktober 1926 auch Sonnabend nachmittag 3.30 Uhr zu ermäßigten Preisen Vorstellungen stattfinden zu lassen.«²⁹

Der Besucherstrom war daraufhin so gewaltig, daß die Direktion das eingeschlagene Prinzip 1929 sogar noch weiter ausdehnen konnte. Zum Saisonbeginn verkündigte sie, daß nunmehr nach längerer Planung jeden Tag in der Woche zwei Vorstellungen gegeben würden. Gekoppelt war diese Ankündigung mit der Entscheidung, die Eintrittspreise grundsätzlich zu senken. Diese als »amerikanisches System« angepriesenen Maßnahmen hatten sich in den der Scala inzwischen »angeschlossenen Varietés«³⁰ hervorragend bewährt, so daß auch das Mutterhaus des derweil zum Konzern angewachsenen Betriebs darauf umsteigen konnte. Obwohl die Entscheidung der Öffentlichkeit relativ kurzfristig mitgeteilt worden war, reagierten die Zuschauer äußerst positiv: »Das schien ein sehr plötzlicher Entschluß zu sein, in Wahrheit hat aber Direktor Marx schon seit anderthalb Jahren daran gearbeitet, seine Artistenverträge so zu legen, daß von der Wintersaison 1929 täglich zwei Vorstellungen möglich sind. Trotz des heißen Wetters waren bereits am Montagnachmittag 1000 Besucher und am Dienstagnachmittag 1100 Besucher im Theater. Damit ist bereits die Rentabilität des Versuches erwiesen.«³¹ Die Neustrukturierung der Preise und des Programms erfolgte gerade zur richtigen Zeit, denn der im gleichen Herbst erfolgende Börsensturz in New York leitete die Weltwirtschaftskrise ein. Das damit einhergehende Massenelend durch Arbeitslosigkeit und geringeren Lohn reduzierte selbstverständlich die Möglichkeiten der Zuschauer, ins Theater oder ins Varieté zu gehen. Die gesenkten

254   Boguslav H. von Garczynski-Rautenberg

Eintrittspreise der Scala, die auf dem Höhepunkt der Krise 1931 am Nachmittag auf 50 Pf. bis 2 RM herabgesenkt worden waren, kamen den betroffenen Zuschauern der Scala entgegen, die die Bemühungen wiederum mit anhaltender Dankbarkeit quittierten.

Welche Bedeutung für das Unterhaltungsbedürfnis der Berliner und Besucher die Varietétheater in der Stadt immer noch besaßen, läßt sich leicht ermessen, wenn man sich das Platzangebot allein der großen Häuser dieser Zeit vor Augen führt. Zu dem Wintergarten, der in der Wirtschaftskrise das

255   Artistenagent Paul Spadoni mit seiner Sekretärin H. Weiß

Vorbild der zweifachen täglichen Aufführung nachahmte, war 1929 noch die Eröffnung der Plaza im Osten Berlins gekommen, die ebenfalls zwei Vorstellungen am Tag gab. So boten sich in diesen Jahren des Elends allein durch drei Häuser täglich rund 15 000 Plätze bei Varietévorstellungen dem Publikum an. In den dreißiger Jahren reduzierte die Scala die Zahl ihrer Aufführungen jedoch wieder auf die täglichen Abend- und die dem Wochenende auch weiterhin vorbehaltenen zusätzlichen Nachmittagsveranstaltungen.

Ebenfalls in das Jahr 1929 fiel eine wichtige Personalentscheidung. Ludwig Schuch war bereits ein Jahr zuvor ausgeschieden und zum Konkurrenzunternehmen am Bahnhof Friedrichstraße übergewechselt. 1929 nun verpflichtet Jules Marx »als künstlerischen Leiter Eduard Duisberg, der im Kabarett ›Libelle‹ in der Friedrichstraße seine künstlerische Laufbahn begonnen hatte, und zuletzt Mitarbeiter der weltberühmten Artisten-Agentur Paul Spadoni war«[32]. In Duisberg besaß die Scala jenen Mann, der das Niveau des Unternehmens halten sollte auch in den Jahren der nationalsozialistischen Diktatur. Befragt, wie er sich das Sterben der Varietés erkläre, äußerte er 1932: »Wenn Sie mich nun fragen, wie es kommt, daß so viele Varietés schlecht gehen, obwohl sie doch von Fachleuten, sogenannten ›alten Hasen‹, geleitet werden, so muß ich Ihnen leider antworten: eben *weil* viele dieser Herren zu große Varieté-Fachleute im *konservativen* und rein artistischen Sinne sind, verlieren sie den Konnex mit anderen aktuellen Unterhaltungsgebieten und die Perspektive und sind sich so überhaupt keiner Wandlung bewußt.«[33] So setzte er denn – wie bereits vor ihm Jules Marx – alle Unterhaltungskünste ein, die en vogue waren. Bei seinen Bemühungen, ein »Tempo-Kaleidoskop aus Varieté, Kabarett, Revue und Oper«[34] zu erreichen, schreckte er selbst davor nicht zurück, Goethes Theaterdirektor aus dem Vorspiel des »Faust« als seine Maxime zu zitieren: »›Die Masse könnt ihr nur durch Masse zwingen, Ein jeder sucht sich endlich selbst was aus. Wer vieles bringt, wird manchen etwas bringen; Und jeder geht zufrieden aus dem Haus.‹«[35]

Duisberg führte nach 1933 zwei weitere Schwerpunkte in die Programmgestaltung ein. Zusätzlich zu den üblichen, monatlich wechselnden Varieté-Revuen gab es nun im Frühjahr und Herbst jeden Jahres eine besonders aufwendige und spektakuläre Inszenierung. Vergleichbar den englischen »Crazy-Shows« ging im Januar 1934 das erste dieser Sonderprogramme mit dem Titel »Scala – etwas verrückt« über die Bühne. In diesen Frühjahrsinszenierungen trat etwa Grethe Weiser als Nummerngirl auf, wagte der Kapellmeister Otto Stenzel im Tutu ein humoristisches Tänzchen oder balancierten die Scala-Girls auf Kugeln.

Die Aufführungen im Herbst – mit Titeln wie »Zirkusluft«, »Das ewig Weibliche« oder »Picca-

256 Programmzettel von der letzten Inszenierung in der »alten« Scala, November 1943

dilly« – hatten keinen so engen thematischen Zusammenhalt wie die Frühjahrsinszenierungen. Am ehesten ließen sich diese noch unter dem Stichwort »Festspiele« – so der Titel zur Olympiade 1936 – zusammenfassen. Beide Schwerpunkte der Programmgestaltung durchbrachen den Rahmen der bisherigen Aufführungen. In ihnen wurde das akrobatische Element weitgehend an den Rand gedrängt und die Revueelemente so sehr verstärkt, daß man die Aufführungen als reine Revuen ansehen muß. Nicht selten wurde sogar der Versuch unternommen, die einzelnen Szenen durch textlich ausgearbeitete Handlungsabläufe zu verbinden.

Aufgrund seiner jüdischen Abstammung mußte Jules Marx 1933 Deutschland verlassen, so daß Duisberg künstlerischer Direktor der Scala wurde. Für den kaufmännischen Bereich kam Boguslav von Garczynski-Rautenberg ans Haus. Marx unternahm 1937 im Pariser Revuetheater Empire den vergeblichen Versuch, an seine Erfolge in der Scala anzuknüpfen. Nach der Eroberung Frankreichs durch die deutschen Truppen wurde er verhaftet und in das französische Lager Gurs gebracht. Später lieferte man ihn der Gestapo aus, die ihn 1943 nach Sachsenhausen deportierte, wo er im Jahre 1944 starb.[36]

Die von den Nationalsozialisten betriebene »Arisierung« erstreckte sich nicht nur auf die Direktionsebene. Auch die Zusammenstellung der Programme wurde sorgfältig überwacht. Die Anzahl der deutschen Künstler und der aus verbündeten Staaten hatte oberste Priorität; das Engagement von jüdischen Artisten war seit der zweiten Hälfte der dreißiger Jahre nicht nur für diese gefährlich, sondern für alle im Varietébetrieb Beschäftigten. Das mußte auch Duisberg erfahren, der offene Drohungen erhielt, weil er noch 1937 den »Blauen Vogel« von Jushny auftreten ließ (Jushny war jüdischer Abstammung) oder »staatsabträgliche« Äußerungen in seiner Belegschaft nicht ahndete. Wilhelm Fanderl, der »Hauptschriftleiter« des »12-Uhr-Blatts«, denunzierte bei der Gestapo Personen, die in der Scala tätig waren. Betroffen waren u. a. die Sängerin Anita Spada, der Pressechef Will Meyer den Kapellmeister Otto Stenzel, der ein Jahr im KZ Oranienburg verbrachte.

Ab 1942 erlebte zunehmend auch die deutsche Zivilbevölkerung, was es heißt, mit der Welt im Krieg zu liegen. Die Bombenangriffe auf heimische Industrieanlagen und Wohnbezirke mehrten sich. In der Nacht vom 21. zum 22. November 1943 schlugen Bomben in das Haus in der Lutherstraße 22–24 ein und zerstörten die Spielstätte völlig. Otto Stenzel berichtete später den »Berliner Blättern«: »Wenige Tage später brach das Ensemble trotzdem zu seinem von langer Hand vorbereiteten Spanien-Gastspiel auf, mit dessen Beginn für die Künstler eine lange Emigrationszeit anbrechen sollte. Da die damaligen Kriegsereignisse eine Rückkehr nicht zuließen, ging man mit der Varieté-Revue ›Fantasia‹ in der Inszenierung von Eduard Duisberg auf Tournee in der Fremde.«[37] Auch der Direktor war mitgegangen. Erst ein Jahr nach Kriegsende, 1946, löste sich das Ensemble in Spanien endgültig auf; so lange zeigte es weiterhin die Varieté-Revue »Fantasia«.[38]

Doch auch in Berlin gab es nach der Zerstörung Aufführungen der Scala. Die Fachzeitschrift »Artisten-Welt« berichtete im Dezember 1943: »Die Scala in der Lutherstraße ist nicht mehr bespielbar, die Vorstellungen wurden jedoch bereits in den ersten Dezembertagen im früheren ›Universum‹, heute ›Halensee-Palast‹, am Lehniner Platz wieder aufgenommen. Im Januar wird das neue Programm dann auch wieder den erfolggekrönten eigenen Scala-Stil aufweisen, der den Darbietungen der Scala die eigene Note verlieh. Die Direktion der Scala macht alle Artisten darauf aufmerksam, daß die abgeschlossenen Verträge

257 Bühnenmeister Hermann Brandt am »Pausengong« in der Scala am Lehniner Platz, 1944

258 Plakat, 1934

erfüllt werden, die Artisten müssen also pünktlich eintreffen.«[39] Nach dem Krieg berichtete der «Telegraf» über diese letzten Monate: »Im Dezember 1943 wird groß an den Anschlagsäulen plakatiert, steht in jeder Zeitung zu lesen: ›Die *Scala* spielt im *Halensee-Palast* am *Kurfürstendamm* (Lehniner Platz)! – Der Fliegerangriffe wegen täglich bereits um 15.30 Uhr.‹ Das letztere ist wesentlich kleiner und bescheidener daruntergesetzt. Es heißt weiter: ›Das traditionelle Programm ist abgestellt auf heiteren Optimismus mit artistischen Spitzenleistungen.‹ Heiterer Optimismus im Januar 1944...«[40]

Das letzte Programm im August 1944, bevor sämtliche verbliebenen Artisten und Bühnenkünstler eingezogen oder in die Industrie zwangsverpflichtet wurden, erhielt unfreiwillig makaber den Titel »Utopia«. In dieser »Revue in 12 Bildern« wirkten neben Drahtseilartisten, Bodenakrobaten und Gladiatoren auch Paul Heidemann, Wilhelm Bendow und Ethel Reschke mit.[41]

Noch ein weiteres dreiviertel Jahr sollte der Krieg dauern und die deutschen Städte und mit ihnen einen Großteil der ehemals glanzerfüllten Spielstätten in Schutt und Asche legen.

Die Plaza: vom »Volksvarieté« zur KdF-Bühne

Bereits Mitte der zwanziger Jahre lagen die Gewinne der Scala so hoch, daß die Direktion begann, über Möglichkeiten der Expansion nachzudenken. Daraus entstand innerhalb weniger Jahre der größte deutsche Varietékonzern, der je existierte. Als eines ihrer ersten Projekte betrieb sie den Neubau eines dritten Großvarietés in der deutschen Hauptstadt. Die ersten Nachrichten gelangten bereits 1927 in die Öffentlichkeit: »Es ist, wie der ›Berliner Herold‹ erfährt, (...) ein Konsortium in Bildung begriffen, das von der Meinung ausgeht, Berlin könne noch ein weiteres Großvarieté modernster Führung und mit modernen amerikanischen Propagandamethoden ertragen.«[1] Der Plan, in der Friedrichstadt einen ganzen Häuserblock niederreißen zu lassen und dorthin einen rund 4000 Zuschauer fassenden Neubau zu setzen, wurde jedoch wieder verworfen. Bei der Suche nach einem geeigneten Terrain oder irgendwelchen Räumlichkeiten, die sich womöglich durch einen Umbau in ein Varietétheater verwandeln ließen, stieß man auf einen leerstehenden Bahnhof am Küstriner Platz. Die riesige Halle des im Jahre 1867 errichteten ehemaligen Ost-Bahnhofs besaß ungefähr jene Dimensionen, die – den Innenraum halbiert – die Scala-Direktion zur Eröffnung eines »Volks-Varietés« für notwendig erachtete.

In den siebziger Jahren des 19. Jahrhunderts herrschte in der 190 Meter langen und 38 Meter breiten Halle reger Verkehr, da der Bahnhof für den Personen- und Gütertransport nach und aus dem Osten eine zentrale Bedeutung besaß. »Dann mußte der Personenbahnhof dem bedeutenderen Nachbarn, dem Schlesischen Bahnhof, weichen und es wickelte sich nur noch der Güterverkehr ab, bis dieser schließlich ebenfalls eingestellt wurde (1882 – d.Verf.). Die Hallen und Bahnsteige

259   Plaza am Küstriner Platz, um 1930

260   Eingang der Plaza, Postkarte

verödeten.«² Ein Teil der Anlage diente seitdem als Magazin der Reichsbahn bzw. den Witwen ehemaliger Bahnangestellter als Wohnraum. Der Bahnhof, der einst »das Aufsehen der gesamten Fachwelt«³ erregt hatte und dessen dekorative Außengestaltung von einem Schüler Friedrich Schinkels entworfen worden war, stand Mitte der zwanziger Jahre, als Marx ihn mit seinen Architekten in Augenschein nahm, zwar nicht gänzlich unter Denkmalschutz, doch zumindest die Außenmauern waren dem planenden Willen der Scala-Betreiber bereits entzogen. Der Umbau des Gebäudes in ein Varieté, zu dem man sich trotzdem entschied, mußte also unter der Einschränkung vonstatten gehen, daß das äußere Erscheinungsbild des Hauses nicht verändert werden durfte. Bereits in den ersten Monaten des Jahres 1928 fiel die Entscheidung für den Umbau, der in den Fachkreisen lebhaft diskutiert wurde. In Anbetracht des allgemeinen Niedergangs im Varietébetrieb glaubte man nun, ein Beispiel dafür gefunden zu haben, das zur Behebung der Krise nur die unternehmerische Zurückhaltung aufgegeben werden müßte. »Die Tatsache, daß das Varieté seine frühere Bedeutung so nach und nach verloren hat, hängt nicht allein mit Kino, Rund-

261   Zuschauerraum der Plaza, Postkarte

funk, Sport, Tanzfimmel, sondern (...) viel mit dem Unternehmertum zusammen.«[4] Die Direktoren seien nicht risikofreudig genug und bezögen besonders »die wirtschaftliche Not des großen Publikums«[5] nicht mit in ihre Planungen ein. So liefen denn auch die Überlegungen von einem Volksvarieté darauf hinaus, die Eintrittspreise so niedrig wie möglich anzusetzen. Um aber trotzdem wirtschaftlich den Betrieb führen und auch teure Stars der Branche engagieren zu können, mußte der Raum sehr viele Zuschauer fassen. Im Sinne des »amerikanischen Systems« realisierte die Direktion der Scala ihr neues Gebäude, das am 1. Februar 1929 festlich eröffnet wurde, tatsächlich als ein Volksvarieté. Jules Marx schrieb: »Daß die ›Plaza‹ als jüngstes und größtes Varieté Berlins und gleichzeitig Europas architektonisch und technisch auf der Höhe der Zeit steht, ist selbstverständlich. ›Dienst am Publikum‹ ist unsere erste Devise. Monatlich zweimaliger Programmwechsel (am 1. und 16.) verbürgt größte Abwechslung. (...) Das *größte* Programm bei den *kleinsten* Preisen in *höchster* Vollendung«[6] wurde dem Publikum in Aussicht gestellt. Die in Artistenkreisen gehegten Hoffnungen, mit der Plaza einen Neuanfang für das Varieté schlechthin erleben zu können, schlugen aber fehl.

Die Gegend um den Küstriner Platz lag in einem typischen Arbeiterstadtteil, der weit davon entfernt war, wie die Friedrichstraße oder der Kurfürstendamm Zentrum des Vergnügens zu sein. Die Konzernleitung spekulierte in diesem Fall denn auch nicht mit den Touristen oder den eher bürgerlichen Angestellten, die die Lokale im Westen und der Stadtmitte bevölkerten. Für Anreisende verkehrstechnisch relativ ungünstig gelegen, sollte die Plaza ausschließlich für die in der Nachbarschaft wohnenden Arbeiterfamilien spielen. »Beispielgebend für die Neugründung waren die Verhältnisse in anderen Weltstädten, in denen Volksvarietés in den dichtbevölkerten Wohnvierteln seit langem bestehen und sich bewährt haben. Unter diesem Gesichtspunkt betrachtet, ist der Ostbahnhof einer der besten Plätze Berlins.«[7] Außer Kneipen und dem Rose-Theater in der Frankfurter Allee gab es tatsächlich wenig Unterhaltungsangebote in jener Gegend. So erwies sich in der Folgezeit die Plaza als eine Bühne, die zum übergroßen Teil ausschließlich von den Arbeiterfamilien aus dem Bezirk besucht wurde. In der

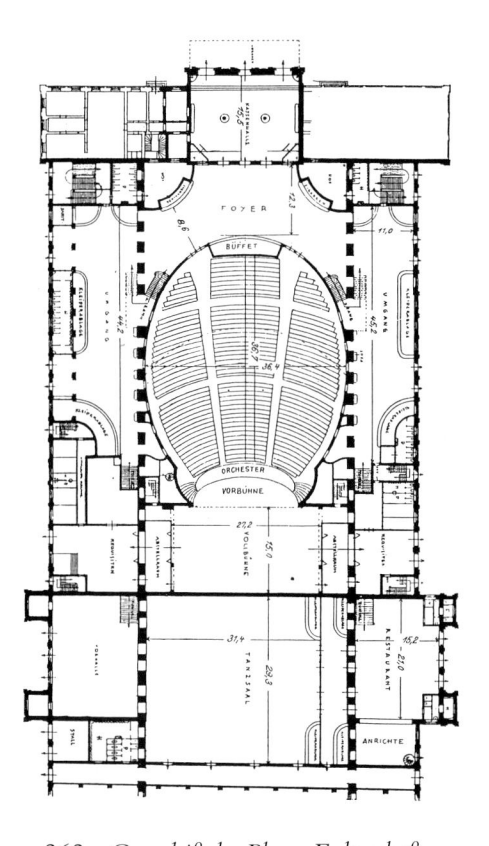

262   *Grundriß der Plaza, Erdgeschoß*

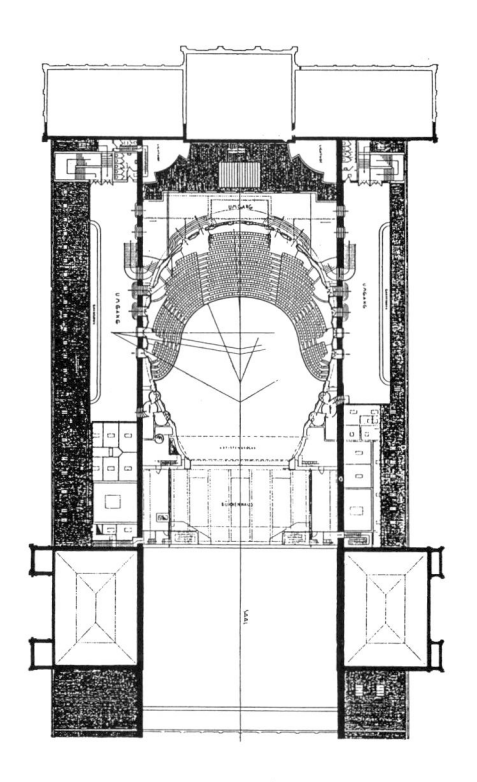

263   *Grundriß der Plaza, Rang*

Zeit der Weltwirtschaftskrise sollte sich diese Tatsache jedoch als schweres Manko herausstellen, das einschneidende Änderungen in der Bespielung erzwang.

Noch vor dem Bau der Plaza hatte sich Jules Marx mit der »Flora« in Hamburg-Altona liiert, in der er zum ersten Mal den »halbmonatlichen Programmwechsel bei zwei Vorstellungen täglich«[8] mit Erfolg ausprobierte. Nach der Eröffnung des neuen Hauses am Küstriner Platz im Februar 1929 fügten sich also bereits drei Varietébühnen zu einem Konzern zusammen, für den gemeinsame Verträge abgeschlossen wurden. Bereits im Dezember 1929 pachtete Marx zusätzlich das Leipziger »Drei-Linden«[9]- und im Laufe des Frühjahres drei weitere Varietétheater. »Der Konzern umfaßt jetzt (April 1930 – d.Verf.) folgende Bühnen: Scala und Plaza (Berlin), Flora-Varieté (Hamburg), Drei-Linden (Leipzig), Apollo-Theater (Mannheim), Olympia-Theater (Dortmund) und Schouwburg (Rotterdam).«[10] Mitten in der Weltwirtschaftskrise expandierte also zur allgemeinen Verwunderung die Scala in einer für Deutschland einzigartigen Weise. Es gab zwar vergleichbare Imperien etwa in England oder den USA, aber in Deutschland hatte es bisher eine solche Machtstellung noch nicht gegeben. Es war geradezu selbstverständlich, daß ein derart erfolgreicher Bühnenleiter wie Jules Marx auch zum Präsidenten des Varietédirektoren-Verbandes ernannt wurde. Doch damit war der Expansionsprozeß noch nicht abgeschlossen. Bereits zum Saisonbeginn 1931 stellte der von der Haller-Revue an die Scala übergewechselte Pressechef Fritz Jacobsohn, der 1933 von Will Meyer abgelöst werden sollte, der Öffentlichkeit einen weiteren Expansionsschritt des Unternehmens vor: »Nach längeren, oft schwierigen Verhandlungen (wurde) ein Buchungsvertrag mit der *Ufa* abgeschlossen, da diese für eine Reihe ihrer Kinos modernste Varieténummern braucht. (Weiterhin) hat nun die Gruppe Scala-Ufa eine entsprechende Buchungsgemeinschaft mit den ersten Varietés in Paris und London gebildet. Hierdurch wurde fast analog den sogenannten amerikanischen ›Tours‹ ›eine große europäische Tour‹ zustande gebracht.

264   Eingang zur Flora, Hamburg-Altona

Dieser neue ›Ring‹ garantiert den amerikanischen und sonstigen ausländischen prominenten Attraktionen noch vor der Abfahrt aus dem Heimatlande drei Monate ununterbrochene Arbeit.«[11] Einige Monate darauf konnte die Buchungsgemeinschaft auch auf die Länder Italien und USA ausgedehnt werden. Der Scala-Konzern hatte seine größte Ausdehnung erreicht.

Zu diesem Zeitpunkt war die Plaza jedoch schon längst wieder aus der Reihe der Varietétheater ausgeschert und Gastspielstätte der Brüder Rotter geworden.[12]

Auf den Weg gebracht hatten die Plazainhaber ihr Haus 1929 mit großartigen Ankündigungen: zwei Vorstellungen jeden Tag in der Woche und am Wochenende sogar drei Aufführungen in ungekürzter Länge. Sie geizten anfänglich wahrlich nicht mit dem Engagement beliebter und/oder teurer Artisten. Bereits im Eröffnungsprogramm traten u. a. Lotte Werkmeister und Oscar Sabo auf. Wie in der Scala sorgte auch »auf der Riesenbühne«[13] der Plaza, die eine Portalbreite von

265 *Leipziger Varieté Drei Linden, 1921*

266 *Titelblatt eines Programmheftes der Plaza, Mai 1931*

267 Titelblatt eines Programmheftes der Plaza von Kurt Hilscher, Mai 1940

268   Kostümfigurine von Wolf Leder für die Plaza, um 1942

19 Metern besaß, ein Nummerngirl für die Anzeige der Auftrittsabfolge. Ebenso wie im Mutterhaus gehörte zur Bühne am Küstriner Platz bald eine hauseigene Choruslinie: das Plaza-Ballett. Durch die Koppelung der Engagementsverträge traten nun Künstler, die sonst mehr den vornehmen Westen oder den intimeren Rahmen des Kabaretts bevorzugt hatten, auch im Berliner Osten auf. Ohne die Möglichkeiten der Mikrophontechnik, mit der erst gegen Mitte der dreißiger Jahre experimentiert wurde, mußten die Gesangsnummern aber in dem 3000 Zuschauer fassenden, übersichtlichen, doch sachlich-schlicht gehaltenen Saal erhebliche Stimmkraft aufwenden. Im September 1929 sorgte Claire Waldoff für Beifallsstürme. Ihre Berlin-Lieder trafen hier auf jenes Publikum, das die Texte und ihre Vortragsart auf die Milieugenauigkeit durchaus überprüfen konnte. Mit Bravour hat die Waldoff diese Prüfung bestanden. »Wenn sie mit den ›Männern abrechnet‹ oder bei allen möglichen Anlässen der Meinung ist: ›det muß man jarnich ignorieren‹, tobt das Plaza-Publikum vor Wonne.«[14]

Doch auch unter den akrobatischen Nummern gab es Spitzenleistungen zu bewundern wie etwa die Orlandos mit ihrem dreifachen Salto mortale auf dem Schleuderbrett, die drei Fratellini oder aber auch den jungen Nicola Lupo, der später zeitweilig den Friedrichstadt-Palast leiten sollte. Die Leistungen dieses Blitz-Verwandlungskünstlers fanden allseits lobende Erwähnung.

Einen Strich durch die Rechnung des Scala-Konzerns machte schließlich die wirtschaftliche Entwicklung in diesen Jahren, die dem »Volksvarieté« das »Volk« nahm, weil es durch Arbeitslosigkeit, Lohnkürzungen und Streichung der »Stütze« immer mehr verarmte. Die Weltwirtschaftskrise, die im Herbst 1929 in New York ihren Anfang nahm, im darauffolgenden Jahr auch Deutschland erreichte und in den Jahren bis 1932 die Arbeitslosenzahlen und die Verelendung immer weiter steigen ließ, hielt das Publikum von der Plaza fern. Die wöchentlichen Aufführungszahlen wurden gesenkt, da die drei Vorstellungen am Wochenende nicht mehr genug Publikum fanden. Schließlich gab es nur noch eine Vorstellung am Tag und je zwei am Wochenende. Doch selbst die Reduzierung des Angebots konzentrierte die Zuschauermenge nicht genügend. So ging die Bühnenleitung mit den Preisen immer stärker herunter, bis sie schließlich bei 40 Pf. bis 2 RM angelangt war.

Doch selbst so und trotz der Hilfe der Scala/Ufa-Buchungsgemeinschaft deckten die Einnahmen nicht mehr die Kosten für die Darsteller. Das Varieté war einfach aufgrund seiner Vielfalt zu teuer geworden. Bereits im Frühjahr 1931 gab man den Gedanken des Volksvarietés wieder auf und vereinbarte mit den Brüdern Rotter eine Regelung, die die Plaza in eine Operettenbühne verwandelte. Der vierzehntägige Wechsel des Programms wurde aber festgeschrieben, so daß nunmehr Billigversionen jener im Westen der Stadt erfolgreich inszenierten Rotter-Operetten in den Osten gebracht wurden.

Gewissermaßen als Hechte im Karpfenteich der Berliner Theaterlandschaft besaßen Alfred und Fritz Rotter einen zweifelhaften Ruf, spekulierten sie doch am unverblümtesten und ökonomisch fragwürdigsten mit der privatwirtschaftlich produzierten Bühnenkultur. Sie brachten in den zwanziger Jahren mehrere Berliner Theater in ihren Besitz und pachteten ständig weitere hinzu. Statt sie jedoch selbst und künstlerisch verantwortungsvoll zu bespielen, vergaben sie ihre Häuser in der Regel an den meistbietenden Bewerber.

Die »Rotter-Operette« zog also im Frühjahr 1931 in das Riesenhaus am Küstriner Platz ein. So kamen dort etwa »Victoria und ihr Husar« von Paul Abraham, »Das Land des Lächelns« von Franz Lehár und »Madame Dubarry« von Karl Millöcker zur Aufführung. Die Gastspiele fanden in Bühnenbildern statt, die ursprünglich für andere Bühnen wie dem Metropoltheater, dem Admiralspalast oder dem Berliner Theater entworfen worden waren, so daß angekündigt werden konnte, es handele sich um die Originalinszenierung. Das Personal hingegen wurde grundsätzlich ausgetauscht. Wenn etwa in der »Madame Dubarry« im Admiralspalast Gitta Alpar die Hauptrolle sang (Edith Schollwer in einer Nebenrolle), so wurde das Gastspiel in der Plaza mit drittklassigen Darstellern besetzt. Die teilweise mangelnde Stimmkraft der Akteure fiel unangenehm auf, und die Inszenierungen erhielten bestenfalls das Prädikat: »sauber und gewissenhaft«[15]. Die Aufführungen waren »recht nett«[16], konnten sich aber – für die Rotters das wichtigste – kostenmäßig behaupten.

Immer noch war die Plaza eine Bühne, zu der nur die umliegend wohnenden Arbeiterfamilien gingen, auch und gerade zu Zeiten der zugespitzten sozialen und politischen Auseinandersetzungen in

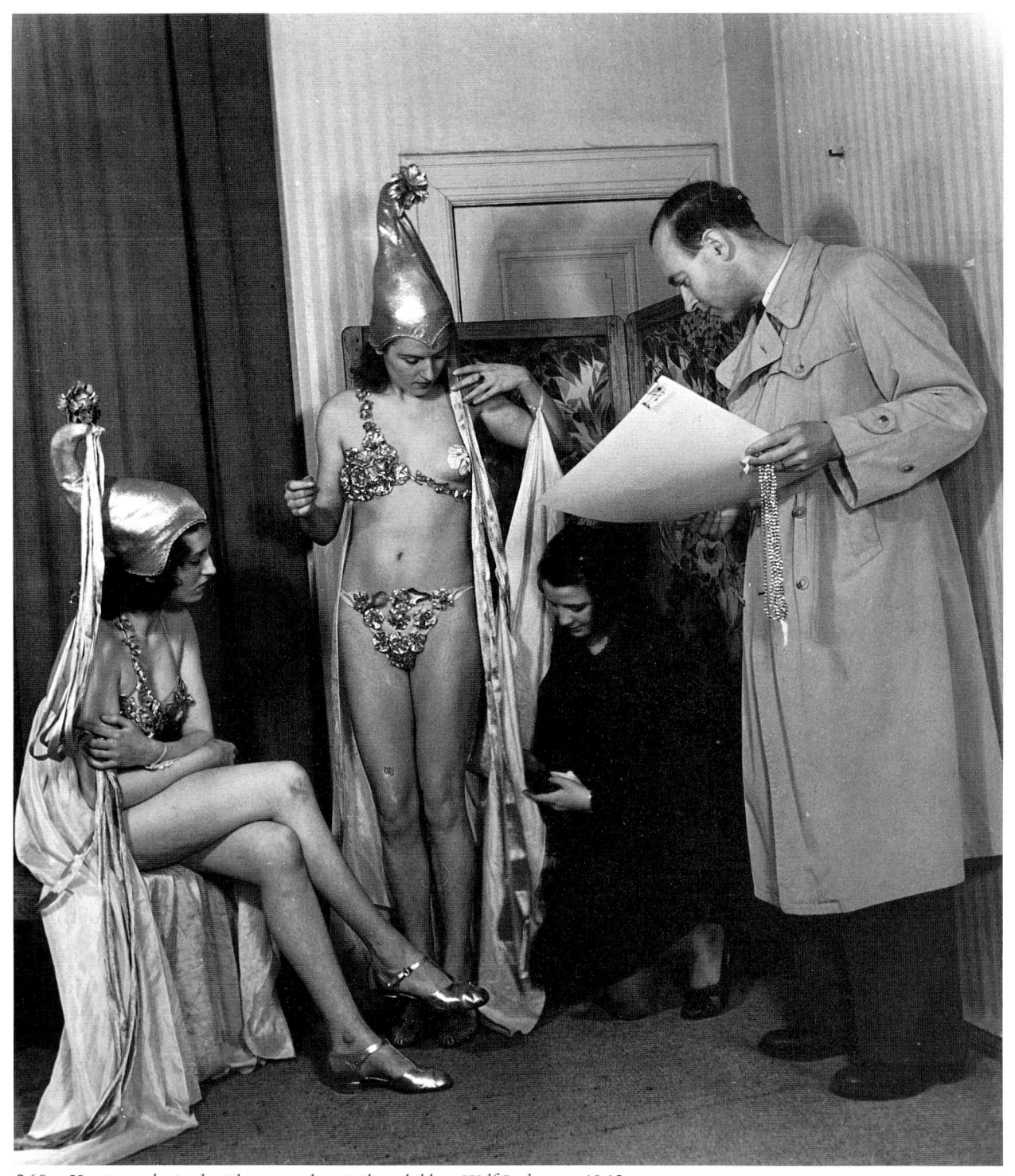

269　*Kostümprobe in der Plaza mit dem Bühnenbildner Wolf Leder, um 1942*

270   Kostümentwurf »Der Paradiesvogel« von Wolf Leder für die Plaza, 1942,

und das fertige Kostüm während der Aufführung

den Jahren vor 1933. Für die Anwohner bedeutete es offensichtlich keinen Widerspruch, politisch für die Revolution und den Sozialismus zu streiten und theatralisch sich an weltfremder Operettenherrlichkeit zu erfreuen. Auch der Spielplan des nahegelegenen Rose-Theaters bestand in den zwanziger Jahren überwiegend aus unpolitischen Unterhaltungsstücken, die den täglichen Kampf der Besucher ums Überleben und gegen die politischen Gegner inhaltlich nicht reflektierten. Im monokausalen Sinne ist also der Bedeutung der Unterhaltungskultur nicht beizukommen.

Im Herbst 1932 krachte der Rotter-Konzern zusammen. Zur Zeit der relativ stabilen Wirtschaftslage in der Mitte der zwanziger Jahre hatten die Brüder mit ihren Spekulationen aufsehenerregende Geschäfte tätigen können, doch die Weltwirtschaftskrise entzog ihnen die finanzielle Basis. Sie flohen vor ihren Gläubigern nach Liechtenstein. Es scheint unwahrscheinlich, daß die Scala als Vermieterin der Plaza nicht von ihrem Konkurs betroffen gewesen sein soll.

Zugleich dienten die Rotters den Nationalsozialisten als Beispiel für eine »jüdische Theaterkultur«, die auch international »entlarvt« werden sollte. Da Liechtenstein die Auslieferung der Brüder nach der »Machtübernahme« verweigerte, wurde der Versuch unternommen, sie zu entführen. Das Kidnapping schlug zwar fehl, doch Alfred Rotter und seine Frau fanden den Tod; Fritz Rotter wurde schwer verletzt.

Schon vor diesem Hintergrund erscheint die Expansion des Varietékonzerns weniger ein Ausdruck von »Stärke« gewesen zu sein als vielmehr das Bemühen, sich über Beteiligungen zu sanieren. Auch hier dürften die Auswirkungen der Krise zunächst weit unterschätzt worden sein. Weder die Buchungsgemeinschaft noch der Konzern waren von langer Dauer. Schon im März 1932 bestand der Scala-Konzern nur noch aus der Scala und dem Arena-Theater in Rotterdam, während die Ufa ihr Varieté-Beiprogramm fast völlig eingestellt hatte.[17] Eduard Duisberg schilderte 1957 die Ereignisse in einem Gespräch mit der Illustrierten Berliner Zeitschrift noch aus einem anderen Blickwinkel: »Die Scala stand seit Anfang 1932 unter Geschäftsaufsicht, und den Gesellschaftern gehörte kein Stuhl mehr im ganzen Hause. Ein Konkurs wurde mangels Masse abgelehnt. Mir und meinem Kollegen, B. von Garczynski, wurde damals von den Banken, mit neuem Kapital, Gelegenheit gegeben, den Betrieb der Scala neu aufzubauen.«[18] Daß die Scala 1932 unter Geschäftsaufsicht gestanden hat, geht aus den verfügbaren Unterlagen nicht hervor, doch scheint sie ökonomisch mit in den Strudel der Weltwirtschaftskrise gerissen worden zu sein. Die Flucht von Jules Marx nach Paris im Frühjahr 1933 könnte somit nicht nur in der drohenden »Arisierung«, sondern auch in den unerfüllbaren Forderungen der Gläubiger ihren Grund gehabt haben. Noch bis zum Ende 1936 bestand die Plaza als ausschließliche Operettenspielstätte. Obwohl privatwirtschaftlich betrieben, vermerkt überraschend ein späteres Programmheft: »Von 1932 bis 1934 war sie Unterhaltungsstätte mit staatlichen Zuschüssen.«[19] Welche Hintergründe diese Bemerkung hat, ließ sich nicht aufklären. Die Plaza blieb an den Scala-Konzern angeschlossen. Die Pächter, die die Spielstätte übernahmen, wechselten jedoch so häufig, daß man auf einen unzureichenden Zuschauerstrom schließen muß. Zu ihnen gehörte 1934 auch Karl Rosen, der noch Mitte der zwanziger Jahre das Große Schauspielhaus geleitet hatte, in dem Erik Charell seine Ausstattungsrevuen herausbrachte.

Auch unter den Darstellern gab es in diesen Jahren einige Künstler, die bereits bekannt waren oder es doch später zu gewisser Prominenz bringen sollten. So trat etwa Loni Heuser im Mai 1934 in der Inszenierung »Polenblut« auf; in der darauf folgenden Inszenierung jubelte man Paul Westermeier und der jugendlichen Elevin Ursula Herking zu, der »eine große Zukunft«[20] vorausgesagt wurde; auch Georges Blanvalet arbeitete zeitweilig als Choreograph am Haus, arrangierte jedoch das Plaza-Ballett nicht mehr wie noch zehn Jahre zuvor die Girls bei James Klein zu anrüchigen Nacktszenen.

Die in den dreißiger Jahren einsetzende Renaissance Paul Linckes fand ihren Niederschlag ebenfalls im Programm der Plaza. Zur Inszenierung seines Werkes »Gri-Gri«, das im April 1934 zur Aufführung gelangte, war der gealterte Komponist, der seit langem nur noch seinem Verlag vorstand, sogar selbst als Kapellmeister verpflichtet worden. »Schon nach der schmissigen Ouvertüre dröhnt dem berühmten Meister am Dirigentenpult frenetischer Beifall entgegen, der sich im Laufe der excellenten Aufführung immer noch steigert. Nach dem zweiten Akt versinkt Lincke inmitten seiner Künstler und Mitarbeiter unter

Blumen und Kränzen, und am Schluß – es ist schon nach Mitternacht – wankt und weicht das Publikum nicht von der Rampe.«[21]

Aus dem Rahmen der üblichen Programmangebote fällt eine Inszenierung heraus, die unter der Direktion Karl Rosen in der Plaza herauskam: Gerhart Hauptmanns »Florian Geyer« in einem Bühnenbild von Traugott Müller. Zur Premiere, in der u. a. Raimund Bucher und Pamela Wedekind mitwirkten, kamen der Autor und seine Frau höchstpersönlich, »vom Publikum stürmisch begrüßt. (...) Die Vorstellung endete (...) mit endlosen Hochrufen und Beifallskundgebungen für den greisen Dichter, sein herrliches Werk und die lebensprühende Darstellung.«[22]

Obwohl sich die ökonomische Situation der aus der Umgegend kommenden Besucher zu diesem Zeitpunkt bereits wieder etwas gebessert hatte, war die Plaza offensichtlich in der bisherigen Form nicht existenzfähig. Der »Völkische Beobachter« berichtete Ende 1935 von zurückliegenden Schwierigkeiten: »Jahrelang war das Theater ein Verlustunternehmen. Man trug sich sogar bereits mit dem Gedanken, die Pforten wieder zu schließen. Das hat sich geändert, als der Leiter des Wirtschaftsberatungsamtes für die Stadt Berlin, Pg. Stadtrat Tillmann, die ehrenamtliche Leitung des Hauses übernahm und sich der Mitarbeit des Intendanten Otto Hennig versicherte.«[23] Diese optimistische Einschätzung, durch eine Besetzung der leitenden Positionen mit Nationalsozialisten das Unternehmen retten zu können, erwies sich jedoch als falsch.

Schließlich erfolgte der Wandel, der der Spielstätte seinen ursprünglichen Charakter zurückgeben sollte. Trotz aller Bemühungen waren »die Pächter im Jahre 1936 wirtschaftlich zum Erliegen (gekommen). Am 1. Februar 1938 endlich zog ein neuer Geist in das Haus ein. Er wurde der Artistik zurückgewonnen, indem die NS-Gemeinschaft ›Kraft durch Freude‹ die Plaza als Großvarieté in eigene Regie nahm.«[24] »KdF«, wie die Organisa-

271 *Szenenbild aus der Künneke-Revue »Sterne für Dich« in der Plaza*

272   Plaza-Personal aus der Inszenierung »König Bobby«, Januar 1944, mit Jockel Stahl (r.), André und Margo Ufer

tion gemeinhin abgekürzt wurde, war eine der Deutschen Arbeitsfront angeschlossene Vereinigung, die sich um die kulturelle Betreuung und Freizeitgestaltung der Arbeiter kümmerte. Es handelte sich dabei nicht um eine der Arbeiterbewegung verpflichtete Einrichtung zur Bildung der Teilnehmer. Vielmehr hofften die Machthaber, wie der Name sagt, durch planvolle Freizeitangebote und ähnliche Maßnahmen eine gesteigerte Wehrbereitschaft und industrielle Produktion erzielen zu können. Durch die Zufriedenheit der Mitglieder auf kulturellem Gebiet sollten darüber hinaus eventuelle Störungen des Arbeitsfriedens vermieden werden. Vom Symphoniekonzert im Betrieb bis zur Schiffsreise nach Madeira, vom »bunten Abend« bis zum Theaterbesuch – KdF organisierte einfach jede Art von Freizeitbeschäftigung. An der Popularität der Organisation kann nicht gezweifelt werden, bot sich vielen Arbeiterfamilien innerhalb der Organisation doch zum ersten Mal in ihrem Leben die Möglichkeit einer Urlaubsreise. Nach der amtlichen Statistik stieg die Zahl der Teilnehmer an Urlaubsfahrten von 2,3 Millionen 1934 auf 10,3 Millionen 1938 und die der Teilnehmer an sonstigen Freizeitveranstaltungen in der gleichen Zeit von 9,1 auf 54,6 Millionen Personen.[25] Der Anstieg der letzten Zahl beruhte jedoch zu einem nicht unerheblichen Teil auf der Verschmelzung von KdF und der von Alfred Rosenberg 1934 gegründeten »Nationalsozialistischen Kulturgemeinde«, deren Mitglieder 1937 in die KdF eingegliedert wurden. Gewöhnlich organisierte die KdF sogenannte »Besucherringe«, in denen sich die Mitglieder zum Besuch einer bestimmten Anzahl kultureller Veranstaltungen verpflichteten. Bezüglich der Plaza zeigt sich, daß die KdF auch den Betrieb ganzer Spielstätten übernahm und deren Veranstaltungen kommerziell ausnutzte.

Zum Direktor ernannt wurde der ehemalige Kapellmeister und das NSDAP-Mitglied Herbert Müller-Endenthum, der dem Haus in der Folgezeit zu jenem Ruf verhelfen sollte, der die Plaza schließlich an die Seite des Wintergartens und der Scala nicht nur durch die Größe stellte. Die Vorbildfunktion der Scala ist offensichtlich, orientierten sich die Aufführungen in den sechs Jahren bis 1944 doch an den Varieté-Revuen. Zwischen den rein akrobatischen Nummern gab es daher immer wieder eingestreute Ballettszenen oder gar Ausstattungsbilder mit Musik, Tanz und einem Starauftritt. Auch zu dieser Zeit standen etwa Lotte Werkmeister, Martha Hübner oder Claire Schlichting – alles Frauen mit viel Humor und viel Verständnis für das Publikum des Berliner Ostens – auf der Riesenbühne. Willi Kollo, der Sohn des Operettenkomponisten Walter Kollo, lieferte im Frühjahr das Varieté-Spiel »Wir schalten uns ein«.[26] Im Sommer 1942 durchbrach die Inszenierung »Regenbogen« den üblichen monatlichen Wechsel der Programme. »Fast eine Viertelmillion Zuschauer haben diese wirkungsvolle Revue in den Monaten Mai und Juni bewundert. ›Der Regenbogen‹ stellt mit seiner dreimonatigen Aufführungszeit gewissermaßen einen Rekord auf.«[27] Star dieses Programms war der Komiker Karl Napp. Im November 1941 wurde der 75. Geburtstag Paul Linckes in der Plaza mit einer Festaufführung seiner »Venus auf Erden« gefeiert. Als Amor stellte sich darin eine junge Künstlerin vor, die schnell beliebt werden sollte und nach dem Krieg als erfolgreicher Bühnen- und Filmstar internationale Bekanntheit erlangt: Sonja Ziemann. Peter Frankenfeld, bereits 1940 Conférencier in der Plaza, »bedichtete« sein Engagement im Berliner Osten mit den Worten:

»Heiterkeit sei
Quell des Applauses
Auch ich bin dabei
Als Sprecher des Hauses.«[28]

Neben den Abendprogrammen, die aufgrund der

273 Titelblatt eines Programmheftes der Plaza

Kriegsbedingungen zeitlich immer weiter vorgezogen wurden und 1941 bereits um 6.30 begannen und »vor 8.30 Uhr«[29] endeten, organisierte die Theaterleitung Aufführungen, die sich an die Kinder wandten. Das »Märchentheater«, in dem Kinder und Erwachsene zusammen auf der Bühne standen, war im Herbst 1938 aus der Taufe gehoben worden und bestand die ganzen sechs Jahre über. Von Anfang Oktober bis Ende April wurden mehrere Märchen-Inszenierungen erarbeitet, die am Nachmittag zur Aufführung kamen. Auch diese Programme wurden selbstverständlich eingebettet in die nationalsozialistische Ideologie. Der Berliner Oberschulrat Ruthe, der den Besuch der Schulkinder organisierte, erklärte dazu: »Das deutsche Märchentheater (ist) ein Beispiel dafür, daß wir mit großer innerer Ruhe und mit großer Siegeszuversicht in die Zukunft schauen, und daß wir an den Führer glauben, der uns führt. So will das deutsche Märchentheater eine große wichtige Aufgabe erfüllen. Es will die Jugend rechtzeitig reif machen, damit sie einmal die Zukunft, die große deutsche Zukunft ganz ausfüllen kann.«[30]

Die realen Verhältnisse in der ersten Hälfte der vierziger Jahre verkehrten diese Einschätzung, stolz im April-Programmheft 1940 geäußert, jedoch ins Gegenteil. Die »große deutsche Zukunft« hatte für die Kinder nur Tränen, Tod und Hunger parat. Während auf der Bühne etwa Wilhelm Bendow in einem Märchenspiel einen Hofmarschall mimte und Karl Stäcker die Gesamtinszenierung musikalisch leitete[31], ging draußen langsam der Krieg verloren. In den Programmheften, die ab 1942 nur noch aus einem einzelnen DIN-A5-Blatt bestanden, wurden Verhaltensregeln für den Fall eines Luftangriffes abgedruckt; die Adressen der nächstgelegenen Luftschutzbunker hoben sich optisch besonders hervor.

Die Plaza spielte bis zur allgemeinen Schließung der Theaterbetriebe 1944. Im letzten Programm, das nur noch aus einem Sparangebot von acht Nummern bestand, wirkte auch Brigitte Mira mit, die zusammen mit Erich Arnold vom Metropoltheater Lieder aus der »Lustigen Witwe« sang.[32]

Das Gebäude überstand zunächst sämtliche Luftangriffe unbeschädigt. Doch im »Kampf um Berlin«, der Häuserzeile für Häuserzeile tobte, zogen Reste der deutschen Wehrmacht in das leerstehende Gebäude ein und machten den Küstriner Platz damit zur Kampfzone. Übrig blieb von dem einstigen Großvarieté nur eine Ruine, die 1952 abgebrochen wurde.

Das Varieté in der NS-Zeit

Der nationale Chauvinismus, dem sich viele Artisten während des Ersten Weltkrieges hingegeben hatten, besaß fatale Langzeitwirkungen. Auch unter den Varietékünstlern verbreitete sich die Meinung, daß der Krieg nur durch einen »Dolchstoß« in den Rücken des Militärs verloren worden wäre. Dieser Glaube, aus deutscher Überheblichkeit geboren und einhergehend mit einer Ablehnung der – durch eine Revolution legitimierten – republikanischen Regierung, ließ auch sie für die nationalsozialistische Propaganda anfällig werden.

Insbesondere die Conférenciers besaßen nach dem Wegfall der Zensur 1918 die Möglichkeit, aus ihrer antidemokratischen Haltung keinen Hehl zu machen, zumal sie mit einer erheblichen Zustimmung des Publikums rechnen konnten. Sie hetzten gegen die Errungenschaften der Revolution, wobei ihnen speziell der Parteienstreit als Argument gegen die parlamentarische Regierungsform diente. Schon frühzeitig erkannten konservative Kreise die Wirkungsmöglichkeiten der Varieté- und Kabarettbühnen auf die Zuschauer und ließen daher nichts unversucht, Einfluß auf den Inhalt der Vorträge zu nehmen. Ein bezeichnendes Rundschreiben veröffentlichte 1920 das »Hamburger Echo«. Verfaßt worden war es von einer »Werbestelle Henry Seifert«, die »Propaganda zur Erhaltung des freien selbständigen Unternehmertums« betrieb und die Vortragskünstler in ihrem Sinne zu organisieren trachtete. Im Rundschreiben heißt es u. a.: » Es unterliegt

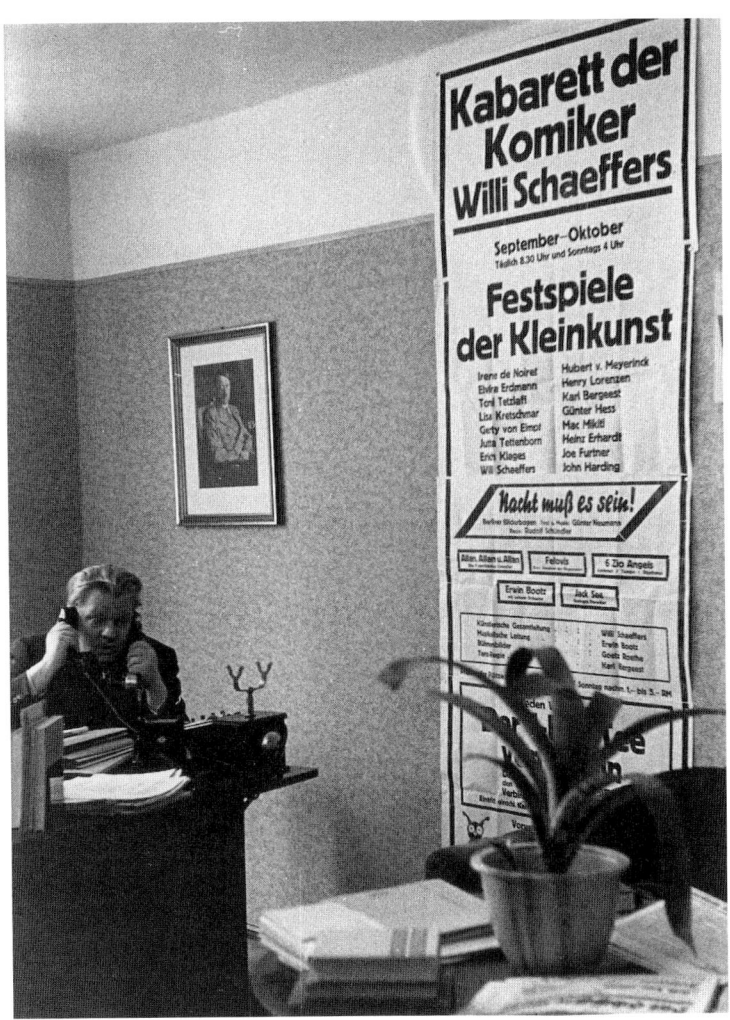

274 Willi Schaeffers im Direktionszimmer des Kabaretts der Komiker, 1939 (Foto: Josef Donderer)

*275 Eingang zur Berliner Soldatenbühne, um 1940
(Foto: Josef Donderer)*

keinem Zweifel, daß es zu den wichtigsten Forderungen der Gegenwart gehört, Aufklärung in die Massen zu tragen und diese davon zu überzeugen, welchen Gefahren sie sich selbst aussetzen, wenn sie fortfahren, den Wahnideen der sozialistischen, kommunistischen, bolschewistischen Volksverführer Gehör zu schenken. (...) Wir haben schon Verbindung mit einer Anzahl Vortragskünstler, die es aus eigener Überzeugung sehr geschickt verstanden haben, gegen den Streikunfug, das Bolschewistentum und ähnliche Zeitverwirrungen witzig und treffend aufzutreten. Diese Richtung möchten wir organisatorisch unterstützen, indem wir auch diese Künstler zu weiteren nützlichen Bestrebungen dieser Art ermuntern (durch Geldzuwendungen? – d. Verf.), und es liegt uns sehr viel daran, alle diejenigen Vortragskünstler, Humoristen usw. kennen zu lernen, auf die man in dieser Beziehung rechnen kann. Wir wenden uns an Sie mit der Bitte, uns bei diesen Bemühungen dadurch zu unterstützen, daß Sie uns ganz kurz mitteilen, ob Ihnen etwa in Ihrer Stadt oder Gegend solche Künstler bekanntgeworden sind, die entweder eigene Vortragsabende veranstalten oder in größeren Lokalen auftreten. Schon eine kurze Benachrichtigung, wer die Vortragenden sind und welche Art von Vorträgen sie halten, wäre uns sehr nützlich. Natürlich ist es von Wichtigkeit, zu wissen, wie die Vortragenden politisch denken. Jede Nachricht und Anregung der gewünschten Art wird von uns mit voller Diskretion, aber mit größtem Eifer verfolgt und benutzt werden, und wir glauben hiermit der nationalen Sache einen guten Dienst zu leisten.«[1] Ob dieses Rundschreiben erfolgreich war oder womöglich die Absichten seiner Verfasser durch die Veröffentlichung in der Fachpresse torpediert werden konnten, ließ sich leider nicht mehr feststellen.

Neben der antidemokratischen Haltung zahlreicher Conférenciers traten in Artistenkreisen schon frühzeitig ein Fremdenhaß und Antisemitismus zutage, der Abgrenzungen gedanklich vorwegnahm, die nach 1933 zur offiziellen Kulturpolitik gehören sollten. Bezeichnend dafür ist eine Leserbriefauseinandersetzung in der Zeitschrift »Das Programm«, die ebenfalls im Jahre 1920 stattfand. Angeregt worden war sie von einem Artikel Josef Domps, der sich gegen das »Kabarett als Stätte für politische Propaganda«[2] aussprach. Im Sinne hatte der Autor jedoch nicht die demokratisch-kritische Reflexion – wie sie etwa im »Schall und Rauch« gepflegt wurde – oder die linke Agitation – die es selbstverständlich auch gab –, sondern die »deutsch-nationalen Haßgesänge«[3], die jedesmal einen »Orkan des Beifalls«[4] erregten. Explizit berichtete Domp von einem Besuch im Dortmunder Kabarett »Jung-Mühle«, in dem »der sich ›genialste Vortragsmeister‹ nennende Walter Schneider auf(tritt). Am 1. Februar besuchte ich die Vorstellung und mußte zu meinem Erstaunen hören, daß dieser Herr es wagte, in seinem Vortrag Worte ungefähren Sinnes einzuflechten: ›Erzberger abgeschossen‹ (ungefähr wie vorläufig abgetan oder erledigt), der weiter den Fall Sklarz-Scheidemann vorbrachte, als ob Scheidemann Gelder von Sklarz erhalten hätte, um davon Reisen und Leben zu unterhalten. Dazwischen auch in ganz gemeiner gehässiger Form den Antisemitismus schürte.«[5] Domp faßte seine Beobachtungen folgendermaßen zusammen: »Bei diesen seinen politischen Vorträgen sieht man an seinen Gesichtszügen den Haß, der in ihm steckt und sucht er auch somit das Publikum von der Bühne des Kabaretts für seine Gesinnung einzufangen und somit Propaganda zu betreiben. Der Mann hat Talent und kann in heutiger Zeit bei der Deutschnationalen Partei als Wanderprediger sicher so viel als im Kabarett verdienen, und sollte es als Künstler von Können, wenn es ihm ernst mit seiner Kunst ist, eine Schande sein, das Kabarett als Schimpfstätte seiner reaktionären Gesinnung und seines Antisemitismus zu benutzen.«[6] Wie sehr Schneider mit seinen Vorträgen gewissen »reaktionären« Kreisen zuarbeitete und Domp mit seinen Warnungen recht hatte, geht nicht zuletzt daraus hervor, daß den Worten Taten folgten. 1921 wurde Matthias Erzberger tatsächlich ermordet.

Die Reaktion auf Domps Artikel, wie sie sich in zahlreichen Leserbriefen von Artisten widerspiegelt, war jedoch alles andere als zustimmend. Oscar Albrecht entgegnete – noch relativ zurückhaltend –, daß eben »deutsche Vortragskünstler wissen, auf was sie ihr Repertoire aufbauen«[7]. Der Humorist Haras pflichtete inhaltlich nicht nur dem kritisierten Walter Schneider bei, sondern kehrte die Anfeindung gegen Domp: »Was will demnach Herr Domp? Will er, als Ausländer, den deutschen Kabarettbesuchern vorschreiben, was

276   Alt-Bayern in der Friedrichstraße, um 1936 (Foto: Josef Donderer)

277   Girl-Truppe im Europahaus, 1937 (Foto: Josef Donderer)

278 Felix Adanos mit Partnerin im Haus Vaterland, April 1939 (Foto: Josef Donderer)

sie sich vortragen lassen wollen, will er ihnen verübeln, sich gerade das vortragen zu lassen, was sie hören wollen? (...) Und wenn ein Franzose und wenn hundert Franzosen im Lokale anwesend sind, so brauchen sich unsere deutschen Vortragskünstler kein Blatt vor den Mund zu nehmen wegen diesen Fremdlingen. Ganz und gar nicht.«[8] Willy Fontaine reichten die beschriebenen Vorträge noch nicht einmal aus: »Ich behaupte sogar, daß noch viel zu wenig Haßgesänge auf diesen Versailler Schmachfrieden gebracht werden, und es ist Herrn Schneider sogar hoch anzurechnen, wenn er versucht, das deutsche Volk aus dem lethargischen Schlaf, in den es schon wieder zu verfallen droht, aufzurütteln.«[9] Rudolf Storch schließlich faßte – gleichsam stellvertretend für alle Kollegen – seine Meinung in die Worte, daß der Verfasser eben »kein Deutscher ist und als solcher dann auch nicht fühlt wie ein Deutscher«[10].

Antisemitismus, Nationalismus und Ablehnung der demokratischen Einrichtungen der Republik gingen also lange vor 1933 eine unselige Allianz ein, die sehr bald auch Auswirkungen auf andere Programmteile hatte. Nicht nur bei den Artisten lassen sich nämlich deutschnationale Überzeugungen nachweisen, sondern auch bei ihren

279 Wilhelmshallen am Bahnhof Zoo, Postkarte

Direktoren. Bereits 1920 war bitter vermerkt worden, daß die Bühnenleiter ihre Spielstätten für die übelsten Verunglimpfungen zur Verfügung stellten. 1925 nun kam ein Streitfall vor das Varietéschiedsgericht, der ein bezeichnendes Schlaglicht wirft auf die aufblühende Saat, die von den Nationalsozialisten ausgestreut worden war. Unter der Überschrift »Hakenkreuz im Kabarett« berichtete »Das Programm« folgende Begebenheit: »Die Direktion des Kabaretts in G. hatte mit Rücksicht auf ihr stark rechts eingestelltes Publikum ihren Agenten beauftragt, keine Künstler zu engagieren, die wegen ihres Aussehens oder ihrer Religionszugehörigkeit etwa ›Anstoß‹ erregen könnten. Nun wurde trotzdem eine Sängerin engagiert, die nicht arischen Blutes war. Vier Tage sah sich der Direktor die Geschichte an, dann machte er aber seinem Zorne Luft und erklärte der Sängerin, sie müsse sofort aufhören, denn man könne ihm nicht zumuten, in seinem Lokal Juden auftreten zu lassen.«[11] Auf ihren Vertrag pochend, wandte sie sich daraufhin an das Schiedsgericht, das wahrscheinlich den Direktor verpflichtete, der Sängerin ihre Restgage auszuzahlen (das Urteil wurde nicht veröffentlicht). Ohne ihren Gang zum Schiedsgericht jedoch wäre der Vorfall schwerlich publik geworden. Anzunehmen ist daher, daß es sich um keinen Einzelfall handelte, sich vielmehr in dem Geschehen eine inzwischen weitverbreitete Praxis der direktorialen Programmgestaltung zeigte. Schließlich verdient der Umstand Beachtung, daß sich der Autor des Berichts nicht – etwa ironisch – von Begrifflichkeiten wie »arischen Blutes« distanzierte, sondern die darin fixierte Ideologie gleichsam selbstverständlich als Realität behandelt. Auch im Gebrauch der Sprache betteten sich also die Artisten in die allgemeine Entwicklung der zwanziger Jahre ein.

Schließlich häuften sich in der Zeit der Weltwirtschaftskrise – untermauert durch die Wahlerfolge der NSDAP – die Störungen der Aufführungen durch das Publikum. Jüdische Varietékünstler und Direktoren konnten sich nicht mehr sicher sein, ob nicht organisierte Nationalsozialisten ihren antisemitischen Überzeugungen durch Pöbeleien lauthals Ausdruck verleihen würden. Betroffen davon waren die Bühnenkünstler des Schauspiels, Kabaretts und Varietés gleichermaßen. Friedrich Hollaender etwa, der 1930 in der Kantstraße – da, wo zuvor Trude Hesterbergs »Wilde Bühne« und Wilhelm Bendows »Tütü« bestanden hatten – sein

280 Varieté Atlantis, Mai 1943 (Foto: Josef Donderer)

literarisches Kabarett »Tingel-Tangel« eröffnete, berichtete in seinen Memoiren, daß ihm eines Abends zwei Herren aus dem Publikum auf seine klavierspielenden Hände spuckten, um ihm auf diese Art ihren Abscheu vor ihm, seinem Kabarett und seiner Musik mitzuteilen.[12]
Nachdem Adolf Hitler 1933 zum Reichskanzler ernannt worden war, erlangten solche Übergriffe nicht nur gleichsam den offiziellen Segen der Regierung, sondern sie gehörten zu den harmlosen Varianten der systematisch betriebenen Ausgrenzung der Juden aus dem gesellschaftlichen und kulturellen Leben in Deutschland, an deren Ende der Holocaust stand. Hollaender gehörte mit zu den ersten Künstlern, die im Siegesrausch der Machtübernahme von der Gestapo aufgesucht wurden. Er selbst konnte gerade von seiner Mutter gewarnt werden: »Um Gottes willen«, beschrieb er in den bereits erwähnten Memoiren seine Reaktion gegenüber seiner Mutter, »was machen denn die da oben?‹
›Zerreißen Bücher. Zerschneiden Bilder. Der Liebermann hat schon „seins weg". Und die Kollwitz. Den Krauß haben sie nur so zerfetzt ---‹
›Um Himmels willen, was noch?‹

281   Schönheitstanz in den Wilhelmshallen, September 1942 (Foto: Josef Donderer)

›Die Feldpostbriefe an dich haben sie gefunden, von der Lasker-Schüler, mit den Zeichnungen, mit dem Davidstern auf der Backe ...‹
›Meine schönen Briefe!‹
›Wann du nach Haus kommst, haben sie gefragt. Bald, hab' ich gesagt. Bald muß er hier sein. Ich hab's direkt gefühlt!‹
»Und jetzt? Was jetzt?«
»Fort! Fort mit euch! Schnell! Ganz furchtbar schnell!«"[13] Hollaender floh ins Ausland, die Freunde, seine Spielstätte und einen Großteil seines Besitzes zurücklassend. Mit ihm und nach ihm setzten sich Kollegen und Kolleginnen ab, deren Flucht sich schließlich zu einem ungeheuren Aderlaß der Unterhaltungsbranche in Deutschland auswuchs. Die zwölf Jahre NS-Herrschaft begannen so für das Varieté mit einer krisenhaften Umbruchsituation, die zwar weniger dramatisch war als die im August 1914, doch dafür um so einschneidendere Folgen haben sollte. Das Amüsement geriet in den Strudel nationalsozialistischer Machtpolitik. Engagementsverträge wurden nicht eingehalten, Direktoren setzten sich ins Ausland ab, Leute verschwanden spurlos, und niemand wußte zu sagen, ob sie abgeholt worden waren oder sich erstreckt hielten. Den Hellseher Erik Jan Hanussen fanden Spaziergänger tot in einem abgelegenen Waldstück; man munkelte, er hätte einen guten Draht zu den Nationalsozialisten gehabt, aber seine Kenntnisse nicht für sich behalten können. Eine Posten- und Pöstchenschieberei in Staat und Gesellschaft setzte ein, wie sie noch bei keinem Regierungswechsel stattgefunden hatte. Die ersten Verordnungen der neuen Machthaber kamen heraus, mit denen sie in eine Varietébranche eingriffen, die immer noch unter den Folgen der Weltwirtschaftskrise zu leiden hatte. Von Anfang an bezweckten sie nicht die ökonomische Neubelebung oder zumindest die Stabilisierung der Lage der Spielstätten, sondern primär die Kontrolle über die Artistik.

Unmittelbar nach der Machtübernahme begannen die Nationalsozialisten, die gesellschaftlichen Beziehungen nach ihren Vorstellungen neu zu ordnen. Zentralistisch von oben nach unten, analog dem »Führerprinzip«, suchten sie den Staat, die einzelnen Verbände und schließlich die individuellen Beziehungen in jeglichem Arbeitsverhältnis auszurichten. Vordringlich war ihnen dabei die Zerschlagung der traditionellen Artistenverbände.

282 Die 4 Liedtkes; Aufführung der Haus-Vaterland-Artisten vor verwundeten Soldaten im Lazarett, Juli 1940 (Foto: Josef Donderer)

Nach der Errichtung der Reichskulturkammer besaßen die Nationalsozialisten auch die legalen Machtmittel, um unliebsame Personen (Juden und Oppositionelle) von den Varietébühnen zu entfernen. Bereits 1934 erließen sie die ersten Rassenbestimmungen, mit denen sie jene jüdischen Direktoren und Artisten aus den Reihen der Varietékünstler ausschlossen, die nicht am Ersten Weltkrieg teilgenommen hatten oder Väter resp. Söhne gefallener Soldaten des Ersten Weltkrieges waren.[14] Alle anderen Artisten konnten Mitglieder des neugegründeten »Berufsverbandes der Deutschen Artisten« werden und behielten damit die Möglichkeit, ihren Beruf auszuüben.

Nachdem dann im Jahr darauf die Nürnberger Rassengesetze verabschiedet worden waren, die in der Artistenpresse noch 1937 von dem Reichskulturverwalter Hans Hinkel euphorisch gefeiert wurden, trafen die Bestimmungen auch jene Juden, die bislang noch hatten auftreten dürfen. Selbst die wenigen, die sich vielleicht mit irgendwelchen Tricks hatten ihren Broterwerb erhalten können, mußten spätestens 1936 kapitulieren, als die »Reichsfachschaft Artistik« in der Reichstheaterkammer eingerichtet wurde und ihre Mitgliedschaft Voraussetzung war zur Ausübung des artistischen Berufs. Nunmehr gehörte nämlich zu den Aufnahmebedingungen auch der Ariernachweis: »Wer verliert am 1. August 1936 die Arbeitsberechtigung auf artistischem Gebiet? Derjenige, welcher nicht im Besitze der neuen Mitgliedskarte der Fachschaft Artistik ist. Diese Mitgliedskarte erhält nur der, welcher: (...) 3. den arischen Nachweis der Fachschaft Artistik gegenüber erbracht hat, da die bei den alten Verbänden vorgelegten Nachweise nicht anerkannt werden.«[15] So betrieben die Nationalsozialisten systematisch den Ausschluß der Juden von den deutschen Varietés, waren es nun Humoristen, Trapezkünstler, Antipodenspieler oder Bauchredner. Im günstigsten Fall fanden diese mit Berufsverbot belegten Artisten Anschluß an die ausländischen Bühnen, im ungünstigsten Fall blieben sie im Land und wurden Opfer des Holocaust.

Doch nicht nur auf die Personen bezogen sich die Verfolgungen und Verbote. Auch die künstlerischen Werke, die nicht den nationalsozialistischen Weltvorstellungen entsprachen oder von Juden verfaßt waren, suchten sie zu unterdrücken und aus dem öffentlichen Bewußtsein zu verdrängen. Besonders schwer wog im Varieté die Indizierung sämtlicher Titel jüdischer Komponisten. Bei der Durchführung dieser Bestimmungen stießen die Nationalsozialisten jedoch an die Grenzen ihrer Macht, denn Melodien, die gleichsam zu Volksgut geworden waren, ließen sich nicht mehr so ohne weiteres unterdrücken. Zudem war gerade bei einer ganzen Reihe von Werken der populären Sparte völlig unklar, wer sie verfaßt hatte. Sicherheitshalber belegten die Machthaber erst einmal rundweg das Spielen »jüdische(r) Unterhaltungs- und Tanzmusik«[16] mit dem »Verlust des Rechtes zur Berufsausübung«[17]. Bei der unübersehbaren Fülle an Populärkomponisten und ihrer Melodien blieb jedoch die Einhaltung fast unkontrollierbar. Um dem abzuhelfen, stellten die Nationalsozialisten umfangreiche Recherchen über die »Juden in der Musik« an, deren Ergebnisse sie in einem gleichlautenden Lexikon publizierten, so daß nun jeder Kapellmeister und Direktor darin nachlesen konnte, welche Werke und Komponisten auf dem Index standen. In dem Vorwort des »Leiters des Amtes Musik beim Beauftragten des Führers«[18], Herbert Gerigh, heißt es zur Absicht der Forschungen: Es »soll von unserer Seite ja nicht eine Verewigung der jüdischen Erzeugnisse geliefert werden, sondern eine Handhabe zur schnellsten Ausmerzung aller irrtümlich verbliebenen Reste aus unserem Kultur- und Geistesleben«[19].

Diese Drohsprache findet sich in bezug auf die Varietékünstler über die ganzen Jahre der Diktatur hinweg. Albert Peter Gleixner, Leiter der »Fachschaft Artistik«, schrieb beispielsweise 1937 einen programmatischen Aufsatz unter dem Titel »Nationalsozialismus«, der in der einzig verbliebenen Fachzeitschrift »Die Deutsche Artistik« erschien. Darin heißt es unmißverständlich: »Heute können wir mit Stolz sagen, daß seit zwei Jahren die deutsche Artistik eine in sich geschlossene nationalsozialistische Kameradschaftsgemeinschaft ist. Wir sind uns zwar bewußt, daß es noch nicht von allen begriffen wird, was die nationalsozialistische Kameradschaft verlangt, doch haben wir die Überzeugung, diese wenigen noch zu erziehen. Sollten wir jedoch feststellen, daß der gute Wille von uns bei dem einen oder anderen wissentlich und absichtlich mißverstanden wird, so werden wir gezwungen sein, die wissentlich Nichtwollenden zu beseitigen.«[20] Weitere Zitate mit Drohungen, andere »auszumerzen« oder »zu beseitigen«, ließen sich problemlos anfügen.

Als Verbalradikalismen ließen sich derartige Äuße-

283   Europapalast am Askanischen Platz, 1937 (Foto: Josef Donderer)

284 Titelblatt eines Programmheftes von Kurt Hilscher

rungen zu diesem Zeitpunkt nicht mehr ansehen. Auch wenn es im Jahr zuvor noch gewisse Freiheiten gegeben hatte, um den ausländischen Beobachtern der Olympiade eine Liberalität vorzugaukeln, die nicht existierte, wurden diese Lockerungen 1937 wieder rigoros zurückgenommen. Im Zuge der verstärkt vorangetriebenen Kriegsvorbereitungen schienen den nationalsozialistischen Machthabern auch der verdeckte Spott und die politische Anzüglichkeit mancher Conférenciers, so vorsichtig diese in der Zwischenzeit auch geworden waren, nicht länger tolerierbar. Daß es jedoch immer wieder Vortragskünstler gab, die den Mut besaßen, die Grenzen des Erlaubten auszutesten, davon zeugt ein Bericht Walter Lammerts in der »Deutschen Artistik«: »Nun ist es ja so, daß mit der nationalsozialistischen Revolution und der damit bedingten Säuberung der Artistik von ausgesprochen jüdischen Manieren eine gewisse Zurückhaltung eingetreten ist, die sich namentlich auf dem Gebiete des politischen Witzes und der Zeitglosse bemerkbar macht. (...) Wenn aber jemand mal schüchtern in dieser Hinsicht etwas riskiert, so kann man gewiß sein, folgendes zu hören: ›Verehrte Gäste, sie können ruhig lachen, denn der Witz ist genehmigt!‹ Und wenn dann der betreffende Künstler den meist dürftigen Ausgang der Lachsalve abgewartet hat, pflegt er noch hinzuzufügen: ›Ja, man muß ja vorsichtig sein!‹ Diese Methode ist grundsätzlich abzulehnen. (...) Wir sind überzeugt, daß ein Künstler, der auf dem weltanschaulichen Boden des Nationalsozialismus steht (...), soviel Charakter aufweist, daß er in seinen Plaudereien die Grenzen zu wahren weiß, die die Pflichten eines deutschen Staatsbürgers bedeuten. (...) Noch eine Redensart müssen wir in diesem Zusammenhange geißeln, die man immer wieder auf den Varietébühnen hört, nämlich: ›Ja, verehrte Gäste, mit den politischen Witzen, das ist so eine Sache, da lasse ich lieber die Finger von, da habe ich ausgesprochene *Konzentrationshemmungen*.‹ Tatsächlich handelt es sich bei diesen Künstlern (...) um solche, die die Bezeichnung Künstler zu Unrecht führen.«[21] So lief denn schließlich auch dieser Bericht wieder auf den Versuch der Einschüchterung hinaus, wenn auch seine pure Existenz belegt, daß die ideologische Gleichschaltung noch nicht jeden Artisten erreicht hatte.

Noch eine weitere Gruppe von Varietékünstlern wurde nunmehr bei der Berufsausübung reglementiert: die Artisten aus dem Ausland. Die sogenannte »Ausländerfrage«[22] war bereits während des Ersten Weltkrieges aufgeworfen worden und hatte insbesondere nach der Währungsreform 1923 wiederholt heftige Kontroversen ausgelöst. Hintergrund der Diskussion war das soziale Elend weiter Teile der deutschen Artistenschaft in den zwanziger Jahren, für das die Auftritte ausländischer Nummern verantwortlich gemacht wurden. Auch die IAL nahm sich des »Problems« an und versuchte in Verhandlungen mit dem Direktorenverband, diesen dazu zu bewegen, ihre kritisierte Engagementpraxis zu revidieren. Doch mehr als unverbindliche Absichtserklärungen waren nicht herausgekommen. Erst die Einbindung der Betriebe in den staatlich verordneten NS-Fachverband Artistik schuf die gesetzlichen Grundlagen, um gewissermaßen eine Quotenregelung den »Betriebsführern«, wie die Varietédirektoren während der NS-Zeit offiziell hießen, zu verordnen. 1934 trat die dementsprechende Regelung in Kraft: »Die Direktoren sind verantwortlich dafür, daß die Ausländer-Beschäftigung in angemessenen Grenzen bleibt und deutsche Artisten von ihnen vorwiegend auskömmlich beschäftigt wer-

285   Titelblatt von Kurt Hilscher, Juni 1943

286   Titelblatt eines Programmheftes

den. Wiederholte Verstöße gegen diesen Grundsatz können zur *Konzessionsentziehung* führen.«[23] Analog der allgemein zu beobachtenden schrittweisen Durchsetzung der nationalsozialistischen Kulturpolitik wurden auch diese Bestimmungen in den folgenden Jahren immer weiter verschärft. Schließlich konnten die Dirktoren nicht einmal mehr selbstständig über ihre Engagements entscheiden, sondern mußten für ausländische Artisten erst die ausdrückliche Erlaubnis der »Fachschaft« einholen. Darüber hinaus mußte ihr »die Gesamtaufstellung des betreffenden Programmes, aus der *alle* gebrachten Nummern des Spielplans ersichtlich sind«[24], vorgelegt werden, damit auch das Zahlenverhältnis von ausländischen und deutschen Artisten überwacht werden konnte. Damit war nicht nur gedanklich das internationale Band unter den Varietékünstlern zerrissen, sondern auch die Freiheit der Theaterleiter eingeschränkt worden.

Selbst auf die Namensgebung der Varietékünstler nahmen die Nationalsozialisten Einfluß. Seit jeher bevorzugten die Artisten romanisch klingende Fantasienamen, mit denen sie offensichtlich glaubten, die Neugierde auf ihre Leistungen zu erhöhen. Selbst diese jahrhundertealte Tradition schien den Machthabern des »Dritten Reiches« ein Ausdruck »undeutschen Wesens« zu sein. So erging am 8. Februar 1936 der Erlaß: »Den deutschen Artisten ist es verboten, sich ausländisch klingende Namen beizulegen.«[25] Wenn auch jene Künstler, die bis zu diesem Zeitpunkt bereits unter einem solchen Pseudonym bekannt geworden waren, zunächst davon ausgenommen blieben, erfaßte auch sie die Verschärfung. Während des Kriegs trat das grundsätzliche »Verbot englisch klingender Künstlernamen«[26] in Kraft.

Förderlich waren diese ständigen Reglementierungen der artistischen Arbeit und des Betriebs von Spielstätten der Varietékultur nicht. Vielmehr läßt sich ein beschleunigter Niedergang beobachten, zumal die konkurrierenden Veranstaltungen des Sports erhebliche Förderung erhielten. Die Freude der Zuschauer an körperlicher Gewandtheit, Schönheit und Kraft, die ehemals vorwiegend im Varieté befriedigt worden war, hatte bereits in den zwanziger Jahren immer mehr Menschen in die Turnhallen, auf Fußballplätze und in Box-Arenen gezogen. Dadurch war eine neue Art Massenpublikum entstanden, das dem gewohnten

Mischprogramm der Varietétheater weitgehend den Rücken kehrte. Besonders die Jugend ließ sich im Hinblick auf die Olympiade 1936 von einer Sportbegeisterung erfassen, die den Varietés abträglich war.

Auch der Rundfunk, der in den dreißiger Jahren Eingang in jeden Haushalt fand und von den Nationalsozialisten zu Recht als ideales Propagandainstrument angesehen wurde, zog Publikum ab. Jener Teil der Zuschauer, der hauptsächlich an den musikalischen Darbietungen im Programm interessiert gewesen war, brauchte nun nicht mehr unbedingt aus dem Haus zu gehen, um sich unterhalten zu lassen. Die neuesten Schlager konnte man jetzt weit häufiger vom Radioempfänger hören als von der Bühne. Gegen die Möglichkeiten des Rundfunks, jeden Hörer praktisch unmittelbar in seiner Privatsphäre zu erreichen, war das Varieté machtlos.

Die Abträglichkeit des Sports und Rundfunks erhöhte sich noch vor dem Hintergrund eines ohnehin durch die Weltwirtschaftskrise geschwächten Varietégewerbes, zumal die Folgen der Machtübernahme durch die Nazis alles andere als positiv waren. »Es dürfte ja den Herren Varietédirektoren bekannt sein«, hieß es 1934, »daß die allgemeine Wirtschaftskrise gerade im Theatergewerbe außerordentliche Lücken gerissen hat. Allein in Berlin stehen mindestens ein Drittel Theatergebäude verwaist und leer.«[27] Dennoch gab sich Alfred Fossil, ehemaliger Präsident der IAL, zu diesem Zeitpunkt noch optimistisch: »Weder Kino, noch Sport, noch andere Veranstaltungen können dazu führen, daß *auf die Dauer die Varietés leer bleiben.* Auch in Zeiten der Wirtschaftskrise ist das Bedürfnis nach Unterhaltung wach. Wenn sich wirklich einige Jahre das Publikum in der Hauptsache dem Film zuwendete, so ist jetzt der Zeitpunkt gekommen, wo es sich wieder für die Artistik interessiert und die neue Generation, die sich ja nicht ›wieder‹ interessieren kann, da sie das Varieté gar nicht kennengelernt hat, wendet sich, durch Sport geschult und quasi ›vorgebildet‹, dem Artisten und seinen Leistungen zu.«[28] Fossil hat zwar recht, wenn er sagt, daß das Bedürfnis nach Unterhaltung auch in Krisensituationen bestehen bleibt, doch sein Optimismus in bezug auf die junge Generation war ungerechtfertigt. Bereits während der Weimarer Republik hatte das Varieté die Jugend an den Film und den Sport verloren und konnte sie auch in der Folgezeit nicht

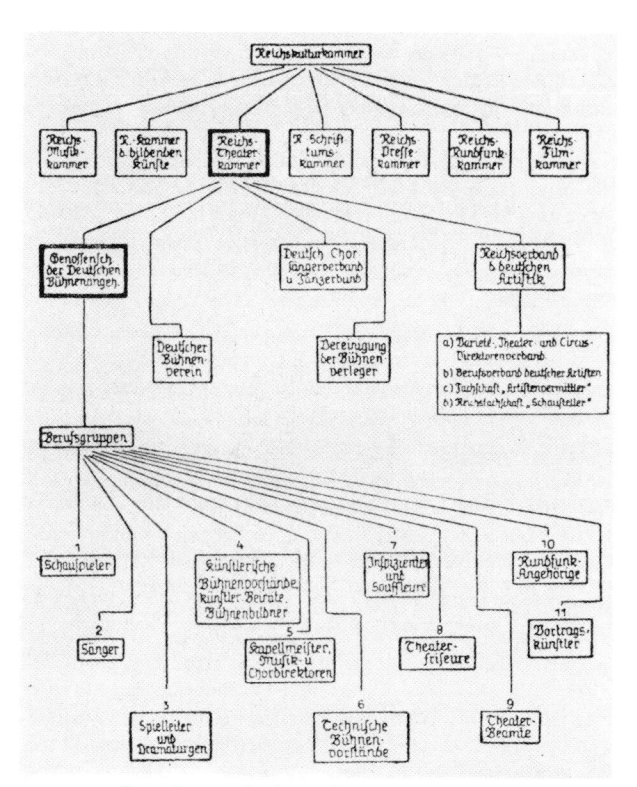

287 Aufbau der Reichstheaterkammer

mehr zurückgewinnen. Der Verlust war nicht sofort bemerkt worden, doch seit den dreißiger Jahren führte er eine zunehmende Überalterung der Besucher herbei; das Varieté erhielt demzufolge das Stigma, eine Unterhaltung für die reife oder ältere Generation zu sein.

Die Schließung und der Leerstand von Varietétheatern verursachten zwangsläufig eine Verringerung der abgeschlossenen Engagementsverträge. Die »große Notlage«[29] der Branche hielt auch nach der Weltwirtschaftskrise an. Wie rapide dabei die Zahl der tätigen Künstler absank, verdeutlicht die Mitgliederstärke in der »Reichsfachschaft Artistik«, die Hans Bauer, damaliger Geschäftsführer, für das Jahr 1936 veröffentlichte: »700 Betriebsführer und etwa 14 000 Artisten«[30] nannte er stolz die Bestände der zwangsorganisierten Varietékünstler. Hält man diesen Angaben aber die Mitgliederzahlen der IAL entgegen, die Berol-Konorah für das Jahr 1926 mit 23 000 benannte[31], ist die Abnahme der Artisten augenfällig. In seiner Bedeutung verschärft sich das Zahlenverhältnis noch durch den Umstand, daß die Mitgliedschaft in der Loge vor 1933 freiwillig erfolgte und wahrlich nicht alle Artisten erfaßt waren, wohingegen die Aufnahme in der national-

288   Lucie und Erich Carow, 1936 (Foto: Josef Donderer)

sozialistischen »Fachschaft Artistik« – wie erwähnt – Grundlage der Berufsausübung und daher Zwang war. Da man zudem wohl annehmen kann, daß das kleine Wörtchen »etwa« 14 000 andeutet, daß die Zahl aufgerundet worden ist, drückt sich der Zustand des Varietégewerbes exemplarisch in der *Halbierung* der Mitgliederzahl innerhalb eines Jahrzehnts aus. Die Ausgrenzung und Vertreibung jüdischer Künstler, der verringerte Zustrom neuer Darbietungen aufgrund ungünstiger Berufsperspektiven sowie der Ausstieg älterer oder nicht mehr engagierter Artisten hatten ihn herbeigeführt.

Zum ersten Mal in der Geschichte des Varietés ist denn auch die Spielstättensituation relativ übersichtlich. Die artistischen Adreßbücher Ende der dreißiger Jahre, in denen alle Bühnen dokumentiert sind, auf denen Artisten arbeiten konnten, belegen den Niedergang anschaulich. In diesen Listen fanden selbst Spielstätten Aufnahme, die nur selten oder wenige Wochen im Jahr Varietékünstler engagierten. Von diesen Veranstaltungsorten abgesehen, beziffert sich die Zahl der Varietétheater nur noch auf rund drei Dutzend. Zu ihnen gehörten die großen Häuser Wintergarten, Scala und Plaza; hinzu kamen die mittleren Betriebe Carows Lachbühne am Weinbergsweg, Haus Vaterland, das Europahaus am Askanischen Platz und die Wilhelmshallen am Bahnhof Zoo; ferner gab es etwa noch die Berolina, Alt-Bayern, das Kabarett der Komiker, die Femina, das Kabarett Faun und Remdes St. Pauli. Deutlich wird anhand dieser Listen, daß der Niedergang der Varietébranche in den dreißiger Jahren insbesondere durch den Verlust der kleineren Spielstätten gekennzeichnet war.

Die ohnehin angespannte Spielstättensituation für die Artisten verschärfte sich noch nach dem Kriegsbeginn 1939, wenn sie auch durch die zunehmenden Engagements im Rahmen von »Kraft-durch-Freude«-Unternehmungen gemildert wurde. Die Varietékünstler gerieten also nicht nur durch ihre Verpflichtung zum Militär in den Dienst des NS-Regimes, sondern eben auch durch ihre Arbeit für KdF. In einem Rechenschaftsbericht zum 10jährigen Bestehen der Organisation hieß es stolz: »Der Krieg brachte KdF (...) neue Aufgabengebiete, zu denen in erster Linie die kulturelle Betreuung der Soldaten in den Heimatstandorten, der Frontkämpfer und der Rüstungsarbeiter zählen. Auch auf diesem Gebiete wurde große und erfolgreiche Arbeit geleistet. In den Jah-

289   Titelblatt eines Programmheftes, April 1939

290   Adolf Hitler und Josef Goebbels im Wintergarten

ren 1940–42 wurden im Rahmen der KdF-Truppenbetreuung nicht weniger als 1 265 000 Veranstaltungen aufgezogen, die rund 365 Millionen Besuchern Freude und Entspannung brachten.«[32] Besonders die Varietédarbietungen eigneten sich für die Truppenbetreuung, da die Künstler in der Regel nicht mehr als ein Podest und ihre Requisiten brauchten. Durch die Nummernfolge der Programme war man zudem variabel in der Länge der Aufführung, was bei einem Theaterstück oder ernstem Musikkonzert weniger möglich war. Die Durchführung der Tourneen oblag überwiegend der KdF-Organisation, die daher für die Varietékünstler eine herausragende Verdienstmöglichkeit wurde. Über Sinn und Zweck des Ganzen bestanden keinerlei Zweifel. René Prudent lobte 1943 ausdrücklich die Wehrmachtstourneen und führte dazu aus: »Ich wußte, daß kleine Spieltruppen unserer – und dies ist keine Übertreibung – tapferen Artisten und Artistinnen bis hinein in die vorderen Linien gehen, um in Unterständen, z.T. beim Kerzenschein, goldigen Humor, frohes Liedgut, muntere Klänge oder bunte Zerstreuung zu bringen, um aus den leuchtenden Augen ihrer dankbaren Zuhörer die Genugtuung zu schöpfen, daß sie an ihrer Stelle einen kleinen Beitrag zu dem gewaltigen Ringen liefern, in das die geschichtliche Fügung das deutsche Volk gezwungen hat.«[33] Mindestens ebenso wichtig wie die Besuche an der Front waren die in den Militärlazaretten. So wurden die Artisten – etwa vom Haus Vaterland, dem Wintergarten oder der Scala – durch die Stadt gefahren, um mit ihrem fröhlichen Tun den Verwundeten die düsteren Gedanken auszutreiben.

Neben der Plaza übernahm KdF auch andere, zumeist kleinere Bühnen. Zu ihnen wären etwa das Nachtkabarett Atlantis am Bahnhof Friedrichstraße, das Neue Lustspielhaus am Kottbusser Tor (ehemals Bendows Bunte Bühne), die Berliner Kleinkunstbühne im Europahaus, der Saalbau Friedrichshain, die Bühne in der Kommandantenstraße sowie die Berliner Soldaten-Bühne in der Oranienburger Straße zu rechnen. Von der Spielstätte im Europahaus schrieb Prudent: »Hier finden in der Hauptsache geschlossene Vorstellungen statt für Soldaten, für die Waffen-SS und für die Soldaten der Heimat, unsere Rüstungsarbeiter, ohne deren kräftiges und nimmermüdes Zupacken eine geordnete Kriegsführung nicht möglich ist.«[34] So sorgte KdF nicht nur für eine ausgedehnte Truppenbetreuung in den verschiedenen Frontabschnitten, sondern auch für die organisierte Unterhaltung der Soldaten während ihrer Urlaubszeit.

Durch den Krieg entschärfte sich die »Ausländerfrage«, denn Artisten aus jenen Ländern, mit denen das nationalsozialistische Deutschland verfeindet war, erhielten – wenn sie denn überhaupt wollten – nun keine Auftrittsgenehmigungen mehr. Doch auch für die ausländischen Künstler aus den verbündeten und eroberten Ländern, die weiterhin engagiert werden konnten, galt ab 1940, daß ihre Nationalität nicht nur der »Fachschaft« bekannt sein mußte, sondern daß die »Betriebsführer« sie zudem im Programmheft ausdrucken mußten. So findet sich denn in den Programmheften hinter den Namen der Artisten jeweils ihre nationale Zugehörigkeit, um jedem Zuschauer kenntlich zu machen, daß die deutsche Artistik Vorrang hat.

Gegen die Auswirkungen des Krieges wehrten sich die Artisten auf ihre Weise. Da die Bombardierungen der deutschen Städte immer mehr zunahmen, mußten schließlich die Direktoren, Bühnenkünstler und Zuschauer jederzeit gewärtig sein, von den Luftschutzsirenen in ihrer abendliche Unterhaltung gestört zu werden. Die Theaterleiter mußten Kellerräume für den Fall eines Luftangriffs vorbereiten. Wo die Gebäudearchitektur die Bereitstellung von Räumlichkeiten verhinderte, waren sie angehalten, in den Programmheften – optisch gebührend hervorgehoben – die kürzesten Wege zum nächstgelegenen Schutzbunker ausdrucken zu lassen. Immer häufiger mußte zudem die Behörde erleben, daß sich Varietékünstler weigerten, in bombardierten Städten, sogenannten »Luftnotgebieten«, ihre Engagements anzutreten. Sie blieben fort oder versuchten, durch erschwindelte ärztliche Krankmeldungen ihrer Weigerung die defätistische Spitze zu nehmen. Diese Fälle nahmen so überhand, daß von offizieller Seite unmißverständlich erklärt wurde: »Der Herr Präsident der Reichstheaterkammer wird (...) in jedem Fall, in dem ihm über Dienstverweigerung in Luftnotgebieten berichtet wird, auch wenn sie durch gewisse ärztliche Bescheinigungen getarnt ist, entschlossen und schnell zugreifen, und zwar sofort mit den härtesten Strafen, dem Auftrittsverbot für das Gebiet des Großdeutschen Reiches bei Ausländern und dem dauernden Ausschluß aus der Reichstheaterkammer – Fachschaft Artistik – bei deutschen Artisten.«[35] Die Namen der Ausgeschlossenen wurden zur Abschreckung in der Fachpresse veröffentlicht.

Nach der Ausrufung des »totalen Krieges« 1943 ging es mit der Varietébranche rapide bergab. Die Aufführungen wurden immer kürzer, weil immer mehr Artisten eingezogen wurden; die Anfangszeiten verschoben sich erst auf den frühen Abend, dann auf den Nachmittag; die zunehmend absurder werdenden Bemühungen der Machthaber, mittels Presse, Funk und Bühne der deutschen Bevölkerung weiterhin eine »Normalität« des Alltags zu suggerieren – wozu ihnen auch die Varietétheater dienten –, schlugen letztlich fehl. Das Nachtleben kam zum Erliegen. Die meisten artistischen Spielstätten wie etwa die Scala, der Wintergarten, das Haus Vaterland, das Kabarett der Komiker und Carows Lachbühne fielen in Schutt und Asche.

291 Truppenbetreuung

Der Verfall der Varietékultur

Im Mai 1945 endeten die letzten erbittert geführten Kriegshandlungen in Berlin. Seit einem runden dreiviertel Jahr hatte es keine Bühnenveranstaltungen, keine Oper, kein Schauspiel, keine Operette, kein Varieté und keine Nachtclubaufführung mehr gegeben. Statt dessen hatten Bombenangriffe, Feuersbrünste und der tägliche Kampf gegen Hunger und Kälte das Leben bestimmt. Die Siegermächte rückten in einer zerstörten Stadt ein und befreiten die Deutschen gewissermaßen gegen ihren Willen von der nationalsozialistischen Diktatur.

Fast vollständig waren die ehemaligen Spielstätten vernichtet. Als Ruinen ragten die einstigen Glanzvarietés der Stadt, die den internationalen Ruhm der deutschen Artistik begründet hatten, aus dem Häusermeer heraus. Von der Höhe eines zwar im Niedergang begriffenen, aber dennoch beliebten und weitverbreiteten Volksvergnügens erfolgte der Absturz in die Marginalisierung. Im Gegensatz zum Theater und Film konnte sich das Varieté nicht mehr davon erholen.

Die »Vergleichende Theaterstatistik 1949/50–1984/85«[1], herausgegeben vom Deutschen Bühnenverein, belegt eindringlich, wie sich das Schauspiel von den Schäden des Krieges, die in diesem Bereich ebenso umfassend waren wie beim Varieté, immer weiter erholte. So stieg die Besucherzahl von 8 Millionen 1950 innerhalb eines Jahrzehnts auf über 25 Millionen. Die Tabellen belegen zudem, daß die von den Varietékünstlern für das Siechtum ihrer Branche verantwortlich gemachte Ausbreitung des Fernsehens – Ende der fünfziger Jahre hatte die Zahl der Geräte die Dreimillionengrenze überschritten – dem Theater nicht wesentlich geschadet hat.

Obwohl sich dieser Prozeß der Verhäuslichung optischer Unterhaltung für die Kinos im Jahrzehnt darauf gravierend bemerkbar machen sollte, konnten sie zumindest in der unmittelbaren Nachkriegszeit ihr weitgespanntes Betriebsnetz wieder neu aufbauen. Allein 1956 eröffneten in der Bundesrepublik 230 neue Lichtspieltheater; die Filmwirtschaft verfügte damit wieder über 6 438 Aufführungsstätten, die insgesamt Platz boten für 2,7 Millionen Zuschauer.[2] Demgegenüber blieb die Entwicklung der Varietétheater, die noch zwei Jahrzehnte zuvor die Zahl der Schau-

292 Die ehemaligen Wilhelmshallen, 1945, Postkarte

293   Die Ruine der Scala in der Lutherstraße, 1946

294   Der zerstörte Wintergarten, 1946

spielhäuser um ein Vielfaches überragt hatte, weit zurück.

Unmittelbar nach der Einstellung der Kampfhandlungen 1945 begannen sich die Artisten, Schauspieler, Tänzer und Kabarettisten wieder auf ihren eigentlichen Beruf zu besinnen und stürmten die Zulassungsbüros der vier Siegermächte, die Berlin in ihnen jeweils unterstellte Sektoren aufgeteilt hatten. Bereits im September hatte »die Anzahl der Zulassungsanträge für Kabarett, Varieté, Kleinkunstbühne in Berlin (...) 600 überschritten! Bewilligt wurden (...) 12 Zulassungsanträge. Alle anderen derartigen Unternehmen spielen zur Zeit ›wild‹.«[3]

Zu den genehmigten Betrieben gehörte der von Marion Spadoni, die bereits am 17. August die erste Vorstellung geben ließ. Sie war in das ehemalige Große Schauspielhaus eingezogen, das während der NS-Zeit in Theater des Volkes umbenannt worden war und dessen Bühnenhaus hinter dem heruntergelassenen Eisernen Vorhang in Trümmern lag. Doch aufgrund der Größe des weit vorspringenden Proszeniums konnte sie die Aufführungen davor stattfinden lassen. Bis zur Neuerrichtung des Bühnenhauses im Sommer 1949 – dann schon unter der Direktion Nicola Lupo – mußten alle Darbietungen sich »auf einer Fläche von 5,8 Meter Tiefe, 16 Meter Länge und 7 Meter Höhe«[4] einrichten. Im Vergleich mit den anderen Kabarett- und Varietébühnen der Stadt, sei es im Schweizergarten, der Neuen Welt, in Emil Remdes neuem Kabarett »St. Pauli« oder in Erich Carows 1955 eröffneten Räumlichkeiten in Gatow, waren die Auftrittsbedingungen bei Spadoni jedoch großzügig. Als am 2. September 1949 dann die Vorstellungen auf der wiedererrichteten Gesamtbühne gezeigt werden konnten, war erneut ein Varieté entstanden, das sich architektonisch und künstlerisch einreihen und vergleichen konnte mit den berühmtesten Berliner Großvarietés. Das Bühnenhaus ragte 30 Meter hoch empor, die Breite betrug 50 Meter, die Portalöffnung war auf 17,60 Meter erweitert worden, und die Vorbühne maß nunmehr 26 Meter. Zusätzlich hatte der von dem »Architekten Walter Heßling von der National-Theater A. G.«[5] geleitete Aufbau eine Drehbühne von 18 Metern Durchmesser gebracht, so daß der von Spadoni »Palast« genannte und 1947 in »Friedrichstadt-Palast« umgetaufte Spielort dem internationalen Standard entsprach.

Bei den komplizierten Bedingungen in der unmit-

295   Notspeisung am Potsdamer Platz in der Ruine vom Haus Vaterland, 1946

296 Titelblatt des ersten Programmheftes, August 1945

297 Marion Spadoni

telbaren Nachkriegszeit war es außerordentlich vorteilhaft, daß Marion Spadoni vom Fach kam. Sie war die Tochter des ehemaligen Kraftjongleurs und Athleten Paul Spadoni, der, als er von der Bühne abging, eine weithin geschätzte Künstleragentur betrieben hatte. Zudem hatte sie selbst jahrelang als Artistin in einer Reihe der besten Häuser gearbeitet und kannte daher viele ihrer Kollegen persönlich, was für den Neuanfang 1945 vorteilhaft war. Der u. a. russisch sprechende Lupo wurde bei ihren Verhandlungen mit der sowjetischen Zentralkommandantur als Dolmetscher eingeschaltet und erwies sich als außerordentlich nützlich.[6] »Als Mitbegründer und ständiger Mitarbeiter hatte er seit 1945 im Hause gewirkt«[7] und konnte die Direktionsgeschäfte 1947 übernehmen, als Spadoni die Konzession verlor. Die Hintergründe dieses Wechsels waren »verwickelt«[8], wie selbst Eingeweihte bemerkten, doch dürften die Verteilungskämpfe unter den einzelnen Sparten, die um die verbliebenen bespielbaren Stätten stritten, von ausschlaggebender Bedeutung gewesen sein. Die Oper, das Schauspiel und die Operette wollten schließlich ebenfalls wieder tätig werden und neideten dem Varieté offensichtlich das größte Theater der Stadt. So war mit dem Konzessionsentzug in Aussicht gestellt, »daß dort künftig die Operette an die Stelle des Varietétheaters treten werde. (...) Es spielt (...) das Colosseum herein, das von der Volksbühne beansprucht wurde, ferner die Notwendigkeit, für das Ensemble des ›Metropoltheaters‹ an Stelle des Colosseums eine andere Unterkunft zu suchen. Das Schmerzliche ist, daß dabei die Wahl auf den

›Palast‹ gefallen ist, und daß damit wieder eine der besten Arbeitsstätten für den Artisten verlorengeht.«[9] Gegen diese Absicht gab es »vehementen Einspruch der entsprechenden verantwortlichen kommunalen und Kulturinstitutionen, die sich sehr stark für den ›Palast als Varieté und nicht als Operetten-Theater‹ eingesetzt haben, wie es aus einem Brief des Bürgermeisters von Mitte an den Chef der Garnison und Militärkommandanten, General Kotikov, vom 20. August 1947 ersichtlich ist«[10]. So wurden die Operettenpläne wieder fallengelassen; das Metropoltheater blieb zunächst im Colosseum, und Lupo konnte als neuernannter Leiter den Friedrichstadt-Palast als Varieté betreiben.

Die bei diesem Kampf um Lizenzen zweifellos eine Rolle spielende Hierarchisierung der Künste – in diesem Fall offensichtlich punktuell außer Kraft gesetzt – prägte ungebrochen in den drei West-Sektoren die Theaterlandschaft. Für die Oper und das Schauspiel erkannten die Siegermächte und die späteren Westberliner Regierungen die Notwendigkeit staatlicher Förderung ohne weiteres an, so daß ein Großteil der Bühnen ständige Subventionen erhielt und die Eintrittspreise relativ niedrig halten konnte. Den wenigen Unterhaltungsbühnen aber legten die Behörden nicht nur eine ablehnende Haltung gegenüber an den Tag, sondern verlangten ihnen auch mit der Vergnügungssteuer einen Betrag ab, der Neueröffnungen privatwirtschaftlich unrentabel machte. So gab es im Westen bis in die sechziger Jahre hinein noch nicht einmal ein ständiges Operettentheater. Dort lebende Berliner, die sich Aufführungen der heiteren Muse ansehen wollten, mußten zumeist in den Osten gehen, wo sie Operetten- und Varietéprogramme fanden.

Auf 20 000 schätzte 1959 René Prudent, inzwischen Berichterstatter für die in Hamburg erscheinende Fachzeitschrift der IAL, die Zahl der Westberliner, die allmonatlich jenseits der Spree den Friedrichstadt-Palast besuchten.[11] Ihnen zugute kam die Existenz von zwei Währungen in der Stadt, die in den dreizehn Jahren zwischen der Währungsreform 1948 und dem Bau der Mauer 1961 praktisch nebeneinander im Umlauf waren. Das Währungsgefälle, das die D-Mark höher einstufte als die DDR-Mark, sorgte dafür, daß sie die Eintrittskarten weit billiger erhielten als die Ostberliner. »Es dürfte«, schrieb Prudent, »schon ein Unterschied sein, ob ich für den teuersten Platz

*298   Lerche und Lerch im Palast, Mai 1947
(Foto: Walter Weitzer)*

(umgerechnet) 3,– DM oder normaliter vielleicht 10,– DM berappen muß.«[12] Für die Berliner Artisten hingegen, die teilweise im Westen und im Osten auftraten, brachte das doppelte Währungssystem erhebliche Probleme, da etwa ihr Wohnsitz in den drei Westsektoren Kosten verursachte, die sie mit ihrem Engagement im Ostsektor nicht bezahlen konnten. Es dauerte Jahre, bis Tarifverträge ausgehandelt worden waren, die festlegten, daß in solchen Fällen ein Teil der Gage in D-Mark ausgezahlt werden müßte.

Hervorgehoben werden muß jedoch, daß es auch im Ostteil Berlins dem Varieté nicht wieder gelang, seinen ehemaligen Stellenwert zu erreichen. Der Friedrichstadt-Palast ist eine Ausnahme, die den Verlust der mittleren und kleineren Varietés und Kabaretts nicht verdecken kann. Die wenigen Unternehmen, die nach 1945 mit Varietéaufführungen hervortraten – etwa der Schweizergarten, der Berliner Prater und das Hajo-Kabarett am Bahnhof Friedrichstraße –, stehen in keinem Verhältnis zur ehemaligen Fülle gerade im Stadtzentrum. Besonders die bereits unter den Nationalsozialisten in erheblichem Maße zurückgegangene Zahl von Nachtcabarets fanden als »bürgerliche« Unterhaltungsbetriebe keine erneuernde Förderung.

Den entgegengesetzten Verlauf nahm die Entwicklung im Westen. Die privatwirtschaftliche Betreibung sorgte für ein Aufblühen gerade des Cabarets. Bereits Ende der vierziger Jahre registrierten die Fachleute besorgt eine überhandnehmende Zahl von neueröffneten Spielstätten des nächtlichen Amüsements. In ihnen breitete sich eine Form der spezialisierten Aufführung aus, die zunächst noch mit dem traditionellen Begriff des Schönheitstanzes belegt wurde. »Wo man hinsieht, überall knallt einem das Wort ›Schönheitstänze‹ ins Gesicht. O du armes Kabarett, o du armer Herr Direktor, der du dir keinen anderen Rat mehr weißt, als deinen Gästen neben dem Fleisch auf dem Teller nun auch noch Fleisch auf dem Parkett vorzusetzen. Wenn es wenigstens noch auf der Bühne mit einem gewissen Abstand von den Gästen serviert würde, aber nein, möglichst aus der nächsten Nähe, damit der Gast auch genau sieht, ob es sich um Kalbfleisch oder schon etwas zäheres Fleisch handelt. (...) Armer, bedauernswerter Gast, armer Direktor, der du dieses gutheißt und als Schönheit durch deinen Portier in die Welt hinausrufen läßt. Aber auch ärmere Schönheitstänzerin, die du durch die Not der Zeit gezwungen wirst, Dich in einer Weise zu zeigen, die geeignet erscheint, deinem Beruf den schlechtesten Dienst zu erweisen. Gewiß, die Zeiten sind heute etwas anders geworden, aber müssen es ausgerechnet nur noch Nackttänzerinnen sein? Glauben die Herren Direktoren, daß jeder Gast danach verlangt? (...) Die Not ist groß in unserem Beruf und viele Tänzerinnen sind dadurch gezwungen, Arbeitsbedingungen anzunehmen, die sie hoffentlich normalerweise nicht annehmen würden, aber muß es immer nackt sein?«[13] So fragte Willi Feldmann, Vorsitzender der IAL in der Bundesrepublik, 1950 in der Verbandszeitschrift »Artisten«. Obwohl dieser Artikel am Anfang einer jahrzehntelangen Auseinandersetzung mit dem Phänomen eines prosperierenden Nacktcabarets steht, finden sich bereits in den zitierten Sätzen die meisten später in aller Ausführlichkeit verwendeten Argumente. Besonders auffällig ist die kaum verborgene Resignation vor einer im unaufhaltsamen Aufwind befindlichen

299 Titelblatt eines Programmheftes

300 Titelblatt eines Programmheftes

Darbietungsform, deren Erfolge anerkannt werden, deren Erscheinung man aber aus moralischen Erwägungen zurückschrauben oder unterbinden möchte. Gleichzeitig wehrt man sich gegen den möglichen Verdacht von Prüderie, da doch bekanntermaßen der Schönheitstanz im Varieté eine lange Tradition besaß, die selbst während der NS-Zeit nicht abbrach. Nicht die Nacktheit an sich wirkte also erschreckend, sondern ihre auf sich selbst deutende, offenkundige Ausstellung, ihr Selbstzweck, der durch keinen tatsächlichen oder vermeintlichen künstlerischen Anspruch verbrämt war.

Der Striptease, wie diese Veranstaltungen seit der zweiten Hälfte der fünfziger Jahre amerikanisiert heißen sollten, gehört zweifellos mit zur Geschichte des Varietés: Die Tänzerinnen waren – wie Feldmann richtig schrieb – zum Teil ehemalige Varietékünstlerinnen gewesen; sie wurden von den üblichen Agenturen vermittelt; die Direktoren waren Mitglieder im IVCTDV; im wiedererstandenen Unternehmerblatt »Organ Show-Business« häuften sich gegen Ende der fünfziger Jahre die diesbezüglichen Anzeigen, und die Auftretenden konnten ohne weiteres Mitglied der IAL werden. Auch dramaturgisch geschah nichts Neues; wieder gestalteten sich die Aufführungen innerhalb des üblichen Nummernschemas. Die anrüchige Nähe zur Prostitution war bei diesen Spielstätten zwar gegeben, doch hatte sie ebenso bei den Nachtcabarets der zwanziger Jahre, den Tingeltangel zur Jahrhundertwende und den Polkakneipen um 1850 bestanden. Wie in jedem Zeitabschnitt der Entwicklungsgeschichte der Gattung gezeigt werden konnte, gehörten solche und vergleichbare Aufführungsstätten seit jeher mit zu den Spielarten des Varietés.

Die Direktoren, angesichts des sonstigen Siechtums der ganzen Branche, saßen in der privatwirtschaftlichen Zwickmühle: Entweder sie lieferten seriöse Programme und vergrößerten damit die Wahrscheinlichkeit ihres Bankrotts, oder sie zeigten Nackttänzerinnen, erfreuten sich eines regen Besuchs, zogen sich aber den Zorn der Artisten zu. Drastisch brachte »der Geschäftsführer eines bekannten Nachtlokals«[14] seine Meinung über die traditionellen Varietéprogramme zum Ausdruck: »So etwas lockt heute keinen Hund hinter dem Ofen hervor! Unser Geschäft sind Mädchen, die sich ausziehen!«[15] Ob den Bühnenleitern die Veranstaltungen selbst gefielen, spielte dabei keine

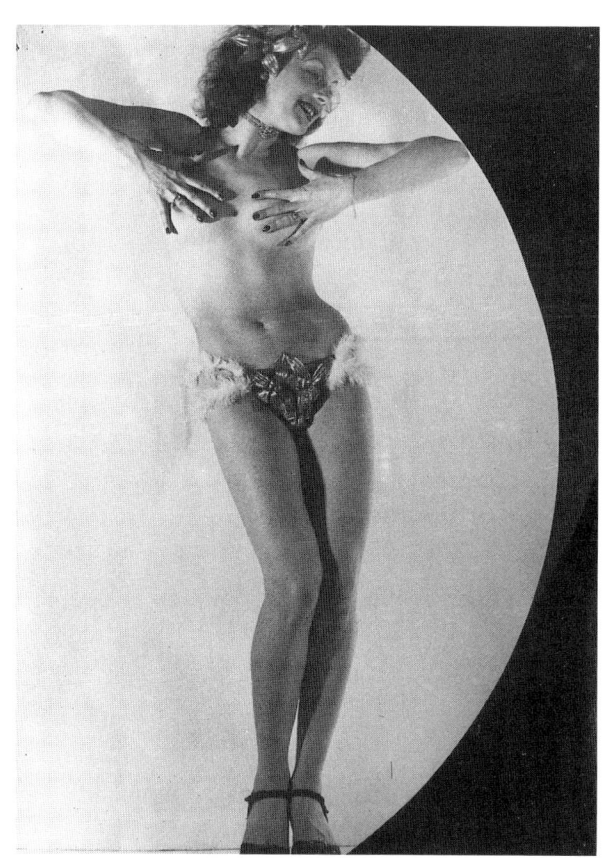

301 Schönheitstanz, um 1950

Rolle, verkaufen mußten sie sich lassen. Wie gut man in jenen Jahren damit verdiente, belegt die Äußerung eines »angesehenen Westdeutschen Varieté-Direktors«[16], den das zu dieser Zeit in der DDR erscheinende Fachblatt »Artistik« zitierte. Für ihn müsse aus seinem »Nachtbetrieb innerhalb eines Jahres ein neues Auto, eine Villa und zwei Herzkuren«[17] herausspringen. So sprechen denn auch manche Kritiker in richtiger Assoziierung von »Tingeltangelbossen«[18].

Tatsächlich war gewissermaßen das Varieté wieder am Ausgangspunkt angelangt. Wieder florierten jene Lokale, die der Bürger nicht zusammen mit seiner Frau betrat, wieder verbarg er die Besuche gegenüber seinesgleichen, wieder war der Sinn und Zweck dieser Lokale einzig das männliche Vergnügen, nur mit dem Unterschied, daß nun auf der Bühne gezeigt werden durfte, was man früher erst im Separée sah (oder tat); erneut waren die Veranstaltungen unmittelbar an den Schankbetrieb gebunden, der Getränkeumsatz wichtiger als die Darbietungen, und die Frauen verpflichtet, vor und nach der Vorstellung die Gäste zu animieren.

Die Artisten sahen sich längst überwunden geglaubten Erscheinungen neu ausgesetzt, die sie in ihrem Selbstbewußtsein empfindlich trafen. Zu der materiellen Not aufgrund der ausgefallenen seriösen Spielstätten kam so für die Mehrzahl der Varietékünstler ein anhaltendes Nachdenken über den Zustand ihres ausgeübten Berufs. Der sah – wie allgemein anerkannt – alles andere als rosig aus. Im Leitartikel des wieder herausgegebenen »Programm« vom Juli 1960 findet sich folgende vergleichende Feststellung: »Mit fortschreitender Zeit erhöhte sich die Zahl der ›Nacktfleischereien‹ im gleichen Verhältnis, wie die Zahl der Unternehmen mit artistischem Programm zurückging.«[19] »Wirtschaftswunder – nicht für uns!«[20] titelte sorgenvoll das »Organ Show-Business«; »Meditation über die Schließung der führenden Varietés und Cabarets in Westdeutschland«[21], verlautete etwas gediegener Eddie Grothe im Gewerkschaftsblatt. Auch die Tagespresse wußte um die Not der Varietékünstler: »Berlins Artisten sind im Aufruhr. Es gibt ein paar Dutzend Direktoren, ein paar hundert Artisten, aber nicht ein ständiges Haus. Ausgeträumt die großen Träume (...), vorbei die Illusion, im Lichtkegel der 1000-Watt-Scheinwerfer zu stehen. Für ein halbes Helles sind sie froh, als Restaurant-Unterhalter ein Fünf-Minuten-Programm zwischen Samba und Tango abziehen zu können. Der Rest steht bei WiSoKü Schlange. Und das im varietébegeisterten Berlin.«[22] Tatsächlich sah die Situation der Varietékünstler nicht nur unmittelbar nach Kriegsende schlecht aus. Ganze Seiten ließen sich mit den besorgten und verzweifelten Äußerungen von Artisten füllen. Man sah für den eigenen Berufsstand »eine der größten Krisen seiner Entwicklung«[23]; man zog Vergleiche mit der Zeit nach dem Ersten Weltkrieg und stellte fest, daß damals »die Besucher fehlten; heute aber fehlen die ›Häuser‹«[24]; man hob schließlich beschwörend »die drohende Gefahr des persönlichen Untergangs«[25] hervor, wenn nichts zur Rettung der Artistik unternommen wurde. Die nackte Existenz stand nicht selten für viele auf dem Spiel. »Der mittlere und kleine Artist ist gezwungen, für Gagen zu arbeiten, die ihn und die Seinen kaum über Wasser halten, oder er sitzt zu Hause, geht stempeln und darf froh sein, wenn er bei irgendeinem Vereinsvergnügen oder einer Sonderveranstaltung einen Tageseinsatz absolvieren kann. Und es gibt viele, die, der Not gehorchend, Nebenbeschäftigungen als Vertreter, Hausdiener und Zeitschriftenverkäufer angenommen haben. (...) Hunger tut weh.«[26] Ende der fünfziger Jahre sah man schließlich desillusioniert ein, daß der Verfall der gesamten Branche wohl nicht mehr aufzuhalten war: Die Varietévorstellungen »haben ihre einstige Bedeutung im Leben der Großstädte verloren. Der Rückgang (kam) nicht blitzschnell, nicht von heute auf morgen, aber doch viel zu schnell für die Artisten, die das eine nach dem anderen Varieté für sich verschlossen fanden, für die es immer weniger Arbeitsstätten gab.«[27] Den unmittelbaren Anlaß zur Misere benannte der inzwischen aus dem Exil zurückgekehrte Fossil: »Bedenkt man, wie entsetzlich schlecht heute der Berufsstand der Artisten daran ist, (...) dann wird man sich einmal fragen müssen, ob denn diejenigen, die, ach so gerne an die Nazizeit zurückdenken, weil es damals durch Frontgastspiele (viele Artisten büßten dabei ihr Leben ein und manche der damaligen KdF-Artisten sind heute noch in Gefangenschaft), durch KdF, und als Folge der allgemeinen Geldentwertung viele Vergnügungsstätten und damit Engagements gab, auch heute noch im Recht sind, wenn sie meinen, daß es doch den Artisten damals so gut ging. Noch so schöne Engagements, noch so schöne KdF-Gagen, alles dieses kann doch das grauenvolle Ende nicht überdecken, in das dieser Krieg auch die Artisten gestürzt hat. Sind denn nicht alle unsere großen Varietés durch den von Hitler verursachten Krieg ein Opfer der Bomben geworden?«[28] Über die Gründe, warum es keine Wiederbelebung des Varietés gab, gingen die Meinungen auseinander. Abhängig von der Seite im Arbeitsverhältnis, der sich der einzelne zurechnete, schob man die Schuld jeweils der anderen Partei zu. Einmal sollte der Tarifvertrag schuld sein, der den Artisten zu viele Rechte einräumte, ein anderesmal die überzogenen Gagenforderungen, die von den Unternehmern nicht erfüllt werden könnten, dann wiederum die Direktoren, denen es angeblich an der nötigen Initiative fehle, neue seriöse Spielstätten zu eröffnen. Gemeinsam beschuldigten Bühnenkünstler und -leiter schließlich den Senat, für die bedrückende Situation verantwortlich zu sein, da er den Direktoren eine überhöhte Steuerlast auferlege und zudem nichts unternehme, um durch staatliche Förderungsprogramme die Arbeitslosigkeit unter den Artisten zu beheben. Einseitige Subventionierung

302   Haus Carow am See nach seiner Eröffnung, 1955

303   Titelblatt eines Programmheftes des Wintergartens in der Neuen Welt, Mai 1947

304   Titelblatt eines Programmheftes

305   Eingang zur Neuen Scala, 1947 (Foto: H. Mederer)

306   Probe in der Neuen Scala, 1946, mit dem Ballettmeister San Urbanski, Herbert Brandt und den Girls

der Oper und des Sprechtheaters lastete man nicht ohne Grund der Kulturpolitik an.

Doch die eigentlichen Gründe für die Misere waren grundsätzlicher Natur. Die Mechanisierung der Unterhaltung durch Ton- und Bildträger (Radio, Schallplatte und Fernsehen), die besonders bei der Jugend Anklang fand, trug wesentlich zur anhaltenden Marginalisierung des Varietés bei. Das Spielstättenpublikum »bestand in erster Linie aus älteren Besuchern. (...) Wenn die Programme im Fernsehen auch nicht alle gut sind, so geben sich doch die bekanntesten Schauspieler, Kabarettisten und Artisten im Fernsehen ein Stelldichein, wofür man im Monat die Gebühr von 5 DM entrichtet, egal wieviele Personen auch an einem Fernsehgerät zusehen. Dagegen ist kein Varieté und Cabaret konkurrenzfähig.«[29]

Die Verhäuslichung der optischen Unterhaltung ist jedoch nur ein Aspekt, der als Ursache für den Verlust des größten Teils des Publikums verantwortlich zu machen wäre. Er bettet sich jedoch ein in die umfassende Spezialisierung der ehemals im Varietéprogramm zusammengeflossenen Sparten zu neuen Veranstaltungsformen. Alle diese Entwicklungen, die sämtlich im 20. Jahrhundert vor sich gingen, entzogen dem Bühnenvarieté die Zuschauer. »Das wird auch der größte Optimist gemerkt haben, daß weite Kreise des Publikums sich andersartigen Unterhaltungen zugewandt haben. Darf man sich darüber wundern? Kaum. Der Krieg, mehr noch die Jahre danach haben die Menschen anders gemacht, die junge Generation neigt zu anderen Liebhabereien, als es ihre Eltern taten. Die rasend schnell voranschreitende Technik, die Mechanisierung aller Dinge des täglichen Lebens, die stärker gewordene Sportbewegung haben sicher viel dazu beigetragen, daß sehr viele Erwachsene und junge Leute beiderlei Geschlechts ihr Vergnügen, ihre Ablenkung vom Alltag woanders suchen und finden als sie oder ihre Eltern früher es pflegten.«[30]

Zu Recht wird hier einschränkend formuliert, daß es sich um »weite Teile des Publikums« handelte, nicht um das ganze Publikum. Selbstverständlich gab es auch fernerhin Zuschauer für Varietéveranstaltungen, wenn es auch die große Menge nicht mehr war. Ihre Zahl reichte dennoch aus, um den Ruf nach einem neuen, repräsentativen Großva-

307   Varietéball im Schöneberger Prälaten 1955, mit Otto Stenzel und Carl Marx (Foto: Josef Donderer)

308 Titelblatt eines Programmheftes, um 1947

rieté in Westberlin nicht verstummen zu lassen. Bereits im Dezember 1945 hatten die Zeitungen die Eröffnung eines neuen Wintergartens angekündigt, der in der Neuen Welt eingerichtet werden sollte.[31] Der Initiator war »Ludwig Goebel von der Wintergarten G.m.b.H.«[32], der im September des darauffolgenden Jahres den Spielbetrieb aufnahm. Im Gegensatz zum anspruchsvollen Namen des Hauses aber präsentierte er in dem immerhin 1600 Zuschauer fassenden Hauptsaal des Gebäudes vorwiegend Filme mit einer vorgeschalteten Bühnenschau. Schon nach wenigen Monaten schloß das Kino-Varieté wieder seine Pforten.

Ebenfalls im Herbst 1945 hatte es im Gebäude des Theaters am Nollendorfplatz, dessen Bühnenhaus völlig zerstört war, den Neuanfang einer Scala gegeben. Die »Neue Scala« erstand im ehemaligen Mozartsaal und besaß bald sogar eine eigene Girl-Truppe. Doch auch dort rückte bereits nach kurzer Zeit der Film ein, der die artistischen Aufführungen zunehmend in den Hintergrund drängte. Mit einem offenen, doch vergeblichen Appell um einen Finanzzuschuß beendeten die Gründer Hans Nerking und Wolfgang Wilk diese Episode 1950: »Im Herbst sollen bei einer Besserung der wirtschaftlichen Verhältnisse und im Falle der Gewährung einer Unterstützung die früheren Scala-Varietéprogramme wieder aufgenommen werden.«[33]

Geradezu ein eigenes Kapitel ließe sich schreiben über die Bemühungen, die unternommen wurden, um Westberlin wieder zu einem repräsentativen Neubau zu verhelfen. Bis in die sechziger Jahre hinein wurden von verschiedenen Personen ständig Pläne entwickelt, Kosten berechnet, Architekten aufgesucht und die Öffentlichkeit informiert. Eduard Duisberg erschien wieder in Berlin, nachdem sein Plan einer Hamburger Scala gescheitert war. Ebenso befand sich der Bruder des Scala-Begründers, Carl Marx, an der Spree, der mit der sentimentalen Geschichte aufwartete, seinem Bruder versprochen zu haben, dessen Werk fortzusetzen. Auch Herbert Müller-Endenthum, der ehemalige Direktor der Plaza, ließ nichts unversucht, ein neues Großraumvarieté entstehen zu lassen. Aufmerksam verfolgte die Berliner Presse die Projekte und plädierte zum Teil eindringlich für eine finanzielle Unterstützung der Vorhaben durch den Senat: »Es spricht sehr viel für und sehr wenig gegen das Projekt, über dessen Schicksal der Senat zu befinden hat. Die Errichtung der ›Neuen Scala‹ würde gerade jetzt überall als ein Ausdruck berlinischen Selbstvertrauens begriffen werden«[34], schrieb Hellmut Kotschenreuther in der »Berliner Morgenpost«. Selbst Wolf Leder, den ehemaligen Bühnenbildner der Plaza, hatte man bereits angesprochen, der auch prompt an die Ausarbeitung der Eröffnungspremiere ging.[35] Doch immer wieder verzögerten sich die Termine, gerieten andere Grundstücke in die Diskussion, wurden weitere Grundsteine gelegt und entstanden neue, sich türmende Schwierigkeiten. »Alle Jahre wieder«[36], faßte René Prudent seine Erfahrungen mit dem Auf und Ab bald skeptisch zusammen. Er sollte recht behalten; Ende der sechziger Jahre, nach gut zweieinhalb Jahrzehnten endloser Bemühungen, sahen auch die unverbesserlichen Optimisten ein, daß sie vergebens gehofft hatten; der Senat verweigerte jedes finanzielle Engagement, und den Privatunternehmern gelang es nicht, die Pläne ohne politische Unterstützung zu realisieren.

Erfolgreicher verliefen hingegen artistische Ver-

309   Grundsteinlegung für eine neue Scala in Berlin, um 1958, mit Werner Müller und Caterina Valente

310   Varieténachmittag in der Waldbühne mit Olly von Lipinskis Hundedressur, 1956

311 Titelblatt eines Programmheftes von Oskar

anstaltungen, die von zwei in Berlin ansässigen Verlagen zu Werbezwecken organisiert wurden, Ullstein-Verlag veranstaltet wurden und im Herbst 1949 ihre Wiederauferstehung feierten. Der Name soll von den Begründern als typisch für Hausfrauen angesehen worden sein, für die die Aufführungen vorwiegend gedacht waren. Jeweils von September bis Mai gab es an fünf Tagen im Monat artistische Vorstellungen. »Humor, Artistik, Kabarett und schöne Stimmen ließen die Stunden wie im Fluge vergehen«[37], urteilte die verlagseigene Presse loyal. Nach dem Krieg fanden die Aufführungen im Titania-Palast, im Sportpalast, aber auch in der Waldbühne statt. Zu den dortigen Vorstellungen kamen jeweils rund 10 000 Zuschauer, womit es die größten Varietéveranstaltungen waren, die jemals in der Stadt stattfanden. Häufig mitwirkende Kabarettisten waren u. a. Maria Ney, Ekkehard Fritsch, Klaus Günter Neumann, Walter Gross, Ernst Petermann und Robert T. Odemann. Gegen Ende der sechziger Jahre wurden sie wieder eingestellt.

Eine vom Charakter her gleiche und ebenfalls nur wenige Tage im Monat nachmittags ablaufende Vorstellungsreihe veranstaltete ab 1954 der »Telegraf«. Die Programmgestaltung, Moderation und das Arrangement lagen in den Händen des Journalisten Erich Richter, der sie auch heute noch organisiert. Die Varieté-Nachmittage fanden ebenfalls u. a. im Titania-Palast, dem Sportpalast und dem Europa-Palast statt, bis sie eine feste Spielstätte in der neuerrichteten Urania 1962 erhielten. In den Jahren bis zur Einstellung der Zeitung 1972 wurden die Aufführungen, die ebenfalls an fünf Tagen im Monat stattfanden, für »Freunde und Leser des Telegraf« veranstaltet. Zu den engagierten Stars zählten so illustre Persönlichkeiten wie Lale Andersen, Lys Assia, Marika Rökk, Olga Tschechowa, Lilian Harvey, Zarah Leander, Johannes Heesters, Harry Piel, Peter Alexander und Paul Hörbiger. Seit 1972 finden diese Aufführungen praktisch unter Ausschluß der Öffentlichkeit statt, da die Karten ausschließlich über die bezirklichen Rathäuser für die Seniorenbetreuung vertrieben werden. Die Bezirksämter haben offiziell die Funktion als Veranstalter übernommen, und Richter wirkt weiterhin als Organisator. Inzwischen kann er auf über 1 500 Veranstaltungen zurückblicken, die – wie er errechnete – von mehr als anderthalb Millionen Zuschauern besucht wurden.[38] Die weitgehend ausverkauften Vorstellungen bezeugen zumindest ein wachgebliebenes Interesse bei den Senioren.

Noch eine zweite Form der Organisierung von artistischen Veranstaltungen wurde ins Leben gerufen. Aufgrund der Notlage nach dem Krieg entstand 1950 die Künstlerhilfe. »Diese Einrichtung ist kein Wohlfahrtsinstitut, sondern eine Dienststelle innerhalb des Berliner Notstandsprogramms, welche die künstlerische Betreuung derer übernommen hat, die für die allgemeinen Kunst- und Vergnügungsstätten von vornherein ausfallen, und die da sind: Arbeitslose, Rentner, Altersheiminsassen und Krankenhauspatienten.«[39] Unter Vertrag genommen wurden Artisten, Schauspieler, Sänger und Musiker, mit denen Aufführungen erstellt wurden, die ausschließlich den genannten Gruppen zur Verfügung standen. Auf diese Art bekämpfte man, den Forderungen der Artisten durchaus entsprechend, mit einem staatlichen Förderungsprogramm die branchenspezifische Arbeitslosigkeit und trug zudem zur kulturellen Betreuung kranker und alter Bewohner der Stadt bei, die von sich aus nicht mehr die öffentlichen Einrichtungen besuchen konnten. Später erhielt die Einrichtung den Namen

»Soziale Künstlerförderung«, die bis heute tätig ist. So bleibt zum Schluß nur noch festzustellen, daß mit dem offensichtlichen Niedergang des Varietés selbstverständlich kein Aussterben der artistischen Künste verbunden ist. Die akrobatischen Kunstfertigkeiten sind, wie immer wieder zu Recht von den Artisten betont wurde, zeitenunabhängig. Daran konnte auch das Verschwinden der Varietébühnen nichts ändern, wie besonders die sich aus dem Off-Theater entwickelnde Jonglier-Renaissance im letzten Jahrzehnt bewies.[40] Festgehalten mußte allerdings werden, daß das Varieté als ein bestimmter bühnengebundener Veranstaltungstypus heute im öffentlichen Vergnügungsleben der Städte eine Randerscheinung geworden ist.

Dennoch besaßen die Berliner immer noch die Gelegenheit, zwei Formen der Nummern-Dramaturgie zu erleben. Im Friedrichstadt-Palast, der 1984 unter dem Intendanten Wolfgang E. Struck ein neues Haus erhalten hat, stehen die unbestreitbar internationale Spitze darstellenden Revueinszenierungen auf dem Programm, die in die Fußstapfen der Scala-»Varieté-Revuen« getreten sind. Ballettszenen hatte bereits Lupo verwendet, doch erst Gottfried Hermann, der jenen 1954 ablöste, hatte Ausstattung und Tanz auf sämtliche Auftritte ausgedehnt, so daß die Vorstellungen ihren typischen Revue-Charakter erhielten. Unter Struck, der das Haus in der schwierigen Situation nach dem Mauerbau übernahm (weniger Besucher, ein Teil des Personals im Westen), entwickelte sich der Friedrichstadt-Palast gewissermaßen zu einem Drei-Sparten-Betrieb der heiteren Muse. Durch Verschiebung der jeweiligen Programmschwerpunkte gelingt es den Regisseuren immer wieder auf überzeugende Art, die Inszenierungen in Richtung Nummernvarieté, Ausstattungsrevue oder Musical zu verschieben. Im Westen der Stadt fand sich hingegen noch die traditionelle Varietéform, bei der die Abfolge nur durch einen Ansager

312   Titelblatt eines Programmheftes, November 1962

unterbrochen wird. Die geringen szenischen Mittel in der Urania unterstreichen, wie sehr es bei diesen Aufführungen auf das Können der Auftretenden ankommt, da eine schwache Leistung durch nichts kompensiert werden kann. Das große Glanzvarieté und das bescheidene Nummernvarieté existieren neben den Nachtcabarets also noch in beiden Teilen der Stadt. Es sind Reste einer einst gefeierten, jegliche andere Art der Bühnenunterhaltung zahlenmäßig übersteigenden Veranstaltungsform, die als Vergnügen des »kleinen Mannes« kultur- und theatergeschichtlich einen hohen Stellenwert besitzt.

313   *Friedrichstadt-Palast an der Weidendammer Brücke, 1962*

314   *Szenenbild aus der Inszenierung »Kinder, wie die Zeit vergeht« im Friedrichstadt-Palast, 1956, Bühnenbild: Wolf Leder*

315 Titelblatt des Programmheftes, 1990

Neubeginn der deutschen Varietékultur

316 *Mimikritschi im Varietétheater Stuttgart, Juli 1990*

317 *Johnny Klinke vom Frankfurter Tigerpalast, 1989 (Foto: NAVIGO)*

318 *Tigerpalast in Frankfurt, 1989 (Foto: NAVIGO)*

319 *Ursula Wyss im Quartier-Berlin, Oktober 1990 (Foto: H. Schulz-Wendel)*

320 *Intrepidas im Premierenprogramm des Quartier, September 1990 (Foto: H. Schulz-Wendel)*

321 Horst von Moellendorf: »Wie der Dumme August das Publikum sieht.«

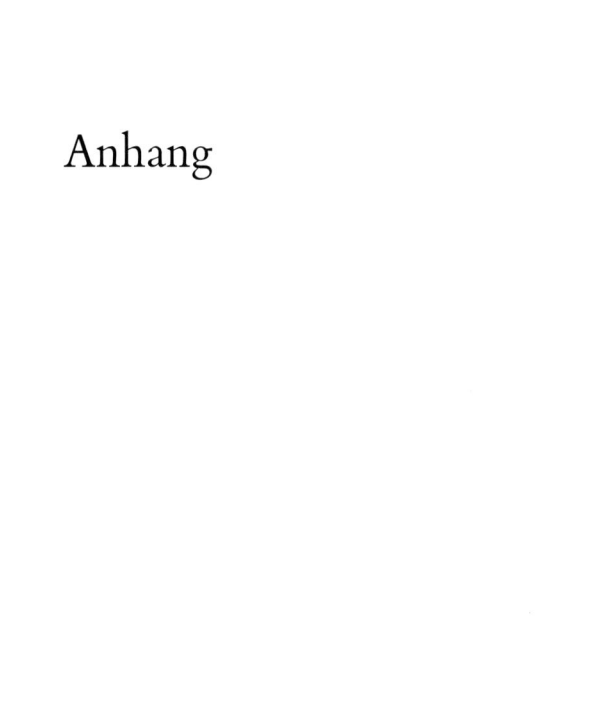

Anhang

Anmerkungen

Vorwort

1 Der Stern, Nr. 33, 10. 8. 1989, S. 62.
2 Ebd., S. 58 ff.
3 Der Spiegel, Nr. 5, 29. 1. 1990, S. 179.
4 Ebd., S. 176.

Schwierigkeiten der Geschichtsschreibung

1 Statistisches Jahrbuch der Stadt Berlin. Berlin 1925, S. 77.
2 Der Artist, Nr. 1206, 22. 3. 1908.
3 Vergl.: Die Weltbühne, 1. Halbjahr 1919, S. 606.
4 Peter Panter (d. i. Kurt Tucholsky): Varieté und Kritik. In: Ebd., 2. Halbjahr 1922, S. 88 f.
5 Hans Reimann: Varieté-Einheits-Bericht. In: Ebd., S. 124.
6 Eddie Grothe, mündliche Mitteilung.
7 Organ Show-Business, Juli 1981 ff.
8 Der Artist, Nr. 825, 2. 12. 1900.
9 STENOGRAPHISCHE BERICHTE über die Verhandlungen des Reichstages 1880. Bd. 1, S. 452.
10 Berliner Volksblatt, 18. 10. 1885.
11 LINSEMANN, Paul: Theaterstadt Berlin. Berlin 1897, S. 74 f.
12 Der Artist, Nr. 709, 11. 9. 1898.
13 MARTERSTEIG, Max: Das deutsche Theater im 19. Jahrhundert. Leipzig 1924, S. 701.
14 EYLITZ, Willi: Das Königstädtische Theater in Berlin. Diss. (masch.), Rostock 1940, S. 186.
15 BOCHNIK, Georg: Das Belle-Alliance-Theater in Berlin 1869–1913. Diss. (masch.), Berlin 1957, S. 3.

Das Fahrende Volk

1 MANN, Thomas: Tonio Kröger. Berlin 1922.
2 FONTANE, Theodor: Grete Minde, Irrungen – Wirrungen, Schach von Wuthenow. Leipzig o. J., S. 15 f.
3 Vergl.: Klaus Trappmann: Vom Preis der Freiheit. In: FAHRENDES VOLK, Spielleute, Schausteller, Artisten. Ausstellungskatalog, Städtische Kunsthalle Recklinghausen 1981.
4 Vergl.: BERGER, Roland, Dietmar WINKLER: Clowns und Akrobaten, Der Zirkus in der bildenden Kunst. Berlin (DDR) 1983.
5 SIGNOR SALTARINO (d. i. Hermann Waldemar Otto): Das Artistentum und seine Geschichte. Leipzig 1910, S. 200.
6 Ebd., S. 199 f.
7 Günter Bose, Erich Brinkmann: »Heimweh nach der Reise«. In: FAHRENDES VOLK, a. a. O., o. S.
8 BEROL-KONORAH, Max: 25 Jahre Internationale Artisten-Loge. Berlin 1926, S. 16.
9 Leipziger Illustrirte Zeitung, Nr. 3700, 28. 5. 1914, S. 1183.
10 Der Bär, 1883, S. 65.
11 Der Versuch, die Entwicklung des Varietés als pure Artistengeschichte darzustellen, vernachlässigt die zentrale Bedeutung der festen Spielstätten, existierten doch Artisten von alters her, Varieté aber erst seit dem Entstehen fester Auftrittsmöglichkeiten. Die auf das akrobatische Element abhebende Herangehensweise führt zudem bezüglich der Programme in die Irre, da die Aufführungen zwar üblicherweise eine ganze Reihe akrobatischer Nummern besaßen, die aber in den Augen der Zuschauer nicht unbedingt die wichtigsten Darbietungen präsentierten. Gerade die Kompilation, die Ringkämpfer neben Opernsänger, Nacktdarstellungen neben Clownerien, hübsche Soubretten neben Show Freaks stellte, kennzeichnet ja die Nummernstruktur. Diese Untersuchung wendet sich also nicht einer gewissen Sparte von Künstlern zu, die im artistischen Programm auftreten, sondern einem bestimmten *Veranstaltungstypus*.
Daraus entstehen unmittelbar Konsequenzen für die Erschließung der Vorläufer. Ausgehend von der Feststellung, daß sich im späteren Varieté Musik, Tanz, Komik und Akrobatik miteinander verbanden, muß die Erforschung der Anfänge auf eine umfassende Betrachtung des städtischen Vergnügungslebens ausgerichtet sein; die Populärformen des Gesangs, des Tanzes und der öffentlichen Belustigungen sind dabei ebenso mit einzubeziehen wie die Veranstaltungen der Akrobaten. Die innerhalb der umfangreichen Circusliteratur immer wieder kolportierten Berichte über die lange Tradition artistischer Unternehmen gehören eben nicht ausschließlich zur Vorgeschichte des Varietés.

Öffentliches Vergnügungsleben vor 1848

1 DRONKE, Ernst: Berlin. Frankfurt a. M. 1974 (E. A. 1846), S. 63 f.
2 JANSEN, Wolfgang, Rudolf LORENZEN: Possen, Piefke und Posaunen. Berlin 1987, S. 111.
3 Ebd., S. 103 f.
4 Zit. nach: Berliner Volksblatt, 17. 10. 1885.
5 THOMAS, Emil: Ältestes, Allerältestes. Berlin 1904, S. 146 f.
6 Zit. nach: JANSEN/LORENZEN, a. a. O., S. 104.
7 Noch 1925 gehörten die Bücher zum allgemeinen Reisegepäck: »Exzentriks haben von der Anwesenheit des Zeitungsmannes in ihrem Reiche Kenntnis genommen und kramen nun aus ihrer alten Reisekiste eine jahrhundertealte Chronik hervor und zeigen sie recht stolz. Ein interessantes, vergilbtes Dokument, die Geschichte des altberühmten Wanderzirkus ›Goldkette‹, dem sie, die Bronetts, entstammen. Mit Aufenthaltsbescheinigungen und Führungsattesten der Stammväter der über die ganze Erde weitverzweigten Artistenfamilie. Beginnend mit dem Jahre 1822, geht die bunte Fahrt im grünen Wanderwagen durch ganz Europa. Überall, auf jedem Blättchen, steht zu lesen, daß die Darbietungen des pp. Goldkette

8 Zit. nach: KRIEGER, Bogdan: Berlin im Wandel der Zeiten. Berlin 1923, S. 188.
9 Vergl.: Der Bär von Berlin 1961, S. 88 ff.
10 RAEDER, Alwill: Kroll, Ein Beitrag zur Berliner Kultur- und Theatergeschichte. Berlin 1894, S. 30.
11 Berliner Lebensbilder H. 4: Herr Pulicke besucht die Berliner Sommer-Theater. Verf. anonym, Berlin 1851, S. 12.
12 SPIKER, Samuel Heinrich: Berlin und seine Umgebungen im neunzehnten Jahrhundert. Berlin 1979 (Reprint, E. A. 1833), S. 68.
13 EYLITZ, a. a. O., S. 185.
14 Ebd., S. 270.
15 MARTERSTEIG, a. a. O., S. 356.
16 Einige Titel der Klischnigg-Stücke lauteten: »Bräutigam und Affe«, »Jocko, der brasilianische Affe«, »Der Stumme und sein Affe« und »Der Affe von Malicolo«. Vergl. auch: Der Artist: Nr. 706, 21. 8. 1898.
17 PETERS, Wolfgang: Berliner Sommertheater. Diss. (masch.), Berlin 1944, S. 43.
18 Vossische Zeitung, 13. 6. 1831.
19 Ebd., 22. 6. 1831.
20 Zit. nach: PETERS, a. a. O., S. 41.
21 Vergl.: KOSCHKA, Emil: Berliner Sitte(n). Berlin 1981.
22 Der Bär, 1882, S. 264.
23 DRONKE, a. a. O., S. 56.
24 Berliner Feuerspritze, 2. 5. 1853.
25 GOBBERS, Emil: Artisten, Zirkus und Varieté in alter und neuer Zeit. Düsseldorf 1949, S. 81.
26 Der Artist, Nr. 799, 3. 6. 1900.

Café-Chantants, Tingeltangel und Singspielhallen

1 WACHENHUSEN, Hans: Berliner Photographien. Berlin 1867, Bd. 2, S. 60 f.
2 Der Artist, Nr. 799, 3. 6. 1900.
3 Vossische Zeitung, 2. 4. 1852.
4 Ebd.
5 Ebd., 25. 7. 1854.
6 Ebd., 5. 7. 1859.
7 Vergl.: SCHEUGL, Hans: Showfreaks & Monster. Köln 1974, S. 77.
8 RAEDER, a. a. O., S. 115 f.
9 Vergl.: SCHEUGL, a. a. O.
10 RAEDER, a. a. O., S. 363.
11 Vossische Zeitung, 26. 2. 1860
12 Zit. nach: RAEDER, a. a. O., S. 363.
13 Ebd., S. 363 f.
14 Der Artist, Nr. 383, 12. 6. 1892.
15 Zit. nach: Der Bär, 1881, S. 328.
16 Vossische Zeitung, 15. 4. 1855.
17 Ebd., 17. 4. 1855.
18 Theater-Vereins-Zeitung, 28. 4. 1855.
19 Lydia Thompson blieb auch fernerhin dem Varieté verbunden. Sie trat in England als Solotänzerin auf, gründete dann eine Ballettgruppe, mit der sie sich in die USA begab, und verringerte im Verlauf der Jahre ihre Auftrittskleidung immer mehr. Auch ihr Stil paßte sich der frühen englischen Music-Hall an und verlor die Unschuldspose: »Die Kunst des Zweideutigen beherrschte (…) Lydia Thompson, die während ihrer Tanz- und Gesangsdarbietungen die Herren im Parkett vertraulich und augenzwinkernd anzusprechen pflegte.« KLOOSS, Reinhard, Thomas REUTER: Körperbilder, Menschenornamente in Revuetheater und Revuefilm. Frankfurt a. M. 1980, S. 16.
20 Vossische Zeitung, 11. 12. 1861.
21 THOMAS, a. a. O., S. 148 f.
22 NALLI-RUTENBERG, Agathe: Das alte Berlin. Berlin 1912. S. 104.
23 Vossische Zeitung, 15. 10. 1857.
24 Ebd., 24. 4. 1859.
25 Ebd., 5. 1. 1862.
26 Vergl.: Ebd., 11. 9. 1864.
27 Carlos Kühn: Vom Zirkus Renz bis zum Walhalla-Operetten-Theater (1888). Unveröffentlichtes Manuskript, S. 31.
28 THOMAS, a. a. O., S. 150 f.
29 WACHENHUSEN, a. a. O., S. 62 f.
30 Vossische Zeitung, 18. 1. 1860.
31 THOMAS, a. a. O., S. 150.
32 WACHENHUSEN, a. a. O., S. 64 f.
33 ZOBELTITZ, Fedor von: Chronik der Gesellschaft. Berlin 1922, Bd. 1, S. 240 f.
34 WACHENHUSEN, a. a. O., S. 64.
35 Vossische Zeitung, 16. 4. 1867.
36 WACHENHUSEN, a. a. O., S. 66.
37 BERLINER Compaß. Berlin 1876, S. 83.
38 Vossische Zeitung, 24. 7. 1861.
39 SALTARINO, a. a. O., S. 226.
40 Spenersche Zeitung, 3. 6. 1866.
41 BERLINER Compaß, a. a. O., S. 82.
42 Ebd., S. 82 f.
43 BERNSTEIN, Eduard: Von 1850 bis 1872. Berlin 1926, S. 125 f.
44 BERLINER Compaß, a. a. O., S. 83.

Das Rätsel »Tingeltangel«

1 Bazon Brock: Selbstentfesselungskünstler zwischen Gottsucherbanden und Unterhaltungsidioten – für eine Kultur diesseits des Ernstfalls und jenseits von Macht, Geld und Unsterblichkeit.
  In: Ausstellungskatalog der documenta 8, Bd. 1, Kassel 1987, S. 21 ff.
2 GÜNTHER, Ernst: Geschichte des Varietés. Berlin (DDR) 1981, S. 135.
3 Ebd.
4 Ebd., S. 136.
5 Das Deutsche Wörterbuch der Brüder Grimm, Bd. 11, Leipzig 1935, S. 502, belegt zudem die lautmalerische Bildung. Für ein früheres Datum, als in diesem Kapitel angegeben, ist das Wörterbuch jedoch kein Beleg, da die Erstausgabe des genannten Bandes erst 1935 erschien und das Grimmsche Material mehrere Bearbeiter hatte, folglich eine nachträgliche Einfügung wahrscheinlich ist.

6 Zit. nach: Der Komet, 10.3.1885.
7 Der Artist, Nr. 714, 16.10.1898.
8 Ebd.
9 Ebd., Nr. 763, 24.9.1899.
10 Ebd.
11 Vergl.: Ebd., Nr. 815, 23.9.1900.
12 SALTARINO, a.a.O., S. 55.
13 GOBBERS, a.a.O., S. 82.
14 KIAULEHN, Walther: Berlin, Schicksal einer Weltstadt. München 1958. S. 246.
15 Bobby Barell: Zirkus und Varieté in Deutschland. In: Deutschland, Porträt einer Nation. Bd. 4: Kunst und Kultur. München 1982, S. 240.
16 HABER, Siegmund: Berlin bei Nacht, Kaiserstädtische Kneipenstudien. 3. Aufl., Erfurt o.J., S. 129.
17 Zit. nach: LASCH, Agathe: »Berlinisch«, Eine Berliner Sprachgeschichte, Berlin o.J., S. 214.
18 STENO-BERICHTE, 5.5.1882, S. 25.
19 Zit. nach: Ebd., 6.4.1883, S. 702.
20 Der Artist, Nr. 709, 11.9.1898.
21 Ebd., Nr. 1528, 24.5.1914.
22 Zit. nach: Ebd., Nr. 2151, 11.3.1927.
23 Meyers Lexikon, Leipzig 1929.
24 Der Große Brockhaus, Leipzig 1934.
25 Unterhaltungskunst A–Z. Berlin (DDR) 1975.

Das Gewerberecht bestimmt den Spielplan

1 Zit. nach: STENO-BERICHTE, 26.4.1880, S. 932.
2 Zit. nach: STENO-BERICHTE über die Verhandlungen des Reichstages des Norddeutschen Bundes. 13.4.1869, S. 351.
3 Ebd.
4 Zit. nach: MAAS, Lieselotte: Das Friedrich-Wilhelmstädtische Theater in Berlin unter der Direktion von Friedrich Wilhelm Deichmann in der Zeit zwischen 1848 und 1860. Diss., München 1965, S. 50.
5 STENO-BERICHTE Norddeutscher Bund, 13.4.1869, S. 351
6 Vergl.: Ebd.
7 Zit. nach: STENO-BERICHTE Deutscher Reichstag, 6.4.1883, S. 1695.
Der Reichstagsabgeordnete verliest diese Polizeiverordnung, die aus dem Jahre 1878 stammt. Inhaltlich entspricht sie genau den Bestimmungen aus der Zeit vor der Einführung der Gewerbefreiheit. Offensichtlich führten derartige Verordnungen ein wissenschaftlich schwer zu kalkulierendes Eigenleben.
8 STENO-BERICHTE Norddeutscher Bund, 17.6.1868, S. 530.
9 Ebd., S. 527.
10 Ebd., 13.4.1869, S. 353.
11 Ebd., S. 352.
12 GEWERBE-ORDNUNG für den Norddeutschen Bund, Vom 21. Juni 1869. Berlin 1869, S. 1.
13 Ebd., S. 17.
14 STENO-BERICHTE Norddeutscher Bund, 17.6.1868, S. 529.
15 Ebd.
16 Ebd., 14.4.1869.

17 Vergl.: STENO-BERICHTE Deutscher Reichstag, 6.4.1883, S. 1695.
18 Ebd., 17.3.1880, S. 465.
19 Ebd., S. 452.
20 Ebd., 26.4.1880, S. 927.
21 Ebd., S. 926.
22 Ebd., S. 933.
23 REICHS-GESETZBLATT. Berlin 1883, S. 160.
24 Der Artist, Nr. 657, 12.9.1897.
25 Ebd.
26 Ebd., Nr. 828, 23.12.1900.
27 Vergl.: Theaterakten des Berliner Polizeipräsidenten Pr. Br. Rep. 30 Bln C Th 2429 im Staatsarchiv Potsdam, Brief vom 2.11.1917.

Varieté und Circus

1 Die übliche Dominanz der Tiere in den Manegenvorstellungen als Kennzeichen von Circus wirkt bis heute fort, bildet sie doch den Hintergrund für manche Anfeindungen, denen sich der Circus Roncalli ausgesetzt sah. Da dessen Aufführungen weitgehend auf Tiere verzichten, erklärten die Konkurrenten das Unternehmen zu keinem »richtigen« Circus.
2 Leipziger Illustrirte Zeitung, Nr. 3700, 28.5.1914, S. 1183.
3 Ebd., S. 1183 f.
4 Der Programm, Nr. 1263, 20.6.1926, S. 25.
5 KUSNEZOW, Jewgeni: Der Zirkus der Welt. Berlin (DDR) 1970, S. 7.
GÜNTHER, a.a.O., S. 13.

Vom Spezialitätentheater zum internationalen Varieté

1 Zit. nach: Vossische Zeitung, 21.9.1869.
2 Ebd.
3 KALISCH, David: Zur Theater-Freiheit, Schreibebrief des Weißbierlocalbesitzers Bohnekamm an die Redaction des Kladderadatsch.
In: Ders.: Lustige Werke, Bd. 4, Berlin o.J., S. 7. Abgedruckt im: Kladderadatsch, Nr. 48, 17.10.1869.
4 Ebd.
5 RAEDER, Alwill: Fünfzig Jahre Deutscher Bühnengeschichte, 1836–1886. Berlin 1886, S. 167.
6 Vossische Zeitung, 17.5.1871.
7 Vergl.: Berliner Lokal-Anzeiger, 23.2.1930.
8 Zit. nach: Carlos Kühn, a.a.O., S. 34.
9 Vossische Zeitung, 2.8.1870.
10 Ebd., 29.10.1878.
11 Ebd., 27.10.1869.
12 Ebd.
13 Ebd., 15.12.1877.
14 Ebd., 24.1.1878.
15 Ebd., 27.10.1878.
16 Vergl.: Theaterakten Th 570, a.a.O.
Heinsdorff übernahm am 1. September 1873 die Leitung. Mögliche Irritationen, die dadurch entstehen könnten, daß Martin Bendix sein 25jähriges Bühnenjubiläum am American-Theater bereits 1897 beging und Benno

JACOBSON: Der Theater. Berlin 1906, 1871 als Gründungsdatum angibt, beruhen wahrscheinlich auf dem Umstand, das vorher ein »Chantanttheater« in den Räumen betrieben wurde, wie Heinsdorff am 12. Juli 1873 der Berliner Polizeibehörde schrieb.
17 THOMAS, a. a. O., S. 155.
18 Ebd.
19 M. Reymond: Zirkus- und Spezialitäten-Theater. In: BERLINER PFLASTER, Illustrierte Schilderungen aus dem Berliner Leben. Berlin 1891, S. 43.
20 Berliner Illustrirte Zeitung, Nr. 45, 1897, S. 8.
21 BERLINER PFLASTER, a. a. O., S. 43.
22 THOMAS, a. a. O., S. 155.
23 Der Artist, Nr. 657, 12. 9. 1897.
24 Berliner Fremdenblatt, Nr. 360, 5. 11. 1897.
25 JACOBSON, a. a. O., o. S.
26 Vossische Zeitung, 9. 12. 1877.
27 Vergl.: Theaterakten Th 772, a. a. O., Brief vom 18. 10. 1882.
28 Der Artist, Nr. 362, 17. 1. 1892.
29 Ebd., Nr. 445, 20. 8. 1893, Hervorh. vom Verf.
30 Ebd., Nr. 742, 30. 4. 1899.
Die Liste der genannten Lokale:
Wintergarten, Apollo-Theater, Metropol-Theater, Feenpalast, Kaufmanns Varieté, Quargs Vaudeville- und Varieté-Theater, Passage-Panopticum, Krystall-Palast-Theater, Alcazar, Concordia-Varieté-Theater, Eldorado-Theater, Varieté Boulevard, Elysium, Gratweil'sche Bierhallen, Zechs Varieté, Unionsbrauerei, Königstädtisches Casino, Maehr's Varieté-Theater, W. Schulze's Varieté, Klosterstübl, Volks-Theater, Varieté Primas, Tunnel im Circus Renz, Paul Borowsky's Varieté Malepartus, Apollo-Theater (Rixdorf), Schweizergarten, Belle-Alliance-Theatergarten, Neue Welt, Friedrich Wilhelmstädtischer Concertpark, Bockbrauerei, Berliner Prater, Puhlmanns Vaudeville-Theater, Ostbahnpark, Ostend-Theatergarten, Artushof, Moabiter Stadttheater, Moabiter Gesellschaftshaus, Wilhelmshof, Weimanns Volksgarten, Schwarz'-Konzertgarten, Kurfürstenpark Halensee, Flora, Victoria-Brauerei, Neumanns Varieté, Varieté Bergmannshöhe.
31 ZOBELTITZ, a. a. O., Bd. 1, S. 240 f.
32 Volks-Zeitung, 8. 3. 1891.
33 Das Organ, 18. 1. 1933.
34 Leipziger Illustrirte Zeitung, Nr. 3700, 28. 5. 1914.

Der Wintergarten

1 BERLIN und seine Bauten. Berlin 1877, S. 347.
2 Vossische Zeitung, 2. 5. 1876.
3 Leipziger Illustrirte Zeitung, Nr. 1877, 21. 5. 1879.
4 Der Artist, Nr. 845, 21. 4. 1901.
5 Leipziger Illustrirte Zeitung, Nr. 1877, 21. 5. 1879.
6 Vergl.: Ebd., Nr. 1946, 16. 10. 1880.
7 Ebd.
8 Vergl.: BERLIN und seine Bauten. Bd. 2, Berlin 1896, S. 512.
9 Die bereits 1884 auftauchenden Angaben von 2300 qm (Max RING: Die deutsche Kaiserstadt Berlin und ihre Umgebung. Reprint Berlin 1987, S. 124), die sich in den späteren Festschriften auf 2500 qm noch steigerten, sind entweder hochgestapelt oder rechnen Vorräume und Umgänge mit ein, ohne das auszuweisen. Offensichtlich hat bislang niemand eine eigene Berechnung angestellt.
10 Leipziger Illustrirte Zeitung, Nr. 1946, 16. 10. 1880.
11 Ebd.
12 Vossische Zeitung, 17. 10. 1880.
13 Ebd., 12. 6. 1881.
14 FESTSCHRIFT 50 JAHRE Wintergarten, 1888–1938. Berlin 1938, S. 111.
15 Vergl.: Berliner Börsen-Courier, 1. 9. 1896.
16 Der Artist, Nr. 655, 29. 8. 1897.
17 FESTSCHRIFT 50 JAHRE, a. a. O.
18 Ebd.
19 K(ÜSSHAUER), W(ilhelm): Wintergarten, 1887–1900–1925. Berlin o. J., S. 3
20 Der Artist, Nr. 711, 25. 9. 1898.
21 Norddeutsche Allgemeine Zeitung, 20. 9. 1887, Hervorh. v. Verf.
22 Ebd., 14. 10. 1886.
23 Vergl.: Vossische Zeitung, Nr. 485, 17. 10. 1886.
24 Norddeutsche Allgemeine Zeitung, 26. 10. 1886.
25 Vergl.: Theaterakten Th 1440, a. a. O.
26 Die Angaben zum Eröffnungsprogramm in den Festschriften 1925, 1928 und 1938 sind unvollständig und ergeben daher ein falsches Bild.
27 Theaterakten Th 1440, a. a. O.
28 Deutsche Theater-Vereins-Zeitung, 27. 10. 1889.
29 K(ÜSSHAUER), a. a. O., S. 6.
30 Ebd.
31 BERLINER PFLASTER, a. a. O., S. 47.
32 Vergl.: Theaterakten Th 1440, a. a. O.
33 Berliner Lokal-Anzeiger, 2. 9. 1900.
34 Der Artist, Nr. 813, 9. 9. 1900.
35 FETTING, Hugo (Hg.): Max Reinhardt Schriften. Berlin (DDR) 1974, S. 156.

Der Barrison-Skandal

1 Der Artist, Nr. 629, 28. 2. 1897.
2 GÜNTHER, a. a. O., S. 204.
3 Zit. nach: Tournée 1897/98. – Lona Barrison, Chanteuse Amazone fin du siècle. S. 14.
4 Die FESTSCHRIFT 50 JAHRE, a. a. O., S. 41, spricht davon, daß sie *auf* der Weltausstellung entdeckt worden seien.
5 Der Artist, Nr. 476, 25. 3. 1894.
6 Ebd., Nr. 499, 2. 9. 1894.
7 Ebd., Nr. 502, 23. 9. 1894.
8 Berliner Illustrirte Zeitung, Nr. 4, 1895, S. 3.
9 JACOBSON, a. a. O., o. S.
10 Der Artist, Nr. 530, 6. 4. 1895.
11 Zit. nach: FESTSCHRIFT 50 JAHRE, a. a. O., S. 40.
12 Berliner Illustrirte Zeitung, Nr. 4, 1895, S. 3.
13 LINDNER, Anton (Ps.: Pierre d'Aubecq): Die Barrisons, Ein Kunsttraum, Zum Kapitel: *Zeitsatire*. Berlin 1897, S. 81 f.
14 Berliner Illustrirte Zeitung, Nr. 1, 1895, S. 2.
15 MOELLER-BRUCK, Arthur: Das Varieté. Berlin 1902, S. 172.

16 Vergl.: JACOBSON, a. a. O., o. S.
17 Leserbrief von Dr. J., Lichterfelde Berlin. In: Der Tagesspiegel, 9. 3. 1955.
18 Vergl.: Der Artist, Nr. 630, 7. 3. 1897.
19 Berliner Illustrirte Zeitung, Nr. 1, 1895, S. 2.
20 Vergl.: Der Artist, Nr. 592, 16. 6. 1896.
21 Ebd., Nr. 618, 11. 12. 1896.
22 Ebd., Nr. 536, 19. 5. 1895.
23 Ebd., Nr. 552, 8. 9. 1895.
24 Ebd., Nr. 617, 4. 12. 1896.
25 Ebd., Nr. 626, 7. 2. 1897.
26 Ebd.
27 Ebd.
28 alle weiteren: Ebd., Nr. 627-630, 14. 2. 1897 – 7. 3. 1897.
29 Ebd., Nr. 629, 28. 2. 1897.
30 Ebd., Nr. 627, 14. 2. 1897.
31 Ebd.
32 Ebd.
33 Theaterakten Th 1440, a. a. O., Brief vom 17. 4. 1897.
34 Der Artist, Nr. 630, 7. 2. 1897.
35 Berliner Börsen-Courier, Nr. 103, 3. 3. 1897.
36 National-Zeitung, Nr. 157, 7. 3. 1897.
37 Berliner Börsen-Courier, Nr. 113, 10. 3. 1897.
38 Der Artist, Nr. 632, 31. 3. 1897.
39 National-Zeitung, Nr. 157, 7. 3. 1897.
40 Vergl.: Der Artist, Nr. 655, 29. 8. 1897.
41 Ebd., Nr. 723, 18. 12. 1898.
42 Internationale Artisten-Zeitung, Nr. 42, 17. 6. 1897.
43 Die Post, 27. 6. 1897.
44 Vergl.: Berliner Tageblatt, Nr. 397, 7. 8. 1897.
45 Vergl.: Berliner Lokal-Anzeiger, Nr. 131, 31. 3. 1898.
46 National-Zeitung, Nr. 215, 31. 3. 1898.
47 Vergl.: Der Artist, Nr. 653, 15. 8. 1897.
48 Ebd., Nr. 687, 10. 4. 1898.
49 Vergl.: Die Woche, Nr. 43, 1906, S. 1898.
50 Der Theater, März 1910, S. 12.
51 DURIEUX, Tilla: Meine ersten neunzig Jahre. Reinbek 1976, S. 131.

Das Varieté und die Tanzmoderne

1 KAHANE, Arthur: Tagebuch des Dramaturgen. Berlin 1928, S. 207.
2 Zit. nach: ZIVIER, Georg: Berlin und der Tanz. Berlin 1968, S. 39 f.
3 Ebd., S. 48.
4 Max Terpis: Entwicklungsphasen des modernen Tanzes. In: Die Scene, Nr. 11, 1927, S. 323.
5 Die Insel, April/Juni 1900, S. 105.
6 Der Artist, Nr. 472, 18. 2. 1895.
7 Volks-Zeitung, Nr. 202, 30. 8. 1892.
8 Der Artist, Nr. 522, 8. 9. 1895.
9 GREGOR, Ulrich, Enno PATALAS: Geschichte des Films, Bd. 1, 1895–1939. Reinbek 1976, S. 36.
10 Zit. nach: BOEHN, Max von: Der Tanz. Berlin 1925, S. 123.
11 Velhagen und Klasings Monatshefte, H. 1, 1924, S. 7.
12 BOEHN, a. a. O., S. 129.

Das Apollo-Theater

1 Vergl.: Akten der Berliner Baupolizei, Rep. 206, Nr. 1216-1223, Friedrichstraße 218.
2 Vossische Zeitung, 29. 12. 1875, Herv. v. Verf.
3 Ebd.
4 Ebd., 15. 12. 1877.
5 Ebd., 3. 11. 1878.
6 Vergl.: KRIEGER, a. a. O., S. 427 f.
7 THOMAS, a. a. O., S. 170.
8 Ebd.
9 Norddeutsche Allgemeine Zeitung, Nr. 607, 28. 12. 1884.
10 Vergl.: Ebd., Nr. 161, 6. 4. 1886.
Aus der Ehe gingen zwei Kinder hervor, eine Tochter und ein Sohn, die ebenfalls den Artistenberuf ergriffen. Die Tochter erlangte als Schulreiterin unter dem Namen ihrer Mutter große Anerkennung.
11 RAEDER, Alwill: Der Circus Renz in Berlin. Berlin 1897, S. 42.
12 Vergl.: Vossische Zeitung, Nr. 447, 25. 9. 1886.
13 Vergl.: SALTARINO, a. a. O., S. 233.
14 Vergl.: Vossische Zeitung, Nr. 405, 31. 8. 1890.
15 Ebd., Nr. 521, 7. 11. 1890.
16 Volks-Zeitung, 6. 1. 1891.
17 Vossische Zeitung, Nr. 404, 30. 8. 1890.
18 National-Zeitung, 17. 2. 1891.
19 Theaterakten Th 646, a. a. O., Brief vom 23. 2. 1891.
20 Ebd.
21 Der Artist, Nr. 376, 24. 4. 1892.
22 Ebd., Nr. 395, 4. 9. 1892.
23 Ebd.
24 Volks-Zeitung, Nr. 201, 28. 8. 1892.
25 Der Artist, Nr. 432, 21. 5. 1893.
26 Vergl.: Ebd., Nr. 551, 1. 9. 1895.
27 Vergl.: Ebd., Nr. 712, 2. 10. 1898.
28 Vergl.: Ebd., Nr. 728, 22. 1. 1899.
29 Ebd., Nr. 486, 3. 6. 1894.
30 Ebd.
31 Ebd., Nr. 809, 12. 8. 1900.
32 Ebd., Nr. 862, 18. 8. 1901.
33 Theaterakten Th 654, a. a. O., Brief vom 1. 12. 1917.
34 Vergl.: Bauakten, a. a. O.
35 Zit. nach: Das Organ, Nr. 250, 6. 9. 1913.

Kino und Varieté

1 Zit. nach: ZGLINICKI, Friedrich von: Die Wiege der Traumfabrik. Berlin 1986, S. 39 f.
2 Der Artist, Nr. 557, 13. 10. 1895.
3 Ebd.
4 Zit. nach: CERAM, C. W.: Eine Archäologie des Kinos. Reinbek 1965, S. 155.
5 Der Artist, Nr. 561, 9. 11. 1895.
6 Ebd., Nr. 566, 15. 12. 1895.
7 Ebd.
8 MESSTER, Oskar: Mein Weg mit dem Film. Berlin 1936, S. 23.
9 Der Artist, Nr. 606, 18. 9. 1896.
10 Oskar Messter gibt zwar in seiner Publikation (S. 23) den 1. November 1896 als Premiere an, doch die in der artisti-

schen Fachpresse veröffentlichten Programme des Apollo-Theaters bestätigen den Termin nicht.
11 Der Artist, Nr. 618, 11. 12. 1896.
12 Ebd., Nr. 626, 7. 2. 1897.
13 Ebd., Nr. 628, 31. 2. 1897.
14 Ebd., Nr. 638, 2. 5. 1897.
15 FORCH, Carl: Der Kinematograph und das sich bewegende Bild. Wien/Leipzig 1913, S. 2.
16 Der Artist, Nr. 1111, 27. 5. 1906.
17 Das Programm, Nr. 616, 25. 1. 1914.
18 Ebd.
19 OTTO, Uwe (Hg.): Akten Kottbusser Straße 6/7. Berlin 1982, o. S.
20 Das Programm, Nr. 616, 25. 1. 1914.
21 Ebd., Nr. 623, 15. 3. 1914.
22 Vergl.: Der Artist, Nr. 1528, 24. 5. 1914.

Das »literarische Varieté« (Kabarett)

1 Zit. nach: LUDWIG, Hans (Hg.): Eulen nach Spree-Athen, Zwei Jahrhunderte Berliner Humor in Wort und Bild. Berlin (DDR) 1969, S. 194.
2 DEUTSCHE CHANSONS (Brettl-Lieder). Leipzig 1902, S. XX f.
3 Der Artist, Nr. 361, 10. 1. 1892.
4 LINDNER, a. a. O.
5 BIERBAUM, Otto Julius: Stilpe. München/Zürich 1982 (E. A. Berlin 1897), S. 165 f.
6 Ebd., S. 191.
7 Berliner Illustrirte Zeitung, Nr. 5, 1898, S. 8.
8 Internationale Artisten-Zeitung, Nr. 75, 6. 2. 1898.
9 Der Artist, Nr. 690, 1. 5. 1898.
10 Berliner Illustrirte Zeitung, Nr. 44, 1899, S. 6.
11 ZOBELTITZ, a. a. O., Bd. 1, S. 238 f.
12 Zit. nach: COTTA, Johannes: Der Kabarettkünstler. Leipzig 1925, S. 8. f.
13 DEUTSCHE CHANSONS, a. a. O., S. X.
14 Zit. nach: DEISSNER-JENSSEN, Frauke (Hg.): Die Zehnte Muse, Kabarettisten erzählen. Berlin (DDR) 1982, S. 24.
15 Vergl.: Der Artist, Nr. 854, 23. 6. 1901.
16 EWERS, Hanns Heinz: Das Cabaret. Berlin/Leipzig o. J. (1904), S. 67 f.
17 Der Artist, Nr. 877, 1. 12. 1901.
18 SATYR: Lebeweltnächte der Friedrichstadt. Berlin o. J., S. 72.
19 Bühne und Brettl, Nr. 17, 1905, o. S.
20 GUTTMANN, Richard: Varieté, Beiträge zur Psychologie des Pöbels. Wien/Leipzig 1919.

Organisationen der Artisten und Direktoren

1 Artisten, Nr. 28, 10. 4. 1951.
2 Ebd.
3 Der Artist, Nr. 2483, 21. 7. 1933.
4 Vergl.: Berliner Volksblatt, 22. 12. 1886.
Bereits 1885 soll dem Berliner Komiker Martin Bendix »das Ehrenamt eines Aufsichtsrats« im Deutschen Artistenverein übertragen worden sein.
BENDIX, Martin, genannt »Der Urkomische«, Seine Verdienste um den Berliner Humor. Berlin 1912, S. 60.
5 Vergl.: ARTISTEN, Eine große Familie, Artisten und ihre Vereine in Neukölln, Ausstellungskatalog, Kunstamt Neukölln, Berlin 1986.
6 Vergl.: Der Künstler, 6. 8. 1913.
7 Vergl.: Der Artist, Nr. 609, 9. 10. 1896.
8 Vergl.: ARTISTEN, a. a. O., S. 13 ff.
9 BEROL-KONORAH, a. a. O., S. 17.
10 Theaterakten Th 634, a. a. O.
11 BEROL-KONORAH, a. a. O., S. 17.
12 Der Artist, Nr. 624, 24. 1. 1897.
13 Ebd.
14 Ebd., Nr. 633, 28. 3. 1897.
15 Vergl.: Ebd., Nr. 796, 13. 5. 1900.
16 Das Organ, Nr. 1258/59, 18. 1. 1933.
17 BEROL-KONORAH, a. a. O., S. 14.
18 Der Artist, Nr. 833, 27. 1. 1901.
19 Ebd., Nr. 866, 15. 9. 1901.
20 Ebd.
21 Das Organ, Nr. 1258/59, 18. 1. 1933.
22 Ebd.
23 Erste Vorsitzende wurden in den Folgejahren 1909 Leo Bartuschek, 1912 Siegmund Kohn, 1918 Emil Schulz, 1921 James Klein, 1925 Markus Friediger und 1927 Jules Marx. Marx erhielt erstmals den Titel Präsident.
24 BEROL-KONORAH, a. a. O., S. 47.
25 Ebd., S. 62.
26 Ebd., S. 67.
27 Ebd., S. 82.
28 Vergl.: Das Programm, Nr. 1461, 6. 4. 1930.
29 Ebd., Nr. 6, 10. 6. 1953.
30 Ebd.
31 Vergl.: Artisten, Nr. 28, 10. 4. 1951.
32 Otto Eimer-Allison wurde unmittelbar nach Kriegsende zuerkannt, »mutig seine antifaschistische Einstellung« vertreten zu haben.
Das Volk, 19. 8. 1945.
33 Das Programm, Nr. 1639, 3. 9. 1933.
34 vergl.: DREWNIAK, Boguslaw: Das Theater im NS-Staat, Szenarium deutscher Zeitgeschichte 1933–1945. Düsseldorf 1983, S. 21.
35 Vergl.: Berliner Herold, 6. 5. 1934.
36 Das Programm, Nr. 1650, 19. 11. 1933.
37 Organ Show-Business, März 1977, S. 14.
38 Zit. nach: Das Programm, Nr. 1757, 22. 2. 1948.
39 Vergl.: Ernst Günther: Wie die IAL gespalten wurde. In: GÜNTHER, Ernst, Heinz P. HOFMANN, Walter RÖSLER (Hg.): Kassette 5, Berlin (DDR) 1981, S. 177 ff.
40 Organ Show-Business, Nr. 3, März 1976.
41 Varieté, Nr. 6, 10. 11. 1946, S. 3.
42 Die Welt, 9. 5. 1968.
43 Organ Show-Business, Nr. 5, Mai 1989, S. 11.

Stagnation des Varietégewerbes

1 Der Artist, Nr. 810, 19. 8. 1900.
2 Berliner Lokal-Anzeiger, 18. 10. 1900.
3 BUCHNER, Eberhard: Berliner Varietés und Tingeltangel. Berlin 1905, S. 92.

4 Ebd., S. 45 f.
 5 Das Programm, Nr. 643, 2.8.1914.
 6 Ebd.
 7 Ebd., Nr. 619, 15.2.1914.
 8 Ebd., Nr. 634, 31.5.1914.
 9 Ebd., Nr. 644, 9.8.1914.
10 Ebd.
11 Ebd., Nr. 645, 16.8.1914.
12 Ebd., Nr. 646, 23.8.1914.
13 Vally Petzold: Den deutschen Artisten. In: Ebd., Nr. 647, 30.8.1914.
14 Ernst Walter: Made in Germany. In: Ebd., Nr. 648, 6.9.1914.
15 Otto Reutter: Berlin im Krieg. Zensurexemplar, Landesarchiv Berlin.
16 Kurt Tucholsky: Schwarz-weiß-rot. In: Das Organ, Nr. 10, 1918.
17 Gustav Hochstetter: Varieté und Weltkrieg. In: Ebd.
18 Zit. nach: Das Programm, Nr. 645, 16.8.1914.
19 Ebd., Nr. 823, 13.1.1918.
20 Das Organ, Nr. 10, 1918.
21 Ebd.
22 Ebd.
23 Berliner Herold, 13.3.1932.
24 HOLLAENDER, Friedrich: Von Kopf bis Fuß, Mein Leben mit Text und Musik. München 1965, S. 99 f.
25 Das Programm, Nr. 643, 2.8.1914.
26 MOREK, Curt: Führer durch das »lasterhafte« Berlin. Leipzig 1931, S. 96 ff.
27 Das Programm, Nr. 823, 13.1.1918.
28 RÖMER, Willy: Gaukler, Bärenführer, Musikanten, Berlin 1920–1930. Berlin 1986, S. 31.
29 Das Programm, Nr. 1280, 17.10.1926.

Varieté und Revue

 1 Vergl.: JANSEN, Wolfgang: Glanzrevuen der zwanziger Jahre. Berlin 1987.

Die Scala: eine Ausnahme

 1 Berliner Morgenpost, 3.9.1908.
 2 Das Theater, 1910, S. 248.
 3 Berliner Lokal-Anzeiger, 4.12.1910.
 4 Der Künstler, Nr. 45, 6.8.1913.
 5 Berliner Morgenpost, 3.9.1978.
 6 Der Artist, Nr. 1489, 24.8.1913.
 7 Das Brettl, 18.3.1911.
 8 Das Programm, Nr. 659, 22.11.1914.
 9 Berliner Herold, Nr. 22, 29.5.1932.
10 Ebd.
11 Vergl.: Das Programm, Nr. 969, 31.10.1920.
12 Vergl.: Ebd., Nr. 974, 5.12.1920.
13 Berliner Herold, 2.8.1925.
14 Ebd., 29.5.1932.
15 Berliner Börsen-Courier, Nr. 568, 4.12.1920.
16 Das Programm, Nr. 969, 31.10.1920.
17 Ebd., Nr. 1204, 31.5.1925.
18 Ebd., Nr. 969, 31.10.1920.
19 Vossische Zeitung, Nr. 179, 28.7.1928.
20 Das Programm, Nr. 969, 31.10.1920.
21 Berliner Herold, 6.9.1931.
22 Ebd., 7.8.1927.
23 Das Theater, 15.1.1925.
24 Berliner Herold, Nr. 31, 7.8.1927.
25 Berliner Zeitung am Mittag, 25.9.1933. Zit. nach: Programmheft Scala, Okt. 1933.
26 Berliner Herold, Nr. 6, 11.2.1934.
27 COLMAN, Fred A., Walter TRIER: Artisten. Dresden 1928, S. 23.
28 Vergl.: Das Programm, Nr. 1264, 27.6.1926.
29 Scala-Abendblatt, Nr. 60, 29.9.1926.
30 Berliner Herold, 1.9.1929.
31 Ebd., 8.9.1929.
32 Artistik, März 1968.
33 Berliner Herold, Nr. 9, 28.2.1932.
34 Programmheft Scala, Okt. 1933.
35 Ebd., Okt. 1935.
36 Vergl.: BIOGRAPHISCHES HANDBUCH der deutschsprachigen Emigration nach 1933. Hg.: Institut für Zeitgeschichte, München, und die Research Foudation for Jewish Immigration, New York. Bd. II/2, München/New York/London/Paris 1983, S. 785.
37 Berliner Blätter, H. 6, 1956, S. 13.
38 Ebd.
    Nach Der Abend vom 21.2.1950 löste sich die Truppe erst 1947 auf.
    Das Spandauer Volksblatt, 19.6.1966, nennt als Zeitangabe »gegen Kriegsende«.
39 Artisten-Welt, Nr. 23/24, 20.12.1943.
40 Telegraf, 14.6.1958.
41 Artisten-Welt, Nr. 15/16, 20.8.1944.

Die Plaza: vom »Volksvarieté« zur KdF-Bühne

 1 Berliner Herold, 11.12.1927.
 2 Berliner Zeitung, 3.10.1947.
 3 Plaza-Programmheft, Nr. 1, Feb. 1929, o. S.
 4 Programm, Nr. 1356, 1.4.1928.
 5 Ebd.
 6 Plaza-Programmheft, Nr. 1.
 7 Der Abend, 20.4.1928.
 8 Das Programm, Nr. 1375, 12.8.1928.
 9 Berliner Herold, 15.12.1929.
10 Das Programm, Nr. 1461, 6.4.1930.
11 Berliner Herold, 2.8.1931.
12 Das Programm, Nr. 1562, 13.3.1932.
13 Berliner Herold, 7.4.1929.
14 Ebd., 22.9.1929.
15 Ebd., 7.2.1932.
16 Ebd.
17 Das Programm, Nr. 1562, 13.3.1932.
    In einer Leserzuschrift heißt es: »Hierzu ist zunächst zu bemerken, daß der Scala-Konzern zur Zeit nur noch aus der Scala in Berlin und der Arena in Rotterdam besteht, da die Plaza für absehbare Zeit von den Gebr. Rotter als Theater geführt wird. Die Ufa spielt nur in ganz wenigen Häusern ein Varieté-Beiprogramm, so daß es ein wenig

stark übertrieben ist, von der größten Abteilung Europas zu reden.«
18 Illustrierte Berliner Zeitschrift, Nr. 33, 17. 8. 1957.
19 Plaza-Programmheft, Mai 1940.
20 Berliner Herold, 20. 5. 1934.
21 Ebd., 7. 4. 1934.
22 Ebd., 25. 11. 1934.
23 Völkischer Beobachter, 6. 11. 1935.
24 Plaza-Programmheft, Mai 1940.
25 Zahlenangaben nach: FOCKE, Harald, Uwe REIMER: Alltag unterm Hakenkreuz, Bd. 1, Reinbek 1979, S. 147.
26 Vergl.: Die Deutsche Artistik, Nr. 4, 24. 2. 1940.
27 Artisten-Welt, Nr. 16, 24. 8. 1942.
28 Plaza-Programmheft, März 1940.
29 Ebd., Feb. 1941.
30 Ebd., April 1940.
31 Ebd., »Prinzessin Huschewind«, Dez. 1941.
32 Artisten-Welt, Nr. 15/16, 20. 8. 1944.

Das Varieté in der NS-Zeit

1 Zit. nach: Das Programm, Nr. 968, 24. 10. 1920.
2 Ebd., Nr. 933, 22. 2. 1920.
3 Ebd.
4 Ebd.
5 Ebd.
6 Ebd.
7 Ebd., Nr. 934, 29. 2. 1920.
8 Ebd., Domp scheint Franzose gewesen zu sein.
9 Ebd.
10 Ebd.
11 Ebd., Nr. 1201, 12. 4. 1925.
12 HOLLAENDER, a.a.O., S. 273.
13 Ebd., S. 280.
14 Vergl.: Berliner Herold, Nr. 35, 2. 9. 1934.
15 Die Deutsche Artistik, Nr. 25, 21. 6. 1936.
16 Ebd., Nr. 33, 13. 8. 1939.
17 Ebd.
18 LEXIKON der Juden in der Musik. Veröffentlichung des Instituts der NSDAP. Zur Erforschung der Judenfrage. Berlin 1940.
19 Ebd., Vorwort, S. 8f.
20 Die Deutsche Artistik, Nr. 38, 19. 9. 1937.
21 Ebd., Nr. 46, 14. 11. 1937.
22 BEROL-KONORAH, a.a.O., S. 100.
23 Berliner Herold, Nr. 14, 7. 4. 1934.
24 Die Deutsche Artistik, Nr. 39, 27. 9. 1936.
25 Ebd., Nr. 9, 9. 5. 1940.
26 Artisten-Welt, Nr. 23/24, 20. 12. 1943.
27 Das Programm, Nr. 1696, 2. 12. 1934.
28 Berliner Herold, 26. 8. 1934.
29 Ebd., 10. 3. 1934.
30 Die Deutsche Artistik, Nr. 43, 25. 10. 1936.
31 BEROL-KONORAH, a.a.O., S. 18.
32 Artisten-Welt, Nr. 21/22, 20. 11. 1943.
33 Ebd., Nr. 19/20, 20. 10. 1943.
34 Ebd.
35 Ebd., Nr. 17/18, 20. 9. 1944.

Der Verfall der Varietékultur

1 VERGLEICHENDE THEATERSTATISTIK 1949/50 – 1984/85. Herausgegeben vom Deutschen Bühnenverein, Köln 1988.
2 Das Programm, 10. 9. 1957.
3 Deutsche Volkszeitung, 12. 9. 1945.
4 Neue Zeit, 26. 8. 1949.
5 Berliner Palette, 19. 8. 1949.
6 Joachim Weschke, mündliche Auskunft.
7 Das Programm, 10. 8. 1952.
8 Artisten-Rundschau, Okt. 1947.
9 Ebd.
10 Joachim Weschke, schriftliche Auskunft.
11 Das Programm, 10. 12. 1959.
12 Ebd.
13 Artisten, 10. 7. 1950.
14 Ebd.
15 Ebd.
16 Artistik, Okt. 1959.
17 Ebd.
18 Das Programm, 10. 3. 1960.
19 Ebd., 10. 7. 1960.
20 Organ Show-Business, 15. 9. 1958.
21 Das Programm, 10. 8. 1960.
22 Der Abend, 14. 7. 1950.
23 Artisten, 10. 9. 1950.
24 Nationalzeitung, 10. 2. 1949.
25 Ebd.
26 Artisten, 10. 9. 1950.
27 Das Programm, 10. 12. 1955.
28 Ebd., 10. 6. 1953.
29 Ebd., 10. 8. 1960.
30 Ebd., 10. 12. 1955.
31 Vergl.: Der Tagesspiegel, 7. 12. 1945.
32 Vorwärts, 4. 7. 1946.
33 Der Tag, 13. 4. 1950.
34 Berliner Morgenpost, 22. 5. 1960.
35 Wolf Leder, mündliche Mitteilung.
36 Das Programm, 10. 5. 1958.
37 Berliner Morgenpost, 7. 11. 1961.
38 Erich Richter, schriftliche Mitteilung.
39 Das Programm, 10. 12. 1958.
40 Vergl.: die tageszeitung, Berlin, 2. 10. 1987.

Bibliographien

Artistik, Auswahl-Bibliographie. Hg.: Jan Brabec/Markschiess-van Trix, Berlin 1968.

Berlin-Bibliographie (bis 1960), Berlin/New York 1965.
– : (1961–1966). Berlin/New York 1973.
– : (1967–1977). Berlin/New York 1984.
– : (1978–1984). Berlin/New York 1987.

Berlin, eine Bibliographie. Hg.: Buchhandlung Elwert und Meurer, Berlin 1987.

Bibliographie der deutschen Circus- und Varieté-Literatur. Hg.: Walter Ulrich, Wien 1966.

Bibliographie der deutschsprachigen Hochschulschriften zur Theaterwissenschaft von 1885–1952. Hg.: Gisela Schwanbeck, Berlin 1956.

Bibliographie der deutschsprachigen Literatur zum Recht der Bühne. Hg.: Manfred Rehbinder, Schriften der Gesellschaft für Theatergeschichte Bd. 66, Berlin 1977.

Bibliographie zur Theatergeschichte Berlins. Hg.: Waldemar Kuhn/Eberhard Dellé, in: Kleine Schriften der Gesellschaft für Theatergeschichte, H. 12, Berlin 1954.

Bibliographie für Theatergeschichte 1905–1910. Hg.: Paul Alfred Merbach, Berlin 1913.

Circus and Allied Arts, A world Bibliography. Hg.: Raymond Toole Stott. Bd. 1–4, Derby (England) 1958–1971.

Tanzbibliographie, Verzeichnis der in deutscher Sprache veröffentlichten Schriften und Aufsätze. Hg.: Kurt Petermann, Leipzig 1965 ff.

Akten

Theaterakten des Berliner Polizeipräsidenten. Pr. Br. Rep. 30 Bln C, Staatsarchiv Potsdam.
Puhlmanns Garten: Th 503, 504
American-Theater: Th 570
Reichshallen-Theater: Th 634, 635
Concordia-Theater: Th 644, 645, 646
Apollo-Theater: Th 652, 653, 654
Kaufmanns Varieté: Th 772
Olympia-Theater (Magazinstraße): Th 760
Herrnfeld-Theater: Th 776
Wintergarten: Th 1440, 1441, 1442, 1443, 1444, 1445
Olympia-Theater (im Circus Renz): Th 1528
Herman Haller: Th 2216, 2217, 2218, 2219, 2220
James Klein: Th 2428, 2429, 2430, 2431
Akten der Berliner Baupolizei Rep. 206, Nr. 1216–1223, Friedrichstraße 218, Landesarchiv Berlin.

Literatur

ADRESSBUCH internationaler Artistik 1940/41, 2. Aufl., Berlin 1940.

Künstler ALMANACH für Cabaret, Varieté und Podium 1938/1939. Serie II, Berlin 1938.
– : 1939/40. 8. Ausgabe, Berlin 1939.

ALMANACH für Freunde der Schauspielkunst. Berlin 1848 ff.

Deutscher Bühnen-ALMANACH, Berlin 1860 ff.

Neuer Theater-ALMANACH, Berlin 1890 ff.

ALTMANN-LOOS, Elsie: Mein Leben mit Adolf Loos. Wien/München 1984.

ARNOLD, Hermann: Fahrendes Volk, Randgruppen des Zigeunervolkes, 2. Aufl., Landau/Pfalz 1983.

ARTISTEN, Eine große Familie, Artisten und ihre Vereine in Neukölln. Ausstellungskatalog, Kunstamt Neukölln, Berlin 1986.

ARTISTEN-KALENDER für das Jahr 1919. Düsseldorf 1919.

BAKER, Josephine: Ich tue, was mir paßt, Vom Mississippi zu den Folies-Bergère. Frankfurt a. M. 1980.
– : Ausgerechnet Bananen. Bern/München 1972.

BARLOEWEN, Constantin von: Clowns, Zur Phänomenologie des Stolperns. Königstein/Ts. 1981.

BARNAY, Ludwig: Erinnerungen. Berlin (DDR) 1954.

BARTHEL, Manfred: Das »Berliner Parodie-Theater« (1889–1910). Diss. (masch.), Berlin 1952.

BELACH, Helga: Henny Porten, Der erste deutsche Filmstar, 1890–1960. Berlin 1986.

BEMMANN, Helga: Wer schmeißt denn da mit Lehm, Eine Claire-Waldoff-Biographie. Berlin (DDR) 1982.

– : (Hg.): Die Lieder der Claire Waldoff, Nach alten Schallplatten rekonstruiert. Berlin 1983.

– : Otto Reutter, Ick wundre mir über jarnischt mehr, Eine Bildbiographie. Berlin (DDR) 1978.

– (Hg.): Die Artisten, ihre Arbeit und ihre Kunst. Berlin (DDR) 1965.

BENDIX, Martin, genannt »Der Urkomische«, Seine Verdienste um den Berliner Humor, Denkschrift, Herausgegeben aus Anlaß seines 50jährigen Bühnen-Jubiläums. Berlin 1912.

BENDOW, Wilhelm, Marcellus SCHIFFER: Der kleine Bendow ist vom Himmel gefallen, Enthüllungen in Wort und Bild vom unentwickelten Knaben bis zum überreifen Manne. Berlin 1925.

BERG, Rainer: Varieté, Gutgelaunt durchs Wirtschaftswunder. Hannover 1988.

BERGER, Roland, Dietmar WINKLER: Künstler, Clowns und Akrobaten, Der Zirkus in der bildenden Kunst. Berlin (DDR) 1983.

BERG-GANSCHOW, Ute, Wolfgang JACOBSON (Hg.): ...Film...Stadt...Kino...Berlin..., Berlin 1987.

BERLIN und seine Bauten. 2 Bde., Hg.: Architekten-Verein zu Berlin. Berlin 1877.

BERLIN und seine Bauten. 2 Bde., Hg.: Architekten-Verein zu Berlin und die Vereinigung Berliner Architekten. Berlin 1896.

BERLINER Compaß, Wegweiser durch Berlin mit Berücksichtigung aller Locale, wo was los ist. 12. Aufl. Berlin 1876.

Der BERLINER OSTEN, Auf Anregung des Bezirksamts Friedrichshain, Berlin 1930.

BERLINER PFLASTER, Illustrierte Schilderungen aus dem Berliner Leben, Unter Mitwirkung erster Schriftsteller und Künstler. Hg.: M. Reymond, L. Manzel, Berlin 1891.

BERNSTEIN, Eduard: Von 1850 bis 1872, Kindheit und Jugendjahre. Berlin 1926.

BEROL-KONORAH, Max: 25 Jahre Internationale Artisten Loge, Ihr Werden, Wachsen und Wirken, 1901–1926. Berlin 1926.

BIERBAUM, Otto Julius: Stilpe, Ein Roman aus der Froschperspektive. München/Zürich 1982.

BOCHNIK, Georg: Das Belle-Alliance-Theater in Berlin 1869–1913. Diss. (masch.), Berlin 1957.

BOEHN, Max von: Der Tanz. Berlin 1925.

BORGELT, Hans: Grethe Weiser, Herz mit Schnauze. Berlin 1971.

BORN, Franz: Berliner Luft, Eine Weltstadt und ihr Komponist: Paul Lincke. Berlin 1966.

BRAUNECK, Manfred: Literatur und Öffentlichkeit im ausgehenden 19. Jahrhundert, Studien zur Rezeption des naturalistischen Theaters in Deutschland. Stuttgart 1974.

BRENNERT, Hans: Die Asphaltharfe, Berliner Gesänge. Berlin 1926.

BUCHNER, Eberhard: Berliner Varietés und Tingeltangel. Großstadt-Dokumente Bd. 5, Berlin/Leipzig 1905.

BUDZINSKI, Klaus: Pfeffer ins Getriebe, So ist und wurde das Kabarett. München 1982.

Deutsches BÜHNEN-JAHRBUCH. Berlin 1915 ff.

CALENDOLI, Giovanni: Tanz, Kult – Rhythmus – Kunst. Braunschwig 1986.

CARLÉ, Wolfgang: Lotte Werkmeister, Eenmal in der Woche muß ick weenen. Berlin (DDR) 1965.

– : Das hat Berlin schon mal gesehn, Eine Historie des Friedrichstadt-Palastes, Nach einer Dokumentation von Heinrich Martens. Berlin (DDR) 1978.

– , Heinrich MARTENS: Kinder wie die Zeit vergeht, Eine Historie des Friedrichstadt-Palastes Berlin. Berlin (DDR) 1987.

CAROW, Erich: Schlager auf Schlager, Aus der Vortragsmappe des allbekannten Universal-Komikers. Berlin o. J. (ca. 1920).

CENTRAL-HOTEL, Wintergarten Berlin. Berlin o. J. (1902).

CERAM, C.W.: Eine Archäologie des Kinos. Reinbek 1965.

COLMAN, Fred A., Walter TRIER: Artisten. Dresden 1928.

COTTA, Johannes: Der Kabarettkünstler, Nebst einem Abriß der Geschichte des deutschen Kabaretts. Leipzig o. J. (1925).

CZIFFRA, Géza von: Kauf dir einen bunten Luftballon, Erinnerungen an Götter und Halbgötter. München/Berlin 1975.

DEISSNER-JENSSEN, Frauke (Hg.): Die zehnte Muse, Kabarettisten erzählen. Berlin (DDR) 1982.

DELLÉ, Eberhard: Das Victoria-Theater in Berlin (1859–1891). Diss. (masch.), Berlin 1954.

DEUTSCHE CHANSONS (Brettl-Lieder), Mit einer Einleitung von Otto Julius Bierbaum. Leipzig 1900, 1. Aufl., 1902, 4. Aufl.

DIETL, Eduard: Clowns. München 1966.

DOCUMENTA 8, Ausstellungskatalog, Kassel 1987.

DREWNIAK, Boguslaw: Das Theater im NS-Staat, Szenarium deutscher Zeitgeschichte 1933–1945. Düsseldorf 1983.

DRONKE, Ernst: Berlin. Frankfurt a. M. 1974 (EA 1846).

DURIEUX, Tilla: Meine ersten neunzig Jahre, Erinnerungen. Reinbek 1976.

EBERSTALLER, Gerhard: Zirkus und Varieté in Wien. Wien/München 1974.

EICHSTEDT, Astrid, Bernd POLSTER: Wie die Wilden, Tänze auf der Höhe ihrer Zeit. Berlin 1985.

EIPPER, Paul: Zirkus, Tiere, Menschen, Wanderseligkeit. Berlin 1930.

ELOESSER, Arthur: Die Straße meiner Jugend, Berliner Skizzen. Berlin 1919.

ENGELMANN, Bernd: Berlin, Eine Stadt wie keine andere. München 1986.

EPSTEIN, Max: Das Theater als Geschäft. Berlin o. J. (1911).

EWERS, Hanns Heinz: Das Cabaret. Das Theater Bd. 11, Berlin/Leipzig o. J. (1904).

EYLITZ, Willi: Das Königstädtische Theater in Berlin. Diss. (masch.), Rostock 1940.
FAHRENDES VOLK, Spielleute, Schausteller, Artisten. Ausstellungskatalog der Städtischen Kunsthalle Recklinghausen 1981.
FESTSCHRIFT: 40 Jahre Wintergarten, Zur Wiedereröffnung nach erfolgtem Neubau. Berlin 1928.
– : 50 Jahre Wintergarten, 1888–1938. Berlin 1938.
– : 60 Jahre Metropol, 1898–1958. Berlin (DDR) 1958.
– : 30 Jahre Soziale Künstlerförderung. Berlin 1980.
– : 100 Jahre Artisten-Verein »Einigkeit«, Berlin-Neukölln. Berlin 1988.
FETTING, Hugo (Hg.): Max Reinhardt Schriften, Briefe, Reden, Aufsätze, Interviews, Gespräche, Auszüge aus Regiebüchern. Berlin (DDR) 1974.
FISCHER, Lothar: Anita Berber, Tanz zwischen Rausch und Tod, 1918–1928 in Berlin. Berlin 1984.
FOCKE, Harald, Uwe REIMER: Alltag unterm Hakenkreuz, Wie die Nazis das Leben der Deutschen veränderten. Bd. 1, Reinbek 1979.
FONTANE, Theodor: Grete Minde, Irrungen – Wirrungen, Schach von Wuthenow. Leipzig o.J.
FORCH, Carl: Der Kinematograph und das sich bewegende Bild, Geschichte und technische Entwicklung der Kinematographie bis zur Gegenwart. Wien/Leipzig 1913.
FRANZ, Arno: Mata Hari, Roman-Trilogie. Werdau 1929.
FRATELLINI, Das Leben dreier Clowns, Aufzeichnungen nach Erinnerungen der Fratellini. Berlin 1926.
FREUND, Walter: Aus der Frühzeit des Berliner Metropoltheaters. In: Kleine Schriften der Gesellschaft für Theatergeschichte, H. 19, Berlin 1962.
FREY, Hermann: Immer an der Wand lang, Allerlei um Hermann Frey, Berlin o.J. (1943).
FREYDANK, Ruth: Theater in Berlin, Von den Anfängen bis 1945. Berlin (DDR) 1988.
FRIEDEL, Ernst: Die Deutsche Kaiserstadt Berlin, Stadtgeschichten, Sehens- und Wissenswerthes aus der Reichshauptstadt und deren Umgebung. Berlin/Leipzig 1882.
FULLER, Lois: Fifteen Years of a Dancer's Life, With some Account of her Distinguished Friends, With an Introduction by Anatole France. London 1913.
GÄRTNER, Adolf (Hg.): Internationaler Artisten-Alamanach, Jahrgang 1924. Berlin 1924.
GEWERBE-ORDNUNG für den Norddeutschen Bund, vom 21. Juni 1869. Berlin 1869.
GEWERBEORDNUNG für das Deutsche Reich. In: Reichs-Gesetzblatt 1900.
GEWERBEORDNUNG, In der Fassung der Bekanntmachung vom 1. Januar 1978. 16. Aufl., München 1982.
GIBSON, Walter B. (Hg.): The Original Houdini Scrapbook, New York 1977.
GIESE, Fritz: Girlkultur, Vergleiche zwischen amerikanischem und europäischem Rhythmus und Lebensgefühl. München 1925.
GLATZER, Dieter und Ruth: Berliner Leben 1900–1914. Eine historische Reportage aus Erinnerungen und Berichten. 2 Bde., Berlin (DDR) 1986.

GOBBERS, Emil: Artisten, Zirkus und Varieté in alter und neuer Zeit. Düsseldorf 1949.
GREGOR, Ulrich, Enno PATALAS: Geschichte des Films, Bd. 1, 1895–1939. Reinbek 1976.
GREUL, Heinz: Bretter, die die Zeit bedeuten, Kulturgeschichte des Kabaretts. Köln/Berlin 1967.
GROCK: Die Memoiren des Königs der Clowns, Bearbeitet von Ernst Konstantin. Stuttgart o.J.
GROTH, Lothar: Die starken Männer, Eine Geschichte der Kraftakrobatik. Berlin 1985.
GRUN, Bernard: Kulturgeschichte der Operette. München 1961.
GÜNTHER, Ernst: Geschichte des Varietés. 2. Aufl., Berlin (DDR) 1981.
GÜNTHER, Ernst, Heinz P. HOFMANN, Walter RÖSLER (Hg.): Kassette, Ein Almanach für Bühne, Podium und Manege. Bd. 1–11, Berlin (DDR) 1977–1988.
GÜNTHER, Ernst, Dietmar WINKLER: Zirkusgeschichte, Ein Abriß der Geschichte des deutschen Zirkus. Berlin (DDR) 1986.
GUILBERT, Yvette: Lied meines Lebens, Erinnerungen. Berlin 1928.
– : Mir sang die Erde, Reiseerinnerungen. Düsseldorf 1950.
GUTTMANN, Richard: Varieté, Beiträge zur Psychologie des Pöbels. Wien/Leipzig 1919.
HABER, Siegmund: Berlin bei Nacht, Kaiserstädtische Kneipenstudien. Wallner's Reisebibliothek Bd. 3, 3. Aufl. Erfurt o.J. (1881).
– : Tingel-Tangel, Berliner Kneipenstudien. Berlin 1871.
HALPERSON, Joseph: Das Buch vom Zirkus, Beiträge zur Geschichte der Wanderkünstlerwelt. Düsseldorf 1926.
HAMPE, Theodor: Die fahrenden Leute in der deutschen Vergangenheit. Leipzig 1902.
HANKE, Helmut: Yvette Guilbert, Die Muse vom Montmartre. Berlin (DDR) 1974.
HANUSSEN, Erik Jan: Meine Lebenslinie. Berlin 1930.
HEGENBARTH, Josef: Zirkus. Dresden 1958.
HEINRICH-JOST, Ingrid: Sehn Sie, das ist ein Geschäft, Auf ins Metropol, Spezialitäten- und Unterhaltungstheater im ausgehenden 19. Jahrhundert, Ein Kapitel Berliner Kulturgeschichte. Berlin o.J. (1983).
– : Wer will noch mal? Wer hat noch nicht? Aus der Geschichte der Berliner Rummelplätze. Berlin o.J. (1986).
– : Hungrige Pegasusse, Anfänge des deutschen Kabaretts in Berlin. Berlin o.J. (1984).
HEINRICHS, Heinz-Dieter: Das Rose-Theater, Ein volkstümliches Familientheater in Berlin von 1906–1944. Theater und Drama Bd. 29, Berlin 1965.
HENSELEIT, Felix (Hg.): Das Abenteuer aus Licht und Schatten, Berlin – ein Startplatz der Filmgeschichte. Berlin o.J.
HESSEL, Franz: Ein Flaneur in Berlin. Berlin 1984 (Reprint, EA 1929).
HESTERBERG, Trude: Was ich noch sagen wollte, Autobiographische Aufzeichnungen. Berlin (DDR) 1971.

HOCHE, Karl, Toni MEISSNER, Bartel F. SINHUBER: Die großen Clowns. Königstein/Ts. 1982.

HÖSCH, Rudolf: Kabarett von gestern, Nach zeitgenössischen Berichten, Kritiken und Erinnerungen, Bd. 1, 1900–1933. Berlin (DDR) 1967.

HOLLAENDER, Friedrich: Von Kopf bis Fuß, Mein Leben mit Text und Musik. München 1965.

HOLTEI, Karl von: Die Vagabunden, Roman. Berlin o. J.

HOPF, Albert: Theater-Humoresken, Mit Beiträgen von Carl Helmerding. Berlin 1870.

JACOBSOHN, Siegfried: Das Theater der Reichshauptstadt. München 1904.

JACOBSON, Benno: Das Theater. N. Israel Album 1906, Berlin 1906.

JAMESON, Egon: Am Flügel Rudolf Nelson. Berliner Reminiszenzen Bd. 15, Berlin 1967.

JANSEN, Wolfgang: Glanzrevuen der zwanziger Jahre. Berlin 1987.

JANSEN, Wolfgang, Rudolf LORENZEN: Possen, Piefke und Posaunen, Sommertheater und Gartenkonzerte in Berlin. Berlin 1987.

KAHANE, Arthur: Tagebuch des Dramaturgen. Berlin 1928.

KALISCH, David: Lustige Werke. Berlin o. J.

KATALOG: Absolut modern sein, Zwischen Fahrrad und Fließband – Culture technique in Frankreich 1889–1937. Ausstellung der NGBK Berlin 1986.

– : Die neue Körpersprache – Grete Wiesenthal und ihr Tanz. Historisches Museum der Stadt Wien. Wien 1985.

– : Menschen, Tiere, Sensationen, Zirkusplakate 1880–1930. Kestner-Gesellschaft Hannover 1978.

– : Theater in der Weimarer Republik. Kunstamt Kreuzberg und Institut für Theaterwissenschaft der Universität Köln. Berlin 1977.

– : Zirkus, Circus, Cirque. Katalog der 28. Berliner Festwochen 1978.

KIAULEHN, Walter: Berlin, Schicksal einer Weltstadt. München/Berlin 1958.

KIPHARD, Ernst J.: Die Akrobatik und ihr Training. Essen 1961.

KLOOSS, Reinhardt, Thomas REUTER: Körperbilder, Menschenornamente in Revuetheater und Revuefilm. Frankfurt a. M. 1980.

KLÜNNER, Hans-Werner: Zirkusstadt Berlin, 165 Jahre, Eine Chronologie der Zirkusbauten an der Spree. Berlin o. J. (1986).

KOBER, A. H.: Zirkus Renz, Der Lebensroman des alten Renz. Lindau o. J.

KOSCHKA, Emil: Berliner Sitte(n). Berlin 1981.

KOTHES, Franz-Peter: Die theatralische Revue in Berlin und Wien 1900–1938, Typen, Inhalte, Funktionen. Wilhelmshaven 1977.

KRIEGER, Bogdan: Berlin im Wandel der Zeiten, Eine Wanderung vom Schloß Charlottenburg durch 3 Jahrhunderte. Berlin 1923.

KRULL, Edith, Hans ROSE: Erinnerungen an das Rosetheater. Berlin (DDR) 1960.

KÜHN, Volker: Das Kabarett der frühen Jahre, Ein freches Musenkind macht erste Schritte. Berlin 1984.

KUSNEZOW, Jewgeni: Der Zirkus der Welt, Mit einem ergänzenden Teil von Ernst Günther und Gerhard Krause. Berlin (DDR) 1970.

K(ÜSSHAUER), W(ILHELM): Wintergarten, 1887–1900–1925. Berlin o. J. (1925).

LANDMANN-ROHMER: Gewerbeordnung, Kommentar, Erster Band (§§ 1–80). Neubearbeitet von Erich Eyermann, Ludwig Fröhler, Wolfgang Rirgen, 12. Aufl., Munchen 1969.

LANGE, Annemarie: Berlin zur Zeit Bebels und Bismarcks, Zwischen Reichsgründung und Jahrhundertwende. Berlin (DDR) 1984.

– : Das Wilhelminische Berlin, Zwischen Jahrhundertwende und Novemberrevolution. Berlin (DDR) 1984.

LASCH, Agathe: »Berlinisch«, Eine Berliner Sprachgeschichte. Berlin o. J. (1928).

LEVER, Maurice: Primavera, Tanz und Leben der Isadora Duncan. München/Hamburg 1988.

LEXIKON der Juden in der Musik, Mit einem Titelverzeichnis jüdischer Werke. Hg.: Theo Stengel, Herbert Gerigk, Veröffentlichung des Instituts der NSDAP zur Erforschug der Judenfrage. Berlin 1940.

– : Das Circus-Lexikon, Begriffe rund um die Manege. Von: Karin Schulz, Holger Ehlert, Nördlingen 1988.

– : Das Kabarett, Zeitkritik – gesprochen, gesungen, gespielt – von der Jahrhundertwende bis heute. Von: Klaus Budzinski, Hermes Handlexikon, Düsseldorf 1985.

– : Unterhaltungskunst A–Z. Taschenbuch der Künste, Berlin (DDR) 1975.

LINDAU, Paul: Aus der Hauptstadt, Berliner Plaudereien. 5. Aufl., Dresden/Leipzig 1884.

LINDNER, Anton (Ps.: Pierre d'Aubecq): Die Barrisons, Ein Kunsttraum, Zum Kapitel: *Zeitsatire*, Aus dem Manuskript übersetzt und eingeleitet. Berlin 1897.

LINSEMANN, Paul: Die Theaterstadt Berlin, Eine kritische Umschau. Berlin 1897.

LÖFFLER, Ludwig: Berlin und die Berliner, In Wort und Bild. Leipzig 1856.

LOOS, Lina: Das Buch ohne Titel, Erlebte Geschichten. Wien/Köln/Graz 1986.

LUDWIG, Hans (Hg.): Eulen nach Spree-Athen, Zwei Jahrhunderte Berliner Humor in Wort und Bild. Berlin (DDR) 1969.

MAAS, Liselotte: Das Friedrich-Wilhelmstädtische Theater in Berlin unter der Direktion von Friedrich Wilhelm Deichmann in der Zeit zwischen 1848 und 1860. Diss., München 1965.

MALHOTRA, Ruth: Manege frei, Artisten- und Circusplakate von Adolph Friedländer. Die bibliophilen Taschenbücher, Dortmund 1979.

MANDER, Raymond, Joe MITCHENSON: British Music-Hall, A story in Pictures. London 1965.

MARKSCHIESS-VAN TRIX, Julius, Bernhard NOWAK: Artisten- und Zirkusplakate, Ein internationaler Überblick. Leipzig 1975.

MARKUS, Paul Eduard (Ps.: PEM): Heimweh nach dem Kurfürstendamm, Aus Berlins glanzvollsten Tagen und Nächten. Berlin 1952.
– : Und der Himmel hängt voller Geigen, Glanz und Zauber der Operette. Berlin 1955.
MARTERSTEIG, Max: Das deutsche Theater im 19. Jahrhundert, Eine kulturgeschichtliche Darstellung. Leipzig 1924.
MESSTER, Oskar: Mein Weg mit dem Film. Berlin 1936.
METZGER, Karl-Heinz, Ulrich DUNKER: Der Kurfürstendamm, Leben und Mythos des Boulevards in 100 Jahren deutscher Geschichte. Berlin 1986.
MEYER, Curt: Alt-Berliner Politisches Volkstheater (1848–1850). Die Schaubühne Bd. 40, Emsdetten 1951.
MEYERINCK, Hubert von: Meine berühmten Freundinnen, Erinnerungen. München 1969.
MISTINGUETT: Mein ganzes Leben. Zürich 1954.
MOELLER-BRUCK, Arthur: Das Varieté. Berlin 1902.
MORECK, Curt: Führer durch das »lasterhafte« Berlin. Leipzig 1931.
MORGAN, Paul: Stiefkind der Grazien, Tagebuch eines Spaßmachers. Berlin 1928.
MOULIN, Jean-Pierre, Ervin KINDLER, Yvan DALAIN: Eintritt frei – Varieté. Zürich 1963.
MUGAY, Peter: Die Friedrichstraße, Geschichte und Geschichten. Berlin (DDR) 1987.
NALLI-RUTENBERG, Agathe: Das alte Berlin, Erinnerungen. Berlin 1912.
NICK, Edmund: Paul Lincke. Hamburg 1953.
NIEHAUS, Max: Isadora Duncan, Triumph und Tragik einer legendären Tänzerin. München 1988.
OSTWALD, Hans: Das galante Berlin. Berlin 1928.
– : Sittengeschichte der Inflation, Ein Kulturdokument aus den Jahren des Marksturzes. Berlin 1931.
– : Berliner Tanzlokale. Großstadt-Dokumente Bd. 4, 3. Aufl., Berlin/Leipzig 1905.
OTERO: Die Erinnerungen der schönen Otero. Hamburg 1927.
OTTMANN, Victor: Das Varieté. In: Spemanns goldenes Buch des Theaters, Eine Hauskunde für Jedermann. Stuttgart 1912.
OTTO, Rainer, Walter RÖSLER: Kabarettgeschichte, Abriß des deutschsprachigen Kabaretts. Taschenbuch der Künste, Berlin (DDR) 1981.
OTTO, Uwe (Hg.): Akten Kottbusser Straße 6/7 (früher Nr. 4a), Berlin, Bezirk Kreuzberg, 1874–1953, betreffend Lichtspieltheater Sanssouci, Bendows Bunte Bühne u. a. m., Berliner Handpresse, Satyren und Launen Nr. 16. Berlin 1982.
PANOFSKY, Walter: Die Geburt des Films, Ein Stück Kulturgeschichte, Versuch einer zeitgeschichtlichen Darstellung des Lichtspiels in seinen Anfangsjahren. 2. Aufl., Würzburg 1944.
PATALAS, Enno: Sozialgeschichte der Stars. Hamburg 1963.
PETERS, Wolfgang: Berliner Sommertheater, Von ihren Anfängen bis zur Mitte des 19. Jahrhunderts (1848), Ein Beitrag zur Theatergeschichte Berlins. Diss. (masch.), Berlin 1944.

PHILIPPI, Felix: Alt-Berlin, Erinnerungen aus der Jugendzeit. 12. Aufl., Berlin 1918.
POLGAR, Alfred: Auswahl, Prosa aus vier Jahrzehnten. Reinbek 1968.
PRAGER, Willy: Sie werden lachen, nichts erfunden – alles erlebt. Berlin o. J.
RAEDER, Alwill: Fünfzig Jahre Deutscher Bühnengeschichte, 1836–1886. Berlin 1886.
– : Kroll, Ein Beitrag zur Berliner Kultur- und Theatergeschichte, Denkschrift zu dem 50jährigen Bestehen des Hauses, 1844–1894. Berlin 1894.
– : Der Circus Renz in Berlin, 1846–1896, Eine Denkschrift zur Jubiläums-Saison 1896/97. Berlin 1897.
REICHARDT, Hans J.: ... bei Kroll 1844 bis 1957, Etablissement, Ausstellungen, Theater, Konzerte, Oper, Reichstag, Gartenlokal. Berlin 1988.
REMY, Tristan: Clownnummern, Mit hundert Clownfotos aus hundet Jahren. Köln 1982.
RENNERT, Jack, Walter TERRY (Hg.): 100 ans d'Affiches de la dance. New York/Paris 1975.
REYNOLDS, Charles und Regina: Magic Posters, 100 Jahre Zauber-Plakate. Berlin 1976.
RHODE, Carla: Das »Berliner Theater« von 1888–1899. Diss., Berlin 1966.
RICHTER, Lukas: Der Berliner Gassenhauer, Darstellung, Dokumente, Sammlung. Leipzig 1969.
RIGOLBOCHE, Memoiren der Rigolboche, Erste Tänzerin vom Theater Déclassements-Comique in Paris. 2. Aufl., Berlin 1861.
RING, Max: Die deutsche Kaiserstadt Berlin und ihre Umgebung. 2 Bde., Leipzig 1883, 1884 (Reprint Berlin 1987).
ROBINSKI, Severin: Gewerberecht. München 1983.
RÖMER, Willy: Gaukler, Bärenführer, Musikanten..., Berlin 1920–1930. Edition Photothek 15, Berlin 1986.
ROHLFINK-KISKALT-WOLFF: Handkommentar zur Gewerbeordnung. 3. neubearbeitete Aufl., Berlin/Frankfurt a. M. 1961.
SASS, Friedrich: Berlin in seiner neuesten Zeit und Entwicklung 1846. Berlin 1983 (E.A. 1846).
SATYR: Lebeweltnächte der Friedrichstadt. Großstadt-Dokumente Bd. 30, Berlin o. J.
SCHEUGL, Hans: Showfreaks & Monster, Sammlung Felix Adanos. Köln 1974.
SCHIRMAG, Heinz: Albert Lorzing, Ein Lebens- und Zeitbild. Berlin (DDR) 1982.
SCHMIDT, Felix: Das Chanson, Herkunft, Entwicklung, Interpretation. Frankfurt a. M. 1982.
SCHNEIDEREIT, Otto: Berlin wie es weint und lacht, Spaziergänge durch Berlins Operettengeschichte. Berlin (DDR) 1976.
– : Paul Lincke und die Entstehung der Berliner Operette. Berlin (DDR) 1981.
– : Fritzi Massary, Versuch eines Porträts. Berlin (DDR) 1970.
– : Operettenbuch. Berlin (DDR) 1955.
SCHRIEBER, Karl-Friedrich: Das Recht der Reichskulturkammer, Sammlung der für den Kulturstand geltenden

Gesetze und Verordnungen, der amtlichen Anordnungen und Bekanntmachungen der Reichskulturkammer und ihrer Einzelkammern. Berlin 1935.

SCHULZ-KOEHN. Vive la Chanson, Kunst zwischen Show und Poesie. Gütersloh 1969.

SIGNOR DOMINO: Wandernde Künstler, Panorama der Artistenwelt und des Cirkuslebens. Berlin 1891.

SIGNOR SALTARINO (d. i. Hermann Waldemar Otto): Das Artistentum und seine Geschichte, Gesammeltes und Erlebtes. Leipzig 1910.
– : Fahrend Volk. Leipzig 1895.
– : Pauvres Saltim Banques. Düsseldorf o. J. (1891).

SLEZAK, Leo: Der Wortbruch. Berlin 1927.

SPERR, Monika (Hg.): Schlager, Das große Schlagerbuch, Deutscher Schlager 1800 – heute. München 1978.

SPIKER, Samuel Heinrich: Berlin und seine Umgebungen im neunzehnten Jahrhundert. Berlin 1833 (Reprint Berlin 1979).

SPRINGER, Robert: Berlin, Ein Führer durch die Stadt und ihre Umgebungen. Leipzig 1861.
– : Berlins Straßen, Kneipen und Clubs im Jahre 1848. Berlin 1850 (Reprint Leipzig 1985).

STATISTISCHE JAHRBÜCHER der Stadt Berlin. Berlin 1924–1934.

Der STADTFÜHRER 1930–1931, Das Jahrbuch internationaler Artistik. Berlin 1930.
– : 1931–1932. Berlin 1931.

Der STÄDTEFÜHRER der Artistik, Ein Nachschlagewerk für Varieté, Circus und Cabaret, 1959/60. Hamburg 1959.

STENOGRAPHISCHE BERICHTE über die Verhandlungen des Reichstages des Norddeutschen Bundes 1868. Berlin 1868.
– : 1869. Berlin 1869.

STENOGRAPHISCHE BERICHTE über die Verhandlungen des Reichstags 1880. Berlin 1880.
– : 1882, Berlin 1882.
– : 1883. Berlin 1883.

THEATER-KALENDER. Berlin 1858 ff.

THIEL, Paul: Lokal-Termin in Alt-Berlin, Ein Streifzug durch Kneipen, Kaffeehäuser und Gartenrestaurants. Berlin (DDR) 1987.

THIELSCHER, Guido: Erinnerungen eines alten Komödianten. Berlin 1938.

THOMAS, Emil: Ältestes, Allerältestes. Berlin 1904.
– : 40 Jahre Schauspieler, Erinnerungen aus meinem Leben. Berlin 1895.

TOEPLITZ, Jerzy: Geschichte des Films, Bd. 1, 1895–1928. Berlin (DDR) 1984.

TOWSEN, John Howard: The Clown to the Ring, The Evolution of the Circus Clown (1770–1975). Diss., New York 1976.

UEBEL, Lothar: Viel Vergnügen, Die Geschichte der Vergnügungsstätten rund um den Kreuzberg und die Hasenheide. Kreuzberger Hefte Bd. 8, Berlin 1985.

URBAN, Henry F.: Die Entdeckung Berlins. Berlin 1912.

VARIETÉ und Zirkus. Ausgabe 1935 der Haus Bergmann-Zigarettenfabrik Dresden.

VERGLEICHENDE THEATERSTATISTIK 1949/50 – 1984/85, Hg.: Deutscher Bühnenverein. Köln 1988.

VOLKSFESTE und Märkte, Jubiläumsbuch 100 Jahre »Der Komet«. Pirmasens 1983.

WACHENHUSEN, Hans: Berliner Photographien. 2 Bde., 2. Aufl., Berlin 1867

WAHNRAU, Gerhard: Berlin, Stadt der Theater, Der Chronik 1. Teil. Berlin (DDR) 1957.

WALDOFF, Claire: Weeste noch, Aus meinen Erinnerungen. Düsseldorf/München 1953.

WALHALLA-COUPLETS von Wolfgang Bernhardi, Gesungen von Rudolf Stange und Anderen. Berliner Stadtklatsch 15, Berlin o. J.

WENCKER-WILDBERG, Friedrich: Mata Hari, Tänzerin, Kurtisane, Spionin. Hamburg 1936.

WILKE, Adolf von: Alt-Berliner Erinnerungen. Berlin o J. (1930).

WILSCHKE, Robert. Im Lichte des Scheinwerfers, Erinnerungen und Erzählungen eines Varieté- und Zirkusagenten. Berlin 1941.

WILSMANN, Aloys Christof: Die zersägte Jungfrau, Kleine Kulturgeschichte der Zauberkunst. Berlin 1938.

WINKLER, Gisela und Dietmar (Hg.): Allez hopp durch die Welt, Aus dem Leben berühmter Akrobaten. Berlin (DDR) 1987.

WOLFF, Lutz-W.: Puppchen, du bist mein Augenstern, Deutsche Schlager aus vier Jahrzehnten. München 1981.

WULF, Joseph: Theater und Film im Dritten Reich, Eine Dokumentation. Frankfurt a. M./Berlin/Wien 1983.

ZANTKE, Thilo: Der Berliner Prater, Streiflichter aus der Geschichte einer Freizeit- und Vergnügungsstätte. Berlin (DDR) 1987.

ZEDLITZ, Leopold Freiherr von: Neuestes Conversations-Handbuch für Berlin und Potsdam zum täglichen Gebrauch der Einheimischen und Fremden aller Städte. Berlin 1834 (Reprint Berlin 1979).

ZGLINICKI, Friedrich von: Die Wiege der Traumfabrik, Von Guckkästen, Zauberscheiben und bewegten Bildern bis zur UFA in Berlin. Berlin 1986.

ZIETHEN, Karl-Heinz: Die Kunst der Jonglerie. Berlin (DDR) 1988.
– : Jonglierkunst im Wandel der Zeiten, Auszüge aus K.-H. Ziethens Gesamtwerk »4000 Jahre Geschichte der Jonglierkunst«. Berlin 1985.

ZIETHEN, Karl-Heinz, Andrew ALLEN: Juggling, The Art and its Artists. Berlin 1985.

ZIVIER, Georg: Berlin und der Tanz. Berliner Reminiszenzen 19, Berlin 1968.

ZOBELTITZ, Fedor von: Chronik der Gesellschaft unter dem letzten Kaiserreich (1894–1914). 2 Bde., Hamburg 1922.

Bildnachweis

Titel, 184
aus: J. Markschiess-van Trix/Bernhard Nowack: Artisten- und Zirkusplakate. Leipzig 1975.
1
aus: Fred A. Colman/Walter Trier: Artisten. Dresden 1928.
2, 3, 4, 5, 6, 7, 11, 12, 20, 49, 58, 76, 84, 104, 119, 122, 123, 148, 159, 185, 191, 196, 201, 209, 212, 219, 223, 226, 227, 233, 236, 238, 240, 244, 246, 247, 249, 250, 255, 256, 265, 266, 267, 284, 285, 286, 289, 296, 297, 298, 299, 300, 301, 303, 304, 308, 311, 312, 315
Slg. Wolfgang Jansen, Berlin.
8
aus: Karl Hoche/Toni Meissner/Bartel F. Sinhuber: Die großen Clowns. Königstein/Ts. 1982.
10, 125, 129, 130, 206, 210, 214, 229, 274, 275, 276, 277, 278, 280, 281, 282, 283, 288, 302, 307
Bildarchiv Preußischer Kulturbesitz, Berlin.
13, 52, 63, 64
aus: Gerhard Wahnrau: Berlin, Stadt der Theater. Berlin (DDR) 1957.
14, 195
aus: Eduard Devrient: Geschichte der deutschen Schauspielkunst, Neu bearbeitet und bis in die Gegenwart fortgeführt von Willy Stuhlfeld. Berlin 1929.
15, 30, 59, 157, 230, 231, 292
Amerika-Gedenk-Bibliothek, Berlin.
16
aus: Berliner Kalender, 1930.
17
aus: Katalog: Fahrendes Volk, Spielleute, Schausteller, Artisten. Hg. von den Ruhrfestspielen Recklinghausen, 1981.
18
aus: Theater der Zeit, Nr. 10, 1. 7. 1951.
19, 45, 60, 62, 87, 92, 189, 192, 193
Slg. Konrad Jule Hammer, Berlin.
21
aus: Der Bär. Berlin 1883.
22
aus: Lisa Riedel/Werner Hirte: Der Baum der Liebe, Liebesseufzer auf Neuruppiner Bilderbogen. Berlin 1981.
23, 24, 179, 234, 242, 259, 293, 294, 295
Landesbildstelle Berlin.
25
aus: Hans Oswald: Die Berlinerin, Kultur- und Sittengeschichte Berlins. Berlin 1921.
26
aus: Illustrirte Zeitung, 7. 8. 1852.
27
aus: Emil Thomas: Ältestes, Allerältestes. Berlin 1904.
28, 42, 43
Märkisches Museum Berlin.
29
aus: Die Gartenlaube, 1887.

31, 47, 132
aus: Signor Saltarino: Artisten-Lexikon. Düsseldorf 1895.
32
aus: Hartwig Schmidt: Das Tiergartenviertel, Baugeschichte eines Villenviertels. Berlin 1981.
33
Historisches Museum der Stadt Wien.
34
aus: Wolfgang Peters: Berliner Sommertheater. Diss. (masch.), Berlin 1944.
36
aus: Illustrirte Zeitung, Nr. 36, 1844.
37, 55, 57, 61, 85, 100, 103, 163, 164, 165, 251, 260, 261, 279
Slg. Hans Werner Klünner, Berlin.
38
aus: Jewgeni Kusnezow: Der Zirkus der Welt. Berlin (DDR) 1970.
39
aus: Bogdan Krieger: Berlin im Wandel der Zeiten. Berlin o. J. (1923).
40
aus: Berliner Feuerspritze, 2. 5. 1953.
41, 42
aus: Berliner Feuerspritze, 9. 5. 1953.
44
aus: Victor Tissot/Constant Améro: Les Mystères de Berlin. Paris 1879.
46
aus: Die Bauwerke und Kunstdenkmäler von Berlin, Bezirk Charlottenburg. Hg. vom Landeskonservator im Auftrage des Senats von Berlin. Berlin 1955.
48
Österreichische Nationalbibliothek, Wien.
50
aus: Hans Scheugl: Showfreaks und Monster, Sammlung Felix Adanos. Köln 1974.
51
aus: Vita Sackville-West: Pepita, Die Tänzerin und die Lady. Hamburg 1938.
53
Deutsche Staatsbibliothek Berlin.
54
aus: Berliner Feuerspritze, 30. 5. 1853.
56
aus: Winfried Ranke: Heinrich Zille, Photographien. München 1975.
65
aus: Otto Schneidereit: Berlin, wie es weint und lacht. Berlin (DDR) 1976.
66
aus: Illustrirte Zeitung, 24. 5. 1879.

67
aus: Programmheft des Théâtre des Variétés, November 1988. (Slg. Wolfgang Jansen, Berlin).
68
aus: Festschrift für das 75jährige Bestehen der Berliner Bockbrauerei. Berlin 1913.
69, 74
aus: Günter Meißner: Hans Baluschek. Dresden 1985.
70, 128, 188, 224
aus: Rudolf Hösch: Kabarett von gestern, Bd. 1. Berlin (DDR) 1967.
71
aus: Werner Schumann (Hg.): Zille sein Milljöh. Hannover 1952.
72, 117, 170, 194
aus: Benno Jacobson: Das Theater. Berlin 1906.
73, 180
Slg. Joachim Cordsen, Berlin.
75
aus: Das amusante Berlin. Berlin o. J. (um 1912).
78
aus: Hans J. Reichardt: ... bei Kroll 1844–1957. Berlin 1988.
79
aus: Hans Ludwig: Eulen nach Spree-Athen. Berlin (DDR) 1969.
80
aus: Programmheft der Klein-Revue »Zieh Dich aus«, 1928 (Slg. Wolfgang Jansen, Berlin).
81
Museum für Kunst und Gewerbe, Hamburg.
82, 108, 109, 113, 116, 145
aus: Festschrift 40 Jahre Wintergarten (Slg. Wolfgang Jansen, Berlin).
83, 90, 91, 95, 96, 97, 111, 135, 136, 152, 161, 197
Staatsarchiv Potsdam.
86, 202
aus: Signor Saltarino: Das Artistentum und seine Geschichte. Leipzig 1910.
88, 101, 178, 217
aus: Hans Ludwig: Berlin von gestern. Berlin o. J.
89, 120
Privatbesitz, Olly von Lipinski, Berlin.
93
Privatbesitz, Günter Kalesky, Lüdinghausen/Westf.
94, 220
aus: Programmheft des Wintergartens, April 1930 (Slg. Hans Werner Klünner, Berlin).
98
aus: Illustrirte Zeitung, 23.12.1897.
99
aus: Programmheft vom Reichshallen-Theater, 14.3.1891. (Slg. Konrad Jule Hammer, Berlin).
102
aus: Festschrift Wintergarten 1887–1900–1825 (Slg. Wolfgang Jansen, Berlin).

105
aus: Wolfgang Ribbe/Jürgen Schmädeke: Kleine Berlin-Geschichte. Berlin 1988.
106, 143, 171, 182, 190
aus: Festschrift 50 Jahre Wintergarten. Berlin 1938 (Slg. Wolfgang Jansen, Berlin).
107
aus: Franz Hubmann: Das Deutsche Familienalbum. Wien/München/Zürich 1972.
110
aus: Katalog: Zirkus Circus Cirque. 28. Berliner Festwochen 1978.
112
aus: M. Reymond/L. Wanzel (Hg.): Berliner Pflaster. Berlin 1891.
114, 115
aus: Katalog Nr. 3, Galerie Jörg Weigelt, Hannover.
118, 175, 203, 312
Ullstein Bilderdienst.
121
aus: Alain Weill: 100 Jahre Folies Bergère. Herrsching 1977.
124, 151
aus: Helmut Rademacher: Theaterplakate. Braunschweig 1989.
126, 127
aus: Anton Lindner (Ps. Pierre d'Aubecq): Die Barrisons. Berlin 1897.
131, 146, 149, 187
aus: Arthur Moeller-Bruck: Das Varieté. Berlin 1902.
133
aus: Volker Kühn: Das Kabarett der frühen Jahre. Berlin 1984.
134
aus: Helga Bemmann: Otto Reutter. Berlin (DDR) 1978.
135
aus: Das Theater, Sonderheft, März 1910.
138
aus: Katalog: Die neue Körpersprache, Grete Wiesenthal und ihr Tanz. Wien 1986.
139, 141
aus: Margot Fonteyn: Vom Zauber des Tanzes. Zürich 1981.
140
aus: Katalog zur Ausstellung »Absolut modern sein«, NGBK. Berlin 1986.
142
aus: Moderne Kunst, Neujahrsnummer 1898.
144, 174
aus: Programmheft des Wintergartens, November 1930 (Slg. Wolfgang Jansen, Berlin).
147, 258
Berlin Museum.
150
aus: Giovanni Calendoli: Tanz. Braunschweig 1986.
153, 154, 155, 156
aus: Deutsche Bauzeitung, Nr. 75, 1891.

158, 169
Landesarchiv Berlin.

160
aus: Peter Mugay: Die Friedrichstraße. Berlin (DDR) 1987.

162
Privatbesitz, Julius Markschiess-van Trix, Berlin.

166, 167
aus: Berliner Leben, Heft 12, 1902 (Slg. Hans Werner Klünner, Berlin).

168, 198, 241
aus: Berliner Leben, Heft 10, 1898 (Slg. Hans Werner Klünner, Berlin).

172, 176, 177
aus: Friedrich von Zglinicki: Die Wiege der Traumfabrik. Berlin 1986.

173
Deutsche Kinemathek, Berlin.

181
aus: Ingrid Heinrich-Jost: Auf ins Metropol. Berlin o. J.

183
aus: Ingrid Heinrich-Jost: Hungrige Pegasusse. Berlin o. J.

186
aus: Theater der Zeit, Nr. 10, 1. 7. 1951.

189
aus: Reinhard Hippen: »Sich fügen – heißt lügen«, 80 Jahre deutsches Kabarett. Mainz 1981.

199, 242
aus: Das Programm, 4. 4. 1926.

200
Theatermuseum Köln.

204, 211, 225, 228, 305
Privatbesitz, Eddie Grothe, Berlin.

205
aus: Artisten, Nr. 28, 10. 4. 1951 (Slg. Wolfgang Jansen, Berlin).

207, 208
Privatbesitz, Ralph Gericke-Allison, Berlin.

213
Privatbesitz, Johanna Milos, Berlin.

215
aus: Bühne und Brettl, Nr. 5, 1904.

216
aus: Berliner Adressbuch 1911.

218
aus: Das Programm, Nr. 832, 17. 3. 1918.

221
aus: Das Programm, Nr. 834, 31. 3. 1918.

222
aus: Astrid Eichstedt/Bernd Polster: Wie die Wilden. Berlin 1985.

232
aus: Illustrirte Zeitung, 19. 11. 1892.

237
aus: Illustrirte Zeitung, 25. 11. 1909.

239
Privatbesitz, Dorothea Seidlitz, Berlin.

245
aus: Programmheft der Scala, Oktober 1930 (Slg. Wolfgang Jansen, Berlin).

248
aus: Das Programm, 12. 8. 1928.

252
aus: Das Programm, Nr. 1468, 25. 5. 1930.

253
aus: PEM: Heimweh nach dem Kurfürstendamm. Berlin 1962.

254
aus: Progammheft der Scala, November 1935 (Privatbesitz Erich Brauer, Berlin).

257, 306
Privatbesitz, Herbert Brandt, Berlin.

262, 263
aus: Deutsche Bauzeitung, 30. 3. 1929.

264
die tageszeitung, Hamburg-Redaktion.

268, 269, 270, 271, 272
Privatbesitz, Wolf Leder, Berlin.

273
Theaterhistorische Sammlung Unruh, Institut für Theaterwissenschaft der Freien Universität Berlin.

287
aus: Deutsches Bühnenjahrbuch 1935.

291
Privatbesitz, Manya Dannenberg-Nolepa, Hamburg.

313, 314
Privatbesitz, Heinrich Martens, Berlin.

316
Variététheater Stuttgart.

317, 318
Variététheater Tigerpalast.

319, 320
Variététheater Quartier.

321
aus: Uhu, Dezember 1932.

Nicht alle Bildrechte-Inhaber der hier aufgeführten Abbildungen konnten ermittelt werden. Berechtigte Honoraransprüche werden selbstverständlich abgegolten.

Namensregister

Abraham, Paul 228
Adanos, Felix 240
Ajax, die drei 202
Albers, Hans 199
Albrecht, Oscar 239
Alexander, Peter 266
Allers, C. W. 29
Alpar, Gitta 228
Altenberg, Peter 117
Altmann-Loos, Elsie 118
Alvary, Max 106
Andersen, Lale 266
André 234
Anschütz, Ottomar 150
Arbre, Charles 83
Assia, Lys 266

Baggesen 216
Baluschek, Hans 56, 60, 157
Barell, Bobby 58
Barnay, Ludwig 167, 169
Barnum, Phineas Taylor 38, 44
Baron, Julius 94, 95, 100, 102, 106, 137, 140, 147
Barrison, Gertrud 100, 105, 107–119, 122, 159
Barrison, Lona 100, 105–119, 122, 123, 159
Barrison, 5 Sisters 100, 105, 107–116, 118, 119, 122, 157, 159
Bartl, Kurt 212
Bartuschek, Leo 88, 173, 177
Basil, Cononel de 127
Bauer, Hans 248
Bellachini 77, 83
Belling, Tom 96
Bender, Henry 142
Bendix, Martin 84, 85
Bendow, Wilhelm 87, 220, 236, 241, 251
Bente, Friedrich 80, 86
Berber, Anita 100, 127
Berlioz, Hector 26
Bernhardt, Sarah 161
Berol-Konorah, Max 20, 172, 173, 175, 176, 178, 179, 181, 198, 248
Bierbaum, Otto-Julius 157, 159, 161, 163, 164
Bilse, Benjamin 49, 50, 59
Birkmeyer, Toni 127
Blanvalet, Georges 232
Blum, Hermann 177
Blumenthal, Ben 207
Bochnik, Georg 15
Böhme, Carl 153

Boehn, Max von 127
Bogannys, die 102
Bolten-Baeckers, Heinrich 141
Bossi, Boris 183–185
Bradsky, Bozena 160, 164
Brandt, Herbert 262
Brandt, Hermann 219
Braun, Oscar 153
Bretschneider, Carl 20, 72
Brock, Bazon 55
Broekmann, Ludwig 82
Bruant, Aristide 163
Bruck, Kurt 185
Brück, Max 177
Bucher, Raimund 233
Buchner, Eberhard 188

Callenbach, Carli 37, 50, 53, 54, 77, 82, 83, 85–87, 135
Carow, Erich 183, 197, 198, 216, 249, 252, 255
Carow, Lucie 249
Cerf, Rudolf 28, 49, 86
Chaplin, Charles 124, 125, 216
Charell, Erik 123, 199, 200, 232
Cheret, J. 204
Chimay 105, 107
Ching-Fou-Young 42
Clemart, W. H. 176
Croé, Bernhard 181, 182

Deichmann, Friedrich Wilhelm 40
Delbrück, Rudolf von 65
Dell'Era 163
Delsarte, François 126
Denis, Ruth St. 127
Desmond, Olga 100, 126
D'Estree, Olga 162
Dickson, Familie 78
Dingelstedt, Franz 40, 46
Dirkens, Annie 100
Domp, Josef 238, 239
Donderer, Josef 12, 177, 181, 183, 185, 197, 210, 237–243, 245, 249, 263
Donizetti, Gaëtano 50
Dorn, Franz 94–96, 98, 100, 102, 106, 137, 140, 147
Drachmann, Holger 158, 159, 163
Dreher, Konrad 193
Dronke, Ernst 23
Duclere 137
Ducrow, Andrew 41
Düssel, Adolf 133, 135–137
Duisberg, Eduard 214, 216, 218, 219, 232, 264

Dunbar Sisters 111
Duncan, Isadora 119, 120, 126
Durieux, Tilla 118

Ebinger, Blandine 194
Eckenberg, Johann Karl von 20, 21
Eckwall, Knut 78
Edison, Thomas Alva 151
Eimer-Allison, Otto 178, 179, 181, 182
Einödshofer, Julius 143, 207, 210
Elßler, Fanny 120
Enkelmann, Siegfried 13
Erzberger, Matthias 238, 239
Ewers, Hanns Heinz 163, 165
Eylitz, Willi 15, 28, 29

Fanderl, Wilhelm 219
Feldmann, Willi 181, 184, 258, 259
Finck, Werner 206, 214, 216
Fléron, Vilhelm Ludvig 106, 112, 115, 116
Fliege, H. 49, 131
Fliegner, W. 50
Flohr, Jupp 182, 184
Flotow, Friedrich von 50
Fokin, Michael 119
Fontaine, Willy 240
Fontane, Theodor 17
Fossil, Alfred 169, 176, 181, 182, 248, 260
Fougére, Eugénie 123, 125
Francke, Robert 48, 49
Franke, Theodor 92
Frankenfeld, Peter 235
Fratellini, die drei 216, 228
Freiligrath, Ferdinand 194
Freund, Julius 143, 199
Frey, Hermann 82, 85
Friedberg, Franz 96
Fritsch, Ekkehard 266
Fuller, Loie 106, 119, 121, 122

García, Filippo 136
Garczynski-Rautenberg, Boguslav von 217, 219, 232
Garrat, Arthur 205
Geber, Hermann 89, 91
Geller, Oscar 165
Geller, Rudolf 12
Gerigh, Herbert 244
Gert, Valeska 119, 127
Gévard, Rita 127
Giampietro, Josef 199
Gilbert, Jean 193

Gleixner, Albert Peter 244
Glück, Jacques 9, 117, 140, 142, 151, 177
Goebbels, Josef 251
Goebel, Ludwig 264
Gondrell, Adolf 214
Gräbert, Julia 37
Gräbert, Wilhelm Ludwig 37
Gregor, Otto 175
Grigolatis Ballett 143
Grisi, Carlotta 120
Grock 11, 216
Gross, Walter 266
Großkopf, Emil 78–80
Großkopf, Friedrich Gottlieb 39–42, 49, 51, 53
Grothe, Eddie 11, 260
Gsovsky, Tatjana 127
Guerrero, Rosario 127
Günter, Ernst 55, 56, 71
Guilbert, Yvette 35, 161–163

Haase, Friedrich 163
Haber, Siegmund 59
Hahn, Emil 95
Haller, Herman 123, 199, 200
Hanussen, Erik Jan 10, 243
Happrich, Victor 87, 94, 102, 109, 147
Haras 239
Hardekopf, Ferdinand 118
Hari, Mata 127, 191
Harrison Sisters 111
Harth, Ferdinand 41, 48
Harvey, Lilian 266
Hauptmann, Gerhart 155, 233
Hechy, Alice 199
Heesters, Johannes 266
Heidemann, Paul 220
Heine, Heinrich 124
Heine, Thomas Theodor 108, 159
Heinsdorf, Louis 84
Heinzelmann, Carl Ludwig 30
Held, Anna 100
Held, Berthold 104
Helmerding, Carl 85
Hennig, Brüder 37, 53
Henning, Otto 233
Herking, Ursula 232
Hermann, Gottfried 83, 267
Herzberg, Leo 161, 175
Heßling, Walter 255
Hesterberg, Trude 199, 206, 241
Heuser, Loni 232
Hilscher, Kurt 226, 246, 247
Hinkel, Hans 180, 244
Hinkeldey, Karl Ludwig v. 40, 63, 64
Hinné, Charles 41
Hitler, Adolf 241, 251, 260
Hörbiger, Paul 266
Hoffmann-Förster, Erna 183
Hollaender, Friedrich 194, 241
Hollaender, Victor 199

Holz, Arno 157
Hosang, E. 75, 86
Howe, Frank 80
Hübner, Martha 235
Hüttemann, Rudolf 72

Ibsen, Henrik 124
Impekoven, Niddy 119, 127
Intrepidas 271

Jacobsohn, Fritz 224
Jacobson, E. 44
Jagow, v. 192
Jozsi, Kiss 49
Juppa, Carl 143, 144
Jushny 219

Kahane, Arthur 119
Kalisch, David 76, 77, 106
Kapp, Wolfgang 194
Karfiol, William 204, 205, 206
Karno, Fred 125
Karsawina, Tamara 119
Kaufmann, Nikolas 82, 86, 87, 133, 150
Kaufmann, Oskar 144, 150, 151
Kessler, Alice und Ellen 122
Kiaulehn, Walter 58
Klein, James 69, 70, 72, 193, 196, 198–200, 232
Klinke, Johannes (Johnny) 7, 270
Klischnigg, Eduard 29–31, 42, 44, 50
Knösing, Chelsey 52
Kohn, Siegmund 175, 177
Kollo, Walter 235
Kollo, Willi 235
Kollwitz, Käthe 157, 241
Konorah, Tipsy 175
Koppel, Robert 206
Kotschenreuther, Hellmut 264
Kraeft, Georg 185
Kraus, Carl 171
Krauß, Karl 241
Kretzer, Max 79, 157
Kreutzberg, Harald 127
Kroll, Auguste 27
Kusnezow, Jewgeni 71

Lammerts, Walter 246
Lanner, Josef 50
Lasker-Schüler, Else 243
Lautenschläger, Karl 102
Leander, Zarah 266
Lebrun, Theodor 95
Leder, Wolf 227, 229–231, 264, 268
Lee, Lavater 51
Lehár, Franz 228
Lehmann, Lili 106
Leif, Erich 94
Lenbach, Franz 127
Leonhard, R. L. 61
Lerche und Lerch 257

Lessing, Madge 100
Liban, Siegmund 153
Liebermann, Max 241
Liedtkes, die vier 243
Lincke, Paul 140–143, 193, 194, 199, 210, 232, 235
Linde, Julius 27
Lindner, Anton 110, 157, 159
Linsemann, Paul 14
Lintz, Eduard 116
Lipinski, Olly von 78, 265
Little Tich 137
Löffler, Ludwig 27, 34
Löwenthal, Moritz 208
Loos, Adolf 118
Loos, Lina 118
Lortzing, Albert 78, 91
Lumiere, Auguste 148, 149, 150
Lumiere, Louis 148, 149, 150
Lupo, Nicola 228, 255–257, 267

Mackay, John Henry 157
M'ahesa, Sent 119
Mann, Thomas 17
Mara, Mia 191
Marterstieg, Max 15, 29
Marx, Carl 263, 264
Marx, Jules 206–208, 212, 214, 216–219, 222–224, 232
Massary, Fritzi 100, 199
Mederer, H. 262
Meier-Graefe, Julius 121
Mellini, Hermann 171, 175
Menzel, Max 112
Merode, Cleo de 100
Messter, Oskar 149, 151–153
Metternich, Clemens Wenzel von 51
Mey, Ilse 212
Meyer, Will 219, 224
Meyerbeer, Giacomo 50
Meysel, Eduard 37
Millöcker, Karl 228
Milos, Johanna 185
Milos, Josef 183, 185
Milton, Brother 148
Mimikritschi 270
Mira, Brigitte 236
Mistinguett 100
Moellendorf, Horst von 272
Moeller-Bruck, Arthur 110, 111
Morton, Charles 47
Müller, August 26
Müller, Traugott 233
Müller, Werner 265
Müller-Endenthum, Herbert 235, 264
Munch, Edvard 57
Murphy, James 44

Nalli-Rutenberg, Agathe 48
Napp, Karl 235
Negri, Pola 216

Nelson, Rudolf 164, 165
Nerking, Hans 264
Nestroy, Johann 29, 31
Neubauer, Conny 213
Neumann, Adolf 19
Neumann, Klaus Günter 266
Ney, Maria 266
Nielsen, Asta 214, 216
Nijinski 119
Noni 216
Noverre, Jean-Georges 126

Odemann, Robert T. 266
Ohrtmann, Ferry 185
Olinka 150–152
Orlandos, die 228
Otéro, La belle 100, 106, 119, 123
Otto, Hermann Waldemar (Signor Saltarino) 17, 57, 112–116
Otto, Johann Carl 41

Parlow, A. 92
Paßpart, Wilhelm Ludwig 212
Pastrana, Julia 39, 44
Pawlowa, Anna 119
Pepita de Oliva 39, 45, 46
Petermann, Ernst 266
Petit, Jean 49
Petras 148
Piccolo, Jean 49
Piel, Harry 266
Porten, Henny 216
Potroffs, die 5 194
Pouce, Tom, s. Tom Thumb
Prat, R. 193
Prudens, E. 111
Prudent, René 251, 257, 264
Puhlmann 50

Rappo, Franz (François) 42, 53
Rappo, Karl (Charles) 15, 29, 42, 47
Recklin, Ferdinand 184
Reiff, August 83
Reimann, Hans 11
Reinhardt, Edmund 189
Reinhardt, Max 104, 119, 154, 189, 196
Rellstab, Ludwig 124
Remde, Emil 255
Renz, Adolf 133
Renz, Ernst 39, 133, 141
Renz, Oceana 133
Reschke, Ethel 220
Reutter, Otto 82, 85, 98, 100, 105, 153, 171, 191
Reznicek, Franz von 113
Rheidt, Celly de 127
Richter, Erich 266
Rigolboche 140
Rivel-Trio 216
Rökk, Marika 266
Rosen, Karl 232

Rosenberg, Alfred 234
Rosenfeld, Theodor 188
Rotter, Alfred 225, 228, 232
Rotter, Fritz 225, 228, 232
Russel, Lilian 100
Russel, Tillie 80

Sabo, Oscar 225
Saharet 100, 119, 123, 171
Salzer, Marcell 164
Sandow, Walter 148, 182
Saß, Friedrich 32
Schäffer, Sylvester 50, 123
Schaeffers, Willi 216, 237
Schier, Rudolf 141, 143, 144
Schiller, Friedrich 12, 159
Schinkel, Friedrich 222
Schlaf, Johannes 157
Schlichting, Claire 235
Schmidt-Cabanis, R. 59
Schneider, Walter 238–240
Schneider-Duncker, Paul 164, 165
Schollwer, Edith 228
Schuch, Ludwig 154, 208, 216, 218
Schultz, Richard 142, 169, 175, 199, 200, 210
Schwartz, Albert 94
Schwarz, Carl 184, 198
Sehring, Bernhard 101
Sidney, Titi 100
Sieg, Fredy 197
Signor Saltarino s. H. W. Otto
Skladanowsky, Emil 145–152, 154
Skladanowsky, Max 145–152, 154
Sonntag, Karl 14
Sontag, Henriette 45
Sousa, de 73
Spada, Anita 219
Spadoni, Marion 255, 256
Spadoni, Paul 217, 218, 256
Spindler, Hugo 91
Spitzweg, Carl 18, 23
Spontelli, Luigi 162
Stäcker, Karl 236
Stahl, Jockel 234
Stangel, Rudolf 57
Steidl, Fritz 142, 171
Steidl, Robert 171, 175
Steiner, Jo 161, 186, 215
Stenzel, Otto 210, 218, 219, 263
Stettiner Sänger 87
Stolt, Fritz 84
Storch, Rudolf 240
Strauß, Johann (Sohn) 89, 92
Struck, Wolfgang E. 267
Sydow, Paul 209

Taglioni, Maria 120
Taglioni, Paul 120
Terpis, Max 120
Theodorovich, Alois 28

Thiel, Anton 153
Thönig, Eduard 67
Thomas, Emil 25–27, 48, 50, 83, 85, 132
Thompson, Lydia 45, 46
Thumb, Tom (Tom Pouce) 38, 42, 44
Tiller, John 122
Tiller, Lawrence 123
Tillergirls 100, 119, 124
Titz, Eduard 131
Toulouse-Lautrec, Henry 157
Trier, Walter 2
Tschechowa, Olga 266
Tscherpanoff, Brüder 148
Tschirch, R. 49
Tucholsky, Kurt 10, 191, 192

Ufer, Margo 234
Urbanski, San 262

Valente, Caterina 265
Valetti, Rosa 195
Vaughan, Kate 120
Verdier, Lucie 162
Vilette, Louis 181
Villon, François 18
Vry, Henry de 101, 175, 176

Wachenhusen, Hans 50
Wagner, Richard 101, 140
Waibler, F. 52
Waldmann, Emerich 143
Waldoff, Claire 161, 164, 199, 228
Wallburg, Otto 214
Weber, Carl Maria v. 29
Wedekind, Frank 155
Wedekind, Pamela 233
Weiser, Grethe 218
Weitzer, Walter 257
Werkmeister, Lotte 225, 235
Westermeier, Paul 232
Wieprecht, Wilhelm 24, 30
Wiese, Henriette 49
Wiesenthal, Grethe 119
Wiesenthal-Schwestern 118, 119, 127
Wigman, Mary 119, 127
Wilk, Wolfgang 264
Willuhn, Charly 208
Winterburn, the 5 Sisters 111
Wohlbrück, Olga 162
Wolff, August 15, 50, 53, 54
Wolff, Philipp 152
Wolffsohn, Karl 207
Wolzogen, Ernst von 158, 162–165, 193, 206
Wyss, Ursula 271

Zeleski, Henri 41
Ziegra, Max 137, 140, 143
Ziemann, Sonja 235
Zille, Heinrich 43, 58, 157
Zschiegner, Friedrich 143
Zobeltitz, Fedor von 51, 88, 163

© Edition Hentrich Berlin

Das Buch erscheint als Band V der Reihe
»Beiträge zu Theater, Film und Fernsehen
aus dem Institut für Theaterwissenschaften
der Freien Universität Berlin«

Alle Rechte sind vorbehalten
Fotomechanische Wiedergabe nur mit Genehmigung
des Verlages Edition Hentrich, Berlin

Satz und Druck: Druckhaus Hentrich, Berlin
Lithos: Meisenbach Riffarth & Co., Berlin
    Jup, Industrie- und Presseklischee, Berlin
Buchbinder: Buchbinderei Heinz Stein, Berlin

ISBN 3-926175-85-0
1. Auflage 1990
Printed in Germany

Dank

Einer ganzen Reihe von Personen, Archiven und Institutionen, die meine Forschungen unterstützten, bin ich zu Dank verpflichtet.

Zuerst möchte ich Herrn Prof. Joachim Wilcke vom Institut für Theaterwissenschaft an der Freien Universität Berlin danken, der es durch seine Fürsprache ermöglichte, das theaterhistorisch bislang weitgehend unerschlossene Gebiet des Varietés zu bearbeiten, und der meine Untersuchungen die ganze Zeit mit Interesse verfolgt hat. Die vorliegende Publikation entspricht meiner Dissertation, die ich am Institut für Theaterwissenschaft der Freien Universität Berlin im Jahre 1989 eingereicht habe.

Meinen herzlichen Dank aussprechen möchte ich dann jenen Personen, die mit Geduld und Verständnis mir in zahlreichen Gesprächen Rede und Antwort standen, von ihren Erfahrungen, Einschätzungen und Kenntnissen berichteten und die mir mitunter durch die Bereitstellung ihrer privaten Materialien außerordentlich behilflich waren: dem Berliner Galeristen Konrad Jule Hammer, Eddie Grothe, Steptänzer, Conférencier und Journalist für die Fachzeitschrift »Organ Show-Business«, Rudolf Geller, Leiter des Circus-, Varieté- und Artistenarchivs in Marburg, Erich Richter, Organisator der Urania-Varieté-Nachmittage in Berlin, Joachim Weschke vom Zentralen Archiv im Friedrichstadt-Palast Berlin, Helmuth Kalkowski, Pressesprecher des Hansa-Theaters in Hamburg, Boris Bossi, Bundessekretär der Fachgruppe Darstellende Kunst (IAL/Theater) in den IG Medien im DGB, Wolf Leder, Bühnenbildner der Scala, Plaza und des Friedrichstadt-Palasts, Heinrich Martens, Haushistoriker des Friedrichstadt-Palasts, Julius Markschiess-van Trix, ehemaliger Kustos der Abteilung documenta artistica im Märkischen Museum Berlin, sowie den Mitgliedern der Gesellschaft der Circusfreunde in Berlin.

Desgleichen gilt mein Dank den zahlreichen Mitarbeitern der verschiedenen Archive und Bibliotheken, deren zuvorkommende Kooperation ich im Laufe der Monate außerordentlich zu schätzen lernte: dem Landesarchiv Berlin, der Universitätsbibliothek Düsseldorf, der Akademie der Künste Berlin, der Slg. Unruh im Institut für Theaterwissenschaft an der Freien Universität Berlin, der Berlin-Abteilung in der Amerika-Gedenk-Bibliothek Berlin, dem Textarchiv des Springer-Verlags Berlin, dem Theatermuseum Schloß Wahn in Köln, dem Staatsarchiv Potsdam, der Kunstbibliothek Berlin und dem Geheimen Staatsarchiv Berlin.

Sehr verbunden für private Bildleihgaben bin ich Herbert Brandt, Berlin, Erich Brauer, Berlin, Joachim Cordsen, Berlin, Manya Dannenberg-Nolepa, Hamburg, Ralph Gericke-Allison, Berlin, Eddie Grothe, Berlin, Konrad Jule Hammer, Berlin, Günter Kalesky, Lüdinghausen, Hans Werner Klünner, Berlin, Wolf Leder, Berlin, Olly von Lipinski, Berlin, Heinrich Martens, Berlin, Johanna Milos, Berlin, sowie Dorothea Seidlitz, Berlin.

Dem Land Berlin sei schließlich gedankt für die Bereitstellung eines Stipendiums, ohne das es mir schwerlich möglich gewesen wäre, in dem gesteckten zeitlichen Rahmen das theater- und kulturgeschichtliche Desiderat »Varieté« zu erforschen.